【清】曾國藩 著

曾國藩

家書・家訓

【收錄信札手跡】

編輯人語

曾國藩是中國歷史上少見、擁有極大影響力的人物之一。他是清朝知名的政治家和軍事家，官至武英殿大學士、兩江總督，並率領組建的「湘軍」鎮壓太平天國；同時也是散文「湘鄉派」的創立者，又是洋務運動的核心人物。曾被清廷譽為「同治中興」第一功臣，梁啟超稱其立德、立功、立言三不朽，後世甚至對曾國藩有「千古第一完人」的推崇。

歷來對曾國藩的評價雖然褒貶不一，但無論如何，我們很難否認曾國藩對清代及後世的中國社會、政治產生深遠的影響，其中，最為後代人稱道的便是曾氏的家書和家訓。

曾國藩自當官起便勤於寫家書，且涵蓋的內容極為廣博，上至經世濟民，中及進德修業、治學方法，下至人際應對和家庭生計。藉由這些信件，我們可以看見曾氏對家人、兄弟、子女的真摯問候、提攜鼓勵、教誨訓誡，同時也能一窺曾國藩其人的思想和智慧。不僅對今日為人兒女、兄弟姐妹、甚至為人父母者，都深具借鑑和啟迪作用，也可作為研究曾國藩及其時代的重要學術資料。

本書的結構及其特色，說明如左：

一、《曾國藩家書》

為曾國藩平日與家人往來的書信集。除了依祖父母、父母、叔父母及諸弟等四類受信者分類，也按照年代先後排序。內容舉凡政治、軍事、待人、讀書、生計，無所不包，極為豐富。

二、《曾國藩家訓》

為曾國藩寫給兩個兒子的書信彙編，也可視為曾氏家庭教育思想的展現。內容包括教導兒子為學、做人、學業及家風的建立等。語言醇厚，感情真摯。

三、《曾文正公大事記》

曾國藩一生經歷了哪些大事？曾與哪些知名人物共事？大事記以時間先後順序排列，簡要記載了曾氏在人生的每個階段曾參與的重要事件。

四、《曾文正公榮哀錄》

收錄皇帝、朝廷重臣、親友家人為紀念曾國藩逝世而作的祭文、輓聯、輓詩等，生動反映出曾國藩深受萬民景仰的形象。

附錄、曾國藩信札手跡

曾國藩的書法在清代別具一格，結合了歷代書法家之長，主張「剛柔相濟」，將雄強、婀娜兩種不同風格融為一體。讀者可由手稿墨跡感受曾氏這種陽剛與陰柔兼容並蓄的美學，甚至於其中體會到外圓內方、剛柔並濟的處世智慧。

本書所收錄的作品，除了參考光緒年間長沙傳忠書局以來的早期版本，尤其特別參酌民國以後的各家版本，如民國二十五年世界書局的《曾文正公全集》、民國五十二年東方書局的《曾文正公全集》、民國六十四年大方出版社的《曾文正公家書》、民國七十五年黎明文化的《曾國藩家書》等，並以新式標點符號重新斷句，讓本書更符合當代國人的閱讀習慣。

再者，對於曾氏作品中原有的異體字大多予以保留，僅修訂人名及部分訛字。此外，本書所收家書、家訓的每封信，在參考各家版本所加的標題後，也再次修潤成較符合該信主旨的標題。

限於編輯水平，書中必有疏漏之處，敬請讀者及同行予以指正，讓我們有機會於再版時修訂。

目錄

二、稟父母書……………………………………………41

曾國藩家訓

曾國藩家書

文周姓銀兩。卯唇當檢告時鄉紳觀察查收到籍後。應り洽辯者尚有數了。以在岜不敢具公牘一切俾閣心甚歉灰。頃接孫閭青信渠以接丁父憂須由教雲妥出洽屬由縣移評云。此法步妥擬即淮而川之兄有疵洽了件。呈明中開印

鈴仙令夫至周家口淳存信囘家吞洽

一、稟祖父母書

稟祖父母（請救濟族人）

祖父大人萬福金安：

四月十一日，由摺差第六號家信，十六日摺弁又到。

孫男等平安如常，孫婦亦起居維慎，曾孫數日內添吃粥一頓，因母乳日少，飯食難喂，每日兩飯一粥。

今年散館，湖南三人皆留。全單內共留五十二人，惟三人改部屬，三人改知縣。翰林衙門現已多至百四五十人，可謂極盛。

琦善已於十四日押解到京，奉上諭派親王三人、郡王一人、軍機大臣、大學士、六部尚書會同審訊，現未定案。

梅霖生同年因去歲咳嗽未愈，日內頗患咯血。同鄉各京官宅皆如故。

澄侯弟三月初四日在縣城發信，已經收到，正月廿五信，至今未接。

蘭姊以何時分娩？是男是女？伏望下次示知。

楚善八叔事，不知去冬是何光景？如絕無解危之處，則二伯祖母將窮迫難堪，竟希公之後人將見笑於鄉里矣。孫國藩去冬已寫信求東陽叔祖兄弟，不知有補益否？此事全求祖父大人作主，如能救焚拯溺，何難噓枯回生。伏念祖父平日積德累仁，救難濟急，孫所知者，已難指數。如廖品一之孤、上蓮叔之妻、彭定五之子、福益叔祖之母，及小羅巷、樟樹堂各庵，皆代為籌畫，曲加矜恤。凡他人所束手無策，計無復之者，得祖父善為調停，旋乾轉坤，無不立即解危，而況楚善八叔同胞之親、萬難之時乎！

孫因念及家事，四千里外，杳無消息，不知同堂諸叔目前光景，又念及家中此時亦甚艱窘，輒敢冒昧饒舌，伏求祖父大人寬宥無知之罪。楚善叔事，如有設法之處，望詳細寄信來京。

茲逢摺便，敬稟一二，即跪叩祖母大人萬福金安。（道光二十一年四月十七日）

稟祖父母（告一家病況及同鄉病故事）

孫男國藩跪稟祖父大人萬福金安：

六月初五日，接家信一封，係四弟初十日在省城發，得悉一切，不勝欣慰！孫國藩日內身體平安，國荃於廿三日微受暑熱，服藥一帖，次日即愈。初三日復患腹瀉，服藥二帖，即愈，曾孫甲三於廿三日腹瀉不止，比請鄭小珊診治，次日添請吳竹如，皆云係脾虛而並受暑氣，三日內服藥六帖，亦無大效，廿六日添請本京王醫，專服涼藥漸次平復。初一二兩日未吃藥，刻下病已好，唯脾元尚虧，體尚未復。孫等自知細心調理，觀其行走如常，飲食如常，不吃藥即可復體，堂上不必罣念。冢孫婦身體亦好，婢僕如舊。

同鄉梅霖生病，於五月中旬，日日加重，十八日上床，廿五日子時仙逝。胡雲閣先生亦同日同時同刻仙逝。梅霖生身後一切事宜，係陳岱雲黎樾喬與孫三人料理。戊戌同年，賻儀共五百兩，吳甄甫夫子（戊戌總裁）進京，賻贈百兩，將來一概共可張羅千餘金。計京中用費，及靈柩回南途費，不過用四百金，其餘尚可周恤遺孤。

自五月下旬以至六月初，諸事殷繁，孫荃亦未得讀書。六月前寄文來京，尚有三篇，孫未暇改。廣東事已成功，由軍功陞官及戴花翎藍翎者，共二百餘人，將上諭抄回前半節，其後半載陞官人名，未及全抄，昨接家信，始知楚善八叔竹山灣田，已於去冬歸祖父大人承買，八叔之家稍安，而我家更窘迫，不知祖父如何調停？去冬今年，如何設法？望於家信內詳示。孫等在京，別無生計，大約冬初即須借賬，不能備仰事之資寄回，不勝愧悚！餘容續稟，即稟祖父母大人萬福金安。孫跪稟。（道光二十一年六月初七日）

稟祖父母（告在京中窘狀及孫婦等病情）

孫男國藩跪稟祖父大人萬福金安：

六月初七日發家信第九號。廿九日早接丹閣十叔信，係正月廿八日發，始知祖父大人於二月間體氣違和，三月已全愈，至今康健如常，家中老幼均吉，不勝欣幸！四弟於五月初九寄信物於彭山屺處，至今尚未到，大約七月可到。

丹閣叔信內言，去年楚善叔田業賣與我家承管其中，曲折甚多。添梓坪借錢三百四十千，其實祇三百千，外四十千係丹閣叔因我家景況艱窘，勉強代楚善叔解危，將來受累不淺，故所代出之四十千，自去冬至今，不敢向我家明言。不特不敢明告祖父，即父親、叔父之前，渠亦不敢直說。蓋事前說出，則事必不成，不成則楚善叔逼迫無路，二伯祖母奉養必闕，而木房日見凋敗，終無安靜之日矣。事後說出，則我家既受其累，又受其欺，祖父大人必怒，渠更無辭可對，無地自容。故將此事寫信告知孫男，託孫原其不得已之故，轉稟告祖父大人。現在家中艱難，渠所代出之四十千，想無錢可以付渠。八月心齋兄南旋，孫在京借銀數十兩付回家中。歸楚此項，大約須臘底可到，因心齋兄走江南回故也。

孫此刻在京光景漸窘，然當京官者，大半皆東扯西支，從無充裕之時，亦從無凍餓之時，家中不必繫懷。孫現今管長郡會館事，公項存件亦已無幾。

孫日內身體如恆。九弟亦好。甲三自五月廿三日起病，至今雖全愈，然十分之中，尚有一二分未盡復舊。刻下每日吃炒米粥二餐，泡凍米吃二次，乳已全無，而伊亦要吃。據醫云：「此等乳最不養人。」因其夜哭甚，不能遽斷乳。從前發熱煩躁，夜臥不安，食物不化，及一切諸患，此時皆已去盡，日日嬉笑好吃。現在尚服補脾之藥，大約再服四五帖，本體全復，即可不藥。孫婦亦感冒三天，鄭小珊云：「服涼藥後須略吃安胎藥。」目下亦健爽如常。甲三病時，孫婦曾跪許裝修家中觀世音菩薩金身，伏求家中今年酬願。又言西冲有壽佛神像，祖母曾叩許裝修，亦係為甲三而許，亦求今年酬謝了願。

梅霖生身後事辦理頗如意，其子可於七月扶櫬回南。同鄉各官如常。家中若有信來，望將王率五家光景寫明。

肅此謹稟祖父母大人萬福金安！（道光二十一年六月廿九日）

稟祖父母（告生一女）

孫男國藩跪稟祖父母大人萬福金安：

十五日戌刻，孫婦產生一女。是日，孫婦飲食起居如故，更初始作勢，二更即達生，極為平安。寓中所雇僕婦，因其刁悍，已於先兩日遣去，亦未請穩婆，其斷臍、洗三諸事，皆孫婦親自經手。

曾孫甲三於初十日傷風，十七日全愈，現已復元，係鄭小珊醫治。孫等在京身體如常。同鄉李碧峯在京，孫憐其窮苦無依，接在宅內居住，新年可代伊找館也。

謹稟。（道光二十一年十一月十九日）

稟祖父母（請漆壽具及告英軍占寧波）

孫男國藩跪稟祖父母大人萬福金安：

三月十一日發家信第四號，四月初十、廿三發第五號、第六號，後兩號皆寄省城陳家，因寄有銀參筆帖等物，待諸弟晉省時當面去接。

四月廿一日，接壬寅第二號家信，內祖父、父親、叔父手書各一，兩弟信並詩文具收。伏讀祖父手諭，字跡與早年相同，知精神較健，家中老幼平安。不勝欣幸！遊子在外，最重惟平安二字。承叔父代辦壽具，兄弟感恩，何以圖報？湘潭帶漆，必須多帶。此物難辨真假，不可邀人去同買，反有奸弊。在省考試時，與朋友問看漆之法，多問則必能知一二。若臨買時，向紙行邀人同去，則必吃虧。如不知看漆之法，則今年不必買太多，待明年講究熟習，再買不遲。今年漆新壽具之時，祖父母壽具必須加漆。以後每年加漆一次，四具同加。約計每年漆錢多少，寫信來京，孫付至省城甚易。此事萬不可從儉，子孫所為報恩之處，惟此最為切實，其餘皆虛文也。孫意總以厚漆為主，由一層以加至數十層，愈厚愈堅，不必多用瓷灰、夏布等物，恐其與漆不相膠黏，歷久而脫殼也。然此事孫未嘗經歷講究，不知如何而後盡善。家中如何辦法，望四弟詳細寫信告知，更望叔父教訓諸弟經理家事。

心齋兄去年臨行時，言到縣即送銀廿八兩至我家。孫因十叔所代之錢，恐家中年底難辦，故向心齋通挪。因渠曾挪過孫的。今渠既未送來，則不必向渠借也。家中目下敷用不缺，此孫所第一放心者。孫在京已借銀二百兩。此地通挪甚易，故不甚窘迫，恐不能顧家耳。曾孫姊妹二人體甚好。四月廿三日已種牛痘。牛痘萬無一失，係廣東京官設局濟活貧家嬰兒，不取一錢。茲附回種法一張，敬呈慈覽。湘潭、長沙皆有牛痘公局，可惜鄉間無人知之。

英夷去年攻佔浙江寧波府及定海、鎮海兩縣，今年退出寧波，攻占乍浦，極可痛恨，京城人心安靜如無事時，想不日可殄滅也。

孫謹稟。（道光二十二年四月廿七日）

稟祖父母（告九弟已歸家）

孫男國藩跪稟祖父母大人萬福金安：

七月初五日發第九號信，內言六月廿四後，孫與岱雲意欲送家眷回南，至七月初一謀之於神，乃決計不送。

初五日發信後，至初八日，九弟仍思南歸，其意甚堅，不可挽回，與孫商量，孫即不復勸阻。九弟自從去年四月父母歸時，即有思歸之意。至九月間，則歸心似箭。孫苦苦細問，終不明言其所以然。年少無知，大抵厭常而喜新，未到京則想京，已到京則想家，在所不免。又家中僕婢，或對孫則恭敬，對弟則簡慢，亦在所不免。孫於去年決不許他歸，嚴責曲勸，千言萬語，弟亦深以為然，幾及兩月，乃決計不歸。今年正月，病中又思歸，孫即不敢復留矣。三月復元後，弟又自言不歸。四、五、六月，讀書習字，一切如常。至六月底，孫有送家眷之說，而弟之歸興又發。孫見其意，是為遠離膝下，思歸盡服事之勞。且逆夷滋擾，外間訛言可畏，雖明知蕞爾螳臂不足以當車軌，而九弟既非在外服官，即宜在家承歡，非同有職位者聞警而告假，使人笑其無膽、罵其無義也。且歸心既動，若強留在此，則心如懸旌，不能讀書，徒廢時日。兼此數層，故孫即定計，打發他回，不復禁阻。

恰好鄭莘田先生將去貴州上任，迂道走湖南省城，定於十六日起程，孫即將九弟託他結伴同行。此係初八、九起議，十四日始決計，即於數日內將一切貨物辦齊，十五日雇車。時價轎車本只要二十三千，孫見車店內有頂好官車一輛，牲口亦極好，其車較常車大二寸、深一尺，坐者最舒服，故情願多出大錢四千，恐九弟在道上受熱生病。雇底下人，名向澤，其人新來，未知好歹，觀其光景，似尚有良心者。十六日未刻出京，孫送至城外廿里，見道上有積潦甚多，孫大不放心，恐有翻車、陷車等事，深為懊悔。廿三日，接到弟在途中所發信，始稍放心。茲將九弟原信附呈。

孫交九弟途費紋銀三十二兩整，先日交車行上腳大錢十三千五百文及上車現大錢六千文兩項在外，外買貨物及送人東西，另開一單九弟帶回。外封銀十兩，敬奉堂上六位老人吃肉之貲。孫對九弟云：「萬一少途費，即扯此銀亦可。若到家後，斷不可以他事借用此銀。然途費亦斷不至少也。」向澤訂工費大錢二千文，已在京交楚。鄭家與九弟在長沙分隊。孫囑其在省換小船到縣，向澤即在縣城開銷他。向澤意欲送至家，如果至家，留住幾日打發，求祖父隨時斟酌。

九弟自到京後，去年上半年用功甚好。六月因甲三病，躭擱半月餘。九月，弟欲歸，不肯讀書，躭擱兩月。今春弟病，躭擱兩月。其餘工夫，或作或輟，雖多間斷，亦有長進。計此一年半之中，惟書法進功最大。外此則看《綱鑑》卅六本，讀《禮記》四本，讀《周禮》一本，讀《斯文精萃》兩本半，因《周禮》讀不熟，故改換讀《精萃》。作文六十餘篇，讀文三十餘首。

父親出京後，孫未嘗按期改文，未嘗講書，未能按期點詩文，此孫之過，無所逃罪者也。讀文作文，全不用心，凡事無恆，屢責不改，此九弟之過也。好與弟談倫常、講品行，使之擴見識、立遠志，目前已頗識為學之次第，將來有路可循，此孫堪對祖父者也。待兄甚敬，待姪輩甚慈，循規蹈矩，一切匪彝慆淫之事，毫不敢近，舉止大方，性情摯厚，此九弟之好處也。弟有最壞之處，在於不知艱苦。年紀本輕，又未嘗辛苦，宜其不知。再過幾年，應該知道。

九弟約計可於九月半到家。孫恐家中駭異，疑兄弟或有嫌隙，致生憂慮，故將在京、出京情形述其梗概。至瑣細之故，九弟到家詳述，使堂上大人知孫兄弟絕無纖介之隙也。

孫身體如常，惟常耳鳴，不解何故。孫婦及曾孫兄妹二人皆好。丫環因其年已長，其人太蠢，已與媒婆兌換一個，彼此不找一錢。此婢名雙喜，天津人，年十三歲，貌比春梅更陋，而略聰明。寓中男僕皆如故。

孫在京一切自知謹慎，伏望堂上大人放心。

孫謹稟。（道光二十二年八月初一日）

稟祖父母（論高麗參之功用及與英國議和）

孫男國藩跪稟祖父母大人萬福金安：

九月十三日接到家信，係七月父親在省所發，內有叔父信及歐陽牧雲致函，知祖母於七月初三日因感冒致恙，不藥而愈。可勝欣幸！高麗參足以補氣，然身上稍有寒熱，服之便不相宜，以後務須斟酌用之。若微覺感冒，即忌用此物。平日康強時，和入丸藥內服最好。然此時家中想已無多，不知可供明年一單丸藥之用否？若其不足，須寫信來京，以便覓便寄回。

四弟、六弟考試又不得志，頗難為懷，然大器晚成，堂上不必以此置慮。聞六弟將有夢熊之喜。幸甚！近叔父為嬸母之病勞苦憂鬱，有懷莫宣。今六弟一索得男，則叔父含飴弄孫，瓜瓞日繁，其樂何如！唐鏡海先生德望為京城第一，其令嗣極孝，亦係兄子承繼者。先生今年六十五歲，得生一子，人皆以為盛德之報。

英夷在江南，撫局已定，蓋金陵為南北咽喉，逆夷既已扼吭而據要害，不得不權為和戎之策，以安民而息兵。去年逆夷在廣東曾經就撫，兵費去六百萬兩。此次之費，外間有言二千一百萬者，又有言此項皆勸紳民捐輸，不動帑藏者。皆不知的否。現在夷船已全數出海，各處防海之兵陸續撤回，天津亦已撤退。議撫之使，係伊里布、耆英及兩江總督牛鑑三人。牛鑑有失地之罪，故撫局成後，即革職拿問。伊里布去廣東代奕山為將軍，耆英為兩江總督。自英夷滋擾，已歷二年，將不知兵，兵不用命，於國威不少捐失。然此次議撫，實出於不得已，但使夷人從此永不犯邊，四海晏然安堵，則以大事小，樂天之道，孰不以為上策哉？

孫身體如常，孫婦及曾孫兄妹並皆平安。同縣黃曉潭薦一老媽吳姓來。因其妻凌虐婢僕百般慘酷。求孫代為開脫。孫接至家住一日，轉薦至方夔卿太守處，託其帶回湖南，大約明春可到湘鄉。

今年進學之人，孫見《題名錄》，僅認識彭惠田一人，不知廿三、四都進人否。謝寬仁、吳光照取一等，皆少年可慕。一等第一，《題名錄》刻黃生平，不知即黃星平否？

孫每接家信，常嫌其不詳，以後務求詳明，雖鄉間田宅婚嫁之事，不妨寫出，使遊子如仍未出里門，各族戚家，尤須一一示知。幸甚！

敬請祖父母大人萬安！餘容後呈。

孫謹呈。（道光二十二年九月十七日）

稟祖父母（告升翰林院侍講）

孫男國藩跪稟祖父母大人萬福金安：

二月十九日，孫發第二號家信。三月十九日發第三號交金竺虔，想必五月中始可到省。孫以下闔家皆平安。三月初六日奉上諭，於初十日大考翰詹，在圓明園正大光明殿考試。孫初聞之，心甚驚恐，蓋久不作賦，字亦生疎。向來大考，大約六年一次。此次自己亥歲二月大考到今，僅滿四年，萬不料有此一舉。故同人聞命之下時，無不惶悚。

孫與陳岱雲等在園同寓。初十日卯刻進場，酉正出場。題目另紙敬錄，詩賦亦另謄出。通共翰詹一百二十七人，告病不入場者三人，病愈仍須補考。在殿上搜出夾帶比交刑部治罪者一人，其餘皆整齊完場。十一日皇上親閱卷。二月十二日欽派閱卷大臣七人，閱畢擬定名次，進呈皇上欽定。一等五名，二等五十五名，三等五十六名，四等七名。孫蒙皇上天恩，拔取二等第一名。湖南六翰林，二等四人，三等二人。另有全單。十四日引見，共升官者十一人，記名候升者五人，賞緞者十九人。升官者，不賞緞。

孫蒙皇上格外天恩，升授翰林院侍講，十七日謝恩，現在尚未補缺，有缺出即應孫補。其他升降賞賚，另有全單。湖南以大考升官者，從前雍正二年惟陳文肅公，一等第一，以編修升侍讀；近來道光十三年胡雲閣先生二等第四，以學士升少詹；並孫，三人而已。孫名次不如陳文肅之高，而升官與之同，此皇上破格之恩也。孫學問膚淺，見識庸鄙，受君父之厚恩，蒙祖宗之德蔭，將來何以為報？惟當竭力盡忠而已。

金竺虔於廿一日回省，孫託帶五品補服四付、水晶頂戴二座、阿膠一斤半、鹿膠一斤、耳環一雙，外竺虔借銀五十兩，即以付回。昨在竺虔處寄第三號信，信面、信裡皆寫銀四十兩，發信後渠又借去十兩，故前後二信不符。竺虔於五月半可到省，若六弟、九弟在省，可面交；若無人在省，則家中專人去取，或諸弟有高興到省者亦妙。

今年考差大約在五月中旬，孫擬於四月半下園用功。孫婦現已有喜，約七月可分娩。曾孫兄弟並如常。寓中今年添用一老媽，用度較去年略多，此次升官約多用銀百兩，東扯西借，尚不窘迫。不知有邯鄲報來家否？若其已來，開銷不可太多。孫十四引見，渠若於廿八以前報到，是真邯鄲報，賞銀四五十兩可也。若至四月始報，是省城偽報，賞數兩足矣。但家中景況不審何如？伏懇示悉為幸。

孫跪稟。（道光二十三年三月廿三日）

稟祖父母（報告考差）

孫男國藩跪稟祖父母大人萬福金安：

四月廿日孫發第五號家信，不知到否？五月廿九日接到家中第二號信，係三月初一發。六月初二日接第三號信，係四月十八發的。具悉家中老幼平安，百事順遂。欣幸之至！

六弟下省讀書，從其所願，情意既暢，志氣必奮，將來必有大成，可為叔父預賀。祖父去歲曾賜孫手書，今年又已半年，不知目力如何？下次信來，仍求親筆書數語示孫。大考喜信，不知開銷報人錢若干？

孫自今年來，身體不甚好，幸加意保養，得以無恙。大考以後，全未用功。五月初六日考差，孫妥當完卷，雖無毛病，亦無好處。首題「使諸大夫國人皆有所矜式。」，經題「天下有道，則行有枝葉。」，詩題「賦得角黍。得經字。」共二百四十一人進場。初八日派閱卷大臣十二人，每人分卷廿本。傳聞取七本，不取者十三本。彌封未拆，故閱卷者亦不知所取何人，所黜何人。取與不取，一概進呈，恭候欽定。外間謠言，某人第一，某人未取，俱不足憑。總待放差後，方可略測端倪。亦有真第一而不得，有真未取而得差者，靜以聽之而已。同鄉考差九人，皆妥當完卷。

六月初一，放雲南主考龔寶蓮（辛丑榜眼）、段大章（戊戌同年），貴州主考龍元僖、王桂（庚子湖南主考）。

孫在京平安，孫婦及曾孫兄妹皆如常。前所付銀，諒已到家。高麗參目前難寄，容當覓便寄回。六弟在城南，孫已有信託陳堯農先生。同鄉官皆如舊，黃正齋生糧船來，已於六月初三到京。

餘容後稟。（道光二十三年六月初六日）

稟祖父母（請將銀饋贈戚族）

孫國藩跪稟祖父母大人萬福金安：

二月十四日孫發第二號信，不知已收到否？孫身體平安，孫婦及曾孫男女皆好。孫去年臘月十八，曾寄信到家，言寄家銀一千兩，以六百為家中還債之用，以四百為饋贈親族之用，其分贈數目，另載寄弟信中，以明不敢自專之義也，後接家信，知兌嘯山百三十千，則此銀已虧空一百矣，頃聞曾受恬丁艱，其借銀恐難遽完，則又虧空二百矣，所存僅八百，而家中舊債尚多。饋贈親族之銀，係孫一人愚見，不知祖父母父親叔父以為可行否？伏乞裁奪。

孫所以汲汲饋贈者，蓋有二故：一則我家氣運太盛，不可不格外小心，以為持盈保泰之道，舊債盡清，則好處太全，恐盈極生虧，留債不清，則好中不足，亦處樂之法也。二則各親戚家皆貧，而年老者，今不略為佽助，則他日不知何如？自孫入都後，如彭滿舅曾祖彭王姑母，歐陽岳祖母，江通十舅，已死數人矣，再過數年，則意中所欲饋贈之人，正不知何若矣，家中之債，今雖不還，後尚可還，贈人之舉，今若不為，後必悔之！此二者，孫之愚見如此。

然孫少不更事，未能遠謀一切，求祖父叔父作主，孫斷不敢擅自專權，其銀待歐陽小岑南歸，孫寄一大箱衣物，銀兩概寄渠處，孫認一半車錢，彼時再有信回。孫謹稟。（道光二十四年三月初十日）

稟祖父母（告送率五回家及生女）

孫男國藩跪稟祖父母大人萬福金安：

八月廿七日，接到七月十五、廿五兩次所發之信，內祖父母各一信，父親母親叔父各一信，諸弟亦皆有信，欣悉一切，慰幸之至！叔父之病，得此次信，始可放心。

八月廿八日，陳岱雲之弟送靈櫬回南，坐糧船，孫以率五妹丈，與之同伴南歸，船錢飯錢，陳宅皆不受，孫送至城外，率五揮淚而別，甚為可憐！率五來意，本欲考供事，冀得一官以養家，孫以供事必須十餘年，乃可得一典史，宦海風波，安危莫卜，卑官小吏，尤多危機，每見佐雜末秩，下場鮮有好者，孫在外已久，閱歷已多，故再三苦言勸率五居鄉，勤儉守舊，不必出外做官，勸之既久，率五亦以為然，其打發行李諸物，孫一一辦妥，另開單呈覽。

孫送率五歸家，即於是日申刻生女，母女俱平安。前正月間，孫寄銀回南，有饋贈親族之意，理宜由堂上定數目，方合內則不敢私與之道，孫此時糊塗，擅開一單，輕重之際，多不妥當，幸堂上各大人斟酌增減，方為得宜，但岳家太多，他處相形見絀，孫稍有不安耳。率五大約在春初可以到家，渠不告而出，心中懷慚。到家後望大人不加責，並戒家中及近處無毋譏訕為幸！孫謹稟。（道光二十四年八月

十九日）

稟祖父母（告曾孫愛習字及曬皮衣之法）

孫國藩跪稟祖父母大人萬福金安：

孫在京平安，孫婦及曾孫男女四人皆好。曾孫最好寫字，散學後，則在其母房中，多寫至更初，猶不肯睡，罵亦不止。目下天寒墨凍，脫手寫多不成字，茲命之寫稟安帖寄呈，以博堂上大人一歡笑而已。

上半年所付黑狸皮褂料，不知祖父大人合身否？聞狸皮在南邊易於回潮，黑色變為黃色，不知信否？若果爾，則回潮天氣須勤勤檢視。又凡收皮貨，須在省城買潮腦，其色如白淮鹽。微帶黃色，其氣如樟木。用皮紙包好，每包約寸大，每衣內置三四包，收衣時，仍將此包置衣內。又每年曬皮貨，曬衣之日，不必折收，須過兩天，待熱氣退盡乃收。

江西家受恬明府昨有信來，云此銀今冬必付到，不知近來接到否？如未接到，立即寫信來京，再去催取，兌銀之難，往往如此。

同鄉唐鏡海先生，三年以來，連生三子，而長者前以病殤，幼者昨又以痘殤，僅存次子，尚未周歲，良可悼歎。現在京官甚少，僅二十二人，昨十月廿五日，謝恩赴宮門叩頭者，僅到三人，尤非盛時氣象，茲將謝摺付回呈覽。

母親生日，京中僅客一席，待明年當付壽屏回家。所需之物，須寫信來，明年會試後寄歸。

孫國藩稟。（道光二十四年十一月廿一日）

稟祖父母（報告補侍讀及皇上求雪）

孫國藩跪稟祖父母大人萬福金安：

十一月二十二日發十三號信。廿九日祖父母大人壽辰，孫等叩頭遙祝，寓中客一席，次日請同縣公車一席。

初七日皇上御門，孫得轉補翰林院侍讀，所遺侍講缺，許乃釗補升。侍講轉侍讀，照例不謝恩，故孫未具摺謝恩。

今冬京中未得厚雪，初九日設三壇求雪，四、五、六阿哥詣三壇行禮，皇上親詣大高殿行禮。十一日即得大雪。天心感召，呼吸相通，良可賀也！

孫等在京平安。曾孫讀書有恆，惟好寫字，見閒紙則亂畫，請其母釘成本子。孫今年用度尚寬裕，明年上半年尚好，至五月後再作計較。昨接曾興仁信，知渠銀尚未還，孫甚著急，已寫信去催，不知家中今年可不窘迫否？

同鄉京官皆如故。馮樹堂、郭筠仙在寓亦好。

荊七自五月出去，至今未敢見孫面，在同鄉陳洪鐘家，光景亦好。若使流落失所，孫亦必宥而收恤之。特渠對人言，情願餓死，不願回南，此實難處置。孫則情願多給銀兩使他回去，不願他在京再犯出事，望大人明示以計，俾孫遵行。

四弟等自七月寄信來後，至今未再得信，孫甚切望。

嚴太爺在京引見，來拜一次，孫回拜一次，又請酒，渠未赴席。此人向有狂妄之名，孫已亥年在家，一切不與之計較，故相安於無事，大約明春可回湘鄉任。

孫謹稟。（道光二十四年十二月十四日）

稟祖父（欲另尋祖母墳地）

孫男國藩跪稟祖父大人萬福金安：

去年十二月十七發第廿二號信，並輓聯一包，朱心泉誥命一軸，交徐玉山太守帶交蕭辛五處，想三月可到。又於廿日發第廿三號信，交摺弁，想二月可到。

新正十五日接到家中十一月十九所發信，敬悉大人之病已愈大半，不知近日得全愈否？孫去冬信言須參用化痰之藥，不知可從否？

祖母已於十二月初十安葬，甚好甚好。但孫有略不放心者。孫幸蒙祖父福佑，忝居卿大夫之末，則祖母墳塋，必須局面宏敞，其墓下拜掃之處須寬闊，其外須建立誥封牌坊，又其外須設立神道碑。木兜冲原墳，規模隘小，離河太近，無立牌坊與神道碑之地，是以孫不甚放心，意欲從容另尋一地，以圖改葬。不求富貴吉祥，但求無水蟻、無凶險，面前宏敞而已。不知大人以為何如？若可，則家中在近境四十里內，從容尋地可也。餘俟續具。孫謹稟。（道光二十七年正月十七日）

二、稟父母書

稟父母（述到京後之狀況）

男國藩跪稟父母親大人膝下：

去年十二月十六日，男在漢口寄家信，付湘潭人和紙行，不知已收到否？後於廿一日在漢口開車。二人共雇二把手小車六輛，男占三輛半。行三百餘里，至河南八里汊度歲。正月初二日開車，初七日至周家口，即換大車。雇三套篷車二輛，每套錢十五千文。男占四套，朱占二套。初九日開車，十二日至河南省城，拜客躭擱四天，獲百餘金。十六日起行，即於是日三更，趁風平浪靜，徑渡黃河。廿八日到京。一路清吉平安，天氣亦好，惟過年二天微雪耳。到京在長郡會館卸車。二月初一日移寓南橫街千佛庵。屋四間，每月賃錢四千文，與梅、陳二人居址甚近。三月聯會，間日一課。每課一賦一詩謄真。初八日是湯中堂老師大課，題「智若禹之行水賦。」，以「行所無事則智大矣。」為韻。詩題「賦得池面魚吹柳絮行，得吹字。」三月尚有大課一次。

同年未到者不過一二人，梅、陳二人皆正月始到。岱雲江南、山東之行無甚佳處，到京除償債外，不過存二三金，又有八口之家。

男路上用去百金，刻下光景頗好。接家眷之說，鄭小珊現無回信。伊若允諾，似儘妥妙；如其不可，則另圖善計，或緩一二年亦可，因兒子太小故也。家中諸事都不罣念，惟諸弟讀書不知有進境否？須將所作文字詩賦寄一二首來京。丹閣叔大作亦望寄示。男在京一切謹慎，家中儘可放心。

又稟者：大行皇后於正月十一日升遐，百日以內禁薙髮，期年禁宴會音樂。何仙槎年伯於二月初五日溘逝。是日男在何家早飯，並未聞其染病，不數刻而凶音至矣。歿後加太子太保銜。其次子何子毅，已於去年十一月物故。自前年出京後，同鄉相繼殂逝者：夏一清、李高衢、楊寶筠三主事，熊子謙、謝訒庵及何氏父子凡七人。光景為之一變。男現慎保身體，自奉頗厚。

朱師、徐師靈櫬，並已回南矣。

詹有乾家墨到京竟不可用，以膠太重也。擬仍付回，或退或用，隨便。接家眷事，三月又有信回。家中信來，須將本房及各親戚家附載詳明，堂上各老人須一一分敘，以煩瑣為貴。

謹此跪稟萬福金安！（道光二十年二月初九日）

稟父母（謹守保身之訓）

男國藩跪稟父母親大人萬福金安：

自閏三月十四日在都門拜送父親，嗣後共接家信五封。五月十五日，父親到長沙發信，內有四弟信、六弟文章五首。謹悉祖父母大人康強，家中老幼平安，諸弟讀書發奮，並喜父親出京一路順暢，自京至省，僅三十餘日，真極神速。

邇際男身體如常，每夜早眠，起亦漸早，惟不耐久思，思多則頭昏，故常冥心於無用，優遊涵養，以謹守父親保身之訓。九弟功課有常，《禮記》九本已點完，《鑑》已看至三國，《斯文精粹》詩、文，各已讀半本。詩略進功，文章未進功。男亦不求速效。觀其領悟，已有心得，大約手不從心耳。

甲三於四月下旬能行走，不須扶持，尚未能言，無乳可食，每日一粥兩飯。家婦身體亦好，已有夢熊之喜。婢僕皆如故。

今年新進士，龍翰臣得狀元，係前任湘鄉知縣見田年伯之世兄。同鄉六人，得四庶常、兩知縣。覆試單已於閏三月十六付回。茲又付呈殿試朝考全單。

同鄉京官如故。鄭莘田給諫服闋來京。梅霖生病勢沉重，深為可慮。黎樾喬老前輩處，父親未去辭行，男已道達此意。廣東之事，四月十八日得捷音，茲將抄報付回。

男等在京自知謹慎，堂上各老人不必罣懷。家中事，蘭姊去年生育，是男是女？楚善事如何成就？伏望示知。

男謹稟。即請父母親大人萬福金安！（道光二十一年五月十八日）

稟父母（籌畫歸還借款）

男國藩跪稟父母親大人萬福金安：

彭山屺進京，道上為雨泥所苦，又值黃河水漲，渡河時大費力，行旅衣服皆濕。惟男所寄書，渠收貯箱內，全無潮損，真可感也！到京又以臘肉、蓮、茶送男。渠於初九晚到，男於十三日請酒，十六日將四十千錢交楚。渠於十八日賃住黑市，離城十八里，係武會試進場之地，男必去送考。

男在京身體平安。國荃亦如常。男婦於六月廿三、四感冒，服藥數帖全愈，又服安胎藥數帖。紀澤自病全愈後，接又服補劑十餘帖，辰下體已復元，每日行走歡呼，雖不能言，已無所不知，食粥一大碗，不食零物。僕婢皆如常，周貴已薦隨陳雲心回南，其人蠢而負恩。蕭祥已跟別人，男見其老成，加錢呼之復來。

男目下光景漸窘，恰有俸銀接續，冬下又望外官例寄炭資。今年尚可勉強支持，至明年則更難籌畫。借錢之難，京城與家鄉相仿，但不勒追強逼耳。前次寄信回家，言添梓坪借項內，松軒叔兄弟實代出錢四十千，男可寄銀回家完清此項。近因完彭山屺項，又移徙房屋，用錢日多，恐難再付銀回家。

男現看定屋在繩匠胡同北頭路東，準於八月初六日遷居。初二日已搬一香案去，取吉日也。棉花六條胡同之屋，王翰城言冬間極不吉，且言重慶下者不宜住三面懸空之屋，故遂遷移繩匠胡同。房租每月大錢十千，收拾又須十餘千。心齋借男銀已全楚，渠家中付來銀五百五十兩，又有各項出息。渠言尚須借銀出京，不知信否？

男已於七月留鬚。楚善叔有信寄男，係四月寫，備言其苦。近聞衡陽田已賣，應可勉強度日。戊戌冬所借十千二百，男曾言幫他，曾稟告叔父，未稟祖父大人，是男之罪，非渠之過。其餘細微曲折，時成時否，時朋買，時獨買，叔父信不甚詳明，楚善叔信甚詳，男不敢盡信。總之，渠但免債主追迫，即是好處，第目前無屋可住，不知何處安身？若萬一老親幼子棲託無所，則流離四徙，尤可憐憫。以男愚見，可仍使渠住近處，斷不可住衡陽，求祖父大人代渠謀一安居。若有餘貲，則佃田耕作。又求父親寄信問朱堯階，備言楚善光景之苦與男關注之切，問渠所管產業可佃與楚善耕否？渠若允從，則男另有信求堯階，租穀須格外從輕。但路太遠，至少亦須耕六十畝，方可了吃。堯階壽屏託心齋帶回。

嚴麗生在湘鄉不理公事，簠簋不飭，聲名狼籍。如查有真實劣蹟，或有上案，不妨抄錄付京，因有御史在男處查訪也，但須機密。

四弟、六弟考試不知如何？得不足喜，失不足憂，總以發憤讀書為主。史宜日日看，不可間斷。九弟閱《易知錄》，現已看至隋朝。溫經須先窮一經，一經通後，再治他經，切不可兼營並騖，一無所得。

右謹稟父母親大人萬福金安！（道光二十一年八月初三日）

稟父母（借銀寄回家用）

男國藩跪稟父母親大人萬福金安：

十四日接家信，內有父親、叔父並丹閣叔信各一件，得悉丹閣叔入泮，且堂上各大人康健。不勝欣幸！

男於八月初六日移寓繩匠胡同北頭路東，屋甚好，共十八間，每月房租京錢二十千文。前在棉花胡同，房甚偪仄，此時房屋爽塏，氣象軒敞。男與九弟言，恨不能接堂上各大人來京住此。

男身體平安。九弟亦如常，前不過小恙，兩日即愈，未服補劑。甲三自病體復元後，日見肥胖，每日歡呼趨走，精神不倦。冢婦亦如恆。九弟《禮記》讀完，現讀《周禮》。

心齋兄於八月十六日，男向渠借錢四十千，付寄家用。渠允於到湘鄉時，送銀廿八兩，交勤七叔處轉交男家，且言萬不致誤。男訂待渠到京日償還其銀，若到家中，不必還他。

又，男寄有冬菜一簍，朱堯階壽屏一付，在心齋處。冬菜託交勤七叔送至家，壽屏託交朱嘯山轉寄。香海處月內準有信去。王睢園處去冬有信去，至今無回信，殊不可解。

顏字不宜寫白摺，男擬改臨褚、柳。

去年跪託叔父大人之事，承已代覓一具，感戴之至，泥首萬拜。若得再覓一具，即於今冬明春辦就更妙。敬謝叔父，另有信一函。

在京一切，自知謹慎。

男跪稟。（道光二十一年八月十七日）

稟父母（九弟急欲南歸）

男國藩跪稟父母親大人萬福金安：

八月十四日接家信三件：內係得父親信一、叔父信一、丹閣叔信一。十八日男發家信第十二號，不知已收到否？

男等在京身體平安。甲三母子如常。惟九弟迫思南歸，不解何故？自九月初間即言欲歸。男始聞駭異，再四就詢，終不明言，不知男何處不友，遂爾開罪於弟，使弟不願同居。男勸其明白陳辭，萬不可蘊藏於心，稍生猜疑。如男有不是，弟宜正容責之，婉言導之，使男改過自贖。再三勸諭，弟終無一言。如男全無過愆，弟願歸侍定省，亦宜寫信先告知父親，待回信到時，家中諭令南歸，然後擇伴束裝，尚未為晚。男因弟歸志已決，百計阻留，勸其多住四十天，而弟仍不願，欲與彭山屺同歸。彭會試罷屈，擬九月底南旋，現在尚少途費，待渠家寄銀來京。男目下已告匱，九弟若歸，途費甚難措辦。

英夷在浙江滋擾日甚。河南水災，豫楚一路飢民甚多，行旅大有戒心。胡詠之前輩扶櫬南歸，行李家眷，雇一大船，頗挾重貲，聞昨已被搶劫，言之可慘。九弟年少無知，又無大幫作伴，又無健僕，又無途費充裕，又值道上不甚恬謐之際。兼此數者，男所以大不放心，萬萬不令弟歸。即家中聞之，亦萬萬放心不下。男現在苦留九弟在此，弟若婉從，則讀書如故，半月內男又有稟呈；弟若執拗不從，則男當責以大義，必不令其獨行。

自從閏三月以來，弟未嘗片語違忤，男亦從未加以辭色，兄弟極為湛樂。茲忽欲歸，男寢饋難安，展轉思維，不解何故，男萬難辭咎。父親寄諭來京，先責男教書不盡職、待弟不友愛之罪，後責弟年少無知之罪，弟當翻然改悟。男教訓不先，鞠愛不切，不勝戰慄待罪之至。伏望父母親俯賜懲責，俾知悛悔遵守，斷不敢怙過飾非，致兄弟仍稍有嫌隙。男謹稟告家中，望無使外人聞知，疑男兄弟不睦，九弟不過堅執，無絲毫怨男也。

男謹稟。（道光二十一年九月十五日）

稟父母（九弟暫不歸家）

男國藩跪稟父母親大人萬福金安：

十月十七日接奉在縣城所發手諭，知家中老幼安吉，各親戚家並皆如常。七月廿五由黃恕皆處寄信、八月十三日由縣附信寄摺差，皆未收到。男於八月初三發第十一號家信，十八發第十二號，九月十六發第十三號，不知皆收到否？

男在京身體平安，近因體氣日強，每天發奮用功。早起溫經，早飯後讀廿三史，下半日閱詩、古文，每日共可看書八十頁，皆過筆圈點，若有躭擱，則止看一半。

九弟體好如常，但不甚讀書。前九月下旬迫切思歸，男再四勸慰，詢其何故，九弟終不明言，惟不讀書，不肯在上房共飯。男但就弟房二人同食，男婦獨在上房飯，九月一月皆如此。弟待男恭敬如常，待男婦和易如常，男夫婦相待亦如常，不解因何思歸之故。男告弟云：「凡兄弟有不是處，必須明言，萬不可蓄疑於心。如我有不是，弟當明爭婉諷。我若不聽，弟當為信稟告堂上。今欲一人獨歸，浪用途費，錯過光陰，道路艱險，爾又年少無知，祖父母、父母聞之，必且食不甘味，寢不安枕，我又安能放心？是萬不可也等語。」又寫書一封，詳言不可歸之故，共二千餘字；又作詩一首示弟，弟微有悔意，而尚不讀書。十月初九，男及弟等恭慶壽辰。十一日，男三十初度，弟具酒食，肅衣冠，為男祝賀，嗣後復在上房四人共飯，和好無猜。

昨接父親手諭中，有示荃男一紙，言境遇難得，光陰不再等語，弟始愧悔讀書。男教弟千萬言，而弟不聽；父教弟數言，而弟遽惶恐改悟。是知非弟之咎，乃男之不能友愛，不克修德化導之罪也。伏求更賜手諭，責男之罪，俾男得率教改過，幸甚。

男婦身體如常。孫男日見結實，皮色較前稍黑，尚不解語。

男自六月接管會館公項，每月收房租大錢十五千文。此項例聽經管支用，俟交卸時算出，不算利錢。男除用此項外，每月僅用銀十一二兩。若稍省儉，明年尚可不借錢。比家中用度較奢華。祖父母、父母不必懸念。

男本月可補國史館協修官，此輪次挨派者。英夷之事，九月十七大勝，在福建、臺灣生擒夷人一百三十三名，斬首三十二名，大快人心。同鄉何宅盡室南歸。餘俱如故。

又呈附錄詩一首，云：「松柏翳危巖，葛藟相鉤帶。兄弟匪他人，患難亦相賴。行酒烹肥羊，嘉賓填門外。喪亂一以聞，寂寞何人會。維鳥有鶺鴒，維獸有狼狽。兄弟審無猜，外侮將予奈。願為同岑石，無為水下瀨。水急不可磯，石堅猶可礚。誰謂百年長，倉皇已老大。我邁而斯征，辛勤共麤糲。來世安可期，今生勿玩愒！」（道光二十一年十月十九日）

稟父母（在外借債過年）

男國藩跪稟父母親大人萬福金安：

十一月十八，男有信寄呈，寫十五日生女事，不知到否？昨十二月十七日，奉到手諭，知家中百凡順遂。不勝欣幸！男等在京，身體平安，孫男孫女皆好。現在共用四人，荊七專抱孫男，以春梅事多，不能兼顧也。孫男每日清晨與男同起，即送出外，夜始接歸上房。孫女滿月，有客一席。九弟讀書，近有李碧峯同居，較有樂趣。男精神不甚好，不能勤教，亦不督責。每日兄弟笑語歡娛，蕭然自樂，而九弟似有進境，茲將昨日課文原稿呈上。

男今年過年，除用去會館房租六十千外，又借銀五十兩，前日冀望外間或有炭資之贈，今冬乃絕無此項。聞今年家中可盡完舊債，是男在外有負累，而家無負累，此最可喜之事。岱雲則南北負累，時常憂貧，然其人忠信篤敬，見信於人，亦無窘迫之時。

同鄉京官俞岱青先生告假，擬明年春初出京，男便附鹿肉託渠帶回。杜蘭溪、周華甫皆擬送家眷出京。岱雲約男同送家眷，男不肯送，渠謀亦中止。彭山屺出京，男為代借五十金，昨已如數付來。心齋臨行時，約送銀廿八兩至勤七叔處轉交我家，不知能踐言否。嗣後家中信來，四弟、六弟各寫數行，能寫長信更好。

男謹稟。（道光二十一年十二月二十一日）

稟父母（便附家中大布及茶葉）

男國藩跪稟父親大人萬福金安：

男與九弟身體清吉。冢婦亦平安。孫男甲三體好，每日吃粥兩頓，不吃零星飲食，去冬已能講話。孫女亦體好，乳食最多，合寓順適。今年新正，景象陽和，較去年正月甚為燠暖。

茲因俞岱青先生南回，付鹿脯一方，以為堂上大人甘旨之需。鹿肉恐難寄遠，故薰臘附回。此間現有薰臘肉、豬舌、豬心、臘魚之類，與家中無異。如有便附物來京，望附茶葉、大布而已。茶葉須託朱堯階清明時在永豐買，則其價亦廉，茶葉亦好。家中之布附至此間，為用甚大，但家中費用窘迫，無錢辦此耳。

同縣李碧峯苦不堪言，男代為張羅，已覓得館，每月學俸銀三兩。在男處將住三月，所費無幾，而彼則感激難名。館地現尚未定，大約可成。在京一切，自知謹慎。

即請父母親大人萬福金安！（道光二十二年正月初七日）

稟父母（九弟擇日南歸）

男國藩跪稟父母親大人萬福金安：

新正初七日，男發第一號家信並鹿脯一方，託俞岱青先生交彭山屺寄轉，不知到否？去年臘月十九發家信，內共信十餘封，想已到矣。

初七日信係男荃代書。初八早，男兄弟率合寓上下焚香祝壽。下半日荃弟患病，發熱畏寒，遍身骨節痛，脅氣疼痛。次早，請小珊診，係時疫症。連日服藥，現已大愈。小珊云：「凡南人體素陰虛者，入京多患此證。從前彭棣樓夫婦皆患此證，羅蘇溪、勞辛階、鄭小珊、周華甫亦曾有此病。」男庚子年之病，亦是此證。其治法不外滋陰祛邪，二者兼顧。九弟此次之病，又兼肝家有鬱、胃家有滯，故病勢來得甚陡。自初八至十三，脅氣疼痛，呻吟之聲震屋瓦。男等日夜惶懼。初九即請吳竹如醫治。連日共請四醫，總以竹如為主、小珊為輔。十四日脅痛已止，肝火亦平。十五日已能食粥，日減日退，現在微有邪熱在胃。小珊云：「再過數日，邪熱祛盡，即可服補劑。本月盡當可復體還元。」男自己亥年進京，庚子年自身大病，辛丑年孫兒病，今年九弟病，仰託祖父母、父母福蔭，皆保萬全。何幸如之！因此思丁酉春祖父之病，男不獲在家伏侍，至今尚覺心悸。九弟意欲於病體起復後歸家，男不敢復留。待他全好時，當借途費、擇良伴，令其南歸。大約在三月起行。

英逆去秋在浙滋擾，冬間無甚動作。若今春不來天津，或來而我師全勝，使彼片帆不返，則社稷蒼生之福也。黃河決口，去歲動工，用銀五百餘萬，業已告竣，臘底又復決口。湖北崇陽民變，現在調兵剿辦，當易平息。

餘容續稟。男謹呈。（道光二十二年正月十八日）

稟父母（九弟習字長進）

男國藩跪稟父母親大人萬福金安：

九弟之病，自正月十六日後，日見強旺。二月一日開葷，現已全復元矣。二月以來，日日習字，時有長進。男亦常習小楷，以為明年考差之具。近來改臨智永《千字文》帖，不復臨顏、柳二家帖，以不合時宜故也。孫男身體甚好，每日佻達歡呼，曾無歇息。孫女亦好。

浙江之事，聞於正月底交戰，仍爾不勝。去歲所失寧波府城，定海、鎮海二縣城，尚未收復。英夷滋擾以來，皆漢奸助之為虐。此輩食毛踐土，喪盡天良，不知何日罪惡貫盈，始得聚而殲滅。湖北崇陽縣逆賊鍾人杰為亂，攻占崇陽、通城二縣。裕制軍即日撲滅，將鍾人杰及逆黨檻送京師正法。餘孽俱已搜盡。鍾逆倡亂不及一月，黨羽姻屬，皆伏天誅。黃河去年決口，昨已合龍，大功告成矣。

九弟前病中思歸，近因難覓好伴，且聞道上有虞，是以不復作歸計。弟自病好後，亦安心不甚思家。李碧峯在寓住三月，現已找得館地，在唐同年李杜家教書，每月俸金二兩，月費一千。男於二月初配丸藥一料，重三斤，約計費錢六千文。男等在京謹慎，望父母親大人放心。

男謹稟。（道光二十二年二月二十四日）

稟父母（告孫女種牛痘及經濟狀況）

男國藩跪稟父母親大人萬福金安：

三月初奉大人正月十二日手諭，具悉一切。又知附有布疋、臘肉等在黃茀卿處，第不知黃氏兄弟何日進京，又不知家中係專人送至省城，抑託人順帶也？

男在京身體如常，男婦亦清吉。九弟體已復元。前二月間，因其初愈，每日只令寫字養神。三月以來，仍理舊業，依去年功課。未服補劑，男分丸藥六兩與他吃，因年少不敢峻補。孫男女皆好，擬於三月間點牛痘。此間牛痘局，係廣東京官請名醫設局積德，不索一錢，萬無一失。

男近來每日習字，不多看書。同年邀為試帖詩課，十日內作詩五首，用白摺寫好公評，以為明年考差之具。又吳子序同年，有兩弟在男處附課看文。又金臺書院每月月課，男亦代人作文。因久荒制藝，不得不略為溫習。

此刻光景已窘，幸每月可收公項房錢十五千外，些微挪借，即可過度。京城銀錢比外間究為活動。家中去年澈底澄清，餘債無多，此真可喜。

蕙妹僅存錢四百千，以二百在新窯食租，不知住何人屋？負薪汲水又靠何人？率五又文弱，何能習勞！後有家信，望將蕙妹家事瑣細詳書。

餘容後呈。男謹稟。（道光二十二年三月十一日）

稟父母（兩弟患業不精）

男國藩跪稟父母親大人萬福金安：

六月廿八日接到家書，係三月廿四日所發，知十九日四弟得生子，男等合室相慶。四妹生產雖難，然血暈亦是常事。且此次既能保全，則下次較為容易。男未得信時，常以為慮。既得此信，如釋重負。

六月底，我縣有人來京捐官，言四月縣考時，渠在城內並在彭興岐、丁信風兩處，面晤四弟、六弟，知案首是吳定五。男十三年前在陳氏宗祠讀書，定五纔發蒙作起講，在楊畏齋處受業。來年聞吳春崗說定五甚為發奮，今果得志，可謂成就甚速。其餘前十名及每場題目，渠已忘記。後有信來，乞四弟寫出。

四弟、六弟考運不好，不必罣懷。俗語云：「不怕進得遲，只要中得快。」從前邵丹畦前輩四十三歲入學，五十二歲作學政。現任廣西藩臺汪朗，渠於道光十二年入學，十三年點狀元。阮芸臺前輩於乾隆五十三年縣、府試頭場皆未取，即於是年入學中舉，五十四年點翰林，五十五年留館，五十六年大考第一，比放浙江學政，五十九年陞浙江巡撫。些小得失不足患，特患業之不精耳！兩弟場中文若得意，可將原卷領出寄京；若不得意，不寄可也。

男輩在京平安。紀澤兄妹二人體甚結實，皮色亦黑。

逆夷在江蘇滋擾，於六月十一日攻陷鎮江，有大船數十隻在大江游戈，江寧、揚州二府頗可危慮。然而天不降災，聖人在上，故京師人心鎮定。

同鄉王翰城告假出京。男與陳岱雲亦擬送家眷南旋，與鄭莘田、王翰城四家同隊出京。男與陳家本於六月底定計，後於七月初一請人扶乩，似可不必輕舉妄動，是以中止。現在男與陳家仍不送家眷回南也。

正月間俞岱青先生出京，男寄有鹿脯一方，託找彭山屺轉寄，俞後託謝吉人轉寄，不知到否？又四月託李昺岡寄銀寄筆，託曹西垣寄蓡，並交陳季牧處，不知到否？前父親教男養鬚之法，男僅留上唇鬚，不能用水浸透，色黃者多、黑者少；下唇擬待三十六歲始留。男屢接家信，嫌其不詳，嗣後更願詳示。

男謹稟。（道光二十二年七月初四日）

稟父母（九弟路上安否）

男國藩跪稟父母親大人萬福金安：

九弟自七月十六日出京，廿三即有信來京，嗣後在道上未發信來，刻下想已到樊城矣。不知道上果平安否，男實難放心。黃河決口百九十餘丈，在江南桃源縣之北，為患較去年河南不過三分之一。逆夷在江南半月內無甚消息，大約和議已成。同縣有黃鑑者，為口外宣化巡檢。去年回家，在湘鄉帶一老媽來京。因使用不合，仍託人攜帶南歸。現寄居男寓，求男代覓地方附回，途費則黃自出。

謝果堂先生已於八月初六出京，住京兩月，與男極相投合，臨別依依。同鄉如唐鏡海、俞岱青、謝肯堂三前輩，皆老成典型，於男皆青眼相待。何子貞全家已來京。男婦及孫男女身體如常。

此次摺差於七月十六日在省起身，想父親彼時尚在省城，不知何以無信？陳岱雲家信言學院十六封門。四弟、六弟府考，渠亦不知。彭王姑墓誌銘，九弟起程時，倉卒未及寫。今寫畢，又無便寄，求告知徵一表叔。正月所辦壽具，不知已漆否？萬不可用黃二漆匠。此人男深惡之，他亦不肯盡心也。彭宮五亦不可用，彼未學過，且太遲鈍。

餘俟續稟。男謹稟。（道光二十二年八月十二日）

稟父母（痛改過失）

男國藩跪稟父母親大人萬福金安：

十月廿二奉到手諭，敬悉一切。鄭小珊處小隙已解。男從前於過失每自忽略，自十月以來念念改過，雖小必懲，其詳具載示弟書中。耳鳴近日略好，然微勞即鳴。每日除應酬外，不能不略自用功；雖欲節勞，實難再節。手諭示以節勞、節欲、節飲食，謹當時時省記。

蕭辛五先生處寄信，不識靠得住否。龍翰臣父子已於十月初一日到，布疋線索俱已照單收到，惟茶葉尚在黃恕皆處。恕皆有信與男，本月可到也。男婦及孫男女等皆平安。

餘詳於弟書。謹稟。（道光二十二年十月二十六日）

稟父母（年漆壽材一次）

男國藩跪稟父母親大人萬福金安：

十二月十四日奉到十月初七手諭，敬悉一切。芝妹又小產。男恐其氣性太躁，有傷天和，亦於生產有礙，以後須平心和氣。伏望大人教之。

朱備之世兄任寶慶同知。其人渾樸，京師頗有笑其憨者，實則篤厚君子也。

漆壽具既用黃二漆匠亦好，男斷不與此等小人計較，但恐其不盡心耳。聞瓷灰不可多用，多用則積久易脫，不如多漆厚漆，有益無損。不知的否？以後每年四具必須同漆一次，男每年必付四兩銀至家，專為買漆之用。九弟前帶回銀十兩，為堂上吃肉之費，不知已用完否？

男等及孫男女身體俱如常。今年用費共六百餘金，絕不窘手，左右逢源，綽有餘裕。另有寄弟信詳言之。正月祖父大人七十大壽，男已作壽屏兩架。明年有便，可付回一架。

今年京察，京城各衙門京察，堂官出考語，列等第，取一等者，即外放道府。湖南惟黎樾喬得一等。翰林未滿三年俸者，例不京察。

同鄉黃苐卿兄弟到京後，收到茶葉一簍，重廿斤，盡可供二年之食，惟託人東西太大，不免累贅，心實不安，而渠殊不介意也。在京一切自知謹慎。

男謹稟。（道光二十二年十二月二十日）

稟父母（促四弟季弟師覺庵、六弟九弟下省讀書）

男國藩跪稟父母親大人萬福金安：

正月八日恭慶祖父母雙壽，男去臘作壽屏二架。今年同鄉送壽對者五人，拜壽來客四十人。早麵四席，晚酒三席。未吃晚酒者，於十七日、廿日補請二席。又倩人畫《椿萱重蔭圖》，觀者無不歎羨。

男身體如常。新年應酬太繁，幾至日不暇給。媳婦及孫兒女俱平安。

正月十五接到四弟、六弟信。四弟欲偕季弟從汪覺庵師遊，六弟欲偕九弟至省城讀書。男思大人家事日煩，必不能常在家塾照管諸弟；且四弟天分平常，斷不能一日無師講書改詩文，斷不可一課躭擱。伏望堂上大人俯從男等之請，即命四弟、季弟從覺庵師。其束修銀，男於八月付回，兩弟自必加倍發奮矣。六弟實不羈之才，鄉間孤陋寡聞，斷不足以啟其見識而堅其心志，且少年英銳之氣不可久挫。六弟不得入學，既挫之矣；欲進京而男阻之，再挫之矣；若又不許肄業省城，則毋乃太挫其銳氣乎？伏望堂上大人俯從男等之請，即命六弟、九弟下省讀書。其費用，男於二月間付銀廿兩至金竺虔家。

夫家和則福自生。若一家之中，兄有言弟無不從，弟有請兄無不應，和氣蒸蒸而家不興者，未之有也；反是而不敗者，亦未之有也。伏望大人察男之志。即此敬稟叔父大人，恕不另具。六弟將來必為叔父克家之子，即為吾族光大門第，可喜也。

謹述一二，餘續稟。（道光二十三年正月十七日）

稟父母（順四弟六弟之意任其來京讀書）

男國藩跪稟父母親大人萬福金安：

二月十六日，接到家信第一號，係新正初三交彭山屺者，敬悉一切。去年十二月十一，祖父大人忽患腸風，賴神靈默佑，得以速痊，然遊子聞之，尚轉心悸。六弟生女，自是大喜。初八日恭逢壽誕，男不克在家慶祝，心猶依依。

諸弟在家不聽教訓，不甚發奮，男觀諸來信，即已知之。蓋諸弟之意，總不願在家塾讀書，自己亥年男在家時，即有此意，牢不可破。六弟欲從男進京，男因散館去留未定，故比時未許。

庚子年接家眷，即請弟等送，意欲弟等來京讀書也，特以祖父母、父母在上，男不敢許，以故但寫諸弟，而不指定何人。迨九弟來京，其意頗遂，而四弟、六弟之意尚未遂也。年年株守家園，時有躭擱，大人又不能常在家教之，近地又無良友，考試又不利。兼此數者，佛鬱難伸，故四弟、六弟不免怨男。

其所以怨男者有故：丁酉在家，教弟威克厥愛，可怨一矣；己亥在家，未嘗教弟一字，可怨二矣；臨進京不肯帶六弟，可怨三矣；不為弟另擇外傅，僅延丹閣叔教之，拂厥本意，可怨四矣；明知兩弟不願家居，而屢次信回，勸弟寂守家塾，可怨五矣。惟男有可怨者五端，故四弟、六弟難免內懷隱衷，前此含意不申，故從不寫信與男，去臘來信甚長，則盡情吐露矣。

男接信時，又喜又懼。喜者，喜弟志氣勃勃不可遏也；懼者，懼男再拂弟意，將傷和氣矣。兄弟和，雖窮氓小戶必興；兄弟不和，雖世家宦族必敗。男深知此理，故稟堂上各位大人俯從男等兄弟之情。實以和睦兄弟為第一。九弟前年欲歸，男百般苦留，至去年則不復強留，亦恐拂弟意也。臨別時，彼此戀戀，情深似海。故男自九弟去後，思之尤切，信之尤深，謂九弟縱不為科目中人，亦當為孝弟中人。兄弟人人如此，可以終身互相依倚，則雖不得祿位，亦何傷哉？

伏讀手諭，謂男教弟宜明言責之，不宜瑣瑣告以閱歷工夫。男自憶連年教弟之信不下數萬字，或明責，或婉勸，或博稱，或約指，知無不言，總之盡心竭力而已。

男婦孫男女身體皆平安，伏乞放心。

男謹稟。（道光二十三年二月十九日）

稟父母（盤查國庫巨案）

男國藩跪稟父母親大人萬福金安：

三月二十日男發第三號信，廿四日發第四號信，諒已收到。託金竺虔帶回之物，諒已照信收到。男及男婦、孫男女皆平安如常。男因身子不甚壯健，恐今年得差勞苦，故現服補藥，預為調養。已作丸藥兩單。考差尚無信，大約在五月初旬。

四月初四，御史陳公上摺直諫。此近日所僅見，朝臣仰之如景星慶雲。茲將摺稿付回。三月底盤查國庫，不對數銀九百二十五萬兩。歷任庫官及查庫御史，皆革職分賠，查庫王大臣亦攤賠。此從來未有之巨案也。湖南查庫御史有石承藻、劉夢蘭二人，查庫大臣有周系英、劉權之、何凌漢三人。已故者，令子孫分賠。何家須賠銀三千兩。

同鄉唐詩甫李杜選陝西靖邊縣，於四月廿一出京。王翰城選山西冀寧州知州，於五月底可出京。餘俱如故。男二月接信後，至今望信甚切。

男謹稟。（道光二十三年四月二十日）

稟父母（暫緩兒女聯姻）

男國藩跪稟父母親大人萬福金安：

五月十一接到四月十三自省城所發信，具悉一切。

母親齒痛，不知比從前略鬆否？現服何藥？下次望四弟寄方來看。叔父之病至今未愈，想甚沉重。望將藥方病證書明，寄京。劉東屏醫道甚精，然高雲亭猶嫌其過於膽大，不知近日精進何如？務宜慎之又慎！

王率五荒唐如此，何以善其後？若使到京，男當嚴以束之，婉以勸之。明年會試後，偕公車南歸，自然安置妥當，家中儘可放心。特恐其不到京耳。

本家受恬之銀，男當寫信去催。江西撫臺係男戊戌座師，男可寫信提及，亦不能言調劑之說。常南陔之世兄，聞其宦家習氣太重。孫男孫女尚幼，不必急於聯婚。且男之意，兒女聯姻，但求勤儉孝友之家，不願與宦家結契聯婚，不使子弟長奢惰之習。不知大人意見何如？望即日將常家女庚退去，託陽九婉言以謝。

前男送各戚族家銀兩，不知祖父、父親、叔父之意云何？男之淺見，不送，則家家不送；要送，則家家全送。要減，則每家減去一半；不減，則家家不減。不然，口惠而實不至，親族之間嫌怨叢生，將來釁生不測，反成仇讎。伏乞堂上審慎施行。百叩百叩！

男謹稟。（道光二十四年五月十二日）

稟父母（無法位置妹夫）

男國藩跪稟父母親大人萬福金安：

五月十二日，男發第六號信，其信甚厚。內有寄歐陽小岑、黃仙垣、梁菉莊三處貨物單。此刻三人想俱到省，不審已照單查收否？

男及男婦身體清吉。孫兒亦好。六月十七日，《三字經》讀完；十八日起讀《爾雅》。二孫女皆好。馮樹堂、郭筠仙皆在寓如常。

王率五妹夫於五月廿三日到京，其從弟仕四同來。二人在湘潭支錢十千，在長沙搭船，四月十二日至漢口。在漢口杉板廠內住十天。廿二在漢口起身，步行至京，道上備嘗辛苦。幸天氣最好，一路無雨無風，平安到京。在道上僅傷風兩日，服藥二帖而愈。到京又服涼藥二帖、補藥三帖，現在精神全好。初到京時，遍身衣褲、鞋、襪皆壞，件件臨時新製，而率五仍不知艱苦。京城實無位置，只得暫留男寓，待有便即令他回家。男自調停妥當，家中不必挂心，蕙妹亦不必著急。至於仕四，目前尚在男寓喫飯。待一月既滿，如有朋友回南，則薦仕四作僕人帶歸；如無便可薦，則亦只得麾之出門，不能常留男寓也。湖北主考倉少平係男同年相好，男託倉帶仕四到湖北。倉七月初一出京，男給仕四錢約六千，即可安樂到家。本不欲優待他，然不如此，則渠必流落京城，終恐為男之累，不如早打發他回為妥。

祖父大人於四月鼻血多出，男聞不勝惶恐。聞率五說祖父近日不喫酒，不甚健步，不知究竟如何？萬求一一詳示。叔父病勢似不輕，男尤罣心，務求將病證開示。男教習庶吉士，五月十八日上學，門生六人。二十日蒙皇上御勤政殿召見，天語垂問及男奏對，約共六七十句。

今年考差，只剩河南、山東、山西三省，大約男已無望。男今年甚怕放差，蓋因去年男婦生產是踏花生，今年恐走舊路，出門難以放心；且去年途中之病，至今心悸。男日來應酬已少，讀書如故。寓中用度浩繁，共二十口喫飯，實為可怕。居家保身一切，男自知謹慎，大人不必罣念。

男謹稟。（道光二十四年六月廿三日）

稟父母（勸弟除驕傲氣）

男國藩跪稟父母親大人萬福金安：

六月二十三日男發第七號信，交摺差。七月初一日發第八號，交王仕四手。不知已收到否？

六月廿日接六弟五月十二書，七月十六接四弟、九弟五月廿九日書，皆言忙迫之至。寥寥數語，字跡潦草，即縣試案首、前列，皆不寫出。同鄉有同日接信者，即考古老先生，皆已詳載。同一摺差也，各家發信遲十餘日而從容，諸弟發信早十餘日而忙迫，何也？且次次忙迫，無一次從容者，又何也？

男等在京，大小平安。同鄉諸家皆好，惟湯海秋於七月八日得病，初九未刻即逝。八月二十八考教習，馮樹堂、郭筠仙、朱嘯山皆取。湖南今年考差，僅何子貞得差，餘皆未放。惟陳岱雲光景最苦。男因去年之病，反以不放為樂。

王仕四已善為遣回。率五大約在糧船回，現尚未定。渠身體平安，二妹不必罣心。叔父之病，男累求詳信直告，至今未得，實不放心。甲三讀《爾雅》，每日二十餘字，頗肯率教。

六弟今年正月信，欲從羅羅山處附課，男甚喜之。後來信絕不提及，不知何故？所付來京之文，殊不甚好。在省讀書二年，不見長進，男心實憂之而無如何，只恨男不善教誨而已。大抵第一要除驕傲氣習。中無所有而夜郎自大，此最壞事。四弟、九弟雖不長進，亦不自滿。求大人教六弟，總期不自滿足為要。

餘俟續陳。男謹稟。（道光二十四年七月廿日）

稟父母（教弟注重看書）

男國藩跪稟父母親大人萬福金安：

八月二十九日男發第十號信，備載廿八生女及率五回南事，不知已收到否？男身體平安。冢婦月內甚好。去年月裡有病，今年盡除去。孫兒女皆好。初十日，順天鄉試發榜，湖南中三人。長沙周荇農中南元。

率五之歸，本擬附家心齋處。因率五不願坐車，故附陳岱雲之弟處，同坐糧船。昨岱雲自天津歸，云：「船不甚好。」男頗不放心。幸船上人多，應無可慮。

諸弟考試後，聞肄業小羅菴巷，不知勤惰若何？此時惟季弟較小，三弟俱年過二十，總以看書為主。我邑惟彭薄墅先生看書略多，自後無一人講究者，大抵為考試文章所誤。殊不知看書與考試，全不相礙。彼不看書者，亦仍不利考如故也。我家諸弟，此時無論考試之利不利，無論文章之工不工，總以看書為急。不然，則年歲日長，科名無成，學問亦無一字可靠，將來求為塾師而不可得。或經或史，或詩集、文集，每日總要看二十頁。男今年以來，無日不看書。雖萬事叢忙，亦不廢正業。

聞九弟意欲與劉霞仙同伴讀書。霞仙近來見道甚有所得，九弟若去，應有進益。望大人斟酌行之。

男不敢自主。此事在九弟自為定計。若愧奮直前，有破釜沉舟之志，則遠遊不負。若徒悠忽因循，則近處儘可度活，何必遠行百里外哉！求大人察九弟之志而定計焉。

餘容續陳。男國藩謹稟。（道光二十四年九月十九日）

稟父母（京寓慶祝壽辰）

男國藩跪稟父母親大人萬福金安：

男身體平安，讀書日有常課。自六月底起，至今未嘗間斷一天。男婦如常，漸漸有乳。孫男讀書有恆，已讀《爾雅》一本。共四本，大約明年下半年可讀完。此書大難，他書則易為力矣。三孫女皆好，餘亦合室平安。男自七月起，寓中已養車馬，每年須費百金。因郭雨三奉諱出京，渠車馬借與男用。渠曾借男五十金，亦未見還。

率五在東昌有信來京，已將錢用完，不知餘銀敷用否？若不敷用，陳處挪移自易，然男已不放心。

鄒至堂來，望付茶葉一簍、大小剪刀各二把，其餘布匹、臘肉之類俱不必付，蓋家中極難辦，路上極難帶也。初九日，父親大人壽辰，京寓客共三席。十一月初三日，母親大人六十壽辰，男不獲在家慶祝，不勝瞻戀。男擬於壽辰後作壽屏一架，即留在京張掛，不必付回。諸弟讀書，不知明年定在何處？望於今冬寫信告知，不勝懸望。

謹稟。即跪叩父母親大人雙壽大喜！（道光二十四年十月廿一日）

稟父母（寄書物等回家）

男國藩跪稟父母親大人：

男於三月初六日蒙恩得分會試房，四月十一日發榜出場，身體清吉，合室平安。所有一切事宜寫信交摺差先寄。茲因嘯山還家，託帶紋銀百兩、高麗參斤半、《子史精華》六套、《古文辭類纂》二套、《綏寇紀略》一套，皆六弟信要看之書。

高麗參，男意送江岷山、東海二家六兩，以冀少減息銀。又送金竺虔之尊人二兩，以報東道之誼。聽大人裁處。男尚辦有送朱嵐暄掛屏，候郭筠仙帶回。又有壽屏及考試筆等物，亦俟他處寄回。

餘俟續具。男謹稟。（道光二十五年四月十五日）

稟父母（不可入署說公事或與人搆訟）

男國藩跪稟父母親大人膝下：

十七日接到諸弟四月廿二日在縣所發信。欣悉九弟得取前列第三，餘三弟皆取二十名。歡欣之至！

諸弟前付詩文到京，茲特請楊春皆改正付回。今年長進甚速，良可欣慰。向來六弟文筆最矯健，四弟筆頗笨滯，觀其〈為仁矣〉一篇，則文筆大變，與六弟並稱健者。九弟文筆清貴，近來更圓轉如意。季弟秀雅。男再三審覽，實堪怡悅。

男在京平安。男婦服補劑已二十餘帖，大有效驗。醫人云：「虛弱之症，能受補則易好。」孫男女及合室下人皆清吉。

長沙館於五月十二日演戲、題名狀元、南元、朝元三匾，同日張挂，極為熱鬧，皆男總辦，而人人樂從。頭門對聯云：「同科十進士，慶榜三名元。」可謂盛矣。

同縣鄧鐵松在京患吐血病，甚為危症，大約不可挽回。同鄉有危急事，多有向男商量者，男效祖大人之法，銀錢則量力佽助，辦事則竭力經營。

嚴麗生取九弟置前列，理應寫信謝他，因其平日官聲不甚好，故不願謝。不審大人意見何如？

我家既為鄉紳，萬不可入署說公事，致為官長所鄙薄。即本家有事，情願吃虧，萬不可與人搆訟，令官長疑為倚勢凌人。

伏乞慈鑒。男謹稟。（道光二十五年五月廿九日）

稟父母（專人去取借款）

男國藩跪稟父母親大人萬福金安：

五月三十日發第七號家信，內有升官謝恩摺及四弟、九弟、季弟詩文，不知到否？

男於五月中旬染瘟症，服藥即效，已全愈矣，而餘熱未盡，近日頭上生癬，身上生熱毒，每日服銀花、甘草等藥。醫云：「內熱未散，宜發不宜遏抑。身上之毒，至秋即可全好。頭上之癬，亦不至蔓延。」又云：「恐家中祖塋上有不潔處，雖不宜挑動，亦不可不打掃。」男以皮膚之患，不甚經意，仍讀書應酬如故，飲食起居一切如故。男婦服附片、高麗參、熟地、白朮等藥，已五十餘日，飯量略加，尚未十分壯健，然行事起居亦復如常。孫男女四人並皆平安。家中僕婢皆好。

前有信言寄金年伯高麗參二兩，此萬不可少，望如數分送。去年所送戚族銀，男至今未見全單。男年輕識淺，斷不敢自作主張，然家中諸事，男亦願聞其詳，求大人諭四弟將全單開示為望。

諸弟考試，今年想必有所得。如得入學，但擇親族拜客，不必遍拜，亦不必請酒，蓋恐親族難於應酬也。

曾受恬去年所借錢，不知已寄到否？若未到，須專人去取，萬不可緩。如心齋亦專差，則兩家同去；如渠不專差，則我家獨去。家中近日用度如何？男意有人做官，則待鄰里不可不略鬆，而家用不可不守舊。不知是否？

男謹稟。（道光二十五年六月十九日）

稟父母（諸弟願意來否）

男國藩跪稟父母親大人萬福金安：

六月廿一日，男發第八號家信，不審到否？中言頭上生癬，身上生熱毒云云。近日請醫細看，頭上亦非癬也，皆熱毒耳。用生地煮水長洗，或用熬濃汁厚塗患處即愈。現在如法洗塗，大有效驗。蓋本因血熱而起，適當鬱蒸天氣而發，生地涼血而滋潤，所以奏功。特此告知，望大人放心。

寓中大小平安。陳岱雲之妾於廿二日到京。其幼子寄在男處養者，渠已於廿四日接歸自養。同鄉各家並皆如舊。李雙甫先生象鵾由貴州藩台進京，奉旨以三品京堂候補。雖在渠為左遷，而湖南多一京官，亦自可喜。

今年考試，想四位老弟中必有入泮者。然世事正難逆料，萬一皆不得售，則諸弟必牢騷抑鬱、憤懣不平，此亦人之情也。如果鬱憂，則問四弟、六弟、九弟三人中或有願進京者，不妨來京一遊。可以廣耳目、豁心胸，可以敘兄弟之樂，亦男所甚望也。如諸弟不願來，則不必強，恐其到京而急於思歸也。如有一位入學者，則不必。恐家中既辦印卷，又辦途費，銀錢艱窘也。如皆不進而諸弟又甚願來，則望大人張羅途費，毋阻其發憤之志而遏其抑鬱之氣，幸甚。如季弟願來，則須有一兄同來乃妥。

鄧鐵松病勢日危，恐不復能回南。屢勸之勿服藥，渠皆不聽。今之病，皆藥誤之也。

去年大人教男寫字不宜斜腳，男近日已力除此弊。自去年六月起，無論行楷大小字皆懸腕懸肘，是以力足而不精緻，伏求大人教訓。

男謹稟。（道光二十五年七月初一日）

稟父母（身上熱毒未好）

男國藩跪稟父母親大人萬福金安：

十四日接到四弟在省發信，內有大人手諭，具悉一切。不勝欣慰！家鄉近事及去年分贈之項，至是始昭然明白矣。

男在京平順，惟身上熱毒至今未好。其色白，約有大指頭大一顆，通身約有七八十顆，鼻子兩旁有而不成堆，餘皆成堆，脫白皮疥，髮裡及頸上約二十餘顆，兩脅及胸腹約五十餘顆。現以治癬之法治之。有效與否，尚不敢定。幸喜毫無他病，飲食起居如常，讀書習字應酬亦如常。

男婦服補劑漸好。孫兒讀《爾雅》後，讀《詩經》已至〈凱風〉。朔望行禮，頗無失儀。孫女及合寓皆平安。

荊七在陳宅，光景尚好。男想叫他回來，不好安置，他亦靦顏不願回來。若男得主考、學政，或放外官，則一定叫他回來，帶他上任。京官毫無出息。陳宅有小印結分，故荊七在陳宅比我家好些。男已將此意告荊七，乞家中並告渠兄弟也。

前次寫升官信未詳職守。詹事府本是東宮輔導太子之官，因本朝另設有上書房教阿哥，故詹事府諸官毫無所事，不過如翰林院為儲才養望之地。男居此職，仍日以讀書為業。

汪覺庵師壽文准於八月摺差付回。溫甫弟生子不育，想不免傷感。然男三十始生子，六弟今年二十三耳，叔父母不必憂慮。四弟與常家對親甚好。男擬寄輓聯一副輓常老太姻母，亦在下次寄回。

同鄉諸家如舊。惟何子貞腳痛已久，恐倉卒難好。鄧鐵松病亦難好。餘俱平安。

男謹稟。（道光二十五年七月十六日）

稟父母（請祖父換藍頂）

男國藩跪稟父母親大人萬福金安：

廿八日接到手諭第九號，係九月底在縣城新發者。

男等在京平安。身上癬毒，至今未得全好。中間自九月中旬數日，即將面上全愈，毫無疤痕，係陳醫之力，故升官時召見，無隕越之虞。十月下半月，又覺微有痕跡，頭上仍有白皺皮，身上尚如九月之常，照前七、八月，則已去其大半矣。一切飲食起居毫無患苦。四弟、六弟，用功皆有定課，昨二十八始開課作文。孫男紀澤，〈鄭風〉已讀畢，《古詩十九首》亦已讀畢。男婦及三孫女皆平順。

前信言宗毅然家銀三十兩，可將謝山益家一項去還。頃接山益信云：渠去江西時，囑其子辦蘇布平元絲銀四十兩還我家，想送到矣。如已到，即望大人將銀並男前信送毅然家。渠是紋銀，我還元絲，必須加水，還他三十二兩可也。蕭辛五處鹿膠，准在今冬寄到。

初十皇太后七旬萬壽，皇上率百官行禮，四位阿哥皆騎馬而來。七阿哥僅八歲，亦騎馬雍容，真龍種氣象。十五日，皇上頒恩詔於太和殿。十六日又生一阿哥，皇上於辛丑年六秩，壬寅年生八阿哥，乙巳又生九阿哥，聖躬老而彌康如此。

男得請封章，如今年可用璽，則明春可寄回；如明夏用璽，則秋間寄回。然既得詔旨，則雖誥軸未歸，而恩已至矣。望祖父先換藍頂，其四品補服，俟男在京寄回。可與誥軸並付。湖南各家俱平安。

餘俟續具。男謹稟。（道光二十五年十月二十九日）

稟父母（擬為六弟納監）

男國藩跪稟父母親大人萬福金安：

男頭上瘡癬至今未愈。近日每天洗兩次，夜洗藥水，早洗開水，本無大毒，或可因勤洗而好。聞四弟言家中連年生熱毒者八人，並男共九人，恐祖墳有不潔淨處，望時時打掃，但不可妄為動土，致驚幽靈。

四弟、六弟及兒婦、孫男女等皆平安。男近與同年會課作賦，每日看書如常，飲食起居如故。四弟課紀澤讀，師徒皆有常程。六弟文章極好，擬明年納監下場，但現無銀，不知張羅得就否？

同鄉唐鏡海先生已告病，明春即將回南。所著《國朝學案》一書，係男約同人代為發刻，其刻價則係耦庚先生所出。前門內有義塾，每年延師八人，教貧戶子弟三百餘人。昨首事杜姓已死，男約同人接管其事，亦係集腋成裘，男花費亦無幾。

紀澤雖從四弟讀書，而李作屋先生尚住男宅。渠頗思南歸，但未定計耳。

誥封二軸，今年不能用璽，明年乃可寄回。

蕭辛五處，已寄鹿膠一斤、阿膠半斤與他。家中若須阿膠、鹿膠，望信來京，以便覓寄。

男謹稟。（道光二十五年十一月二十日）

稟父母（報告兩次兼職）

男國藩跪稟父母親大人萬福金安：

乙巳十一月廿二日，同鄉彭棣樓放廣西思恩府知府。廿四日，陳岱雲放江西吉安府知府。岱雲年僅三十二歲，而以翰林出為太守，亦近來所僅見者。人皆代渠慶倖，而渠深以未得主考、學政為恨。且近日外官情形，動多掣肘，不如京官清貴安穩。能得外差，固為幸事。即不得差，亦可讀書養望，不染塵埃。岱雲雖以得郡為榮，仍以失去玉堂為悔。自放官後，摒擋月餘，已於十二月廿八日出京。是夕，渠有家書到京，男拆開，接大人十一月廿四所示手諭，內叔父及九弟、季弟各一信，彭茀庵表叔一信，具悉家中一切事。

前信言莫管閒事，非恐大人出入衙門，蓋以我邑書吏欺人肥己，黨邪嫉正。設有公正之鄉紳，取彼所魚肉之善良而扶植之，取彼所朋比之狐鼠而鋤抑之，則於彼大有不便，必且造作謠言，加我以不美之名，進讒於官，代我構不解之怨。而官亦陰庇彼輩，外雖以好言待我，實則暗笑之而深斥之，甚且當面嘲諷。且此門一開，則求者踵至，必將日不暇給，不如一切謝絕。今大人手示，亦云杜門謝客，此男所深為慶幸者也。

男身體平安，熱毒至今未好，塗藥則稍愈，總不能斷根。十二月十二，蒙恩充補日講起居注官。廿二日，又得充文淵閣直閣事。兩次恭謝天恩，茲并將原摺付回。講官共十八人，滿八缺，漢十缺。其職司則皇上所到之處，須輪四人侍立。直閣事四缺，不分滿漢，其職司則皇上臨御經筵之日，四人皆侍立而已。

四弟、六弟皆有進境。孫男讀書已至〈陳風〉。男婦及孫女等皆好。

歐陽牧雲有信來京，與男商請封及薦館事。二事男俱不能應允，故作書宛轉告之。外辦江綢套料一件、高麗參二兩、鹿膠一斤、對聯一付，為岳父慶祝之儀。恐省城寄家無便，故託彭棣樓帶至衡陽學署。

朱堯階每年贈穀四十石，受惠太多，恐難為報，今年必當辭卻。小米四十石，不過值錢四十千，男每年可付此數到家，不可再受他穀，望家中力辭之。毅然家之銀，想已送矣。若未送，須秤元絲銀三十二兩，以渠來係紋銀也。男有輓聯，託岱雲交蕭辛五轉寄毅然家，想可無誤。

岱雲歸，男寄有冬菜十斤、阿膠二斤、筆四支。彭棣樓歸，男寄有藍頂兩個、四品補服四付，俱交蕭辛五家轉寄。伏乞查收。

男謹稟。（道光二十六年正月初三日）

稟父母（病在肝虛）

男國藩跪稟父母親大人萬福金安：

初七日彭棣樓太守出京，男寄補服四付、藍頂二個，又寄歐陽滄溟先生江綢袿料一件、對聯一付、高麗參二兩、鹿膠一斤。又寄彭茀庵表叔鹿膠一斤。

男等在京合室平安，男病尚未全愈。二月初喫龍膽瀉肝湯，甚為受累，始知病在肝虛。近來專服補肝之品，頗覺有效。以何首烏為君，而加以蒺藜、淮山藥、赤芍、茯苓兔絲諸味。男此時不求瘡癬遽好，但求臟腑無病，身體如常，即為如天之福。今年雖不能得差，男亦毫無怨尤。

同鄉張鍾漣丁艱，男代為張羅一切，令之即日奔喪回里。黎樾喬於二月十四到京。

四弟近日讀書，專以求解為急，每日摘疑義二條來問。為男煮藥求醫及紀澤教讀，皆四弟獨任其勞。六弟近日文思大進，每月作《四書》文六首、經文三首，同人無不擊節稱賞。

請封之事，大約六月可以用璽，秋冬可以寄家。餘詳四弟書中。

男謹稟。（道光二十六年二月十六日）

稟父母（請勿懸望得差）

男國藩跪稟父母親大人萬福金安：

上次男寫信略述癬病情形，有不去考差之意。近有一張姓醫，包一個月治好，偶試一處，居然有驗。現在趕緊醫治。如果得好，男仍定去考差。若不愈，則不去考差。總之考與不考，皆無關緊要。考而得之，不過多得錢耳。考而不得，與不考同，亦未必不可支持度日。每年考差三百餘人，而得差者通共不過七十餘人，故終身翰林屢次考差而不得者，亦常有也，如我邑鄧筆山、羅九峯是已。男祇求平安，伏望堂上大人勿以得差為望。

四弟已寫信言男病，男恐大人不放心，故特書此紙。

男謹稟。（道光二十六年三月二十五日）

稟父母（附呈考差詩文）

男國藩跪稟父母親大人萬福金安：

五月初二日赴圓明園，初六日在正大光明殿考試，共二百七十人入場，湖南凡十二人。首題「無為小人儒」，次題「任官惟賢才一節」，詩題「霖雨既零。得霑字」。男兩文各七百字，全卷未錯落一字。惟久病之後，兩眼矇朧，場中寫前二開不甚得意，後五開略好。今年考差，好手甚多，男卷難於出色。茲命四弟謄頭篇與詩一首寄回，伏乞大人賜觀。知男在場中不敢潦草，則知男病後精神毫無傷損，可以放心。知男寫卷不得意，則求大人不必懸望得差。堂上大人不以男病為憂，不以得差為望，則男心安逸矣。

男身上癬疾，經張醫調治，已愈十之七矣。若從此漸漸好去，不過閏月可奏全效。寓中大小平安。男婦有夢熊之喜，大約八、九月當生。四弟書法，日日長進。馮樹堂於五月十七到京，以後紀澤仍請樹堂教，四弟可專心讀書。六弟捐監，擬於本月內上兌，填寫三代履歷、里鄰戶長一切，男自斟酌，大人儘可放心。紀澤生詩已讀至「浩浩昊天」，《古詩》已讀半本，書皆熟。三孫女皆平安。同鄉各家皆如常。

京師今年久旱，屢次求雨，尚未優渥，皇上焦思。未知南省年歲何如也？

男謹稟。（道光二十六年五月十七日）

稟父母（六弟成就功名）

男國藩跪稟父母親大人萬福金安：

五月十八日發第九號家信，內有考差詩文。

男自考差後，癬疾日愈，現在頭面已不甚顯矣，身上自腰以下亦十去七八，自腹以下尚未治。萬一放差，儘可面聖謝恩。但如此頑病而得漸好，已為非常之喜，不敢復設妄想矣。

六弟捐監，於五月廿八日具呈，閏月初兌銀，廿一日可領照，六月初一日可至國子監考到，十四即可錄科。仰承祖、父、叔父之餘蔭，六弟幸得成就功名。敬賀敬賀！

男身體平安，現服補氣湯藥，內有高麗參、焦朮。男婦及孫男女四人並如常。四弟自樹堂來教書之後，功課益勤。六弟近日文章雖無大進，亦未荒怠。

餘俟續呈。男謹稟。（道光二十六年閏五月十五日）

稟父母（請敬接誥封軸）

男國藩跪稟父母親大人萬福金安：

六弟六月初一日在國子監考到，題「視其所以」，經題「聞善以相告也……」二句，六弟取列一百三名。廿五日錄科，題「齊之以禮」，詩題「荷珠。得珠字」，六弟亦取列百餘名。兩次皆二百餘人入場。

男等身體皆平安，男婦及孫男女皆安泰。今年誥封軸數甚多，聞須八月始能辦完發下。男於八月領到，即懇湖南新學院帶至長沙。男另辦祖父母壽屏一架，華山石刻陳摶所書「壽」字一個，新刻誥封卷一百本。共四件，皆交新學院帶回，轉交陳岱雲家。求父親大人於九月廿六、七赴省。鄒雲陔由廣西過長沙，不過十月初旬。渠有還男銀八十兩，面訂交陳季牧手。父親或面會雲陔，或不去會他，即在陳宅接銀亦可。十月下旬，新學院即可到省，渠有關防，父親萬不可去拜他，但在陳家接誥軸可也。若新學院與男素不相識，則男另覓便寄回，亦在十月底可到省，最遲亦不過十一月初旬。父親接到，帶歸縣城，寄放相好人家或店內。二十六日，令九弟下縣去接。廿八夜，九弟宿賀家坳等處。廿九日，祖母大人八十大壽，用吹手執事接誥封數里。接至家，於門外向北置一香案，案上豎聖旨牌位，將誥軸置於案上，祖父母率父母望北行三跪九叩首禮。

壽屏請蕭史樓寫，史樓現未得差。若八月不放學政，則渠必告假回籍，誥軸託渠帶歸亦可也。一切男自知裁酌。茲寄回黃芽白菜子一包查收。

餘俟續呈。男謹稟。（道光二十六年七月初三日）

稟父母（毋以男不得差及六弟不中為慮）

男國藩跪稟父母親大人萬福金安：

九月十七日，接讀家信。喜堂上各位老人安康，家事順遂，無任歡慰！

男今年不得差，六弟鄉試不售，想堂上大人不免內憂，然男則正以不得為喜。蓋天下之理，滿則招損，亢則有悔，日中則昃，月盈則虧，至當不易之理也。男毫無學識而官至學士，頻邀非分之榮，祖父母、父母皆康強，可謂盛極矣。現在京官翰林中無重慶下者，惟我家獨享難得之福。是以男慄慄恐懼，不敢求非分之榮，但求堂上大人眠食如常，闔家平安，即為至幸。萬望祖父母、父母、叔父母無以男不得差、六弟不中為慮，則大慰矣。況男三次考差，兩次已得；六弟初次下場，年紀尚輕，尤不必罣心也。

同縣黃正齋，鄉試當外簾差，出闈即患痰病，時明時昧，近日略愈。

男癬疾近日大好，頭面全不看見，身上亦好了。在京一切，自知謹慎。

男謹稟。（道光二十六年九月十九日）

稟父母（四弟送歸誥軸）

男國藩跪稟父母親大人萬福金安：

九月十九日發第十七號信，十月初五發十八號信，諒已收到。

十二、三、四日內誥軸用寶，大約十八日可領到。同鄉夏階平吏部丁內艱，二十日起程回南。男因渠是素服，不便託帶誥軸，又恐其在道上拜客，或有躭擱。祖母大人於出月廿九大壽，若趕緊送回，尚可於壽辰迎接誥軸。是以特命四弟束裝出京，專送誥軸回家，與夏階平同伴，計十一月十七、八可到漢口。漢口到岳州，不過三四天。雇轎五天可到家。四弟到省即專人回家，以便家中辦事，迎接誥命。

凡事難以逆料，風順則船，風不順則坐轎。恐四弟道上或有風水阻隔，不能趕上祖母壽辰，亦未可知。家中做生日酒，且不必辦接誥封事。若四弟能到，廿七日有信，廿八辦鼓手、香案，廿九接封可也。若廿七無四弟到省之信，則廿九但辦壽筵，明年正月初八接封可也。倘四弟不歸而託別人，不特廿九趕不上，恐初八亦接不到，此男所以特命四弟送歸之意耳。

四弟數千里來京，伊意不願遽歸。男與國子監祭酒車意園先生商議，令四弟在國子監報名，先交銀數十兩，即可給與頂戴。男因具呈為四弟報名，繳銀三十兩，其餘俟明年陸續繳納。繳完之日，即可領照。男以此打發四弟，四弟亦欣然感謝，且言願在家中幫堂上大人照料家事，不願再應小考。男亦頗以為然。

男等在京身體平安，男婦生女後亦平善。六弟決計留京。九弟在江西有信來，甚好。陳岱雲待之如胞弟，飲食教誨，極為可感！書法亦大有長進。然無故而依人，究似非宜。男寫書與九弟，囑其今年偕郭筠仙同伴回家，大約年底可到家。男在京一切用度自有調度，家中不必罣心。

男謹稟。（道光二十六年十月十五日）

稟父母（男在京事事省儉及告對九弟等之期望）

男國藩跪稟父母親大人禮次：

正月十五日，接到父親、叔父十一月二十所發手書，敬悉一切。但摺弁於臘月廿八，在長沙起程，不知四弟何以尚未到省？

祖母葬地，易敬臣之說甚是。男去冬已寫信與朱堯階，請渠尋地。茲又寄書與敬臣。堯階看妥之後，可請敬臣一看。以堯階為主，而以敬臣為輔。堯階看定後，若毫無疑義，不再請敬臣可也。若有疑義，則請渠二人商之。男書先寄去，若請他時，四弟再寫一信去。男有信稟祖父大人，不知祖父可允從否？若執意不聽，則遵命不敢違拗，求大人相機而行。

大人念及京中恐無錢用，男在京事事省儉，偶值闕乏之時，尚有朋友可以通挪。去年家中收各項約共五百金，望收藏二百勿用，以備不時之需。丁、戊二年不考差，恐男無錢寄回。男在京用度，自有打算，大人不必挂心。

此間情形，四弟必能詳言之。家中辦喪事情形，亦望四弟詳告，共發孝衣幾十件？饗祭幾堂？遠處來吊者幾人？一一細載為幸。

男身體平安。一男四女，痘後俱好，男婦亦如常。

聞母親想六弟回家，叔父信來，亦欲六弟隨公車南旋。此事須由六弟自家作主，男不勸之歸，亦不敢留。

家中諸務浩繁，四弟可一人經理。九弟、季弟必須讀書，萬不可躭擱他。九弟、季弟亦萬不可懶散自棄。去年江西之行，已不免為人所竊笑，以後切不可輕舉妄動。只要天不管，地不管，伏案用功而已。

男在京時時想望者，只望諸弟中有一發憤自立之人，雖不得科名，亦是男的大幫手。萬望家中勿以瑣事躭擱九弟、季弟；亦望兩弟鑒我苦心，結實用功也。

男之癬疾，近又小發，但不似去春之甚耳。同鄉各家如常。劉月槎已於十五日到京。餘俟續呈。男謹稟。（道光二十七年正月十八日）

稟父母（遵命一意服官）

男國藩跪稟父母親大人膝下：

昨初九日巳刻，接讀大人示諭及諸弟信，藉悉一切。祖父大人之病已漸愈，不勝禱祝，想可由此而全愈也。男前與朱家信，言無時不思鄉土，亦久宦之人所不免，故前次家信亦言之。今既承大人之命，男則一意服官，不敢違拗，不作是想矣。

昨初六日派總裁房差，同鄉惟黃恕皆一人。男今年又不得差，則家中氣運不致太宣洩，祖父大人之病必可以速愈，諸弟今年或亦可以入學，此盈虛自然之理也。

男癬病雖發，不甚狠，近用蔣醫方朝夕治之。渠言「此病不要緊，可以徐愈」。治病既好，渠亦不要錢。兩大人不必懸念。

男婦及華男、孫男女身體俱好，均無庸掛念。男等所望者，惟祖父大人病之速愈，暨兩大人之節勞，叔母目疾速愈，俾叔父寬懷耳。

餘容另稟。（道光二十七年三月初十日）

稟父母（詢問託人寄上之物及告勿因家務過勞）

男國藩跪稟父母親大人膝下：

十六夜，接到六月初八日所發家信，欣悉一切。祖父大人病已十愈八九，尤為莫大之福。六月二十八日曾發一信，言升官事，想已收到。馮樹堂六月十七日出京，寄回紅頂、補服、袍褂、手釧、筆等物，計八月可以到家。賀禮惟七月初五日出京，寄回鹿膠、麗參等物，計九月可以到家。

四弟、九弟信來，言家中大小諸事皆大人躬親之，未免過於勞苦。勤儉本持家之道，而人所處之地各不同。大人之身，上奉高堂，下蔭兒孫，外為族黨鄉里所模範。千金之軀，誠宜珍重。且男忝竊卿貳，服役已兼數人，而大人以家務勞苦如是，男實不安於心。此後萬望總持大綱，以細微事付之四弟。四弟固謹慎者，必能負荷。而大人與叔父大人惟日侍祖父大人前，相與娛樂，則萬幸矣！

京寓大小平安，一切自知謹慎，堂上各位大人，不必罣念。

餘容另稟。（道光二十七年八月十八日）

稟父母（當歸蒸雞治失眠）

男國藩跪稟父母親大人萬福金安：

十二月初五接到家中十一月初旬所發家信，具悉一切。男等在京身體平安。男癬疾已全愈，六弟體氣如常。紀澤兄妹五人皆好。男婦懷喜平安，不服藥。

同鄉各家亦皆無恙。陳本七先生來京，男自有處置之法，大人儘可放心。大約款待從厚，而打發從薄。男光景頗窘，渠來亦必自悔。

九弟信言母親常睡不著。男婦亦患此病，用熟地、當歸蒸母雞食之，大有效驗。九弟可常辦與母親吃。鄉間雞肉、豬肉最為養人，若常用黃芪、當歸等類蒸之，略帶藥性而無藥氣，堂上五位老人食之，甚有益也，望諸弟時時留心辦之。

老秧田背後三角坵是竹山灣至我家大路，男曾對四弟言及，要將路改於塝下，在檀山嘴那邊架一小橋，由豆土排上橫穿過來。其三角坵則多栽竹樹，上接新塘塝大楓樹，下接檀山嘴大藤，包裹甚為完緊，我家之氣更聚。望堂上大人細思。如以為可，求叔父於明春栽竹種樹；如不可，叔父寫信示之為幸。

男等於二十日期服已滿，敬謹祭告。廿九日又祭告一次。

餘俟續具。（道光二十七年十二月初六日）

稟父母（好地氣必團聚）

男國藩跪稟父母親大人禮安：

四月底接家中二月廿六所發書，五月初八又接三月廿九所發書，具悉一切。祖父大人病體未愈，不知可服虎骨膠否？

男在京身體如常。華男在黃家就館，端節後仍於初八日上學。紀澤讀〈告子〉至「魚，我所欲也」，書尚熟。次孫體甚肥胖。四孫女俱平安，長孫女《論語》已讀畢。兩婦亦好。其餘眷口如常。

前叔父信言知廣彭姓山內有地，有乾田十畝。男思好地峯回氣聚，田必膏腴，其山必易生樹木，蓋氣之所積，自然豐閏。若磽田童山，氣本不聚，鮮有佳城，如廟山宗祠各山之童涸，斷無吉穴矣。大抵凡至一處，覺得氣勢團聚山水環抱者，乃可尋地，否則不免誤認也。知廣之地不知何如，男因有乾田十畝之說，故進此說。

祖母葬後，家中尚屬平安，其地或尚可用。如他處買地，不必專買丈尺。附近田畝在三四百千內者，京中儘可寄回。京中欠賬已過千金，然張羅尚活動，從不窘迫，堂上大人儘可放心。餘容續稟。

男謹稟。（道光二十八年五月初十日）

稟父母（述紀澤婣事）

男國藩跪稟父母親大人萬福金安：

四月十四日接奉父親三月初九日手諭，並叔父大人賀喜手示，及四弟家書。敬悉祖父大人病體未好，且日加沉劇，父、叔率諸兄弟服侍已逾三年，無晝夜之間，無須臾之懈。獨男一人遠離膝下，未得一日盡孫子之職，罪責甚深。聞華弟、荃弟文思大進，葆弟之文，得華弟講改，亦日馳千里。遠人聞此，歡慰無極！

男近來身體不甚結實，稍一用心，即癬發於面。醫者皆言心虧血熱，故不能養肝；熱極生風，陽氣上肝，故見於頭面。男恐大發，則不能入見，故不敢用心，謹守大人保養身體之訓。隔一日至衙門辦公事，餘則在家，不妄出門。

現在衙門諸事，男俱已熟悉，各司官於男皆甚佩服，上下水乳交融，同寅亦極協和。男雖終身在禮部衙門為國家辦照例之事，不苟不懈，盡就條理，亦所深願也。

英夷在廣東，今年復請入城；徐總督辦理有方，外夷折服，竟不入城。從此永無夷禍，聖心嘉悅之至！術者每言皇上連年命運行劫財地，去冬始交脫。皇上亦每為臣工言之。今年氣象，果為昌泰，誠國家之福也！

兒婦及孫女輩皆好。長孫紀澤前因開蒙太早，教得太寬。頃讀畢《書經》，請先生再將《詩經》點讀一徧。夜間講《綱鑑正史》，約已講至秦商鞅開阡陌。

李家親事，男因桂陽州往來太不便，已在媒人唐鶴九處回信不對。常家親事，男因其女係妾所生，已知其不諧矣。

紀澤兒之姻事屢次不就，男當年亦十五歲始定婚，則紀澤再緩一二年，亦無不可。或求大人即在鄉間選一耕讀人家之女，或男在京自定，總以無富貴氣習者為主。紀雲對郭雨三之女，雖未訂盟，而彼此呼親家，稱姻弟，往來親密，斷不改移。二孫女對岱雲之次子，亦不改移。謹此稟問，餘詳與諸弟書中。

男謹稟。（道光二十九年四月十六日）

稟父母（具摺奏請日講）

男國藩跪稟父母親大人福安：

濆男三月十五到京，十八日發家信一件，四月內應可收到。

藩男十九日下園子，二十日卯刻恭送大行皇太后上西陵。西陵在易州，離京二百六十里。二十四下午到，廿五辰刻致祭，比日轉身，趕走一百廿里，廿六日走百四十里，申刻到家。一路清吉，而晝夜未免辛苦。廿八早覆命。

數日內作奏摺，擬初一早上具摺。因前奏舉行日講，聖上已允，諭於百日後舉行，茲摺要將如何舉行之法切實呈奏也。

廿九日申刻，接到大人二月廿一日手示，內六弟一信，九弟二十六之信，並六弟與他之信一並付來。知堂上四位大人康健如常，合家平安，父母親大人俯允來京，男等內外不勝欣喜！手諭云：「起程要待濆男秋冬兩季歸，明年二月，濆男仍送二大人進京。」云云，男等敬謹從命。叔父一二年內既不肯來，男等亦不敢強。濆男歸家，或九月，或十月，容再定妥。男等內外及兩孫、孫女皆好，堂上大人不必懸念。

餘俟續稟。（道光三十年三月三十日）

稟父（述辦水戰之法）

男國藩跪稟父親大人萬福金安：

屢次接到廿三日、廿八日、廿九日、初二日手諭，敬悉一切。

男前所以招勇往江南殺賊者，以江岷樵麾下人少，必須萬人一氣諸將一心，而後渠可以指揮如意，所向無前。故八月三十日寄書與岷樵，言絡續訓練，交渠統帶。此男練勇往江南之說也。王璞山因聞七月廿四日江西之役謝、易四人殉難，鄉勇八十人陣亡，因大發義憤，欲招湘勇二千前往兩江殺賊，為易、謝諸人報仇。此璞山之意也。男係為大局起見，璞山係為復仇起見。男兼招寶慶、湘鄉及各州縣之勇，璞山則專招湘鄉一縣之勇。男係添六千人，合在江西之寶勇、湘勇足成萬人，概歸岷樵統領。璞山則招二千人，由渠統帶。男與璞山大旨相同，中間亦有參差不合之處。恐家書及傳言但云招勇往江南，而其中細微分合之處，未能盡陳於大人之前也。

自九月以來，聞岷樵本縣之勇皆潰散回楚，而男之初計為之一變。聞賊匪退出江西，回竄上游，攻破田鎮，逼近湖北，而男之計又一變。而璞山則自前次招勇報仇之說通稟撫、藩各憲，上憲各嘉其志而壯其才。昨璞山往省，撫、藩命其急招勇三千赴省救援。聞近日在漣濱開局，大招壯勇，即日晉省。器械未齊，訓練未精，此則不特非男之意，亦並非璞山之初志也。在勢之推移，有不自知而出於此，若非人力所能自主耳。

季弟之歸，乃弟之意，男不敢強留。昨奉大人手示，嚴切責以大義，不特弟不敢言歸，男亦何敢稍存私見，使胞弟迹近規避，導諸勇以退縮之路。現令季弟仍認原缺之不可為，且見專用本地人之有時而不可恃也。男現在專思辦水戰之法，擬簰與船並用。湘潭駐紮，男與樹堂亦嘗熟思之。辦船等事，宜離賊蹤略遠。恐未曾辦成之際，遽爾蜂擁而來，則前功盡棄。

朱石翁已至湖北，刻難遽回。餘湘勇留江西吳城者，男已專人去調矣。江岷樵聞亦已到湖北。謹此奉聞。男辦理一切，自知謹慎，求大人不必掛心。（咸豐三年十月初四日）

稟父覆（軍中要務數條）

男國藩跪稟父親大人萬福金安：

廿二日接到十九日慈諭，訓戒軍中要務數條，謹一一稟覆：

一、營中喫飯宜早，此一定不易之理。本朝聖聖相承，神明壽考，即係早起能振刷精神之故。即現在粵匪暴亂，為神人所共怒，而其行軍，亦係四更吃飯，五更起行。男營中起太晏，喫飯太晏，是大壞事。營規振刷不起，即是此咎。自接慈諭後，男每日於放明礟時起來，黎明看各營操演。而喫飯仍晏，實難驟改。當徐徐改作天明喫飯，未知能做得到否。

一、紮營一事，男每苦口教各營官，又下札教之。言築牆須八尺高、三尺厚，濠溝須八尺寬、六尺深；牆內有內濠一道，牆外有外濠二道或三道；濠內須密釘竹籤云云。各營官總不能遵行。季弟於此等事尤不肯認真。男亦太寬，故各營不甚聽話。岳州之潰敗，即係因未能紮營之故。嗣後當嚴戒各營也。

一、調軍出戰，不可太散。慈諭所戒，極為詳明。昨在岳州，胡林翼已先至平江，通城屢稟來岳請兵救援，是以於初五日遣塔、周繼往。其岳州城內王璞山有勇二千四百，朱石樵有六百，男三營有一千七百，以為可保無虞矣，不謂璞山至羊樓司一敗。而初十開仗，僅男三營與朱石樵之六百人，合共不滿二千人，而賊至三萬之多，是以致敗。此後不敢分散。然即合為一氣，而我軍僅五千人，賊尚多至六七倍，擬添募陸勇萬人，乃足以供分布耳。

一、破賊陣法，平日男訓戒極多，兼畫圖訓諸營官。二月十三日，男親畫賊之蓮花抄尾陣，寄交璞山，璞山並不回信；寄交季弟，季弟回信言賊了無伎倆，並無所謂抄尾陣；寄交楊名聲、鄒壽璋等，回信言當留心。慈訓言當用常山蛇陣法，必須極熟極精之兵勇乃能如此。昨日岳州之敗，賊並未用抄尾法，交手不過一個時辰，即紛紛奔退，若使賊用抄尾法，則我兵更膽怯矣。若兵勇無膽無藝，任憑好陣法，他也不管，臨陣總是奔回，實可痛恨。

一、拿獲形跡可疑之人以後，必嚴辦之，斷不姑息。

以上各條，謹一一稟覆，再求慈訓。

男謹稟。（咸豐四年二月廿五日）

稟父（在省中修理戰船）

男國藩跪稟父親大人萬福金安：

二十日申刻唐四到，奉到手諭，敬悉一切。家中大小平安，鄉間田禾暢茂，甚為忻慰。

賊匪於初六日復竄入岳州城內，約有二三千人，岳陽城下及南津港船約有數百號。初八、九分船至竄西湖，擾安鄉縣。十三日龍陽失守。東而益陽，西而常德，並皆戒嚴。此間調李相堂都司帶楚勇一千，胡詠芝帶黔勇六百前往；又調周鳳山帶道州勇一千一百，想廿三、四可先後到常；又趙璞山帶新寧勇一千，由寶慶往常德；又有貴州兵一千亦至常德，想可保全。塔智亭於十二日起程至岳，現尚未到。

男在省修理戰船，已有八分工程。衡州新船及廣西水勇，均於本月可到。出月初，即可令水師至西湖剿賊。十八日，城牆上之兵一二千人鬧至中丞署內，因每銀一兩折放錢二千文，係奉戶部咨，而兵不肯從。斫柱毀轎，鬧至三堂，實屬可慮。二十日，吳坤修之火器所起火，火藥燒去數千斤，其餘火器全燒，傷人數十，現尚未查清。此事關係最要緊，男之心緒不能順適。然必認真辦理，斷不因此而稍形懈弛。

大人此次下縣，係因公事，紳士之請。以後總求不履縣城，男心尤安。尤望不必來省，軍務倥偬之際，免使省中大府多出一番應酬。男亦惟盡心辦理一切，不以牽罣依戀，轉增大人慈愛感喟之懷。伏乞大人垂鑒。

餘容續稟。（咸豐四年五月二十日）

三、稟叔父（請再代辦壽材）

稟叔父母書

姪國藩敬稟叔父大人侍下：

本年家信三號、正月一號，至今尚未收到。由彭九峯寄之信，七月初九收到。七夕所發之信，八月十四收到，欣悉家中一切。

三月之事，本姪分所當為，情所不得已，何足挂齒。

前年跪託之事，蒙在渣前買得頂好料一具，姪謹率弟國荃南望拜謝，感怍難名。更求再買一具，即於今冬明春請木匠辦就。其所需之錢，望寫信來京，姪可覓便付回。一切經營費心，何能圖報。

嬸母之病全愈，不知是何光景，曾否服藥？尚有不時言笑否？若有信來，望詳細示知為幸。

肅此。恭請叔父母大人萬福金安！

姪率弟國荃謹稟。（道光二十一年八月十七日）

稟叔父母（移寓呂祖閣）

姪國藩謹啟叔父母大人座下：

屢次家書，或呈祖父，或寄諸弟，想叔父大人皆賜觀覽，今年已寄十一次矣。而家中諸弟寄京信，姪每嫌其不詳。平日在家時寄省無便，姪亦不怪。昨府考以六月十八到省，而摺差七月初九進京，諸弟無信。八月初一摺差進京，僅四弟一信，六弟、九弟、季弟皆無信，四弟信又太略。府考共考幾場，每場是何題目，開點何人，前列何人，皆不寫一句。院考題目，考古題目，道案首及進學何人，亦皆不寫一句。去年考試亦如此。姪期望甚切，而毫不能得音信，真不可解。九弟前在京時，望家信亦甚切，而歸去後，亦懶於寄信，何也？

姪今年自五月來，滿身熱毒，煩燥之至，加意調理，應酬最繁，而每次家信必詳細言之。現在身上熱毒，已服藥四十餘帖，尚未得好。據醫者云：「雖無大害，然必至十一月乃能去盡。」幸飲食起居如恆。因寓中客多，不甚清淨，姪於昨十八日移寓呂祖閣廟內，離家不過半里，而在廟內起火食，無事從不歸去。家中姪婦及姪孫、姪孫女三人，皆平安如常。姪孫《詩經》已讀至〈定之方中〉。同鄉諸家亦皆如舊。同年中祁雋藻放湖北黃州府知府。本家心齋仙逝，實為可哀。下次摺差，必作書慰毅然宗伯。

四弟、六弟不審已進京否？若未來，仍須發奮，不可牢騷廢學。

姪謹啟。（道光二十五年八月廿一日）

稟叔父（俠士料理友喪）

姪國藩謹啟叔父大人座下：

九月十五、十七連到兩摺差，又無來信，想四弟、六弟已經來京矣。若使未來，則在省，還家時，將必書信寄京。

姪身上熱毒，近日頭面大減。請一陳姓醫生，每早吃丸藥一錢，又有小法術。已請來三次，每次給車馬大錢一千二百文。自今年四月得此病，請醫甚多，服藥亦五十餘劑，皆無效驗。惟此人來，乃將面上治好，頭上已好十分之六，身上尚未好。渠云不過一月即可全愈。姪起居如常，應酬如故，讀書亦如故。惟不做詩文，少寫楷書而已。姪婦及姪孫兒女皆平安。

陳岱雲現又有病，雖不似前年之甚，而其氣甚餒，亦難驟然復元。湘鄉鄧鐵松孝廉於八月初五出京，竟於十一日卒於獻縣道中。幸有江岷樵忠源同行，一切附身附棺，必信必誠。此人義俠之士，與姪極好。今年新化孝廉鄒柳溪在京久病而死，一切皆江君料理，送其靈櫬回南。今又扶鐵松之病而送其死，真俠士也。扶兩友之柩行數千里，亦極難矣。姪曾作鄒君墓誌銘，茲付兩張回家。今年七月忘付黃芽白菜子，八月底寄出，已無及矣。

請封之典，要十月十五始可頒恩詔，大約明年秋間始可寄回。

聞彭慶三爺令郎入學，此是我境後來之秀，不可不加意培植。望於家中賀禮之外，另封賀儀大錢一千，上書姪名，以示獎勸。

餘不具。姪謹啟。（道光二十五年九月十七日）

稟叔父母（報告升翰林院侍讀學士）

姪國藩謹啟叔父母大人萬福金安：

廿三日，四弟、六弟到京，體氣如常。

廿四日，皇上御門，姪得陞翰林院侍讀學士。每年御門不過四五次，在京各官缺出，此時未經放人者，則候御門之日簡放，以示「爵人於朝、與眾共之」之意。姪三次升官，皆御門時特擢，天恩高厚，不知所報。

姪合室平安。身上瘡癬尚未盡淨，惟面上於半月內全好，故謝恩召見，不至隕越以貽羞，此尤大幸也！

前次寫信回家，內有寄家毅然宗丈一封，言由長沙金年伯家送去心齋之母奠儀三十金，此項本羅蘇溪寄者，託姪轉交，故姪兌與周輯瑞用，由周家遞金家。頃聞四弟言，此項已作途費矣，則毅然伯家奠分必須家中趕緊辦出付去，萬不可失信。謝興岐曾借去銀三十兩，若還來甚好；若未還，求家中另行辦去。

又黃麓西借姪銀二十兩，亦聞家中已收。姪在京借銀與人頗多，姪不寫信告家中者，則家中亦不必收取。蓋在外與居鄉不同，居鄉所緊守銀錢，自可致富。在外者有緊有鬆，有發有收，所謂「大門無出，耳門亦無入」。余仗名聲好，乃扯得活；若名聲不好，專靠自己收藏之銀，則不過一年，即用盡矣。以後外人借姪銀者，仍使送還京中，家中不必收取。去年蔡朝士曾借姪錢三十千，姪已應允作文昌閣捐項，家中亦不必收取。蓋姪言不信，則日後雖有求於人，人誰肯應哉？姪於銀錢之間，但求四處活動，望堂上大人諒之。

又聞四弟、六弟言父親大人近來常到省城、縣城，曾為蔣市街曾家說墳山事、長壽庵和尚說命案事，此雖積德之舉，然亦是干預公事。姪現在京四品，外放即是臬司。凡鄉紳管公事，地方官無不銜恨。無論有理無理，苟非己事，皆不宜與聞。地方官外面應酬，心實鄙薄，設或敢於侮慢，則姪靦然為官而不能免親之受辱，其負疚當何如耶？以後無論何事，望勸父親總不到縣，總不管事。雖納稅正供，使人至縣。伏求堂上大人鑒此苦心，姪時時罣念獨此耳。

姪謹啟。（道光二十五年十月初一日）

稟叔父母（寄銀五十兩回家並述其用途）

姪國藩敬稟叔父嬸母大人萬福金安：

新年兩次稟安，未得另書敬告一切。姪以庸鄙無知，託祖宗之福蔭，幸竊祿位，時時撫衷滋愧！茲於本月大考，復荷皇上天恩，越四級而超升。姪何德何能，堪此殊榮！常恐祖宗積累之福，自我一人享盡，大可懼也。望叔父作書教姪，幸甚！

金竺虔歸，寄回銀五十兩。其四十兩用法：六弟、九弟在省讀書，用二十六兩；四弟、季弟學俸六兩；買漆四兩；歐陽太岳母奠金四兩。前第三號信業已載明矣。只餘有十兩，若作家中用度，則嫌其太少，添此無益，減此無損。姪意戚族中有最苦者，不得不些須顧送。求叔父將此十金換錢，分送最親最苦之處。叔父於無意中送他，萬不可說出自姪之意，使未得者有缺望、有怨言。二伯祖父處，或不送錢，按期送肉與油鹽之類，隨叔父斟酌行之可也。

姪謹稟。（道光二十七年六月十七日）

稟叔父母（勿勞力過甚）

姪國藩謹稟叔父母大人禮安：

十七日接家信二件，內父親一諭、四弟一書、九弟季弟在省各一書、歐陽牧雲一書，得悉一切。

祖大人之病不得少減，日夜勞心，父親、叔父辛苦服事，而姪遠離膝下，竟不得效絲毫之力，終夜思維，刻不能安。江岷樵有信來，告渠已買得虎骨，七月當親送我家，以之熬膏，可醫痿痺云云。不知果送來否？聞叔父去年起公屋，勞心勞力，備極經營。外面極堂皇，工作極堅固，費錢不過百千，而見者擬為三百千模範。焦勞太過，後至吐血。旋又以祖父復病，勤劬彌甚。而父親亦於奉事祖父之餘操理家政，刻不少休。

姪竊伏思父親、叔父二大人年壽日高，精力日邁，正宜保養神氣，稍稍休息，家中瑣細事務，可命四弟管理。至服事祖父，凡勞心細察之事，則父親、叔父躬任之；凡勞力粗重之事，則另添用僱工一人，不夠則僱二人。

姪近年以來精力日差，偶用心略甚，癬疾即發，夜坐略久，次日即昏倦。是以力加保養，不甚用功。以求無病無痛，上慰堂上之遠懷。外間求作文、求寫字、求批改詩文者，往往歷久而莫償宿諾，是以時時抱疚，日日無心安神恬之時。

前四弟在京，能為我料理一切瑣事，六弟則毫不能管。故四弟歸去之後，姪於外間之回信、家鄉應留心之事，不免疏忽廢弛。

姪等近日身體平安，合室小大皆順。六弟在京，姪苦勸其南歸。一則免告迴避；二則盡仰事俯蓄之誠；三則六弟兩年未作文，必在家中，父親、叔父嚴責方可用功。鄉試，渠不肯歸，姪亦無如之何。

叔父去年四十晉一，姪謹備袍套一付。叔母今年四十大壽，姪謹備棉外套一件。皆交曹西垣帶回，服滿後即可著。母親外褂並漢祿布夾襖，亦一同付回。

聞母親近思用一丫鬟，此亦易辦，在省城買不過三四十千；若有湖北逃荒者來鄉，則更為便益。望叔父命四弟留心速買，以供母親、叔母之使令。其價，姪即寄回。

姪今年光景之窘較甚於往年，然東支西扯尚可敷衍。若明年能得外差或升侍郎，便可彌縫。家中今年季弟喜事，不知不窘迫否？姪於八月接到俸銀，即當寄五十金回，即去年每歲百金之說也。

在京一切張羅，姪自有調停，毫不費力，堂上大人不必罣念。

姪謹稟。（道光二十八年七月二十日）

稟叔父母（託人帶歸銀）

姪國藩跪稟叔父母大人福安：

九月初十日，接到四弟、九弟、季弟等信，係八月半在省城所發者，知祖大人之病，又得稍減，九弟得補廩，不勝欣幸！

前勞辛垓廉訪八月十一出京，姪寄去衣包一個，計衣十件，不知已到否？姪有銀數十兩欲寄回家，久無妙便。十月間武岡張君經贊回長沙，擬託渠帶回，聞叔父為坍上公屋加工修治，姪亦欲寄銀數兩，為叔父助犒賞匠人之資。羅六所存銀廿二兩在姪處。右三項，皆擬託張君帶歸。

前歐陽滄溟先生館事，伍太尊已復書於季仙九先生，茲季師又回一信於伍處，託姪便寄，家中可送至歐陽家，囑其即投伍府尊也。牧雲又託查萬崇軒先生選教官遲早，茲已查出，寫一紅條，大約明冬可選。此二事可囑澄侯寫信告知牧雲。

姪等在京，身體平安。常南陔先生欲以幼女許配紀澤，託郭筠仙說媒。李家尚未說定。兩家似可對，不知堂上大人之意若何？望示知。

餘容續具。姪謹稟。（道光二十八年九月十二日）

四、致諸弟書

致諸弟（述修業以衛身）

四位老弟足下：

九弟行程，計此時可以到家。自任邱發信之後，至今未接到第二封信，不勝懸懸，不知道上有甚艱險否？四弟、六弟院試，計此時應有信，而摺差久不見來，實深懸望。

予身體較九弟在京時一樣，總以耳鳴為苦。問之吳竹如，云：「只有靜養一法，非藥物所能為力。」而應酬日繁，予又素性浮躁，何能著實養靜。擬搬進內城住，可省一半無謂之往還，現在尚未找得。予時時自悔終未能洗滌自新。九弟歸去之後，予定剛日讀經、柔日讀史之法。讀經常懶散，不沉著。讀《後漢書》，現已丹筆點過八本，雖全不記憶，而較之去年讀《前漢書》領會較深。

吳竹如近日往來極密，來則作竟日之談，所言皆身心國家大道理。渠言有竇蘭泉者，雲南人。見道極精當平實。竇亦深知予者，彼此現尚未拜往。竹如必要予搬進城住，蓋城內鏡海先生可以師事，倭艮峯先生、竇蘭泉可以友事。師友夾持，雖懦夫亦有立志。予思朱子言：「為學譬如熬肉，先須用猛火煮，然後用漫火溫。」予生平工夫，全未用猛火煮過，雖有見識，乃是從悟境得來。偶用工，亦不過優游玩索已耳。如未沸之湯，遽用漫火溫之，將愈煮愈不熟矣。以是急思搬進城內，屏除一切，從事於克己之學。鏡海、艮峯兩先生亦勸我急搬。而城外朋友，予亦有思常見者數人，如邵蕙西、吳子序、何子貞、陳岱雲是也。蕙西嘗言：「與周公瑾交，如飲醇醪。」我兩人頗有此風味，故每見輒常談不捨。子序之為人，予至今不能定其品，然識見最大且精。嘗教我云：「用功譬若掘井，與其多掘數井而皆不及泉，何若老守一井，力求及泉而用之不竭乎？」此語正與予病相合，蓋予所謂「掘井而皆不及泉」也。何子貞與予講字極相合，謂我真知大源，斷不可暴棄。予嘗謂天下萬事萬理皆出於乾坤二卦，即以作字論之：「純以神行，大氣鼓盪，脈絡周通，潛心內轉，此乾道也；結構精巧，向背有法，修短合度，此坤道也。凡乾，以神氣言；凡坤，以形質言。禮樂不可斯須去身，即此道也。樂本於乾，禮本於坤。作字而優游自得真力彌滿者，即樂之意也；絲絲入扣、轉折合法，即禮之意也。」偶與子貞言及此，子貞深以為然，謂渠生平得力，盡於此矣。陳岱雲與吾處處痛癢相關，此九弟所知者也。

寫至此，接得家書，知四弟、六弟未得入學，悵悵。然科名有無遲早，總由前定，絲毫不能勉強。吾輩讀書，只有兩事：一者進德之事，講求乎誠正修齊之道，以圖無忝所生；一者修業之事，操習乎記誦詞章之術，以圖自衛其身。進德之事，難以盡言。至於修業以衛身，吾請言之：衛身莫大於謀食，農工商，勞力以求食者也；士，勞心以求食者也。故或食祿於朝、教授於鄉，或為傳食之客，或為入幕之賓，皆須計其所業足以得食而無愧。科名，食祿之階也，亦須計吾所業將來不致尸位素餐，而後得科名而無愧。食之得不得，窮通，由天作主；予奪，由人作主。業之精不精，由我作主。然吾未見業果精而終不得食者也。農果力耕，雖有饑饉，必有豐年；商果積貨，雖有壅滯，必有通時；士果能精其業，安見其終不得科名哉？即終不得科名，又豈無他途可以求食者哉？然則特患業之不精耳。求業之精，別無他法，曰專而已矣。諺曰：「藝多不養身。謂不專也。」吾掘井多而無泉可飲，不專之咎也。諸弟總須力圖專業。如九弟志在習字，亦不必盡廢他業；但每日習字工夫，斷不可不提起精神，隨時隨事皆可觸悟。四弟、六弟，吾不知其心有專嗜否，若志在窮經，則須專守一經；志在作制義，則須專看一家文稿；志在作古文，則須專看一家文集；作各體詩亦然；作試帖亦然。萬不可以兼營並騖。兼營則必一無所能矣。切囑切囑！千萬千萬！

此後寫信來，諸弟各有專守之業，務須寫明，且須詳問極言，長篇累牘，使我讀其手書，即可知其志向識見。凡專一業之人必有心得，亦必有疑義。諸弟有心得，可以告我，共賞之；有疑義，可以問我，共析之。且書信既詳，則四千里外之兄弟不啻晤言一室，樂何如乎！予生平於倫常中，惟兄弟一倫抱愧尤深。蓋父親以其所知者盡以教我，而我不能以吾所知者盡教諸弟，是不孝之大者也。九弟在京年餘，進益無多，每一念及，無地自容。嗣後我寫諸弟信，總用此格紙，弟宜存留，每年裝訂成冊。其中好處，萬不可忽略看過。諸弟寫信寄我，亦須用一色格紙，以便裝訂。

兄國藩手具。（道光二十二年九月十八日）

致諸弟（勿屈於小試、大學之綱領、應用日課冊）

諸位賢弟足下：

十月廿一，接九弟在長沙所發信，內途中日記六葉，外藥子一包。廿二，接九月初二日家信。欣悉以慰！

自九弟出京後，余無日不憂慮，誠恐道路變故多端，難以臆揣。及讀來書，果不出吾所料，千辛萬苦，始得到家。幸哉幸哉！鄭伴之不足恃，余早已知之矣。郁滋堂如此之好，余實不勝感激。在長沙時，曾未道及彭山屺，何也？

四弟來信甚詳，其發憤自勵之志溢於行間；然必欲找館出外，此何意也？不過謂家塾離家太近，容易耽擱，不如出外較清淨耳。然出外從師，則無甚耽擱；古出外教書，其耽擱更甚於家塾矣。且苟能發奮自立，則家塾可讀書，即曠野之地、熱鬧之場，亦可讀書，負薪牧豕，皆可讀書。苟不能發奮自立，則家塾不宜讀書，即清淨之鄉、神仙之境，皆不能讀書。何必擇地？何必擇時？但自問立志之真不真耳。

六弟自怨數奇，余亦深以為然。然屈於小試，輒發牢騷，吾竊笑其志之小而所憂之不大也。君子之立志也，有民胞物與之量，有內聖外王之業，而後不忝於父母之所生，不愧為天地之完人。故其為憂也，以不如舜、不如周公為憂也，以德不修、學不講為憂也。是故頑民梗化，則憂之；蠻夷猾夏，則憂之；小人在位、賢才否閉，則憂之；匹夫匹婦不被己澤，則憂之。所謂悲天命而憫人窮，此君子之所憂也。若夫一體之屈伸、一家之飢飽，世俗之榮辱得失、貴賤毀譽，君子固不暇憂及此也。六弟屈於小試，自稱數奇，余竊笑其所憂之不大也。

蓋人不讀書則已，亦既自名曰讀書人，則必從事於《大學》。《大學》之綱領有三：明德、新民、止至善，皆我分內事也。若讀書不能體貼到身上去，謂此三項與我身毫不相涉，則讀書何用？雖使能文能詩、博雅自詡，亦只算得識字之牧豬奴耳，豈得謂之明理有用之人也？朝廷以制藝取士，亦謂其能代聖賢立言，必能明聖賢之理，行聖賢之行，可以居官蒞民，整躬率物也。若以明德、新民為分外事，則雖能文能詩，而於修己治人之道實茫然不講，朝廷用此等人作官，與用牧豬奴作官，何以異哉？

然則既自名為讀書人，則《大學》之綱領皆己身切要之事明矣。其條目有八，自我觀之，其致功之處，則僅二者而已：曰格物，曰誠意。格物，致知之事也。誠意，力行之事也。物者何？即所謂本末之物也。身、心、意、知、家、國、天下，皆物也。天地萬物，皆物也。日用常行之事，皆物也。格者，即格物而窮其理也。如事親定省，物也。究其所以當定省之理，即格物也。事兄隨行，物也。究其所以當隨行之理，即格物也。吾心，物也。究其存心之理，又博究其省察涵養以存心之理，即格物也。吾身，物也。究其敬身之理，又博究其立齊坐尸以敬身之理，即格物也。每日所看之書，句句皆物也。切己體察，窮究其理，即格物也，此致知之事也。所謂誠意者，即其所知而力行之，是不欺也。知一句便行一句，此力行之事也。此二者並進，下學在此，上達亦在此。

吾友吳竹如格物工夫頗深，一事一物，皆求其理。倭艮峯先生則誠意工夫極嚴，每日有日課冊。一日之中，一念之差，一事之失，一言一默，皆筆之於書。書皆楷字，三月則訂一本。自乙未年起，今三十本矣。蓋其慎獨之嚴，雖妄念偶動，必即時克治，而著之於書。故所讀之書，句句皆切身之要藥。茲將艮峯先生日課，抄三葉付歸，與諸弟看。

余自十月初一日起，亦照艮峯樣，每日一念一事，皆寫之於冊，以便觸目克治，亦寫楷書。馮樹堂與余同日記起，亦有日課冊。樹堂極為虛心，愛我如兄弟，敬我如師，將來必有所成。余向來有無恆之弊，自此寫日課本子起，可保終身有恆矣。蓋明師益友，重重夾持，能進不能退也。本欲抄余日課冊付諸弟閱，因今日鏡海先生來，要將本子帶回去，故不及抄。十一月有摺差，准抄幾葉付回也。

余之益友，如倭艮峯之瑟僴，令人對之肅然。吳竹如、竇蘭泉之精義，一言一事，必求至是。吳子序、邵蕙西之談經，深思明辨。何子貞之談字，其精妙處，無一不合，其談詩尤最符契。子貞深喜吾詩，故吾自十月來，已作詩十八首，茲抄二葉付回，與諸弟閱。馮樹堂、陳岱雲之立志，汲汲不遑，亦良友也。鏡海先生，吾雖未嘗執贄請業，而心已師之矣。

吾每作書與諸弟，不覺其言之長，想諸弟或厭煩難看矣。然諸弟苟有長信與我，我實樂之，如獲至寶，人固各有性情也。

余自十月初一日起記日課，念念欲改過自新。思從前與小珊有隙，實是一朝之忿，不近人情，即欲登門謝罪。恰好初九日小珊來拜壽，是夜余即至小珊家久談。十三日與岱雲合夥請小珊吃飯，從此歡笑如初，前隙盡釋矣。

近事大略如此，容再續書。

兄國藩手具。（道光二十二年十月二十六日）

致諸弟（述近況並對待童僕之態度）

諸位賢弟足下：

前十一月八日已將日課抄與弟閱，嗣後每次家信，可抄三葉付回。日課本皆楷書，一筆不苟，惜抄回不能作楷書耳。馮樹堂進功最猛，余亦教之如弟，知無不言。可惜九弟不能在京與樹堂日日切磋，余無日無刻不太息也。九弟在京年半，余懶散不努力。九弟去後，余乃稍能立志，蓋余實負九弟矣。余嘗語岱雲曰：「余欲盡孝道，更無他事，我能教諸弟進德業一分，則我之孝有一分；能教諸弟進十分，則我之孝有十分；若全不能教弟成名，則我大不孝矣。」九弟之無所進，是我之大不孝也。惟願諸弟發奮立志，念念有恆，以補我不孝之罪。幸甚幸甚！

岱雲與易五近亦有日課冊，惜其識不甚超越。余雖日日與之談論，渠究不能悉心領會，頗疑我言太夸。然岱雲近極勤奮，將來必有所成。

何子敬近待我甚好，常彼此作詩唱和。蓋因其兄欽佩我詩，且談字最相合，故子敬亦改容加禮。子貞現臨隸字，每日臨七八葉，今年已千葉矣。近又考訂《漢書》之訛，每日手不釋卷。蓋子貞之學長於五事：一曰《儀禮》精，二曰《漢書》熟，三曰《說文》精，四曰各體詩好，五曰字好。此五事者，渠意皆欲有所傳於後。以余觀之，此三者余不甚精，不知淺深究竟何如。若字，則必傳千古無疑矣。詩亦遠出時手之上，必能卓然成家。近日京城詩家頗少，故余亦欲多做幾首。

金竺虔在小珊家住，頗有面善心非之隙。唐詩甫亦與小珊有隙。余現仍與小珊來往，泯然無嫌，但心中不甚愜洽耳。曹西垣與鄒雲陔十月十六起程，現尚未到。湯海秋久與之處，其人誕言太多，十句之中僅一二句可信。今冬嫁女二次：一係杜蘭溪之子，一係李石梧之子入贅。黎樾翁亦有次女招贅。其壻雖未讀書，遠勝於馮舅矣。李筆峰尚館海秋處，因代考供事，得銀數十，衣服煥然一新。王翰城捐知州，去大錢八千串。何子敬捐知縣，去大錢七千串。皆於明年可選實缺。黃子壽處，本日去看他，工夫甚長進，古文有才華，好買書，東翻西閱，涉獵頗多，心中已有許多古董。何世兄亦甚好，沈潛之至，天分不高，將來必有所成。吳竹如近日未出城，余亦未去，蓋每見則耽擱一天也。其世兄亦極沈潛，言動中禮，現在亦學倭艮峯先生。吾觀何、吳兩世兄之姿質，與諸弟相等，遠不及周受珊、黃子壽，而將來成就，何、吳必更切實。此其故，諸弟能看書自知之。願諸弟勉之而已。此數子者，皆後起不凡之人才也。安得諸弟與之聯鑣並駕，則余之大幸也。

季仙九先生到京服闋，待我甚好，有青眼相看之意。同年會課，近皆懶散，而十日一會如故。

余今年過年，尚須借銀百五十金，以五十還杜家，以百金用。李石梧到京，交出長郡館公費，即在公項借用，免出外開口更好。不然，則尚須張羅也。

門上陳升一言不合而去，故余作〈傲奴詩〉。現換一周升作門上，頗好。余讀《易·旅卦》「喪其童僕」，《象》曰：「以旅與下，其義喪也。」解之者曰：「以旅與下者，謂視童僕如旅人，刻薄寡恩，漠然無情，則童僕亦將視主上如逆旅矣。」余待下雖不刻薄，而頗有視如逆旅之意，故人不盡忠。以後，余當視之如家人手足也，分雖嚴明而情貴周通。賢弟待人亦宜知之。

餘每聞摺差到，輒望家信。不知能設法多寄幾次否？若寄信，則諸弟必須詳寫日記數天，幸甚。余寫信，亦不必代諸弟多立課程，蓋恐多看則生厭，故但將余近日實在光景寫示而已，伏維諸弟細察。

（道光二十二年十一月十七日）

致諸弟（己巳戒煙欲作曾氏家訓勉勵自立課程）

諸位賢弟足下：

九弟到家，偏走各親戚家，必各有一番景況，何不詳以告我？

四妹小產，以後生育頗難，然此事最大，斷不可以人力勉強，勸渠家只須聽其自然，不可過於矜持。又聞四妹起最晏，往往其姑反服事他，此反常之事，最足折福，天下未有不孝之婦而可得好處者，諸弟必須時勸導之，曉之以大義。

諸弟在家讀書，不審每日如何用功？余自十月初一立志自新以來，雖懶惰如故，而每日楷書寫日記，每日讀史十葉，每日記《茶餘偶談》一則，此三事未嘗一日間斷。十月廿一日立誓永戒吃水烟，洎今已兩月不吃烟，已習慣成自然矣。予自立課程甚多，惟記《茶餘偶談》、讀史十葉、寫日記楷本此三事者，誓終身不間斷也。諸弟每日自立課程，必須有日日不斷之功，雖行船走路，須帶在身邊。予除此三事外，他課程不必能有成，而此三事者將終身以之。

前立志作《曾氏家訓》一部，曾與九弟詳細道及。後因採擇經史，若非經史爛熟胸中，則割裂零碎，毫無線索；至於採擇諸子各家之言，尤為浩繁，雖抄數百卷，猶不能盡收。然後知古人作《大學衍義》、《衍義補》諸書，乃胸中自有條例，自有議論，而隨便引書以證明之，非翻書而偏鈔之也。然後知著書之難。故暫且不作《曾氏家訓》，若將來胸中道理愈多，議論愈貫串，仍當為之。

現在朋友愈多：講躬行心得者，則有鏡海先生、艮峯前輩、吳竹如、竇蘭泉、馮樹堂；窮經知道者，則有吳子序、邵蕙西；講詩文字而藝通於道者，則有何子貞；才氣奔放，則有湯海秋；英氣逼人，志大神靜，則有黃子壽。又有王少鶴、名錫振，廣西主事，年廿七歲，張筱浦之妹夫。朱廉甫、名琦，廣西乙未翰林。吳莘畬、名尚志，廣東人，吳撫臺之世兄。龐作人，名文壽，浙江人。此四君者，皆聞予名而先來拜，雖所造有淺深，要皆有志之士，不甘居於庸碌者也。京師為人文淵藪，不求則無之，愈求則愈出。近來聞好友甚多，予不欲先去拜別人，恐徒標榜虛聲。蓋求友以匡己之不逮，此大益也；標榜以盜虛名，是大損也。天下有益之事，即有足損者寓乎其中，不可不辨。

黃子壽近作〈選將論〉一篇，共六千餘字，真奇才也！子壽戊戌年始作破題，而六年之中，遂成大學問，此天分獨絕，萬不可學而至，諸弟不必震而驚之。予不願諸弟學他，但願諸弟學吳世兄、何世兄。吳竹如之世兄，現亦學艮峯先生寫日記，言有矩、動有法，其靜氣實實可愛。何子貞之世兄，每日自朝至夕，總是溫書，三百六十日，除作詩文時，無一刻不溫書，真可謂有恆者矣。故予從前限功課教諸弟，近來寫信寄弟從不另開課程，但教諸弟有恆而已。蓋士人讀書，第一要有志，第二要有識，第三要有恆。有志則斷不敢為下流。有識則知學問無盡，不敢以一得自足，如河伯之觀海，如井蛙之窺天，皆無識也。有恆則斷無不成之事。此三者缺一不可。諸弟此時惟有識不可以驟幾，至於有志、有恆，則諸弟勉之而已。予身體甚弱，不能苦思，苦思則頭暈；不耐久坐，久坐則倦乏。時時屬望，惟諸弟而已。

明年正月，恭逢祖大人七十大壽，京城以進十為正慶，予本擬在戲園設壽筵，竇蘭泉及艮峯先生勸止之，故不復張筵。蓋京城張筵唱戲，名為慶壽，實則打把戲。蘭泉之勸止，正以此故。現在作壽屏兩架：一架淳化箋四大幅，係何子貞撰文並書，字有茶碗口大；一架冷金箋八小幅，係吳子序撰文，予自書。淳化箋係內府用紙，紙厚如錢，光彩耀目，尋常琉璃廠無有也。昨日偶有之，因買四張。子貞字甚古雅，惜太大，萬不能寄回。奈何奈何！

書不能盡言，惟諸弟鑒察。

兄國藩手草。（道光二十二年十二月二十日）

附課程表

一、主敬。整齊嚴肅，無時不懼。無事時心在腔子裡，應事時專一不雜。

二、靜坐。每日不拘何時，靜坐一會，體驗靜極生陽來復之仁心。正位凝命，如鼎之鎮。

三、早起。黎明即起，醒後勿沾戀。

四、讀書不二。一書未點完，斷不看他書。東翻西閱，都是徇外為人。

五、讀史。廿三史每日讀十頁，雖有事，不間斷。

六、寫日記。須端楷。凡日間過惡：身過、心過、口過，皆記出，終身不間斷。

七、日知其所亡。每日記《茶餘偶談》一則，分德行門、學問門、經濟門、藝術門。

八、月無忘所能。每月作詩文數首，以驗積理之多寡、養氣之盛否？

九、謹言。刻刻留心。

十、養氣。無不可對人言之事，氣藏丹田。

十一、保身。謹遵大人手諭：節慾，節勞，節飲食。

十二、作字。早飯後作字。凡筆墨應酬，當作自己功課。

十三、夜不出門。曠功疲神，切戒切戒！

致諸弟（講讀經史之法及求師友之注意點）

諸位老弟足下：

正月十五日接到四弟、六弟、九弟十二月初五日所發家信。四弟之信三葉，語語平實，責我待人不恕，甚為切當。謂月月書信徒以空言責弟輩，卻又不能實有好消息，令堂上閱兄之書，疑弟輩粗俗庸碌，使弟輩無地可容云云。此數語，兄讀之不覺汗下。我去年曾與九弟閒談云：「為人子者，若使父母見得我好些，謂諸兄弟俱不及我，這便是不孝；若使族黨稱道我好些，謂諸兄弟俱不如我，這便是不弟。何也？蓋使父母心中有賢愚之分，使族黨口中有賢愚之分，則必其平日有討好底意思，暗用機計，使自己得好名聲，而使其兄弟得壞名聲，必其後日之嫌隙由此而生也。劉大爺、劉三爺兄弟皆想做好人，卒至視如仇讎。因劉三爺得好名聲於父母族黨之間，而劉大爺得壞名聲故也。」今四弟之所責我者，正是此道理，我所以讀之汗下。但願兄弟五人，各各明白這道理，彼此互相原諒。兄以弟得壞名為憂，弟以兄得好名為快。兄不能盡道使弟得令名，是兄之罪；弟不能盡道使兄得令名，是弟之罪。若各各如此存心，則億萬年無纖芥之嫌矣。

至於家塾讀書之說，我亦知其甚難，曾與九弟面談及數十次矣。但四弟前次來書，言欲找館出外教書。兄意教館之荒功誤事，較之家塾為尤甚。與其出而教館，不如靜坐家塾。若云一出家塾便有明師益友，則我之所謂明師益友者我皆知之，且已夙夜熟籌之矣。惟汪覺庵師及滄溟先生是兄意中所信為可師者。然衡陽風俗，只有冬學要緊，自五月以後，師弟皆奉行故事而已。同學之人，類皆庸鄙無志者，又最好訕笑人。其笑法不一，總之不離乎輕薄而已。四弟若到衡陽去，必以翰林之弟相笑。薄俗可惡。鄉間無朋友，實是第一恨事。不惟無益，且大有損。習俗染人，所謂與鮑魚處亦與之俱化也。兄嘗與九弟道及，謂衡陽不可以讀書，漣濱不可以讀書，為損友太多故也。

今四弟意必從覺庵師遊，則千萬聽兄囑咐，但取明師之益，無受損友之損也。接到此信，立即率厚二到覺庵師處受業。其束修，今年謹具錢十挂。兄於八月准付回，不至累及家中。非不欲從豐，實不能耳。兄所最慮者，同學之人無志嬉遊，端節以後，放散不事事，恐弟與厚二效尤耳。切戒切戒！凡從師，必久而後可以獲益。四弟與季弟今年從覺庵師，若地方相安，則明年仍可從遊。若一年換一處，是即無恆者見異思遷也，欲求長進難矣。

六弟之信，乃一篇絕妙古文。排奡似昌黎，拗很似半山。予論古文，總須有倔強不馴之氣、愈拗愈深之意，故於太史公外，獨取昌黎、半山兩家。論詩亦取傲兀不群者，論字亦然。每蓄此意而不輕談，近得何子貞，意見極相合，偶談一二句，兩人相視而笑。不知六弟乃生成有此一枝妙筆。往時見弟文，亦無大奇特者。今觀此信，然後知吾弟真不羈才也。歡喜無極！凡兄所有志而力不能為者，吾弟皆可為之矣。

信中言兄與諸君子講學，恐其漸成朋黨，所見甚是。然弟儘可放心。兄最怕標榜，常存闇然尚絅之意，斷不至有所謂門戶自表者也。信中言四弟浮躁不虛心，亦切中四弟之病。四弟當視為良友藥石之言。

信中又言：「弟之牢騷，非小人之熱中，乃志士之惜陰。」讀至此，不勝惘然，恨不得生兩翅忽飛到家，將老弟勸慰一番，縱談數日乃快。然向使諸弟已入學，則謠言必謂學院做情。眾口鑠金，何從辨起？所謂塞翁失馬，安知非福？科名遲早，實有前定，雖惜陰念切，正不必以虛名縈懷耳。

來信言「看《禮記》疏一本半，浩浩茫茫，苦無所得，今已盡棄，不敢復閱。現讀朱子《綱目》，日十餘葉」云云。說到此處，兄不勝悔恨。恨早歲不曾用功，如今雖欲教弟，譬盲者而欲導人之大途也，求其不誤，難矣。然兄最好苦思，又得諸益友相質證，於讀書之道，有必不可易者數端：

窮經必專一經，不可泛鶩。讀經以研尋義理為本，考據名物為末。讀書有一「耐」字訣：一句不通，不看下句；今日不通，明日再讀；今年不通，明年再讀。此所謂耐也。讀史之法，莫妙於設身處地，每看一處，如我便與當時之人酬酢笑語於其間。不必人人皆能記也，但記一人，則恍如接其人；不必事事皆能記也，但記一事，則恍如親其事。經以窮理，史以考事。舍此二者，更別無學矣。

蓋自西漢以至於今，識字之儒約有三途：曰義理之學，曰考據之學，曰詞章之學。各執一途，互相詆毀。兄之私意，以為義理之學最大。義理明，則躬行有要而經濟有本。詞章之學，亦所以發揮義理者也。考據之學，吾無取焉矣。此三途者，皆從事經史，各有門徑。吾以為欲讀經史，但當研究義理，則心一而不紛。是故經則專守一經，史則專熟一代，讀經史則專主義理。此皆守約之道，確乎不可易者也。

若夫經史而外，諸子百家，汗牛充棟。或欲閱之，但當讀一人之專集，不當東翻西閱。如讀《昌黎集》，則目之所見、耳之所聞，無非昌黎，以為天地間除《昌黎集》而外更無別書也。此一集未讀完，斷斷不換他集，亦「專」字訣也。六弟謹記之。

讀經、讀史、讀專集，講義理之學，此有志者萬不可易者也。聖人復起，必從吾言矣。然此亦僅為有大志者言之，若夫為科名之學，則要讀《四書》文，讀試律賦，頭緒甚多。四弟、九弟、厚二弟天質較低，必須為科名之學。六弟既有大志，雖不科名可也，但當守一「耐」字訣耳。觀來信言讀《禮記》疏似不能耐者。勉之勉之！

兄少時天分不甚低，厥後日與庸鄙者處，全無所聞，竅被茅塞久矣。及乙未到京後，始有志學詩、古文并作字之法，亦苦無良友。近年得一二良友，知有所謂經學者、經濟者，有所謂躬行實踐者，始知范、韓可學而至也，馬遷、韓愈亦可學而至也，程、朱亦可學而至也。慨然思盡滌前日之污，以為更生之人，以為父母之肖子，以為諸弟之先導。無如體氣本弱，耳鳴不止，稍稍用心便覺勞頓。每自思念，天既限我以不能苦思，是天不欲成我之學問也，故近日以來，意頗疏散。計今年若可得一差，能還一切舊債，則將歸田養親，不復戀戀於利祿矣。麤識幾字，不敢為非以蹈大戾已耳，不復有志於先哲矣。吾人第一以保身為要，我所以無大志願者，恐用心太過，足以疲神也。諸弟亦須時時以保身為念。無忽無忽！

來信又駁我前書，謂必須博雅有才而後可明理有用，所見極是。兄前書之意，蓋以躬行為重，即子夏「賢賢易色」一章之意。以為博雅者不足貴，惟明理者乃有用，特其立論過激耳。六弟信中之意，以為不博雅多聞，安能明理有用。立論極精，但弟須力行之，不可徒與兄辯駁見長耳。

來信又言四弟與季弟從遊覺庵師，六弟、九弟仍來京中，或肄業城南云云。兄之欲得老弟共住京中也，其情如孤雁之求曹也。自九弟辛丑秋思歸，兄百計挽留，九弟當能言之。及至去秋決計南歸，兄實無可如何，祇得聽其自便。若九弟今年復來，則一歲之內忽去忽來，不特堂上諸大人不肯，即旁觀亦且笑我兄弟輕舉妄動。且兩弟同來，途費須得八十金，此時實難措辦。六弟言能自為計，則兄竊不信。曹西垣去冬已到京，郭筠仙明年始起程，目下亦無好伴。惟城南肄業之說，則甚為得計。兄於二月間准付銀廿兩至金竺虔家，以為六弟、九弟省城讀書之用。竺虔於二月起身南旋，其銀四月初可到。弟接到此信後，立即下省肄業。

省城中兄相好的，如郭筠仙、凌笛舟、孫芝房，皆在別處坐書院。賀蔗農、俞岱青、陳堯農、陳慶覃諸先生皆官場中人，不能伏案用功矣。惟聞有丁君者（名忠淑，號秩臣，長沙廩生），學問切實，踐履篤誠，兄雖未曾見面，而稔知其可師。凡與我相好者，皆極力稱道丁君。兩弟到省，先到城南住齋，立即去拜丁君（託陳季牧為介紹），執贄受業。凡人必有師，若無師，則嚴憚之心不生。既以丁君為師，以外擇友則慎之又慎。昌黎曰：「善不吾與，吾強與之附；不善不吾惡，吾強與之拒。」一生之成敗，皆關乎朋友之賢否，不可不慎也。

來信以進京為上策，以肄業城南為次策。兄非不欲從上策，因九弟去來太速，不好寫信稟堂上。不特九弟形迹矛盾，即我稟堂上，亦必自相矛盾也。又目下實難辦途費。六弟言能自為計，亦未歷甘苦之言耳。若我今年能得一差，則兩弟今冬與朱嘯山同來甚好。如六弟不以為然，則再寫信來商議可也。

九弟之信，寫家事詳細，惜話說太短。兄則每每太長，以後截長補短為妙。堯階若有大事，諸弟隨去一人幫他幾天。牧雲接我長信，何以全無回信？毋乃嫌我話太直乎？扶乩之事，全不足信。九弟總須立志讀書，不必想及此等事。季弟一切皆須聽諸兄話。

此次摺弁走甚急，不暇鈔日記本。餘容後告。（道光二十三年正月十七日）

致諸弟（喜述大考升官）

諸位老弟足下：

三月初六巳刻奉上諭，於初十日大考翰詹，余心甚著急，緣寫作俱生，恐不能完卷。不圖十三日早見等第單，余名次二等第一，遂得仰荷天恩，賞擢不次，以翰林院侍講升用。格外之恩、非常之榮，將來何以報稱？惟有時時惶悚，思有補於萬一而已。

茲因金竺虔南旋之便，付回五品補服四付、水晶頂二品、阿膠二封、鹿膠二封，母親耳環一雙。竺虔到省時，老弟照單查收。阿膠係毛寄雲所贈，最為難得之物，家中須慎重用之。

竺虔曾借余銀四十兩，言定到省即還。其銀以廿二兩為六弟、九弟讀書省城之資，以四兩為買書買筆之資，以六兩為四弟、季弟衡陽從師束脩之資，以四兩為買漆之費，即每歲漆一次之謂也。以四兩為歐陽太岳母奠金。賢弟接到銀後，各項照數分用可也。

此次竺虔到家，大約在五月節後，故一切不詳寫，待摺差來時，另寫一詳明信付回，大約四月半可到。賢弟在省如有欠用之物，可寫信到京。

餘不具述。

兄國藩手草。（道光二十三年三月十九日）

致六弟（學詩習字之法）

溫甫六弟左右：

五月廿九、六月初一，連接弟三月初一、四月廿五、五月初一三次所發之信，并《四書》文二首，筆力實實可愛。信中有云：「於兄弟則直達其隱，父子祖孫間不得不曲致其情。」此數語有大道理。余之行事，每自以為至誠可質天地，何妨直情徑行。昨接四弟信，始知家人天親之地，亦有時須委曲以行之者。吾過矣！吾過矣！

香海為人最好，吾雖未與久居，而相知頗深，爾以兄事之可也。丁秩臣、王衡臣兩君，吾皆未見，大約可為弟之師。或師之，或友之，在弟自為審擇。若果威儀可則，淳實宏通，師之可也。若僅博雅能文，友之可也。或師或友，皆宜常存敬畏之心，不宜視為等夷，漸至慢褻，則不復能受其益矣。

弟三月之信，所定功課太多。多則必不能專，萬萬不可。後信言已向陳季牧借《史記》，此不可不熟看之書。爾既看《史記》，則斷不可看他書。功課無一定呆法，但須專耳。余從前教諸弟，常限以功課，近來覺限人以課程，往往強人以所難，苟其不願，雖日日遵照限程，亦復無益。故近來教弟，但有一「專」字耳。「專」字之外，又有數語教弟。茲特將冷金箋寫出，弟可貼之座右，時時省覽；並抄一付，寄家中三弟。

香海言時文須學《東萊博議》，甚是。弟先須過筆圈點一徧，然後自選幾篇讀熟，即不讀亦可。無論何書，總須從首至尾通看一遍。不然，亂翻幾葉，摘抄幾篇，而此書之大局精處，茫然不知也。

學詩，從《中州集》入亦好。然吾意讀總集，不如讀專集。此事人人意見各殊，嗜好不同。吾之嗜好，於五古，則喜讀《文選》；於七古，則喜讀《昌黎集》；於五律，則喜讀杜集；七律，亦最喜杜詩，而苦不能步趨，故兼讀《元遺山集》。吾作詩，最短於七律，他體皆有心得。惜京都無人可與暢語者。弟要學詩，先須看一家集，不要東翻西閱；先須學一體，不可各體同學，蓋明一體則皆明也。凌笛舟最善為律詩，若在省，弟可就之求教。

習字，臨《千字文》亦可，但須有恆。每日臨帖一百字，萬萬無間斷，則數年必成書家矣。陳季牧多喜談字，且深思善悟。吾見其寄岱雲信，實能知寫字之法，可愛可畏！弟可從之切磋。此等好學之友，愈多愈好。

來信要我寄詩回南。余今年身體不甚壯健，不能用心，故作詩絕少，僅作《感春詩》七古五章。慷慨悲歌，自謂不讓陳臥子；而語太激烈，不敢示人。餘則僅作應酬詩數首，了無可觀。頃作〈寄賢弟詩〉二首，弟觀之以為何如？京筆現在無便可寄，總在秋間寄回。若無筆寫，暫向陳季牧借一枝，後日還他可也。

兄國藩手草。（道光二十三年六月初六日）

致諸弟（論孝弟之道）

澄侯、叔淳、季洪三弟左右：

五月底連接三月初一、四月十八兩次所發家信。

四弟之信，具見真性情，有困心衡慮、鬱積思通之象。此事斷不可求速效。求速效必助長，非徒無益，而又害之。祇要日積月累，如愚公之移山，終久必有豁然貫通之候。愈欲速，則愈錮蔽矣。來書往往詞不達意，我能深諒其苦。

今人都將「學」字看錯了。若細讀「賢賢易色」一章，則絕大學問即在家庭日用之間。於「孝」、「弟」兩字上盡一分，便是一分學；盡十分，便是十分學。今人讀書，皆為科名起見，於孝弟、倫紀之大，反似與書不相關。殊不知書上所載的、作文時所代聖賢說的，無非要明白這個道理。若果事事做得，即筆下說不出，何妨？若事事不能做，並有虧於倫紀之大，即文章說得好，亦祇算個名教中之罪人。賢弟性情真摯，而短於詩文，何不日日在「孝」、「弟」兩字上用功？《曲禮》「內則」所說的，句句依他做出，務使祖父母、父母、叔父母無一時不安樂，無一時不順適；下而兄弟妻子皆藹然有恩、秩然有序，此真大學問也。若詩文不好，此小事，不足計。即好極，亦不值一錢。不知賢弟肯聽此語否？

科名之所以可貴者，謂其足以承堂上之歡也，謂祿仕可以養親也。今吾已得之矣，即使諸弟不得，亦可以承歡，可以養親。何必兄弟盡得哉？賢弟若細思此理，但於孝弟上用功，不於詩文上用功，則詩文不期進而自進矣。

凡作字，總須得勢，使一筆可以走千里。三弟之字，筆筆無勢，是以局促不能遠縱。去年曾與九弟說及，想近來已忘之矣。

九弟欲看余白摺。余所寫摺子甚少，故不付。

地仙為人主葬，害人一家，喪良心不少，未有不家敗人亡者，不可不力阻凌雲也。至於紡棉花之說，如直隸之三河縣、靈壽縣，無論貧富男婦，人人紡布為生，如我境之耕田為生也。江南之婦人耕田，猶三河之男人紡布也。湖南如瀏陽之夏布、祁陽之葛布、宜昌之棉布，皆無論貧富男婦人，皆依以為業。並此不足為駭異也。第風俗難以遽變，必至駭人聽聞，不如刪去一段為妙。書不盡言。

兄國藩手草。（道光二十三年六月初六日）

致諸弟（述求師友宜專）

四位老弟左右：

正月二十三日接到諸弟信，係臘月十六在省城發。不勝欣慰！四弟女許朱良四姻伯之孫，蘭姊女許賀孝七之子，人家甚好。可賀！惟蕙妹家頗可慮，亦家運也。

六弟、九弟今年仍讀書省城，羅羅山兄處附課甚好。既在此附課，則不必送詩文於他處看，以明有所專主也。凡事皆貴專。求師不專，則受益也不入；求友不專，則博愛而不親。心有所專宗，而博觀他塗以擴其識，亦無不可。無所專宗，而見異思遷，此眩彼奪，則大不可。羅山兄甚為劉霞仙、歐曉岑所推服，有楊生任光者，亦能道其梗概，則其可為師表明矣，惜吾不得常與居遊也。在省用錢，可在家中支用，銀三十兩，則夠二弟一年之用矣，亦在吾寄一千兩之內。予不能別寄與弟也。

我去年十一月廿日到京，彼時無摺差回南，至十二月中旬始發信。乃兩弟之信，罵我糊塗，何不檢點至此！趙子舟與我同行，曾無一信，其糊塗更何如？即余自去年五月底至臘月初，未嘗接一家信。我在蜀，可寫信由京寄家；豈家中信不可由京寄蜀耶？又將罵何人糊塗耶？凡動筆不可不檢點。

九弟與鄭、陳、馮、曹四信，寫作俱佳。可喜之至！六弟與我信，字太草率。此關乎一生福分，故不能不告汝也。四弟寫信，語太不圓。由於天分，吾不復責。

餘容續布，諸惟心照。

兄國藩手具。（道光二十四年正月廿六日）

致諸弟（告身健及紀澤婚事）

四位老弟左右：

正月廿六日發一家信。二月初十日黃仙垣來京，接到家信，備悉一切。欣慰之至！所付諸物，已接脯肉一方、鵝肉一邊、雜碎四件、布一包、烘籠二個。餘皆彭雨蒼帶來。

朱嘯山亦於是日到，現與家心齋同居。係兄代伊覓得房子，距余寓甚近，不過一箭遠耳。郭筠仙現尚未到，余已為賃本胡同關帝廟房，使渠在廟中住，在余家火食。

馮樹堂正月初六來余家住，擬會試後再行上學，因小兒春間怕冷故也。樹堂於二月十三考國子監學正，題「而恥惡衣惡食者」二句，「不以天下奉一人策」，共五百人入場。樹堂寫作俱佳，應可必得。

陳岱雲於初六日移寓報國寺。其配之柩，亦停寺中。岱雲哀傷異常，不可勸止，作祭文一篇，三千餘字。余為作墓誌銘一首，不知陳宅已寄歸否？餘懶謄寄也。

四川門生現已到廿餘人。我縣會試者，大約可十五人。甲午同年，大約可廿五六人。然有求於余者，頗不乏人。

余今年應酬更繁。幸身體大好，迥不似從前光景。面胖而潤，較前稍白矣。耳鳴亦好十之七八，尚有微根未斷，不過月餘可全好也。內人及兒子、兩女兒皆好。陳氏小兒在余家乳養者亦好。

六弟、九弟在城南讀書，得羅羅山為之師甚妙。然城南課似亦宜應，不應恐山長不以為然也。所作詩文及功課，望日內付來。四弟、季弟從覺庵師讀自佳。四弟年已漸長，須每日看史書十頁，無論能得科名與否，總可以稍長見識。季弟每日亦須看史，然溫經更要緊，今年不必急急赴試也。

曾受恬自京南歸，余寄回銀四百兩、高麗參半斤、鹿膠阿膠共五斤、闈墨廿部，不知家中已收到否？尚有衣一箱、銀五百兩，俟公車南歸帶回。

同鄉湯海秋與杜蘭溪，子女已過門而廢婚，係湯家女兒及父母並不是。餘俱如故。周介夫鳴鑾放安徽廬鳳道，其女兒欲許字紀澤。常南陔大淳升安徽臬臺，其孫女欲許字紀澤。余俱不甚願。季仙九師為安徽學政後，升吏部右侍郎。廖老師名鴻荃，去年放欽差至河南塞河決，至今未成功，昨革職，賞七品頂戴，在河工效力贖罪。黃河大工不成，實國家大可憂慮之事。如何，如何？

餘容後陳。

兄國藩手具。（道光二十四年二月十四日）

致諸弟（述濟戚族之故）

六弟、九弟左右：

來書言自去年五月至十二月，計共發信七八次。兄到京後，家人僅檢出二次：一係五月二十二日發，一係十月十六日發，其餘皆不見。遠信難達，往往似此。

臘月信有「糊塗」字樣，亦情之不能禁者。蓋望眼欲穿之時，疑信雜生，怨怒交至。惟骨肉之情愈摯，則望之愈殷；望之愈殷，則責之愈切。度日如年，居室如圜牆，望好音如萬金之獲，聞謠言如風聲鶴唳；又加以堂上之懸思，重以嚴寒之逼人。其不能不出怨言以相詈者，情之至也。然為兄者觀此二字，則雖曲諒其情，亦不能不責之。非責其情，責其字句之不檢點耳。何芥蒂之有哉？至於回京時有摺弁南還，則兄實不知。當到家之際，門幾如市，諸務繁劇。吾弟可想而知。兄意謂家中接榜後所發一信，則萬事可以放心矣，豈尚有懸挂哉？來書辨論詳明，兄今不復辨。蓋彼此之心雖隔萬里，而赤誠不啻目見，本無纖毫之疑，何必因二字而多費唇舌？以後來信，萬萬不必提起可也。

所寄銀兩，以四百為饋贈戚族之用。來書云：「非有未經審量之處，即似稍有近名之心。」此二語推勘入微，兄不能不內省者也。又云：「所識窮乏得我而為之，抑逆知家中必不為此慷慨，而姑為是言。」斯二語，毋亦擬阿兄不倫乎？兄雖不肖，亦何至鄙且奸至於如此之甚！所以為此者，蓋族戚中斷不可不有一援手之人，而其餘則牽連而及。

兄己亥年至外家，見大舅陶穴而居，種菜而食，為惻然者久之。通十舅送我，謂曰：「外甥做外官，則阿舅來作燒火夫也。」南五舅送至長沙，握手曰：「明年送外甥婦來京。」余曰：「京城苦，舅勿來。」舅曰：「然，然吾終尋汝任所也。」言已泣下。兄念母舅皆已年高，飢寒之况可想，而十舅且死矣。及今不一援手，則大舅、五舅者，又能沾我輩之餘潤乎？十舅雖死，兄意猶當卹其妻子，且從俗為之延僧，如所謂道場者，以慰逝者之魂而盡吾不忍死其舅之心。我弟以為可乎？

蘭姊、蕙妹，家運皆舛。兄好為識微之妄談，謂姊猶可支撐，蕙妹則過數年則不能自存活矣。同胞之愛，縱彼無觖望，吾能不視如一家一身乎？

歐陽滄溟先生夙債甚多，其家之苦況，又有非吾家可比者，故其母喪，不能稍隆厥禮。岳母送余時，亦涕泣而道。兄贈之獨豐，則猶徇世俗之見也。

楚善叔為債主逼迫，入地無門，二伯祖母嘗為余泣言之。又泣告子植曰：「八兒夜來淚注地，濕圍徑五尺也。」而田貨於我家，價既不昂，事又多磨。嘗貽書於我，備陳吞聲飲泣之狀。此子植所親見，兄弟嘗欷歔久之。

丹閣叔與寶田表叔昔與同硯席十年，豈意今日雲泥隔絕至此！知其窘迫難堪之時，必有飲恨於實命之不猶者矣。丹閣戊戌年曾以錢八千賀我，賢弟諒其景況，豈易辦八千者乎？以為喜極，固可感也；以為釣餌，則亦可憐也。任尊叔見我得官，其歡喜出於至誠，亦可思也。

竟希公項，當甲午年抽公項三千二千為賀禮，渠兩房頗不悅，祖父曰：「待藩孫得官，第一件先復竟希公項。」此語言之已熟，特各堂叔不敢反脣相譏耳。同為竟希公之嗣，而菀枯懸殊若此，設造物者一旦移其菀於彼二房，則無論六百，即六兩亦安可得耶？

六弟、九弟之岳家，皆寡婦孤兒，槁餓無策。我家不拯之，則孰拯之者？我家少八兩，未必遂為債戶逼取；渠得八兩，則舉室回春。賢弟試設身處地，而知其如救水火也。

彭王姑待我甚厚，晚年家貧，見我輒泣。茲王姑已歿，故贈宜仁王姑丈，亦不忍以死視王姑之意也。騰七則姑之子，與我同孩提長養。各舅祖則推祖母之愛而及也。彭舅曾祖，則推祖父之愛而及也。陳本七、鄧升六二先生，則因覺庵師而牽連及之者也。

其餘饋贈之人，非實有不忍於心者，則皆因人而及。非敢有意討好沽名釣譽，又安敢以己之豪爽形祖父之刻嗇，為此奸鄙之心之行也哉？

諸弟生我十年以後，見諸戚族家皆窮，而我家尚好，以為本分如此耳，而不知其初皆與我家同盛者也。兄悉見其盛時氣象，而今日零落如此，則大難為情矣。凡盛衰在氣象：氣象盛，則雖飢亦樂；氣象衰，則雖飽亦憂。今我家方全盛之時，而賢弟以區區數百金為極少，不足比數。設以賢弟處楚善、寬五之地，或處葛、熊二家之地，賢弟能一日以安乎？

凡遇之豐嗇順舛，有數存焉，雖聖人不能自為主張。天可使吾今日處豐亨之境，即可使吾明日處楚善、寬五之境。君子之處順境，兢兢焉常覺天之過厚於我，我當以所餘補人之不足。君子之處嗇境，亦兢兢焉常覺天之厚於我；非果厚也，以為較之尤嗇者，而我固已厚矣。古人所謂境地須看不如我者，此之謂也。

來書有「區區千金」四字，其毋乃不知天之已厚於我兄弟乎？兄嘗觀《易》之道，察盈虛消息之理，而知人不可無缺陷也。日中則昃，月盈則虧，天有孤虛，地闕東南，未有常全而不闕者。「剝」也者，「復」之幾也，君子以為可喜也。「夬」也者，「姤」之漸也，君子以為可危也。是故既吉矣，則由吝以趨於凶；既凶矣，則由悔以趨於吉。君子但知有悔耳。悔者，所以守其缺而不敢求全也。小人則時時求全。全者既得，而吝與凶隨之矣。眾人常缺，而一人常全，天道屈伸之故，豈若是不公乎？

今吾家椿萱重慶，兄弟無故，京師無比美者，亦可謂至萬全者矣。故兄但求缺陷，名所居曰求闕齋。蓋求缺於他事，而求全於堂上。此則區區之至願也。家中舊債不能悉清，堂上衣服不能多辦，諸弟所需不能一給，亦求缺陷之義也。內人不明此意，時時欲置辦衣物，兄亦時時教之：「今幸未全備。待其全時，則吝與凶隨之矣。此最可畏者也。」賢弟夫婦訴怨於房闥之間，此是缺陷。吾弟當思所以彌其缺而不可盡給其求，蓋盡給則漸幾於全矣。吾弟聰明絕人，將來見道有得，必且韙余之言也。

至於家中欠債，則兄實有不盡知者。去年二月十六接父親正月四日手諭，中云：「一切年事銀錢敷用有餘。上年所借頭息錢均已完清。家中極為順遂，故不窘迫。」父親所言如此，兄亦不甚了了。不知所完究係何項，未完尚有何項。兄所知者，僅江孝八外祖百兩、朱嵐暄五十兩而已。其餘如耒陽本家之帳，則兄由京寄還，不與家中相干。甲午冬借添梓坪錢五十千，尚不知作何還法，正擬此次稟問祖父。此外帳目，兄實不知。下次信來，務望詳開一單，使兄得漸次籌畫。如弟所云：「家中欠債已傳播否？若已傳播而實不至，則祖父受吝嗇之名，我加一信，亦難免二三其德之誚。」此兄讀兩弟來書，所為躊躇而無策者也。茲特呈堂上一稟，依九弟之言書之，謂朱嘯山、曾受恬處二百落空，非初意所料；其饋贈之項，聽祖父、叔父裁奪。或以二百為贈，每人減半亦可；或家中十分窘迫，即不贈亦可。戚族來者，家中即以此信示之，庶不悖於過則歸己之義。賢弟觀之，以為何如也？

若祖父、叔父以前信為是，慨然贈之，則此稟不必付歸，兄另有安信付去，恐堂上慷慨持贈，反因接吾書而疑沮。凡仁心之發，必一鼓作氣，盡吾力之所能為。稍有轉念，則疑心生，私心亦生。疑心生，則計較多而出納吝矣；私心生，則好惡偏而輕重乖矣。使家中慷慨樂與，則慎無以吾書生堂上之轉念也。使堂上無轉念，則此舉也，阿兄發之，堂上成之，無論其為是為非，諸弟置之不論可耳。向使去年得雲貴、廣西等省苦差，並無一錢寄家，家中亦不能責我也。

九弟來書，楷法佳妙，余愛之不忍釋手。起筆、收筆皆藏鋒，無一筆撒手亂丟，所謂有往皆復也。想與陳季牧講究，彼此各有心得。可嘉可喜！然吾所教爾者，尚有二事焉：一曰換筆。古人每筆中間必有一換，如繩索然，第一股在上；一換，則第二股在上；再換，則第三股在上也。筆尖之著紙者僅少許耳。此少許者，吾當作四方鐵筆用，起處東方在左、西方向右，一換，則東方向右矣。筆尖無所謂方也，我心中常覺其方。一換而東，再換而北，三換而西，則筆尖四面有鋒，不僅一面相向矣。二曰結字有法。結字之法無窮，但求胸有成竹耳。

六弟之信，文筆拗而勁；九弟文筆婉而達，將來皆必有成。但日下不知各看何書？萬不可徒看考墨卷，汩沒性靈。每日習字不必多，作百字可耳。讀背誦之書不必多，十葉可耳。看涉獵之書不必多，亦十葉可耳。但一部未完，不可換他部。此萬萬不易之道。阿兄數千里外教爾，僅此一語耳。

羅羅山兄讀書明大義，極所欽仰，惜不能會面暢談。余近來讀書無所得，酬應之繁，日不暇給，實實可厭。惟古文、各體詩，自覺有進境，將來此事當有成就；恨當世無韓愈、王安石一流人與我相質證耳。賢弟亦宜趁此時學為詩、古文，無論是否，且試拈筆為之。及今不作，將來年長，愈怕醜而不為矣。每月六課，不必其定作詩文也。古文、詩、賦、四六，無所不作，行之有常，將來百川分流，同歸於海。則通一藝即通眾藝，通於藝即通於道，初不分而二之也。

此論雖太高，然不能不為諸弟言之。使知大本大原，則心有定向，而不至於搖搖無著。雖當其應試之時，全無得失之見亂其意中；即其用力舉業之時，亦於正業不相妨礙。諸弟試靜心領略，亦可徐徐會悟也。

外附錄〈五箴〉一首、〈養身要言〉一紙、〈求缺齋課程〉一紙。詩文不暇錄，惟諒之。

兄國藩手草。（道光二十四年三月初十日）

附錄

五箴並序（甲辰春作）

少不自立，荏苒遂洎今茲。蓋古人學成之年，而吾碌碌尚如斯也，不其戚矣！繼是以往，人事日紛，德慧日損，下流之赴，抑又可知？夫疢疾所以益智，逸豫所以亡身。僕以中材而履安順，將欲刻苦而自振拔，諒哉其難之！因作〈五箴〉以自創云。

立志箴

煌煌先哲，彼亦猶人。藐焉小子，亦父母之身。聰明福祿，予我者厚哉！棄天而佚，是及凶災。積悔累千，其終也已。往者不可追，請從今始。荷道以躬，與之以言。一息尚活，永矢弗諼。

居敬箴

天地定位，二五胚胎。鼎焉作配，實曰三才。儼恪齋明，以凝女命。女之不莊，伐生戕性。誰人可慢？何事可弛？弛事者無成，慢人者反爾。縱彼不反，亦長吾驕。人則下汝，天罰昭昭。

主靜箴

齋宿日觀，天雞一鳴。萬籟俱息，但聞鐘聲。後者毒蛇，前有猛虎。神定不懾，誰敢余侮？豈伊避人，日對三軍。我慮則一，彼紛不紛。馳騖半生，曾不自主。今其老矣，始擾擾以終古。

謹言箴

巧語悅人，自擾其身。閒言送日，亦攪女神。解人不誇，誇者不解。道聽塗說，智笑愚駭。駭者終明，謂女實欺。笑者鄙女，雖矢猶疑。尤悔既叢，銘以自攻。銘而復蹈，嗟女既耄。

有恆箴

自吾識字，百歷洎茲。二十有八載，則無一知。曩之所忻，閱時而鄙。故者既拋，新者旋徙。德業之不常，曰為物牽。爾之再食，曾未聞或愆。黍黍之增，久而盈斗。天君司命，敢告馬走。

養身要言（癸卯入蜀道中作）

一陽初動處，萬物始生時。不藏怒焉，不宿怨焉。（以上仁，所以養肝也。）

內而整齊思慮，外而敬慎威儀。泰而不驕，威而不猛。（以上禮，所以養心也。）

飲食有節，起居有常。作事有恆，容止有定。（以上信，所以養脾也。）

擴然而大公，物來而順應。裁之吾心而安，揆之天理而順。（以上義，所以養肺也。）

心欲其定，氣欲其定，神欲其定，體欲其定。（以上智，所以養腎也。）

求缺齋課程（癸卯孟夏立）

讀熟讀書十葉（易經、詩經、史記、明史、屈子、莊子、杜詩、韓文）。看應看書十葉（不具載）。習字一百。數息百八。記過隙（即日記）。記《茶餘偶談》一則。（以上每日課。）

逢三日寫回信。逢八日作詩、古文一藝。（以上每月課。）

致諸弟（喜得會試房差）

四位老弟足下：

三月初六日，蒙皇上天恩，得會試分房差。即於是日始閱卷。十八房每位分卷二百七十餘，至廿三日，頭場即已看畢。廿四看二、三場，至四月初四皆看完。各房薦卷多少不等，多者或百餘，少者亦薦六十餘卷。余薦六十四卷，而惟余中卷獨多，共中十九人，他房皆不能及。十一日發榜，余即於是日出闈。在埸月余極清吉。寓內眷口小大平安。出闈數日，一切忙迫，人客絡繹不絕。

朱嘯山於四月十六日出京。余寄有紋銀百兩、高麗參一斤半，書一包：內《子史精華》六套、《古文辭類纂》二套、《綏寇紀略》一套，到家日查收。別有壽屏及筆等項尚未辦齊，待郭筠仙帶歸。

十四日新進士覆試，題「君子喻於義，賦得竹箭有筠。得『行』字」。我縣謝吉人中進士後，因一切不便，故邀來在余寓住。

十五日接三月初十日家信，內有祖父、父親、叔父手諭及諸弟詩文並信。其文，此次僅半日，忙不及改，准於下次付回。

四弟之信所問，蓋竇牟、竇庠、竇鞏兄弟，皆從昌黎遊，去年所寫「牟尼」，實誤寫「尼」字也。汪雙池先生㯫係雍正年間人，所著有《理學逢源》等書。

郭筠仙、翌臣兄弟及馮樹堂俱要出京，寓內要另請先生，現尚未定。草布一二，祈賢弟代稟堂上各位大人。今日上半天已作一函呈父親大人，交朱嘯山，大約六月可到。

兄國藩手草。（道光二十四年四月十五日）

致諸弟（託友帶歸各物）

四位老弟左右：

前黃仙垣歸，託帶四川闈墨四十部，共二包，無家信。頃歐陽小岑歸，託帶大皮箱一口，內銀五百十兩、衣服一單，單存箱內。又長包一個，內袍褂料及氈子諸物，亦有單存包內，有家信數行。外又有寄霞仙信一件、書一包，共十套。不知仙垣、小岑二君到時，諸弟尚在省城否。

茲安化梁蓀莊同年南還，又託帶四川闈墨四十部，共二包。有一包係油紙封的，內裝訂闈墨廿部、彭王姑墓誌銘一幅。龍翰臣寫散館卷三開、自寫白摺一本。又布包鹿膠一包重三斤。又鄉試《題名錄》共一包。照收。並附大挑單一紙。

其進士《題名錄》及《散館錄》，隨後交摺差帶回。統俟後言詳述。

兄國藩手草。（道光二十四年四月廿二日）

致諸弟（告應酬太忙及勿為時文所誤）

四位老弟足下：

自三月十三日發信後，至今未寄一信。余於三月廿四日移寓前門內西邊碾兒胡同，與城外消息不通。四月間到摺差一次，余竟不知。迨既知，而摺差已去矣。惟四月十九歐陽小岑南歸，余寄衣箱銀物並信一件。四月廿四梁菉莊南歸，余寄書卷零物並信一件。兩信皆僅數語，至今想尚未到。四月十三黃仙垣南歸，余寄闈墨並無書信，想亦未到。茲將三次所寄各物另開清單付回，待三人到時，家中照單查收可也。

內城現住房共廿八間，每月房租京錢三十串，極為寬敞。馮樹堂、郭筠仙所住房屋皆清潔。甲三於三月廿四日上學，天分不高不低，現已讀四十天，讀至「自修齊至平治」矣。因其年太小，故不加嚴。已讀者，字皆能認。兩女皆平安。陳岱雲之子在余家亦甚好。內人身子如常，現又有喜，大約九月可生。

余體氣較去年略好，近因應酬太繁，天氣漸熱，又有耳鳴之病。今年應酬較往年更增數倍。第一，為人寫對聯條幅，合四川、湖南兩省求書者幾日不暇給。第二，公車來借錢者甚多，無論有借無借，多借少借，皆須婉言款待。第三，則請酒拜客及會館公事。第四，則接見門生，頗費精神。又加以散館，殿試則代人料理，考差則自己料理。諸事冗雜，遂無暇讀書矣。

三月廿八大挑甲午科，共挑知縣四人、教官十九人。其全單已於梁菉莊所帶信內寄回。四月初八日發會試榜，湖南中七人，四川中八人，去年門生中二人。另有《題名錄》附寄。十二日新進士覆試，十四發，一等廿一名，另有單附寄。十六日考差，余在場，二文一詩，皆妥當無弊病，寫亦無錯落。茲將詩稿寄回。十八日散館，一等十九名。本家心齋取一等十二名，陳啟邁取二等第三名，二人俱留館。徐菜因詩內「皺」字誤寫「皺」字，改作知縣，良可惜也。廿二日散館者引見，廿六、七兩日考差者引見，廿八日新進士朝考，三十日發，全單附回。廿一日新進士殿試，廿四日點狀元，全榜附回。五月初四、五兩日新進士引見。初一日放雲貴試差，初二日欽派大教習二人，初六日奏派小教習六人，余亦與焉。

初十日奉上諭：翰林侍讀以下，詹事府洗馬以下，自十六日起每日召見二員。余名次第六，大約十八日可以召見。從前無逐日分見翰詹之例，自道光十五年始一舉行，足徵聖上勤政求才之意。十八年亦如之，今年又如之。此次召見，則今年放差大半，奏對稱旨者居其半，詩文高取者居其半也。

五月十一日接到四月十三家信，內四弟、六弟各文二首，九弟、季弟各文一首。四弟東皋課文甚潔淨，詩亦穩妥。「則何以哉」一篇亦清順有法，第詞句多不圓足，筆亦平沓不超脫。平沓最為文家所忌，宜力求痛改此病。六弟筆爽利，近亦漸就範圍。然詞意平庸，無才氣崢嶸之處，非吾意中之溫甫也。如六弟之天姿不凡，此時作文，當求議論縱橫，才氣奔放，作如火如荼之文，將來庶有成就。不然一挑半剔，意淺調卑，即使獲售，亦當自慚其文之淺薄不堪。若其不售，則又兩失之矣。今年從羅羅山遊，不知羅山意見如何？吾謂六弟今年入泮固妙，萬一不入，則當盡棄前功，壹志從事於先輩大家之文。年過二十，不為少矣。若再扶牆摩壁，役役於考卷搭截小題之中，將來時過而業仍不精，必有悔恨於失計者，不可不早圖也。余當日實見不到此，幸而早得科名，未受其害。向使至今未嘗入泮，則數十年從事於吊渡映帶之間，仍然一無所得，豈不靦顏也哉！此中誤人終身多矣。溫甫以世家之子弟，負過人之姿質，即使終不入泮，尚不至於飢寒，奈何亦以考卷誤終身也？九弟要余改文詳批，余實不善改小考文，當請曹西垣代改，下次摺弁付回。季弟文氣清爽異常，喜出望外，意亦層出不窮。以後務求才情橫溢，氣勢充暢，切不可挑剔敷衍，安於庸陋。勉之勉之！初基不可不大也。書法亦有褚字筆意，尤為可喜。總之，吾所望於諸弟者，不在科名之有無，第一則孝弟為瑞，其次則文章不朽。諸弟若果能自立，當務其大者遠者，毋徒汲汲於進學也。

馮樹堂、郭筠仙在寓看書作文，功無間斷。陳季牧日日習字，亦可畏也。四川門生留京約二十人，用功者頗多。

餘不盡言。

兄國藩草。（道光二十四年五月十二日）

致諸弟（論進德修業）

四位老弟左右：

昨廿七日接信，暢快之至，以信多而處處詳明也。

四弟《七夕詩》甚佳，已詳批詩後。從此多作詩亦甚好，但須有志有恆，乃有成就耳。余於詩亦有工夫，恨當世無韓昌黎及蘇、黃一輩人，可與發吾狂言者。但人事太多，故不常作詩，用心思索，則無時敢忘之耳。

吾人只有進德、修業兩事靠得住。進德，則孝弟仁義是也；修業，則詩文作字是也。此二者由我作主，得尺則我之尺也，得寸則我之寸也。今日進一分德，便算積了一升穀；明日修一分業，又算餘了一分錢；德業並增，則家私日起。至於功名富貴，悉由命定，絲毫不能自主。昔某官有一門生為本省學政，託以兩孫，當面拜為門生。後其兩孫歲考臨場大病，科考丁艱，竟不入學。數年後兩生乃皆入學，其長者仍得兩榜。此可見早遲之際，時刻皆有前定。盡其在我，聽其在天，萬不可稍生妄想。六弟天分較諸弟更高，今年受黜，未免憤怨，然及此正可困心衡慮，大加臥薪嘗膽之功，切不可因憤廢學。

九弟勸我治家之法，甚有道理。喜甚慰甚！自荊七遣去之後，家中亦甚整齊，待率五歸家便知。《書》曰：「非知之艱，行之維艱。」九弟所言之理，亦我所深知者，但不能莊嚴威厲，使人望若神明耳。自此後當以九弟言書諸紳，而刻刻警省。

季弟信天性篤厚，誠如四弟所云，樂何如之！求我示讀書之法，及進德之道。另紙開示。

餘不具。

國藩手草。（道光二十四年八月廿九日）

致諸弟（須立志猛進）

四位老弟足下：

自七月發信後，未接諸弟信。鄉間寄信，較省城百倍之難，故余亦不望。然九弟前信有意與劉霞仙同伴讀書，此意甚佳。霞仙近來讀朱子書大有所見，不知其言語容止、規模氣象何如？若果言動有禮，威儀可則，則直以為師可也，豈特友之哉！然與之同居，亦須真能取益乃佳，無徒浮慕虛名。人苟能自立志，則聖賢豪傑何事不可為？何必借助於人！「我欲仁，斯仁至矣。」我欲為孔、孟，則日夜孜孜，惟孔、孟之是學，人誰得而禦我哉？若自己不立志，則雖日與堯、舜、禹、湯同住，亦彼自彼、我自我矣，何與於我哉？

去年温甫欲讀書省城，我以為離卻家門侷促之地而與省城諸勝己者處，其長進當不可限量。乃兩年以來，看書亦不甚多。至於詩文，則絕無長進，是不得歸咎於地方之侷促也。去年余為擇師丁君敘忠，後以丁君處太遠，不能從。余意中遂無他師可從。今年弟自擇羅羅山改文，而嗣後杳無信息，是又不得歸咎於無良友也。日月逝矣，再過數年，則滿三十，不能不趁三十以前立志猛進也。

余受父教，而余不能教弟成名，此余所深愧者。他人與余交，多有受余益者，而獨諸弟不能受余之益，此又余所深恨者也。今寄霞仙信一封，諸弟可鈔存信稿而細玩之。此余數年來學思之力，略具大端。

六弟前囑余將所作詩鈔錄寄回。余往年皆未存稿，近年存稿者，不過百餘首耳，實無暇鈔寫，待明年將全本付回可也。

國藩草。（道光二十四年九月十九日）

致諸弟（戒勿恃才傲物）

四位老弟足下：

吾人為學，最要虛心。嘗見朋友中有美材者，往往恃才傲物，動謂人不如己，見鄉墨則罵鄉墨不通，見會墨則罵會墨不通，既罵房官，又罵主考，未入學者，則罵學院。平心而論，己之所為詩文，實亦無勝人之處；不特無勝人之處，而且有不堪對人之處。只為不肯反求諸己，便都見得人家不是。既罵考官，又罵同考而先得者。傲氣既長，終不進功，所以潦倒一生而無寸進矣。

余平生科名極為順遂，惟小考七次始售。然每次不進，未嘗敢出一怨言，但深愧自己試場之詩文太醜而已。至今思之，如芒在背。當時之不敢怨言，諸弟問父親、叔父及朱堯階便知。蓋場屋之中，只有文醜而僥倖者，斷無文佳而埋沒者，此一定之理也。

三房十四叔非不勤讀，只為傲氣太勝，自滿自足，遂不能有所成。京城之中亦多有自滿之人，識者見之，發一冷笑而已。又有當名士者，鄙科名為糞土，或好作古詩，或好講考據，或好談理學，囂囂然自以為壓倒一切矣。自識者觀之，彼其所造曾無幾何，亦足發一冷笑而已。故吾人用功，力除傲氣，力戒自滿，毋為人所冷笑，乃有進步也。

諸弟平日皆恂恂退讓，第累年小試不售，恐因憤激之久，致生驕惰之氣，故特作書戒之。務望細思吾言而深省焉。幸甚幸甚！

國藩手草。（道光二十四年十月廿一日）

致諸弟（看書須有恆）

四位老弟足下：

前月寄信，想已接到。余蒙祖宗遺澤，祖、父教訓，幸得科名，內顧無所憂，外遇無不如意，一無所缺矣。所望者，再得諸弟強立，同心一力，何患令名之不顯？何患家運之不興？欲別立課程，多講規條，使諸弟遵而行之，又恐諸弟習見而生厭心；欲默默而不言，又非長兄督責之道。是以往年常示諸弟以課程，近來則只教以「有恆」二字。所望於諸弟者，但將諸弟每月功課寫明告我，則我心大慰矣。

乃諸弟每次寫信，從不將自己之業寫明，乃好言家事及京中諸事。此時家中重慶，外事又有我照料，諸弟一概不管可也。以後寫信，但將每月作詩幾首、作文幾首、看書幾卷，詳細告我，則我歡喜無量。諸弟或能為科名中人，或能為學問中人，其為父母之令子一也，我之歡喜一也。慎弗以科名稍遲，而遂謂無可自力也。如霞仙今日之身分，則比等閒之秀才高矣。若學問愈進，身分愈高，則等閒之舉人、進士又不足論矣。

學問之道無窮，而總以有恆為主。兄往年極無恆，近年略好，而猶未純熟。自七月初一起，至今則無一日間斷：每日臨帖百字，抄書百字，看書少須滿二十頁，多則不論。自七月起，至今已看過《王荊公文集》百卷、《歸震川文集》四十卷、《詩經大全》二十卷、《後漢書》百卷，皆硃筆加圈批。雖極忙，亦須了本日功課，不以昨日耽擱而今日補做，不以明日有事而今日預做。諸弟若能有恆如此，則雖四弟中等之資，亦當有所成就，況六弟、九弟上等之資乎？

明年肄業之所，不知已有定否？或在家，或在外，無不可者。謂在家不可用功，此巧於卸責者也。吾今在京，日日事務紛冗，而猶可以不間斷，況家中萬萬不及此間之紛冗乎？

樹堂、筠仙自十月起，每十日作文一首，每日看書十五頁，亦極有恆。諸弟試將朱子《綱目》過筆圈點，定以有恆，不過數月即圈完矣。若看註疏，每經不過數月即完。切勿以家中有事而間斷看書之事，又勿以考試將近而間斷看書之課。雖走路之日，到店亦可看；考試之日，出場亦可看也。

兄日夜懸望，獨此「有恆」二字告諸弟，伏願諸弟刻刻留心。

兄國藩手草。（道光二十四年十一月廿一日）

致諸弟（詩之命意、結親之注意點、勸勿管家中事）

諸位老弟足下：

十六早接到十一月十二日發信，內父親一信、四位老弟各一件，具悉一切。不勝欣幸！

四弟之詩又有長進，第命意不甚高超，聲調不甚響亮。命意之高，須要透過一層。如說考試，則須說科名是身外物，不足介懷，則詩意高矣。若說必以得科名為榮，則意淺矣。舉此一端，餘可類推。腔調則以多讀詩為主，熟則響矣。

去年樹堂所寄之筆，亦我親手買者。「春光醉」目前每支大錢五百文，實不能再寄。「漢璧」尚可寄。然必須明年會試後乃有便人回南，春間不能寄也。五十讀書固好，然不宜以此躭擱自己功課。女子無才便是德，此語不誣也。

常家欲與我結婚，我所以不願者，因聞常世兄最好恃父勢作威福，衣服鮮明，僕從烜赫，恐其家女子有宦家驕奢習氣，亂我家規，誘我子弟好奢耳。今渠再三要結婚，發甲五八字去。恐渠家是要與我為親家，非欲與弟為親家，此語不可不明告之。賢弟婚事，我不敢作主，但親家為人何如，亦須向汪三處查明。若喫鴉片煙，則萬不可對。若無此事，則聽堂上各大人與弟自主之可也。所謂翰堂秀才者，其父子皆不宜親近。我曾見過，想衡陽人亦有知之者。若要對親，或另請媒人亦可。

六弟九月之信，於自己近來弊病頗能自知，正好用功自醫，而猶曰「終日泄泄」，此則我所不解者也。家中之事，弟不必管。天破了自有女媧管，洪水大了自有禹王管，家事有堂上大人管，外事有我管，弟輩宜自管功課而已，何必問其他哉？

至於宗族姻黨，無論他與我家有隙無隙，在弟輩只宜一概愛之敬之。孔子曰：「汎愛眾而親仁。」孟子曰：「愛人不親反其仁，禮人不答反其敬。」此刻未理家事，若便多生嫌怨，將來當家立業，豈不個個都是仇人？古來無與宗族鄉黨為仇之聖賢，弟輩萬不可專責他人也。

十一月信言現看《莊子》並《史記》，甚善。但作事必須有恆，不可謂考試在即，便將未看完之書丟下。必須從首至尾，句句看完。若能明年將《史記》看完，則以後看書不可限量，不必問進學與否也。賢弟論袁詩、論作字亦皆有所見，然空言無益，須多做詩多臨帖乃可談耳。譬如人欲進京，一步不行，而在家空言進京程途，亦何益哉？即言之津津，人誰得而信之哉？

九弟之信所以規勸我者甚切，余覽之不覺毛骨悚然。然我用功，實腳踏實地，不敢一毫欺人。若如此做去，不作外官，將來道德文章必灑有成就。上不敢欺天地祖父，下不敢欺諸弟與兒子也。而省城之聞望日隆，即我亦不知其所自來。我在京師，惟恐名浮於實，故不先拜一人，不自詡一言，深以過情之聞為恥耳。

來書寫大場題及榜信，此間九月早已知之。惟縣考案首、前列及進學之人，則至今不知。諸弟以後寫信，於此等小事及近處戚族家光景，務必一一詳載。季弟信亦謙虛可愛，然徒謙亦不好，總要努力前進。此全在為兄者倡率之。余他無可取，惟近來日日有恆，可為諸弟倡率。四弟、六弟縱不欲以有恆自立，獨不怕壞季弟之樣子乎？

餘不盡宣。

兄國藩手具。（道光二十四年十二月十八日）

致諸弟（無師無友亦可成第一等人物）

四位老弟足下：

去年十二月廿二日寄去書函諒已收到。頃接四弟信，謂前信小註中誤寫二字。其詩比即付還，今亦忘其所誤謂何矣。

諸弟寫信總云倉忙。六弟去年曾言城南寄信之難，每次至撫院齎奏廳打聽云云，是何其蠢也！靜坐書院，三百六十日，日日皆可寫信，何必打聽摺差行期而後動筆哉？或送至提塘，或送至岱雲家，皆萬無一失，何必問了無關涉之齎奏廳哉？若弟等倉忙，則兄之倉忙殆過十倍，將終歲無一字寄家矣。

送王五詩第二首，弟不能解，數千里致書來問。此極虛心，余得信甚喜。若事事勤思善問，何患不一日千里？茲另紙寫明寄回。

家塾讀書，余明知非諸弟所甚願，然近處實無名師可從。省城如陳堯農、羅羅山，皆可謂名師，而六弟、九弟又不善求益。且住省二年，詩文與字皆無大長進。如今我雖欲再言，堂上大人亦必不肯聽。不如安分耐煩，寂處里閭，無師無友，挺然特立，作第一等人物。此則我之所期於諸弟者也。昔婺源汪雙池先生一貧如洗，三十以前在窯上為人傭工畫碗。三十以後，讀書訓蒙，到老終身不應科舉。卒著書百餘卷，為本朝有數名儒。彼何嘗有師友哉？又何嘗出里閭哉？余所望於諸弟者，如是而已，然總不出乎「立志、有恆」四字之外也。

買筆付回，須公車歸乃可帶回，大約府試、院試可得用，縣試則趕不到也。諸弟在家作文，若能按月付至京，則余請樹堂隨到隨改，不過兩月，家中又可收到。

書不詳盡，餘俟續具。

兄國藩手草。（道光二十五年二月初一日）

致諸弟（論中表為婚之不當）

四位老弟足下：

二月有摺差到京，余因眼蒙，故未寫信。三月初三接到正月廿四所發家信，無事不詳悉。忻喜之至！此次眼尚微紅，不敢多作字，故未另稟堂上。一切詳此書中，煩弟等代稟告焉。

去年所寄銀，余有分饋親族之意。厥後屢次信問，總未詳明示悉。頃奉父親示諭，云：「皆已周到，酌量減半。」然以余所聞，亦有過於半者，亦有不及一半者。下次信來，務求九弟開一單告我為幸。

受恬之錢，既專使去取，余又有京信去，想必可以取回，則可以還江岷山、東海之項矣。岷山、東海之銀，本有利息，余擬送他高麗參共半斤，掛屏、對聯各一付，或者可少減利錢，待公車歸時帶回。父親手諭要寄銀百兩回家，亦待公車帶回。有此一項，則可以還率五之錢矣。率五想已到家，渠是好體面之人，不必時時責備他，惟以體面待他，渠亦自然學好。

蘭姊買田，可喜之至！惟與人同居，小事要看鬆些，不可在在討人惱。

歐陽牧雲要與我重訂婚姻，我非不願，但渠與其妹是同胞所生，兄妹之子女猶然骨肉也。古者婚姻之道，所以厚別也，故同姓不婚。中表為婚，此俗禮之大失。譬如嫁女而號泣，奠禮而三獻，喪事而用樂，此皆俗禮之失，我輩不可不力辨之。四弟以此義告牧雲，吾徐當作信覆告也。

羅芸皋於二月十八日到京，路上備嘗辛苦，為從來進京者所未有。於廿七日在圓明園正大光明殿補行覆試。所帶小菜、布疋、茶葉俱已收到，但不知付物甚多，何以並無家信？四弟去年所寄詩已圈批寄還，不知收到否？汪覺庵師壽文大約在八月前付到。五十已納徵禮成，可賀可賀！朱家氣象甚好，但勸其少學官款，我家亦然。

嘯山接到咨文，上有祖母已沒字樣，甚為哀痛，歸思極迫。余再三勸解，場後即來余寓同住。我家共住三人。郭二於二月初八日到京，覆試二等第八。上下合家皆清吉。余耳仍鳴，無他恙。內人及子女皆平安。樹堂榜後要南歸，將來擇師尚未定。

六弟信中言功課在廉讓之間，此語殊不可解。所需書籍，惟《子史精華》家中現有，准託公車帶歸。《漢魏六朝百三家》京城甚貴，余已託人在揚州買，尚未接到。《稗海》及《綏寇紀略》亦貴，且寄此書與人，則必幫人車價，因此書尚非吾弟所宜急務者，故不買寄。元、明名古文尚無選本，近來邵蕙西已選元文，渠勸我選明文，我因無暇尚未選。古文選本，惟姚姬傳先生所選本最好。吾近來圈過一遍，可於公車帶回。六弟用墨筆加圈一遍可也。

九弟詩大進，讀之為之距躍三百，即和四章寄回。樹堂、筠仙、意誠三君，皆各有和章。詩之為道，各人門徑不同，難執一己之成見以概論。吾前教四弟學袁簡齋，以四弟筆情與袁相近也。今觀九弟筆情，則與元遺山相近。吾教諸弟學詩無別法，但須看一家之專集，不可讀選本以汩沒性靈。至要至要！吾於五七古學杜、韓，五七律學杜。此二家無一字不細看。外此則古詩學蘇、黃，律詩學義山。此三家亦無一字不看。五家之外，則用功淺矣。我之門徑如此，諸弟或從我行，或別尋門徑，隨人性之所近而為之可耳。

余近來事極繁，然無日不看書。今年已批韓詩一部，正月十八批畢。現在批《史記》三之二，大約四月可批完。諸弟所看書望詳示。鄰里有事，亦望示知。

國藩手草。（道光二十五年三月初五日）

致諸弟（帶物歸家）

四位老弟左右：

四月十六日曾寫信交摺弁帶回，想已收到。十七日朱嘯山南歸，託帶紋銀百兩、高麗參一斤半、書一包計九套。

茲因馮樹堂南還，又託帶壽屏一架、狼兼毫筆廿支、鹿膠二斤、對聯堂幅一包，內金年伯耀南四條、朱嵐暄四條、蕭辛五對一幅、江岷山母舅四條、東海舅父四條、父親橫披一個、叔父摺扇一柄。乞照單查收。

前信言送江岷山、東海高麗參六兩，送金耀南年伯參二兩，皆必不可不送之物，惟諸弟稟告父親大人送之可也。

樹堂歸後，我家先生尚未定。諸弟若在省得見樹堂，不可不殷勤親近。親近愈久，獲益愈多。

今年湖南蕭史樓得狀元，可謂極盛。八進士皆在長沙府。黃琴塢之胞兄及令嗣皆中，亦長沙人也。

餘續具。

兄國藩手草。（道光二十五年四月二十四日）

致諸弟（喜述升詹事府右春坊右庶子）

四位老弟足下：

初二早，皇上御門辦事。余蒙天恩，得升詹事府右春坊右庶子。次日具摺謝恩，蒙召見於勤政殿，天語垂問共四十餘句。是日同升官者：李菡升都察院左副都御史，羅惇衍升通政司副使，及余共三人。

余蒙祖、父餘澤，頻叨非分之榮。此次升官，尤出意外。日夜恐懼修省，實無德足以當之。諸弟遠隔數千里，必須匡我之不逮，時時寄書規我之過，務使累世積德不自我一人而墮，則庶幾持盈保泰，得免速致顛危。諸弟能常進箴規，則弟即吾之良師益友也。而諸弟亦宜常存敬畏，勿謂家有人作官，而遂敢於侮人；勿謂己有文學，而遂敢於恃才傲人。常存此心，則是載福之道也。

今年新進士善書者甚多，而湖南尤甚。蕭史樓既得狀元，而周荇農壽昌去歲中南元，孫芝房鼎臣又取朝元，可謂極盛。現在同鄉諸人講求詞章之學者固多，講求性理之學者亦不少，將來省運必大盛。

余身體平安，惟應酬太繁，日不暇給，自三月進闈以來，至今已滿兩月，未得看書。內人身體極弱，而無病痛。醫者云：「必須服大補劑，乃可回元。」現在所服之藥，與母親大人十五年前所服之白朮黑薑方略同，差有效驗。兒女四人皆平順如常。

去年寄家之銀兩，前次寫信求將分給戚族之數目詳實告我，而至今無一字見示，殊不可解。以後務求將賬目開出寄京，以釋我之疑。又余所欲問家鄉之事甚多，茲另開一單，煩弟逐一條對，是禱。

兄國藩草。（道光二十五年五月初五日）

致諸弟（述現服清涼藥）

四位老弟足下：

廿九日摺差到京，問之係七月十一日在省起行。維時諸弟正在省，想是府考將畢之時，岱雲之弟及各家皆有信來京，而我家無信來，何也？余自十四日接到澄侯六月廿三之信，不勝欣慰，日日望府考信到。乃摺差至而竟無信，殊不可解。

余在京身體如常。前日之病，近來請醫生姜姓名士冠細看，云：「是肺胃兩家之熱發於皮毛。」現在自頭上、頸上以至腹下，無處無之。其大者如錢，小者如豆。其色白，以蜜塗之，則轉紅紫色，爬破亦無水，不喜著衣蓋被，蓋燥象也。此外毫無所病，一切飲食起居大小二便並皆如常。據姜醫云：「須用清涼藥，使肺胃之熱退盡，然後達於皮毛，不可求速效，兩月內則可全好矣。」言之甚為有理，余將守其說而不搖。

六弟之文，昨日始找出〈樂道人之善〉一首。其文甚有識見道理，准於下次摺差帶回。此外諸弟尚有文在京者否？若有，須寫信來清出。

汪覺庵師壽文，今日始作就，付回查收。若有不妥處，即請覺庵師改正可也。

鄧鐵松病勢不輕，於八月初五日起行回南。此人利心甚熾。余去年送大錢十千，今又送盤費十兩，渠尚怏怏有觖望。

王荊七自去年來不常至我家，昨日因奉父親大人之命，故喚他來。許他倘我得外差或外官，即帶他出京。他現歡天喜地，常來請安。然自此次懲戒之後，想亦不敢十分鴟張矣。

今年縣試前列第二名，是葛二一之子關一否？下次書來乞示我。

餘俟續布。

兄國藩手具。（道光二十五年七月三十日）

致諸弟（評論文章及書法）

子植、季洪兩弟左右：

四月十四日接子植二月、三月兩次手書，又接季洪信一函。子植何其詳，季洪何其略也！今年以來，京中已發信七號，不審俱收到否？

第六號、第七號，余皆有稟呈堂上，言今年恐不考差。彼時身體雖平安，而癬疥之疾未愈，頭上、面上、頸上並班剝陸離，恐不便於陛見，故情願不考差。恐堂上諸大人不放心，故特作白摺楷信，以安慰老親之念。三月初有直隸張姓醫生，言最善治癬，貼膏藥於癬上，三日一換，貼三次即可拔出膿水，貼七次即痊癒矣。初十日，令於左脅試貼一處，果有效驗。廿日即令貼頭、面、頸上，至四月八日，而七次皆已貼畢，將膏藥揭去，僅餘紅暈，向之厚皮頑癬，今已蕩然平矣。十五、六即貼遍身，計不過半月，即可畢事，至五月初旬考差而通身已全好矣。現在仍寫白摺，一定赴試。雖得不得自有一定，不敢妄想，而苟能赴考，亦可上慰高堂諸大人期望之心。

寓中大小安吉。惟溫甫前月底偶感冒風寒，遂痛左膝，服藥二三帖不效，請外科開一針而愈。澄弟去年習柳字，殊不足觀。今年改習趙字，而參以李北海《雲麾碑》之筆意，大為長進。溫弟時文已才華橫溢，長安諸友多稱賞之。書法以命意太高，筆不足以赴其所見，故在溫弟自不稱意，而人亦無由稱之。故論文則溫高於澄，澄難為兄；論書則澄高於溫，溫難為弟。

子植書法，駕滌、澄、溫而上之，可愛之至！可愛之至！但不知家中舊有徐浩書《和尚碑》及顏真卿《郭家廟》書否？若能參以二帖之沉著，則直追古人不難矣。

狼兼毫四枝既不合用，可以二枝送莘田叔，以二枝送苐庵表叔。正月間曾在岱雲處寄羊毫二枝，不知已收到否？五月，鍾子賓太守往湖南，可再寄二枝。以後兩弟需用之物，隨時寫信至京可也。

祖父大人囑買四川漆，現在四川門生留京者僅二人，皆極寒之士。由京至渠家有五千餘里，由四川至湖南有四千餘里，彼此路皆太遠。此二人在京，常半年不能得家信，即令彼寄信至渠家，渠家亦萬無便可附湖南。九弟須詳稟祖父大人，不如在省以重價購頂上川漆為便。

做直牌匾，祖父大人係貤封中憲大夫，父親係誥封中憲大夫，祖母貤封恭人，母親誥封恭人。京官加一級請封，侍講學士是從四品，故堂上皆正四品也。藍頂是暗藍，余正月已寄回二頂矣。

書不宣盡，諸詳澄、溫書中。今日身上敷藥，不及為楷，堂上諸大人，兩弟代為稟告可也。（道光二十六年四月十六日）

致諸弟（不可與人太疏、許配二女事）

澄侯四弟、子植九弟、季洪二弟左右：

二月十一接到第一、第二號來信，三月初十接到第三、四、五、六號來信，係正月十二、十八、廿二及二月朔日所發而一次收到。家中諸事，瑣屑畢知，不勝歡慰！

祖大人之病，竟以服沉香少愈，幸甚！然予終疑祖大人之體本好，因服補藥太多，致火壅於上焦，不能下降。雖服沉香而愈，尚恐非切中肯綮之劑。要須服清導之品，降火滋陰為妙。予雖不知醫理，竊疑必須如此。上次家書，亦曾寫及，不知曾與諸弟商酌否？

丁酉年祖大人之病，亦誤服補劑，賴澤六爺投以涼藥而效。此次何以總不請澤六爺一診？澤六爺近年待我家甚好，即不請他診病，亦須澄弟到他處常常來往，不可太疏。大小喜事，宜常送禮。

堯階既允為我覓妥地，如其覓得，即聽渠買。買後或遷或否，仍由堂上大人作主，諸弟不必執見。

上次信言予思歸甚切，囑弟探堂上大人意思何如。頃奉父親手書，責我甚切。兄自是謹遵父命，不敢作歸計矣。

郭筠仙兄弟於二月二十到京，筠仙與其叔及江岷樵住張相公廟，去我家甚近。翌臣即住我家，樹堂亦在我家入場。我家又添二人服侍李、郭二君。大約榜後退一人，只用一打雜人耳。

筠仙自江西來，述岱雲母子之意，欲我將第二女許配渠第二子，求婚之意甚誠。前年岱雲在京，亦曾託曹西垣說及，予答以緩幾年再議，今又託筠仙為媒，情與勢皆不可卻。岱雲兄弟之為人，與其居官治家之道，九弟在江西一一目擊。煩九弟細告父母，並告祖父，求堂上大人分付。或對或否，以便答江西之信。予夫婦現無成見。對之意有六分，不對之意亦有四分，但求堂上大人主張。

九弟去年在江西，予前信稍有微詞，不過恐人看輕耳。仔細思之，亦無妨礙，且有莫之為而為者，九弟不必自悔艾也。

碾兒胡同之屋東四月要回京，予已看南橫街圓通觀東間壁房屋一所，大約三月尾可移寓。此房係汪醇卿之宅，比碾兒胡同狹一小半，取其不費力易搬，故暫移彼，若有好房，當再遷移。

黃秋農之銀已付還，加利十兩，予仍退之。周子佩於三月三日喜事。正齋之子竟尚未歸。黃茀卿、周韓臣聞皆將告假回籍，茀卿已定十七日起行。劉盛唐得瘋疾，不能入闈，可憫之至。袁漱六到京數日，即下園子用功。其夫人生女僅三日，下船進京，可謂膽大。周荇農散館，至今未到，其膽尤大。曾儀齋正月廿六在省起行，二月廿九日到京；凌笛舟正月廿八起行，亦廿九到京，可謂快極。而澄弟出京，偏延至七十餘天始到。人事之無定如此！

新舉人覆試，題「人而無恆」二句，「賦得倉庚鳴。得鳴字」。四等十一人，各罰停會試二科，湖南無之。

我身癬疾，春間略發而不甚為害。有人說方，將石灰澄清水，用水調桐油搽之，則白皮立去，現二三日一搽，使之不起白皮，薙頭後不過微露紅影，雖召見亦無礙。除頭頂外，他處皆不搽，以其僅能濟一時，不能除根也。內人及子女皆平安。

今年分房，同鄉僅恕皆，同年僅松泉與寄雲大弟，未免太少。餘雖不得差，一切自有張羅，家中不必掛心。今日予寫信頗多，又係馮、李諸君出場之日，實無片刻暇，故予未作楷信稟堂上，乞弟為我說明。

澄弟理家事之間，須時時看《五種遺規》。植弟、洪弟須發憤讀書，不必管家事。

兄國藩草。（道光二十七年三月初十日）

致諸弟（升內閣學士）

澄侯、子植、季洪三位老弟足下：

五月寄去一信，內有大考賦稿，想已收到。

六月二日，蒙皇上天恩及祖父德澤，予得超升內閣學士。顧影捫心，實深慚悚！湖南三十七歲至二品者，本朝尚無一人。予之德薄才劣，何以堪此！近來中進士十年得閣學者，惟壬辰季仙九師，乙未張小浦，及予三人。而予之才地，實不及彼二人遠甚，以是尤深愧仄。

馮樹堂就易念園館，係予所薦，以書啟兼教讀，每年得百六十金。李竹屋出京後，已來信四封。在保定訥制臺贈以三十金，且留乾館與他。在江蘇，陸立夫先生亦薦乾俸館與他。渠甚感激我。考教習，余為總裁，而同鄉寒士如蔡貞齋等皆不得取，余實抱愧。

寄回祖父、父親袍褂二付。祖父係夾的，宜好好收拾，每月一看，數月一曬。百歲之後，即以此為殮服，以其為天恩所賜，其材料外間買不出也。父親做棉的，則不妨長著，不必為深遠之計。蓋父親年未六十，將來或更有君恩賜服，亦未可知。

祖母大人葬後，家中諸事順遂，祖父之病已愈，予之癬疾亦愈，且驟升至二品，則風水之好可知，萬萬不可改葬。若再改葬，則謂之不祥，且大不孝矣。然其地予究嫌其面前不甚寬敞，不便立牌坊起誥封碑亭，又不便起享堂立神道碑。予意仍欲求堯階相一吉地，為祖父大人將來壽藏。弟可將此意稟告祖父見允否？蓋誥封碑亭，斷不可不修，而祖母又不可改葬，將來勢不能合葬，乞稟告祖父，總以祖父之意為定。

前問長女對袁家，次女對陳家，不知堂上之意如何？現在陳家信來，謂我家一定對，渠甚歡喜。

餘容後具。

兄國藩草。（道光二十七年六月十八日）

致諸弟（勿占人便益、兒女姻事勿太急）

澄侯、子植、季洪三弟足下：

自四月廿七日得大考諭旨以後，廿九日發家信，五月十八又發一信，二十九又發一信，六月十八又發一信，不審俱收到否？二十五日接到澄弟六月一日所發信，具悉一切，欣慰之至。

發卷所走各家，一半係余舊友，惟屢次擾人，心殊不安。我自從己亥年在外把戲，至今以為恨事。將來萬一作外官，或督撫，或學政，從前施情於我者，或數百，或數千，皆釣餌也。渠若到任上來，不應則失之刻薄，應之則施一報十，尚不足以滿其欲。故兄自庚子到京以來，於今八年，不肯輕受人惠，情願人占我的便益，斷不肯我占人的便益。將來若作外官，京城以內無責報於我者。澄弟在京年餘，亦得略見其概矣。此次澄弟所受各家之情，成事不說。以後凡事不可占人半點便益，不可輕取人財，切記切記！

彭十九家姻事，兄意彭家發洩將盡，不能久於蘊蓄，此時以女對渠家，亦若從前之以蕙妹定王家也，目前非不華麗，而十年之外，局面亦必一變。澄弟一男二女，不知何以急急定婚若此？豈少緩須臾，即恐無親家耶？賢弟從事，多躁而少靜，以後尚期三思。兒女姻緣前生注定，我不敢阻，亦不敢勸，但囑賢弟少安毋躁而已。

京寓中大小平安。紀澤讀書已至「宗族稱孝焉」，大女兒讀書已至「吾十有五」。前三月買驢子一頭，頃趙炳坤又送一頭。二品本應坐綠呢車，兄一切向來簡樸，故仍坐藍呢車。寓中用度比前較大，每年進項亦較多。其他外間進項尚與從前相似。

同鄉諸人皆如舊。李竹屋在蘇寄信來，立夫先生許以乾館。

餘不一。

兄手草。（道光二十七年六月二十七日）

致諸弟（述大女兒訂姻）

澄侯、子植、季洪三弟左右：

八月十六日擢弁到京，係七月廿九日在省起行。維時植、洪二弟正在省城，不解何無一字寄京？聞學院二十六日始考古，則二十九日我邑尚未院試也。

京中大小平安。予之癬疾七月底較六月稍差，要無礙召見。弟之事，則亦聽之而已。六弟在國子監考課，各位堂官頗加青眼。上次蔡司業課古學經文一篇、經解一篇、賦一篇、詩一篇，六弟取第一。獎勵甚重：帖一套、佳墨八條。內人近頗多病，不能健飯。現在服藥，當不緊要也。紀澤讀書，前四月間所請之湖北魏先生，渠八月中即回家。我家已於八月初七日換請一宋先生，常德府丙午舉人。今年考取教習，係我門生，其人專嚴勤教。余有回人書札，亦交渠代寫。紀澤現已讀至〈梁惠王章句下〉。每日讀書，頗能領會。

大女兒與袁家訂姻，已於八月初六日寫庚書過禮。郭筠仙為媒，即須出都，後年始能復來。故趁其在京時，先行納采。袁家過禮來：真金簪一、真金耳環一對、鍍金手釧一副、金戒指二、紅綠湖縐各三丈、金花一對。我家回禮：袍褂料一套、靴一、帽　、朝珠一、補子一、筆插一、扇插一。又女壻見面儀六兩。

陳家姻事，前接四弟信，知家中堂上大人甚歡喜。現在岱雲丁艱，自不能定庚，只好待渠服滿後。諸弟若與陳家昆仲見面時，亦不必道及姻事。岱雲之喪事，余已送賻儀三十兩交郭筠仙帶歸，又有輓聯一付。京官向例不送外官銀兩，予送三十兩，則已為重矣。諸弟若到省，只須辦香燭去行禮，不必再送情也。

王荊七現來，要求再入我家。我家現在本用兩個跟班，目前有一個要去，擬仍叫荊七來。但不知「高僧」能久持行戒否？

書不詳盡，餘俟續寄。

兄國藩手草。（道光二十七年八月十八日）

致諸弟（欣聞兩次喜信）

澄侯、子植、季洪足下：

九月重陽日接到家信三封，內父親手諭二件，澄侯六月廿五在家發信一件，七月十五在省發信一件，十九又一件，八月十三又一件，子植七月十九發一件，八月十三又一件，季洪亦有七月十九一篇。子植府試文章在此包內。題名錄二紙，蓋至是始識九弟案首入學之信。前八月摺弁到京，乃七月廿九在省起行者。計是時九弟府首喜信已發交提塘矣，而渠不帶來，良可憾也。我與溫甫看一夜始完。兩次喜信使祖大人病體大愈，此為人子孫者之大幸也。

呈請晉封，仍須覃恩之年。辛亥年是皇上七旬萬壽，大約可以請晉封祖父母、父母，並可貤封叔父母，且可誥贈曾祖父母矣。然使身不加修，學不加進，而濫受天恩，徒覺愧悚。故兄自升官後，時時戰兢惕懼。近來身體甚好，耳又微聾。甲三讀書，先生極好，嚴而且勤，教書亦極得法。長女《上論》將讀畢矣。溫甫國子監應課已經補班。寓中眷口俱平順。

荊七現又收在我家，於門上跟班之外，多用一人，以充買辦行走之用，即以荊七補缺，甚為勝任。渠亦如士會還朝、蘇武返漢，欣幸之至。四弟可告知渠家也。

袁漱六因其幼女已死，現搬住湘潭館。訂庚之事，前已寫信告堂上矣。陳家姻事，堂上大人既欣然允許，余豈復有不滿意者！惟訂庚須稍遲，或俟岱雲起服，亦未可知。至姻事，則卻有成言矣。

曾心齋曾借銀八十與郭瑞田，渠現還百金交余，託轉寄毅然先生。目前尚無妥便，一入他人手，又恐化為烏有，故不得不慎重。弟可先作書告毅然丈，說我所以慎重之故。亦總在今冬明春寄到也。

九弟印卷費，須出大錢百千，乃為不豐不嗇，不被人譏議。或三股均送，或兩學較多、門斗較少亦可。但須今年內送去，不可捱至明年。教官最為清苦，我輩仕宦之家，不可不有以體諒之也。家中今年想尚可支吾，至明年上半年，余必寄銀至家應用。

陳岱雲到省，四弟與郭三合辦呢幛，甚是妥叶。余送渠奠分三十金，已交筠仙帶去矣。別有輓聯，現尚未寄。梅劭生求我作書與鍾子賓，準在近日付去。

唐書郊之信，屢次未回，則實以懶惰之故。渠託我代求各翰林法書。澄侯不在京，而欲我為此等事，毋乃強人以難乎？

四弟以女許彭家，姻緣前定，斷不可因我前言而稍生疑心。九弟入學，家中材料可以做衣，若再久收，恐被蟲傷。做數套衣，兄弟易衣而出，最好。家中諸皮衣，年年須少買樟腦，好好收拾，否則必為蟲傷矣。同鄉諸家如常。

書不能盡，摺弁在京僅一日，故多草率。

兄國藩手具。（道光二十七年九月初十日）

致諸弟（溫弟館事、述思歸省親之計）

澄侯、子植、季洪足下：

正月十一日發一家信，是日予極不閒，又見溫甫在外未歸，心中懊惱，故僅寫信與諸弟，未嘗為書稟堂上大人。不知此書近已接到否？

溫弟自去歲以來，時存牢騷抑鬱之意。太史公所謂：「居則忽忽若有所亡，出則不知其所往者。」溫甫頗有此象。舉業工夫，大為拋荒。間或思一振奮，而興致不能鼓舞。余深以為慮，每勸其痛著祖鞭，併心一往。溫弟輒言思得一館，使身有管束，庶心有維繫。余思自為京官，光景尚不十分窘迫，焉有不能養一胞弟而必與寒士爭館地？向人求薦，實難啟口，是以久不為之謀館。

自去歲秋冬以來，聞溫弟婦有疾，溫弟羈留日久，牢落無偶，而叔父抱孫之念甚切，不能不思溫弟南歸。且余既官二品，明年順天主考亦在可簡放之列，恐溫弟留京三年，又告迴避。念此數者，欲勸溫弟南旋，故上次信道及此層，欲諸弟細心斟酌。

不料發信之後，不過數日，溫弟即定得黃正齋館地。現在既已定館，身有所管束，心亦有所繫屬，舉業工大又可漸漸整理，待今年下半年再看光景。

如我或聖眷略好，有明年主考之望，則到四五月再與溫弟商入南闈或入北闈行止；如我今年聖眷平常，或別有外放意外之事，則溫弟仍留京師，一定觀北闈，不必議南旋之說也。

坐館以羈束身心，自是最好事，然正齋家澄弟所深知者，萬一不合，溫弟亦難久坐。見可而留，知難而退，但能不得罪東家，好去好來，即無不可耳。

余自去歲以來，日日想歸省親，所以不能者：一則京帳將近一千，歸家途費又須數百，甚難措辦。二則二品歸籍，必須具摺，摺中難於措辭。私心所願者，得一學差，三年任滿，歸家省親，上也。若其不能，或明年得一外省主考，能辦途費，後年必歸，次也。若二者不能，只望六弟、九弟明年得中一人，後年得一京官，支持門面，余則告養歸家，他日再定行止。如三者皆不得，則直待六年之後，至母親七十之年，余誓具摺告養，雖負債累萬，歸無儲粟，亦斷斷不顧矣。然此實不得已之計。若能於前三者之中得其一者，則後年可見堂上各大人，乃如天之福也！不審祖宗默佑否？

現在寓中一切平安。癬疾上半身全好，惟腰下尚有纖痕。家門之福，可謂全盛，而余心歸省之情，難以自慰，因偶書及，遂備陳之。

毅然伯之項，去年已至余寓，今始覓便寄南。家中可將書封好，即行送去。

餘不詳盡，諸惟心照。

兄國藩手草。（道光二十八年正月廿一日）

致諸弟（指導考試、勸勿告官）

澄侯、子植、季洪三弟左右：

澄侯在廣東前後共發信七封，至郴州、耒陽又發二信，三月十一到家以後又發二信，皆已收到。植、洪二弟，今年所發三信，亦均收到。

澄弟在廣東處置一切，甚有道理。易念園、莊生各處程儀，尤為可取。其辦朱家事，亦為謀甚忠；雖無濟於事，而朱家必可無怨。《論語》曰：「言忠信，行篤敬，雖蠻貊之邦行矣。」吾弟出外，一切如此，吾何慮哉！賀八爺、馮樹堂、梁儷裳三處，吾當寫信去謝，澄弟亦宜各寄一書。即易念園處，渠既送有程儀，弟雖未受，亦當寫一謝信寄去。其信即交易宅，由渠家書彙封可也。若易宅不便，即託岱雲覓寄。

季洪考試不利，區區得失，無足介懷。補發之案有名，不去覆試，甚為得體。今年院試若能得意，固為大幸。即使不遽獲售，去年家中既售一人，則今歲小挫，亦盈虛自然之理，不必抑鬱。

植弟書法甚佳，然向例未經過歲考者，不合選拔。弟若去考拔，則同人必指而目之。及其不得，人不以為不合例而失，且以為寫作不佳而黜。吾明知其不合例，何必受人一番指目乎？弟書問我去考與否，吾意以科考正場為斷。若正場能取一等補廩，則考拔之時，已是廩生入場矣；若不能補廩，則附生考拔，殊可不必，徒招人妬忌也。

我縣新官加賦，我家不必答言，任他加多少，我家依而行之。如有告官者，我家不必入場。凡大員之家，無半字涉公庭，乃為得體；為民除害之說，為所轄之屬言之，非謂去本地方官也。

曹西垣教習服滿，引見以知縣用，七月動身還家。母親及叔父之衣並阿膠等項，均託西垣帶回。去年內賜衣料，袍褂皆可裁三件。後因我進闈考教習，家中叫裁縫做，渠裁之不得法，又竊去整料，遂僅裁祖父、父親兩套。本思另辦好料，為母親製衣寄回，因母親尚在制中，故未遽寄。叔父去年四十晉一，本思製衣寄祝，亦因在制，未遽寄也。茲託西垣帶回，大約九月可到家，臘月服闋，即可著矣。

紀梁讀書，每日百餘字，與澤兒正是一樣，只要有恆，不必貪多。澄弟亦須常看《五種遺規》及《呻吟語》。洗盡浮華，樸實諳練，上承祖父，下型子弟，吾於澄弟實有厚望焉！

兄國藩手草。（道光二十八年五月初十日）

致諸弟（述改屋之意見、留心辦賊之態度）

澄侯、溫甫、子植、季洪四弟左右：

十二月初九接到家中十月十二一信、十一月初一日一信、初十日一信，具悉一切。

家中改屋，有與我意見相同之處。我於前次信內曾將全屋畫圖寄歸，想已收到。家中既已改妥，則不必依我之圖矣。但三角邱之路必須改於檀山嘴下，而於三角邱密種竹木。此我畫圖之要囑，望諸弟稟告堂上，急急行之。家中改房，亦有不與我合意者，已成則不必再改。但六弟房改在爐子內，此係內外往來之屋，欲其通氣，不欲其悶塞，余意以為必不可，不若以長橫屋上半節間斷作房為妥。（連間兩隔。下半節作橫屋客座，中間一節作過道，上半節作房。）內茅房在石柱屋後，亦嫌太遠，不如於季洪房外高墈打進七八尺。（即舊茅房溝對過之墈，若打進丈餘，則與上首栗樹處同寬。）既可起茅房、澡堂，而後邊地面寬宏，家有喜事，碗盞、菜貨亦有地安置，不至局促，不知可否？

家中高麗參已完，明春得便即寄。彭十九之壽屏，亦準明春寄到。此間事務甚多，我又多病，是以遲遲。

澄弟辦賊，甚快人心。然必使其親房人等知我家是圖地方安靜，不是為一家逞勢張威，庶人人畏我之威，而不恨我之太惡。賊既辦後，不特面上不可露得意之聲色，即心中亦必存一番哀矜的意思。諸弟人人當留心也。

徵一表叔在我家教讀甚好，此次未寫信請安，諸弟為我轉達。

同鄉周荇農家之鮑石卿前與六弟交遊，近因在妓家飲酒，提督府捉交刑部革去供事，而荇農、荻舟尚遊蕩不畏法，真可怪也！

余近日常有目疾，餘俱康泰。內人及二兒四女皆平安，小兒甚胖大。西席龐公擬十一回家，正月半來，將請李筆峯代館。宋湘賓在道上僕跌斷腿，五十餘天始抵樊城，大可憫也。

餘不一一。

國藩手草。（道光二十八年十二月初十日）

致諸弟（喜述補侍郎缺）

澄侯、溫甫、子值、季洪四位老弟左右：

正月十日曾寄家信，甚為詳備。二月初三接到澄弟十一月二十夜之信，領悉一切。

今年大京察，侍郎中休致者二人，德遠村、馮吾園兩先生也。余即補吾園先生之缺。

向來三載考績，外官謂之大計，京官謂之京察。京察分三項：一、二品大員及三品之副都御史，皇上皆能記憶，其人不必引見，御筆自下硃諭，以為彰癉。此一項也。自宗人府丞以下，凡三、四、五品京堂皆引見，有黜而無陟。前在碾兒胡同時，間壁學士奎光，即引見休致者也。此一項也。自五品而下，如翰林、內閣、御史、六部，由各堂官考差，分別一、二、三等。一等則放府道，從前如勞辛階、易念園，今年如陳竹伯，皆京察一等也。此一項也。

余自到禮部，比從前較忙冗，恨不得有人幫辦寓中瑣雜事。然以家中祖父之病，父、叔勤苦已極，諸弟萬無來京之理。且如溫弟在京，余方再三勸誘，令之南歸，今豈肯再蹈覆轍，令之北來？

江岷樵以揀發之官浙江，補缺不知何時。余因溫弟臨別叮囑之言，薦鄧星階偕岷樵往浙，岷樵既應允矣。適徐芸渠請星階教書，星即就徐館，言定秋間仍往浙依江，江亦應允。

鄒墨林自河南來京，意欲捐教，現寓圓通觀，其為人實誠篤君子也。袁漱六新正初旬，忽吐血數天，現已全愈。

黃正齋竟為本部司員，頗難為情。余一切循謙恭之道，欲破除藩籬，而黃總不免拘謹。

余現尚未換綠呢車，惟添一騾。蓋八日一赴園，不能不養三牲口也。

書不一一。

兄國藩草。（道光二十九年二月初六日）

致諸弟（寄歸銀兩物品）

澄侯、溫甫、子植、季洪足下：

茲乘喬心農先生常德太守之便，付去紋銀六十三兩零，共六大錠，外又一小錠，係內子寄其伯母，乞寄歐陽牧雲轉交。又鄧星階寄銀六兩，亦在此包內，並渠信專人送去。又高麗參一布包。內頂上者一兩，共十四枝，專辦與祖父大人用。次等者三兩，共五枝。又次等者，白參半斤，不計枝。今年所買參，皆擇其佳者，較往年略貴，故不甚多。又鹿膠二斤，共一布包。又一品補服四付，共一布包。前年所寄補服，內有打籽者，係一品服。合此次所寄，共得五付。補服不分男女，向來相傳鳥嘴有向內向外之分，皆無稽之言也。一品頂帶三枚，則置高麗參匣之內。望諸弟逐件清出，呈堂上大人。喬太守要由山西再轉湖南，到長沙大約在閏四月底。

此信不詳他事，容下次再詳也。

國藩手草。（道光二十九年三月初一日）

致諸弟（不必重價買地）

四位老弟足下：

九弟生子大喜，敬賀敬賀！自丙午冬葬祖妣大人於木兜冲之後，我家已添三男丁，我則升閣學，升侍郎，九弟則進學補廩。其地之吉，已有明效可驗。我平日最不信風水，而於朱子所云「山環水抱，藏風聚氣」二語，則篤信之。木兜冲之地，予平日不以為然，而葬後乃吉祥如此，可見福人自葬福地，絕非可以人力參預其間。家中買地，若出重價，則斷斷可以不必；若數十千，則買一二處無礙。

宋湘賓去年回家，臘月始到。山西之館既失，而湖北一帶又一無所得。今年因常南陔之約重來湖北，而南陔已遷官陝西矣。命運之窮如此！去年曾有書寄溫弟，茲亦付去，上二次忘付也。

李筆峯代館一月，又在寓抄書一月，現在已搬出矣。毫無道理之人，究竟難與相處。龐省三在我家教書，光景甚好。鄒墨林來京捐復教官，在圓通觀住，日日來我家閒談。長沙老館，我今年大加修整，人人皆以為好。瑣事兼述，諸惟心照。

兄國藩手草。（道光二十九年三月廿一日）

致諸弟（癬疾愈見大好）

澄侯、溫甫、子植、季洪足下：

近一月餘無摺弁來，以新撫臺尚未到任。五月十一接澄弟四月八日並廿六日所發信，而正月十七日一信至今未到，誠不可解。

京寓自四月以來，一切平安。癬疾經鄒墨林開方做藥丸，有附子、黃芪等補陽之藥，愈見大好。面上、頭上，生人全看不出矣。紀澤兒近作史論，略成章句。茲命其謄兩首寄呈堂上一閱。次兒之名，音與叔父名相近，已改名紀鴻。體甚肥大，尚不能行，不能說話。四女皆好。閏四月初九日考差題「士志於道一章」，經題「閏月則闔門左扉」，詩題「賦得歲豐仍節儉。得仍字」。

澄弟〈岳陽樓記〉擬交廣西主考帶去，大約七月初旬可到長沙。溫、植二弟到省以後，恐家中無人伺候，澄弟即不入闈亦可。宜稟堂上，問宜如何耳。

去年冬底所寄各族戚家微資，今年家書總未提及，不知竟一一如數交去否？乞示知。

餘不詳盡，俟下次續具。

兄國藩手草。（道光二十九年五月十五日）

致諸弟（託查遺失家信）

澄侯、溫甫、子植、季洪四位老弟足下：

五月廿四日由廣西主考孫渠田太史處發信，並澄弟監照、戶部照二紙，又今年主考車順軌鄉試文一篇、徐元勳會試文三篇共為一包，不審何日到？孫太史於五月廿八在京起程，大約七月中旬可過長沙。待渠過去後，家中可至岱雲處接監照也。

京寓近日平安。癬疾服鄒墨林丸藥方最為有效。內人腹瀉七八天，亦服鄒所開方而效。

昨日摺到後，又未接信。澄弟近日寫信極勤且詳，而京中猶時有望眼欲穿之時。蓋不住省城，則摺弁之或遲或早無從去查問。正月十六之家信，至今尚未接到。予屢次以書告諸弟，又書告岱雲，託其向提塘並蕭辛五處確查。昨岱雲回信內夾有蕭辛五回片，寫明正月十六之信已於廿一日交提塘王二手收。又言四月十四周副爺維新到京，此信已交京提塘矣云。予接辛五來片，比遣人去京提塘問明。據答云：「周維新到京，並無此信；若有，萬無不送之理。且既係正月廿一交省提塘，則二月廿三有韓摺弁到京，三月十八有張摺弁到京，何以兩人俱未帶而必待四月十四之周維新哉？」今仍將辛五原片付回家中，望諸弟再到提塘細查：正月廿一辛五送到時，提塘曾挂收信號簿否？並問辛五兄，何所知二月之韓弁、三月之張弁俱未帶此信而直待周維新始帶？且辛五片稱四月十四信交京提塘門上收，係聞何人所言？何以至今杳然？一一查得水落石出，覆示為要。予因正月十六之信至為詳細，且分為兩封，故十分認真。若實查不出，則求澄弟再細寫一編，並告鄧星階家、曾廚子家，道前信已失落也。

紀澤兒讀書如常。茲又付呈論數首，皆先生未改一字者。紀鴻兒體甚肥胖。前聞排行已列「丙一」，不知「乙」字一排十人何以遽滿？乞下次示知。得毋以「乙」字不佳，遂越而排「丙」乎？予意不必用「甲乙丙丁」為排，可另取四字，曰「甲科鼎盛」，則音節響亮，便於呼喚。諸弟如以為然，即可徧告諸再從兄弟。

山西巡撫王兆琛，欽差審明各款，現奉旨革職拿問，將來不知作何究竟？此公名聲狼籍，得此番鐫示，亦足寒貪吏之膽。

袁漱六病尚未全好，同鄉各家如常。季仙九先生放山西巡撫，送我綠呢車。現尚未乘，擬待一、二年後再換。

餘不悉具。

兄國藩手草。（道光二十九年六月初一日）

致諸弟（述修改長郡館）

澄侯、溫甫、子植、季洪四位老弟足下：

日內身體平安。內人自前腹泄後，至今尚服黃著、高麗參、附片之類，自此可保安泰。紀澤兒讀書尚熟，《詩經》現讀至〈生民之什〉，古詩讀至左太沖〈詠史〉，《綱鑑》講至漢高祖末年。所作史論，較前月所作意思略多，茲付回三首。次兒肥胖可愛。四女兒皆好。龐省三教書甚為得法。宋湘賓在湖北藩署光景頗好，昨有書來致意溫弟。

長郡館向來規模不好，人人不喜。今年我督工匠大改規模，人人拍案稱奇。現在同鄉人請我將湖廣館亦改定規制，擬於八月興工，想十月可畢役。

郭筠仙家水勢不知如何？溫甫在省見之，可問明告我。渠欠漱六五十金，近已償去。若見筠仙、翌丞，可即告之，不另寫信。岱雲寄程正槃信亦已妥交，見岱雲時即告之。寄莊心庠、張禮度信各一件，到日即送去。

餘不一一，俟下次續具。

兄國藩手草。（道光二十九年六月廿九日）

致諸弟（計劃設致義田）

澄侯、溫甫、子植、季洪四位老弟足下：

七月十三日接到澄弟六月初七所發家信，具悉一切。吾於六月共發四次信，不知俱收到否？今年陸費中丞丁憂，閏四月無摺差到，故自四月十七發信後，直至五月中旬始再發信，宜家中懸望也。

祖父大人之病，日見增加，遠人聞之，實深憂懼。前六月廿日所付之鹿茸片，不知何日可到，亦未知有微功否？

予之癬病，多年沉痛，賴鄒墨林舉黃耆附片方，竟得全愈。內人六月之病，亦極沉重，幸墨林診治，遂得化險為夷，變危為安。同鄉找墨林看病者甚多，皆隨手立效。墨林之弟嶽屏四兄，今年曾到京，寓圓通觀，其醫道甚好，現已歸家。予此次以書附墨林家書內，求嶽屏至我家診治祖父大人，或者挽回萬一，亦未可知。嶽屏人最誠實，而又精明，即周旋不到，必不見怪。家中只需打發轎夫大錢二千，不必別有所贈送。渠若不來，家中亦不必去請他。

鄉間之穀貴至三千五百，此亙古未有者，小民何以聊生？吾自入官以來，即思為曾氏置一義田，以贍救孟學公以下貧民；為本境置義田，以贍救廿四都貧民。不料世道日苦，予之處境未裕。無論為京官者自治不暇，即使外放，或為學政，或為督撫，而如今年三江兩湖之大水災，幾於鴻嗷半天下，為大官者，更何忍於廉俸之外多取半文乎！是義田之願，恐終不能償。然予之定計，苟仕宦所入，每年除供奉堂上甘旨外，或稍有贏餘，吾斷不肯買一畝田、積一文錢，必經留為義田之用。此我之定計，望諸弟皆體諒之。

今年我在京用度較大，借帳不少。八月當為希六及陳體元捐從九品，九月榜後可付照回，十月可到家，十一月可向渠兩家索銀，大約共須三百金。我付此項回家，此外不另附銀也。

率五在永豐，有人爭請，予聞之甚喜。特書手信與渠，亦望其忠信成立。

紀鴻已能行走，體甚壯實。同鄉各家如常。同年毛寄雲於六月廿八日丁內艱。陳偉堂相國於七月初二仙逝，病係中痰，不過片刻即歿。河南、浙江、湖北皆展於九月舉行鄉試。聞江南水災尤甚，恐須再展至十月。各省大災，皇上焦勞，臣子更宜憂惕之時，故一切外差，皆絕不萌妄想，家中亦不必懸盼。

書不詳盡。

兄國藩手草。（道光二十九年七月十五日）

致諸弟（述派較射大臣）

澄侯、溫甫、子植、季洪四位老弟足下：

十月初二日接到澄弟八月廿六一書，具悉一切。是日又從岱雲書內見南省《題名錄》，三第皆不選，為之悵喟。

吾家累世積德，祖父及父、叔二人皆孝友仁厚，食其報者，宜不止我一人。此理之可信者。吾邑從前鄧、羅諸家官階較大，其昆季子孫皆無相繼而起之人。此又事之不可必者。吾近於官場，頗厭其繁俗而無補於國計民生，惟勢之所處，求退不能。但願得諸弟稍有進步，家中略有仰事之資，即思決志歸養，以行吾素。今諸弟科第略遲，而吾在此間，公私萬事叢集，無人幫照。每一思之，未嘗不作茫無畔岸之想也。吾現已定計於明年八月乞假歸省，後年二月還京，專待家中回信詳明見示。

今年父親六十大壽，吾竟不克在家叩祝，悚疚之至。十月初四日，奉旨派作較射大臣。順天武闈鄉試，於初五、六馬箭，初七、八步箭，初九、十技勇，十一發榜，十二覆命。此八日皆入武闈，不克回寓，父親壽辰，並不能如往年辦麵席以宴客也。然予既定計明年還家慶壽，則今年在京即不稱觴，猶與吾鄉重逢一不重晉十之例相合。

家中分贈親族之錢，吾恐銀到太遲，難於換錢，故前次為書寄德六七叔祖，並辦百褶裙送叔曾祖母。現在廷芳宇尚未起行，大約年底乃可到湖南。若曾希六、陳體元二家，必待照到乃送錢來，則我家今年窘矣。二家捐項，我在京共去京平足紋二百四十一兩六錢，若合南中漕平，則當二百三十六兩五錢。渠送錢若略少幾千，我家不必與之爭。蓋丁酉之冬，非渠煤壟，則萬不能進京也。明年春間應寄家用之錢，乞暫以曾、陳捐項用之。我上半年只能寄鹿茸，下半年乃再寄銀耳。

《皇清經解》一書，不知取回否？若未取回，可專人去取。蓋此等書，諸弟略一涉獵，即擴見識，不宜輕以贈人也。明年小考，須送十千，大場又須送十千。此等錢家中有人分領，便是一家之祥瑞。但澄弟須於在省城時張羅此項付各考者，乃為及時。

京寓大小平安。紀澤兒已病兩月，近日全愈，今日已上書館矣。紀鴻兒極結實，聲音洪亮異常。僕婢輩皆守舊。同鄉各家，亦皆無恙。鄒墨林尚住我家。

張雨農之子闈藝甚佳，而不得售，近又已作文數首，其勇往可畏愛也。

書不詳盡。寫此畢，即赴武闈，十二始歸寓。餘俟後報。

國藩手草。（道光二十九年十月初四日）

致諸弟（寄物、告在闈較射、及江岷樵家遭難事）

澄侯、溫甫、子植、季洪四弟左右：

十月初四日發第十七號家信，由摺弁帶交。十七日發十八號家信，由廷芳宇桂明府帶交。便寄曾希六、陳體元從九品執照各一紙，歐陽滄溟先生、陳開煦換執照並批迴各二張，添梓坪叔庶曾祖母百褶裙一條，曾、陳二人九品補服各一副，母親大人耳帽一件，膏藥一千張、眼藥各種、阿膠二斤、朝珠二掛、筆五枝、鹹底子六十個，曾、陳二人各對一付，滄溟先生橫幅篆字一副。計十二月中旬應可到省，存陳岱雲宅，家中於小除夕前二日遣人至省走領可也。芳宇在漢口須見上司，恐難早到。然遇順風，則臘月初亦可到，家中或著人早去亦可。

余於十月初五起至十一止，在闈較射，十七出榜。四闈共中百六十四人，余闈內分中五十二人。向例武舉人、武進士覆試，如有弓力不符者，則原閱之王大臣，每人各罰俸半年。今年僅張字闈不符者三名，王大臣各罰俸一年半。余闈幸無不符之人。不然，則罰俸年半，去銀近五百金，在京官已視為切膚之痛矣。

寓中大小平安。紀澤兒體已全復，紀鴻兒甚壯實。

鄒墨林近由廟內移至我家住，擬明年再行南歸。袁漱六由會館移至虎坊橋，而錢貞齋榜後本擬南旋，因憤懣不甘，仍寓漱六處教讀。劉鏡清教習已傳到，因丁艱而竟不能補，不知命途之舛何至於此！凌荻舟近病內傷，醫者言其甚難奏效。

黃恕皆在陝差旋，述其與陝撫殊為冰炭。江岷樵在浙署秀水縣事，百姓感戴，編為歌謠。署內一貧如洗。藩臺聞之，使人私借千金，以為日食之資。其為上司器重如此。其辦賑務，辦保甲，無一不合於古。頃湖南報到，新寧被齋匪餘孽煽亂，殺前令李公之闔家，署令萬公亦被戕，焚掠無算，則岷樵之父母家屬，不知消息若何？可為酸鼻。余於明日當飛報岷樵，令其即行言旋，以赴家難。

余近日忙亂如常，幸身體平安，惟八月家書，曾言及明年假歸省親之事，至今未奉堂上手諭。而九月諸弟未中，想不無抑鬱之懷，不知尚能自為排遣否？此二端時時罣念，望澄侯詳寫告我。祖父大人之病，不知日內如何？余歸心箭急，實為此也。

母親大人昨日生日，寓中早麵五席、晚飯三席。母親牙痛之疾，近來家信未嘗提及。望下次示知。

書不一一，餘俟續具。

兄國藩手草。（道光二十九年十一月初五日）

致諸弟（迎養父母叔父）

澄侯、溫甫、子植、季洪四位老弟足下：

正月初六日接到家信三函：一係十一月初三所發，有父親手諭溫弟代書者；一係十一月十八所發，有父親手諭植弟代書者；一係十二月初三澄侯弟在縣城所發一書。甚為詳明，使遊子在外，鉅細了然。

廟山上金叔不知為何事而可取騰七之數？若非道義可得者，則不可輕易受此。要做好人，第一要在此處下手，能令鬼服神欽，則自然識日進、氣日剛。否則，不覺墜入卑污一流，必有被人看不起之日，不可不慎！諸弟現處極好之時，家事有我一人擔當，正好做個光明磊落神欽鬼服之人。名聲既出，信義既著，隨便答言，無事不成，不必受此小便宜也。

父親兩次手諭，皆不欲予乞假歸家。而予之意，甚思日侍父母之側，不得不為迎養之計。去冬曾以歸省、迎養二事與諸弟相商。今父親手示，不許歸省，則迎養之計更不可緩。所難者，堂上有四位老人。若專迎父母而不迎叔父母，不特予心中不安，即父母心中亦必不安。若四位並迎，則叔母病未全好，遠道跋涉尤艱。予意欲於今年八月初旬，迎父親、母親、叔父三位老人來京，留叔母在家，諸弟婦細心伺候；明年正月元宵節後，即送叔父回南。我得與叔父相聚數月，則我之心安。父母得與叔父同行數千里到京，則父母之心安。叔母在家半年，專僱一人服侍，諸弟婦又細心奉養，則叔父亦可放心。叔父在家，抑鬱數十年，今出外瀟灑半年，又得與姪兒、姪婦、姪孫團聚，則叔父亦可快暢。在家坐轎至湘潭，澄侯先至潭雇定好船，伺候老人開船後，澄弟即可回家。船至漢口，予遣荊七在漢口迎接。由漢口坐三乘轎子至京，行李婢僕，則用小車，甚為易辦。求諸弟細商堂上老人，春間即賜回信。至要至要！

李澤顯、李英燦進京，余必加意庇護。八斗沖地，望繪圖與我看。諸弟自侍病至葬事，十分勞苦，我不克幫忙，心甚歉愧！

京師大小平安。皇太后大喪已於正月七日二十七日滿，脫去孝衣。初八日係祖父冥誕，我作文致祭，即於是日亦脫白孝，以後照常當差。

心中萬緒，不及盡書，統容續布。

兄國藩手草。（道光三十年正月初九日）

致諸弟（四弟已經出京）

溫甫、沅浦、季洪三弟左右：

二月初二日接到二信，一係正月二十發，一係二月十二發，具悉一切。日內極挂念沅弟，得沅弟一紅紙片，甚欣慰也。

澄弟已於二月廿六出京，誥軸須四月用寶，澄弟不能待，將來另託人帶歸。澄弟與安化張星垣、衡山陳穀堂二大令同行，至保定，又約楊毓楠之弟同行。鵝毛管眼藥、貼毒膏藥，澄弟未帶。將來託魏亞農帶歸，黃生之胞姪也。梁同年獻廷託請誥封之事，將來必要辦妥，渠之銀，弟儘可收用。京寓大小平安。癬疾微發，尚不為害。

陳岱雲之如夫人歿於安徽。頃接其信，甚為悽惋。同鄉周轉亭得御史。常世兄、勞世兄兩廕生皆內用，將來為光祿寺署正，可分印結，亦善地也。

蘭姊多病，予頗憂慮。下次書來，尚乞詳示。父大人命予家書中不必太瑣瑣，故不多及。

國藩草。（咸豐元年三月初四日）

致諸弟（具奏言兵餉事）

澄、溫、植、洪四弟左右：

三月初四發第三號家信。其後初九日，予上一摺，言兵餉事。適於是日皇上以粵西事棘，恐現在彼中者，不堪寄此重託，特放賽中堂前往。以予摺所言甚是，但目前難以舉行，命將折封摺軍機處，待粵西事定後再行辦理。賽中堂清廉公正，名望素著，此行應可迅奏膚功。但湖南逼近粵西，兵差過境，恐州縣不免藉此生端，不無一番蹂躪耳。

魏亞農以三月十三日出都，向予借銀二十兩。既係姻親，又係黃生之姪，不能不借與渠。渠言到家後即行送交予家，未知果然否？叔父前信要鵝毛管眼藥並硇砂膏藥，茲付回眼藥百筒、膏藥千張，交魏亞農帶回，呈叔父收存，為時行方便之用。其摺底付回查收。

澄弟在保定想有信交劉午峯處。昨劉有書寄子彥，而澄弟書未到，不解何故？已有信往保定去查矣。澄弟去後，吾極思念。偶自外歸，輒至其房。早起輒尋其室，夜或遣人往呼。想弟在途路彌思我也。

書不一一，餘俟續具。

兄國藩手草。（咸豐元年三月十二日）

致諸弟（摺奏直諫）

澄侯、溫甫、子植、季洪四位老弟足下：

四月初三日發第五號家信，厥後摺差久不來，是以月餘無家書。五月十二摺弁來，接到家中一信，乃四月一日所發者，具悉一切。植弟大愈，此最可喜！

京寓一切平安，癬疾又大愈，比去年六月更無形迹。去年六月之愈，已為五年來所未有，今又過之。或者從此日退，不復能為惡矣。皮毛之疾，究不甚足慮，久而彌可信也。

四月十四日考差題「樂民之樂者，民亦樂其樂」，經文題「必有忍，其乃有濟，有容，德乃大」，「賦得濂溪樂處。得焉字」。

二十六日，余又進一諫疏，敬陳聖德三端，預防流弊。其言頗過激切，而聖量如海，尚能容納，豈漢唐以下之英主所可及哉！余之意，蓋以受恩深重，官至二品，不為不尊；堂上則誥封三代，兒子則蔭任六品，不為不榮。若於此時，再不盡忠直言，更待何時乃可建言？而皇上聖德之美，出於天亶自然，滿廷臣工遂不敢以片言逆耳，將來恐一念驕矜，遂至惡直而好諛，則此日臣工不得辭其咎。是以趁此元年新政，即將此驕矜之機關說破，使聖心日就兢業，而絕自是之萌，此余區區之本意也。現在人才不振，皆謹小而忽於大，人人皆習脂韋唯阿之風，欲以此疏稍挽風氣，冀在廷皆趨於骨鯁，而遇事不敢退縮。此余區區之余意也。

摺子初上之時，余意恐犯不測之威，業將得失禍福置之度外，不意聖慈含容，曲賜矜全。自是以後，余益當盡忠報國，不得復顧身家之私。然此後摺奏雖多，亦斷無有似此摺之激直者；此摺尚蒙優容，則以後奏摺，必不致或觸聖怒可知。諸弟可將吾意細告堂上大人，無以余奏摺不慎，或以戇直干天威為慮也。

父親每次家書，皆教我盡忠圖報，不必繫念家事。余敬體吾父之教訓，是以公爾忘私、國爾忘家，計此後但略寄數百金償家中舊債，即一心以國事為主，一切升官得差之念，毫不挂於意中。故昨五月初七大京堂考差，余即未往赴考。侍郎之得差不得差，原不關乎與考不與考。上年己酉科，侍郎考差而得者三人，瑞常、花沙納、張芾是也；未考而得者亦三人，靈桂、福濟、王廣蔭是也。今年侍郎考差者五人，不考者三人。是日題「以義制事，以禮制心論」，詩題「樓觀滄海日。得濤字」。五月初一放雲貴差，十二放兩廣、福建三省，名見京報內，茲不另錄。袁漱六考差頗為得意，詩亦工妥，應可一得，以救積困。

朱石翹明府初政甚好，自是我邑之福，余下次當寫信與之。霞仙得縣首，亦見其猶能拔取真士。

劉繼振既係水口近鄰，又送錢至我家，求請封典，義不可辭，但渠三十年四月選授訓導，已在正月廿六恩詔之後，不知尚可辦否。當再向吏部查明。如不可辦，則當俟明年四月升祔恩詔乃可呈請。若并升祔之時推恩不能及於外官，則當以錢退還，家中須於近日詳告劉家，言目前不克呈請，須待明年六月乃有的信耳。

澄弟河南、漢口之信，皆已接到。行路之難，乃至於此！自漢口以後，想一路載福星矣。劉午峯、張星垣、陳穀堂之銀皆可收，劉、陳尤宜受之，不受反似拘泥。然交際之道，與其失之濫，不若失之隘。吾弟能如此，乃吾之所欣慰者也。西垣四月廿九到京，住余宅內，大約八月可出都。

此次所寄摺底，如歐陽家、汪家及諸親族，不妨鈔送共閱。見余忝竊高位，亦欲忠直圖報，不敢唯阿取容，懼其玷辱宗族，辜負期望也。

餘不一一。

兄國藩手草。（咸豐元年五月十四日）

致諸弟（擬為紀澤定婚）

澄侯、溫甫、子植、季洪四位老弟足下：

五月十四日發一家信，內有四月廿六日具奏一疏稿。余雖不能法古人之忠直，而皇上聖度優容，則實有非漢唐以下之君所能及者，已將感激圖報之意於前書內詳告諸弟矣。五月廿六日，又蒙皇上天恩，兼署刑部右侍郎。次日具摺謝恩，即將余感戴之忱寫出。茲將原摺付歸。

日內京寓大小平安。癬疾大好，較去年澄弟在此時更好三倍，頭面毫無蹤影，兩腮雖未淨盡，不復足為患也。同鄉周子佩之母病體不輕，下身不仁，恐成偏枯。徐壽蘅放四川主考。湖南放四川者，向極吉利，嘉慶辛酉之楊剛亭先生、庚午之陶文毅、道光甲午之李文恭、乙未之羅蘇溪，有成例矣。鄺鑪青、陳俊臣兩人皆已來京。陳挈眷而鄺則否，鄺富而陳寒，所為似相反。然究以挈眷為是，鄺一二年亦必悔之耳。林崑圃事，余為寫知單，得百餘金，合之開弔，共二百金，將來可以贍其七十四歲之老母也。漱六望差甚切，未知能如願否。現在已放一半，而實錄館當差人員尚未放一人。唐鏡海於十八日到京，廿三日召見，垂詢一切。天顏有喜，極耆儒晚遇之榮。現已召見五次，將來尚可入對十餘次。

羅山前有信來，詞氣溫純，似有道者之言。余已回信一次。頃又有信來，言紀澤未定婚，欲為賀耦庚先生之女作伐，年十二矣。余嫌其小一歲，且耦庚先生究係長輩。從前左季高與陶文毅為婚，余嫌其輩行不倫。余今不欲仍蹈其轍，擬敬為辭謝。現尚未作書覆羅山，諸弟若在省見羅山兄，可將余兩層意思先為道破，余他日仍當回書告知一切。余近思為紀澤定婚，其意頗急切。夏階平處一說，本可相安，因其與黃子壽為親家，余亦嫌輩行少屈，是以未就。黃茀卿有女年十三，近託袁漱六往求婚。茀卿言恐余升任總督，渠須迴避。不知渠是實意，抑係不願成婚而託辭以謝也，故現未說定。弟可一一稟告堂上大人。又余意鄉間若有孝友書香之家，不必問其貧富，亦可開親，澄弟盍為我細細物色一徧？然余將同邑各家一想，亦未聞有真孝友人家也。

余至刑部，日日忙冗異常，迴不與禮部、工部、兵部相同。若長在此部，則不復能看書矣。湖南副主考喬鶴儕水部頗稱博雅，今年經策必須講究古茂。曹西垣辦分發，本月可引見，七月可出京。朱石翹明府昨有信來，言澄弟四月底到縣。此次摺弁到京，石翹有信，而澄弟無信，殊不可解。茲有書覆朱，家中封好送去。

諸惟心照，餘俟續布。

國藩手草。（咸豐元年六月初一日）

致諸弟（成就紀澤親事）

澄侯、溫甫、子植、季洪四位老弟足下：

八月初十摺差來京，接張湘紋書。計摺弁當於七月廿外起行，諸弟正在省城而無家書，何也？諸弟發家書交提塘後，往往屢次不帶，或一次帶數封，摺弁殊為可惡！諸弟須設法與提塘略一往還，當面諄託，或稍有濟。否則每次望信，甚悶損人也。

京寓小大平安。前月內人病數日，近已全愈。曹西垣於八月四日出京之官安徽。張書齋於十一日出京之官貴州。今冬本欲寄銀到家，因前次澄弟書言公車來京，家中儘可兌銀，是以予不另寄。除凹裡田價外，尚須送親族年例銀五十金，亦宜早早籌畫。共計若干，概向各處公車妥兌，免致年底掣肘。如無處可兌，即須閏八月寄信來京，以便另辦，然不如兌之為便也。

誥軸已經用寶，日內即可發下，九月即可到家。

鄉試題刻於京報上。詩題得「庠」字條，係出高宗御製。是題詩中句云：「即此供吟咷，采煩事豁庠。」一場中無人知之也。李子彥之文甚好，鏡雲文尚未見。宋湘賓教習已傳到，昨日專人告知。

李石梧身後恩典甚厚。乃七月末翰林院撰祭文、碑文進呈，硃批竟加嚴飭，謂其誇獎過當，詞藻太多，且貶其調度乖方，功過難掩，歷任封疆，尤不足稱云云。飭令翰林院另行改撰。其復撰進呈，遂多貶詞。功名之際，難得終始完全也。

耦庚先生家親事，予頗思成就。一則以耦翁罷官，予亦內有愧心，思借此聯為一家，以贖予隱微之愆。二則耦翁家教向好，賢而無子，或者其女子必賢。諸弟可為我細訪羅羅山，下次信來詳告。若女子果厚重，則兒子十七歲歸家省祖父母、叔祖父母時，即可成喜事也。前託在鄉間擇婚，細思吾邑讀書積德之家如賀氏者，亦實無之，諸弟暫不必昌言耳。

餘俟續布。

兄國藩手草。（咸豐元年八月十三日）

致諸弟（詳述辦理巨盜及公議糧餉事）

澄侯、溫甫、子植、季洪四位老弟足下：

八月十七日接到家信，欣悉一切。

左光八為吾鄉巨盜，能除其根株，掃其巢穴，則我境長享其利，自是莫大陰功。第湖南會匪所在勾結，往往牽一髮而全神皆動，現在剌軍程公特至湖南，即是奉旨查辦此事。蓋恐粵西匪徒窮竄，一入湖南境內，則楚之會匪因而竊發也。左光八一起，想尚非巨夥入會者流。然我境辦之，不可過激而生變。現聞其請正紳保舉，改行為良，且可捉賊自效，此是一好機會。萬一不然，亦須相機圖之，不可用力太猛，易發難收也。

公議糧餉一事，果出通邑之願，則造福無量。至於幫錢墊官之虧空，則我家萬不可出力。蓋虧空萬六千兩，須大錢三萬餘千，每都畿須派千串。現在為此說者，不過數大紳士一時豪氣，為此急公好義之言。將來各處分派，仍是巧者強者少出而討好於官之前，拙者弱者多出而不免受人之勒。窮鄉殷實小戶，必有怨聲載道者。且此風一開，則下次他官來此，既引師令之借錢辦公為證，又引朱令之民幫墊虧為證，或亦分派民間出錢幫他，反覺無辭以謝。若相援為例，來一官幫一官，吾邑自此無安息之日。凡行公事，須深謀遠慮。此事若各紳有意，吾家不必攔阻。若吾家倡議，萬萬不可。

且官之補缺，皆有呆法。何缺出，輪何班補，雖撫藩不能稍為變動。澄弟在外多年，豈此等亦未知耶？朱公若不輪到班，則雖幫墊虧空，通邑挽留，而格於成例，亦不可行。若已輪到班，則雖不墊虧空，亦自不能不補此缺。間有特為變通者，督撫專摺奏請，亦不敢大違成例。季弟來書，若以朱公之實授與否，全視乎虧空之能墊與否，恐亦不盡然也。曾儀齋若係革職，則不復能穿補子；若係大計休致，則尚可穿。

季弟有志於道義身心之學，余閱其書，不勝欣喜。凡人無不可為聖賢，絕不係乎讀書之多寡。吾弟誠有志於此，須熟讀《小學》及《五種遺規》二書。此外各書能讀固佳，不讀亦初無所損。可以為天地之完人，可以為父母之肖子，不必因讀書而後有所加於毫末也。匪但四六、古詩可以不看，即古文為吾弟所願學者，而不看亦自無妨。但守《小學》、《遺規》二書，行一句算一句，行十句算十句，賢於記誦詞章之學萬萬矣。

季弟又言願盡孝道，惟親命是聽，此尤足補我之缺憾。我在京十餘年，定省有闕，色笑遠違，寸心之疚，無刻或釋。若諸弟在家能婉愉孝養，視無形，聽無聲，則余能盡忠，弟能盡孝，豈非一門之祥瑞哉？願諸弟堅持此志，日日勿忘，則兄之志可以稍釋。幸甚幸甚！

書不一一，餘候續具。

兄國藩手草。（咸豐元年八月十九日）

致諸弟（勸除牢騷及論邑中勸捐事）

澄侯、溫甫、子植、季洪四弟足下：

日來京寓大小平安。癬疾又已微發，幸不為害，聽之而已。

湖南榜發，吾邑竟不中一人。沅弟書中言溫弟之文典麗矞皇，亦爾被抑，不知我諸弟中將來科名究竟何如？以祖宗之積累及父親、叔父之居心立行，則諸弟應可多食厥報。以諸弟之年華正盛，即稍遲一科，亦未遽為過時。特兄自近年以來事務日多，精神日耗，常常望諸弟有繼起者，長住京城，為我助一臂之力。且望諸弟分此重任，余亦欲稍稍息肩，乃不得一售，使我中心無倚。

蓋植弟今年一病，百事荒廢，場中又患目疾，自難見長。溫弟天分本甲於諸弟，惟牢騷太多，性情太懶。前在京華，不好看書，又不作文，余即心甚憂之。近聞還家以後，亦復牢騷如常，或數月不搦管為文。吾家之無人繼起，諸弟猶可稍寬其責，溫弟則實自棄，不得盡諉其咎於命運。吾嘗見友朋中牢騷太甚者，其後必多抑塞，如吳檉台、凌荻舟之流，指不勝屈。蓋無故而怨天，則天必不許；無故而尤人，則人必不服。感應之理，自然隨之。溫弟所處，乃讀書人中最順之境，乃動則怨尤滿腹，百不如意，實我之所不解。以後務宜力除此病，以吳檉台、凌荻舟為眼前之大戒。凡遇牢騷欲發之時，則反躬自思：吾果有何不足而蓄此不平之氣？猛然內省，決然去之。不惟平心謙抑，可以早得科名，亦且養此和氣，可以稍減病患。萬望溫弟再三細想，勿以吾言為老生常談，不值一哂也。

王曉林先生在江西為欽差，昨有旨命其署江西巡撫。余署刑部，恐須至明年乃能交卸。袁漱六昨又生一女，凡四女，已殤其二。又喪其兄，又喪其弟，又一差不得。甚矣！窮翰林之難當也。黃麓西由江蘇引見入京，迥非昔日初中進士時氣象，居然有經濟才。王衡臣於閏月初九引見，以知縣用，後於月底搬寓下窪一廟中，竟於九月初二夜無故遽卒。先夕與同寓文任吾談至二更，次早飯時，訝其不起，開門視之，則已死矣。死生之理，善人之報，竟不可解。

邑中勸捐彌補虧空之事，余前已有信言之，萬不可勉強勒派。我縣之虧，虧於官者半，虧於書吏者半，而民則無辜也。向來書吏之中飽，上則吸官，下則吸民，名為包徵包解，其實當徵之時，則以百姓為魚肉而吞噬之；當解之時，則以官為雉媒而播弄之。官索錢糧於書吏之手，猶索食於虎狼之口。再四求之，而終不肯吐。所以積成巨虧，並非實欠在民，亦非官之侵蝕入己也。今年父親大人議定糧餉之事，一破從前包徵包解之陋風，實為官民兩利；所不利者，僅書吏耳。即見制臺留朱公，亦造福一邑不小，諸弟皆宜極力助父大人辦成此事。惟捐銀彌虧，則不宜操之太急，須人人願捐乃可。若稍有勒派，則好義之事，反為厲民之舉，將來或翻為書吏所藉口，必且串通劣紳，仍還包徵包解之故智，萬不可不預防也。

梁侍御處銀二百，月內必送去。凌宅之二百，亦已兌去。公車來，兌六七十金，為送親族之用，亦必不可緩。但京寓近極艱窘，此外不可再兌也。

書不詳盡，餘俟續具。

兄國藩手草。（咸豐元年九月初五日）

致諸弟（暫緩紀澤親事）

澄侯、溫甫、子植、季洪四弟足下：

九月廿六日發一家信，想已收到。十月初十日，接到家中閏月廿八所發信及九月初二、九月十四所發各件。十二夜又於陳伯符處接得父親大人閏八月初七所發之信，係交羅羅山手轉寄者。陳伯符者，賀耦庚先生之妻舅也，故羅山託其親帶來京。得此家書四件，一切皆詳知矣。

紀澤聘賀家姻事，觀閏八月父親及澄弟信，已定於十月訂盟；觀九月十四澄弟一信，則又改於正月訂盟。而此間卻有一點挂礙，不得不詳告家中者。京師女流之輩，凡兒女定親，最講究嫡出、庶出之分。內人聞賀家姻事，即託打聽是否庶出，余以其無從細詢，亦遂置之。昨初十日接家中正月訂盟之音，十一日內人即親至徐家打聽，知賀女實係庶出，內人即甚不願。余比曉以大義，以為嫡出、庶出何必區別，且父親大人業已喜而應允，豈可復有他議？內人之意，以為為夫者先有嫌妻庶出之意，則為妻者更有跼蹐難安之情，日後曲折情事，亦不可不早為慮及。求諸弟宛轉稟明父母，尚須斟酌，暫緩訂盟為要。

陳伯符於十月十日到京，余因內人俗意甚堅，即於十二日夜請賀禮庚、陳伯符二人至寓中，告以實情，求伯符先以書告賀家，將女庚不必遽送，俟再商定。伯符已應允，明日即發書，十月底可到賀家。但兄前有書回家，親事求父親大人作主，今父親歡喜應允，而我乃以婦女俗見從而撓惑，甚為非禮。惟婚姻百年之事，必先求姑媳夫婦相安，故不能不以此層上瀆。即羅山處，亦可將我此信鈔送一閱。我初無別見也。

夏階平之女，內人見其容貌端莊，女工極精，甚思對之。又同鄉陳奉曾一女，相貌極為富厚福澤，內人亦思對之。若賀家果不成，則此二處必有一成，明春亦可訂盟。余注意尤在夏家也。

京城及省城訂盟，男家必辦金簪、金環、玉鐲之類，至少亦須花五十金。若父親大人決意欲與賀家成親，則此數者亦不可少。家中現無錢可辦，須我在京中明年交公車帶回，七月間諸弟鄉試晉省之便，再行訂盟，亦不為晚。望澄弟下次信詳以告我。

祖父佛會既於十月初辦過，則父母、叔父母四位大人現已即吉，余恐尚未除服，故昨父親生日，外未宴客，僅內有女客二席。十一，我四十晉一，則並女客而無之。

朱石樵為官竟如此之好，實可佩服！至於銃砂傷其面尚勇往前進，真不愧為民父母。父親大人竭力幫助，洵大有造於我邑。諸弟苟可出力，亦必盡心相扶。現在粵西未靖，萬一吾楚盜賊有乘間竊發者，得此好官粗定章程，以後吾邑各鄉自為團練，雖各縣盜賊四起，而吾邑自可安然無恙，如秦之桃花源，豈不安樂？須將此意告邑之正經紳耆，自為守助。

牧雲補稟，煩弟為我致意道喜。季弟往凹裡教書，不帶家眷最好，必須多有人在母親前，乃為承歡之道。季洪十日一歸省，亦盡孝之要也。而來書所云：「寡慾多男之理，亦未始不寓乎其中。」一甲五讀書，總以背熟經書、常講史鑑為要。每夜講一刻足矣。季弟看書不必求多，亦不必求記，但每日有常，自有進境，萬不可厭常喜新，此書未完，忽換彼書耳。

兄國藩手草。（咸豐元年十月十二日）

致諸弟（決對紀澤親事）

澄侯、溫甫、子植、季洪四位老弟足下：

正月初八接到十二月初旬父大人所發二信，皆係在縣城發者，不勝忻慰。紀澤兒定婚之事，予於十二月連發三信，皆言十月十二所發之信言嫌賀女庶出之說係一時謬誤，自知悔過，求諸弟為我敬告父親大人，仍求作主，決意對成，以諧佳耦。不知此二書俱已到家否？細思賀家簪纓門弟，恐聞有前一說，懼其女將來過門受氣，或因此不願對，亦未可知。果爾，則澄弟設法往省城，堅託羅羅山、劉霞仙二君將內人性情細告賀家，務祈成此親事，不敢陷我於不孝之咎。

澄弟與朱堯階成親，余甚歡喜。我朋友最初之交，無過於堯階者，蓋今日姻緣，已定於二十年以前矣。魏家亦我境第一詩書人家，魏棟尚未到京，容當照拂一切也。植弟買筆事，總在春間寄南，以備科考之用。若科考不在前三名，則不宜考優，無使學政笑我家太外行也。《關帝覺世經》刷五百張，須公車回南乃可付歸，《陰騭文》、《感應篇》亦須公車南去乃可帶。澄弟戒烟，正與阿兄同年。余以壬寅年戒烟，三十二也，澄弟去年亦三十二也。戒酒似可不必，三兩杯以養血未始不可，但不宜多耳。去年帶回父大人之干尖子皮褂，不知已做成否？若未做，可即做成，用月白緞子為面。今年當更寄白風毛褂回家，敬送與叔父大人。若父、叔二大人同日出門，則各穿一件；若不同出門，則薄寒穿干尖子，盛寒穿白風毛。予官至二品，而堂上大人衣服之少如此，於孝道則未盡，而彌足以彰堂上居家之儉德矣。

京寓大小平安，癬疾未發。文任吾先生於正月六日上學。其人理學甚深，今年又得一賢師。植弟勸我教澤兒學八股，其言甚切，至有理；但我意要《五經》讀完，始可動手。計明年即可完經書，做時文，尚不過滿十四歲。京師教子，十四歲開筆者甚多。若三年成篇，十七歲即可作佳文。現在本係蔭生，例不准赴小考。擬令照我之樣，廿四歲始行鄉試，實可學做八股者十年。若稍有聰明，豈有不通者哉？若十九、二十即行鄉試，無論萬萬不中，即中得太早，又有何味？我所以決計命其明秋始學八股，廿四始鄉試也。九弟為我稟告父大人，實不為遲，不必罣慮。

余近來常思歸家，今年秋間實思挈眷南旋，諸弟為我稟告堂上大人，春間即望一回信。九弟進京之說，暫時不必急急。同鄉諸家如故。

餘容後日續寄。

兄國藩手草。（咸豐二年正月初九日）

致九弟（遣歸長夫多名）

澄、溫、植三弟左右：

澄弟有病，即可不必來此。此間諸事雜亂，澄弟雖來，亦難收拾，不如在家料理一切也。長夫來此者至六十名之多，澄弟於此等處不知節省，亦疎略也。茲一概遣歸，僅留十三名在此。如不好，尚須再遣回。

昨夜褚太守帶三營水師至靖江剿賊，不知能得手否？塔、周大勝仗歸來，余賞銀千兩、功牌百張、豬十口、酒五百斤，頗覺鼓舞。現惟鄧湘一營難於收輯耳。

餘不一一。（咸豐四年三月廿五日）

致諸弟（付回奏摺底稿）

澄侯、溫甫、子植、季洪四位老弟左右：

十四日先後接到父大人手諭及洪弟信，具悉一切。

靖江之賊，現已全數開去，竄奔下游，湘陰及洞庭皆已無賊，直至岳州以下矣。新牆一帶土匪皆已撲滅，惟通城、崇陽之賊尚未剿淨，時時有窺伺平江之意。湘潭之賊，在一宿河以上被燒上岸者，竄至醴陵、萍鄉、萬載一帶，聞又裹脅多人，不知其盡竄江西，抑仍回湖南瀏、平一帶。如其回來，亦易剿也。安化土匪現就未剿盡，想日內可平定。

吾於三月十八發岳州戰敗請交部治罪一摺，於四月初十日奉到硃批「另有旨」。又夾片奏初五鄒國彪被火燒傷、初七大風壞船一案，奉硃批「何事機不順若是，另有旨」。又夾片奏探聽賊情各條，奉硃批「覽」。其片已存留軍機處矣」。又有廷寄一道、諭旨一道，茲鈔錄付回。十二日會同撫臺、提臺奏湘潭、寧鄉、靖江各處勝仗敗仗一摺，茲鈔付回。其摺係左季高所為。又單銜奏靖江戰敗請交部從重治罪一摺，又奏調各員一片。均於十二日發，六百里遞去。茲鈔錄寄家，呈父、叔大人一閱。兄不善用兵，屢失事機，實無以對聖主。幸湘潭大勝，保全桑梓，此心猶覺稍安。現擬修整船隻，添招練勇，待廣西勇到、廣東兵到，再作出師之計。而餉項已空，無從設法。艱難之狀，不知所終。人心之壞，又處處使人寒心。吾惟盡一分心作一日事，至於成敗，則不能復較計矣。

魏蔭亭近回館否？澄弟須力求其來。吾家子姪半耕半讀，以守先人之舊，慎無存半點官氣。不許坐轎，不許喚人取水添茶等事。其拾柴、收糞等事，須一一為之；插田、蒔禾等事，亦時時學之。庶漸漸

務本，而不習於淫佚矣。至要至要，千囑萬囑！（咸豐四年四月十四日）

致諸弟（儘可不必來營）

澄侯、溫甫、沅浦、季洪四弟足下：

昨寄去一函，諒已收到。十五日接父大人手諭，敬知一切。

兄每日黎明看操，現已閱看四日，專看戈什哈及親兵二種。然有所表率，他營亦將興起。

父大人命招湘鄉之原水手，趕緊前赴鄂省下游。此時所患者，水手易添，船隻難辦。不特衡州新造之船難以遽就，即在省之船，經屢次戰陣後，亦多有損壞者，修整難以遽畢。且廣西水勇、廣東水兵皆於五月可到，不得不稍為等候。整頓成軍，稍有把握，然後揚帆東下。

余近來因肝氣太燥，動與人多所不合，所以辦事多不能成。澄沅近日肝氣尤旺，不能為我解事，反為我添許多唇舌爭端。軍中多一人不見其益，家中少一人則見其損。澄侯及諸弟以後儘可不來營，但在家中教訓後輩。半耕半讀，未明而起，同習勞苦，不習驕佚，則所以保家門而免劫數者，可以人力主之。望諸弟慎之又慎也。（咸豐四年四月十六日）

致諸弟（廣東水師已到）

澄、溫、沅、洪四弟左右：

屢日發家信數次，想已收到。

實收換部照，須造清冊一本，大非易事。現命孫閬青經理此事，恐非二十日不能了。縱不能如請咨部功牌冊之精妙，亦不宜太草率也。三月廿二所發一摺，頃於四月二十日接奉硃批並廷寄，茲照鈔送回，呈堂上大人一閱。

廣東水師兵已於廿一日到一百矣，洋礮亦到百尊。廣西水勇尚未到。衡州所造新船，聞甚不合用。頃有信與藩可兄，令其略改也。

蔭亭兄到館，請其催蔣侯兄速來，並告貴州徐河清、韓超、張禮度並皆奏調來楚，均五月可到也。

餘不一一。（咸豐四年四月廿一日）

致諸弟（不能威猛由於不精明）

澄、沅、洪三弟左右：

三十日奉到父大人手諭及三弟信件，具悉一切。

長夫俱留在此，喫上頭飯，每日給錢百文，實無一事可勞其筋力，故不能不略減也。

沅弟言我仁愛有餘威猛不足，澄弟在此時亦常說及，近日友人愛我者人人說及。無奈性已生定，竟不能威猛。所以不能威猛，由於不能精明，事事被人欺侮，故人得而玩易之也。

甲三之論、甲五之小講，已加批付回。科一、科三、科四之字俱好。科一請安稟，其字畫粗大，頗有乃父之風。

季弟在益陽所領錢文，紳士文任吾等已料理清楚。在湘陰時，即在兄處領得實收，兄到岳州忘告季弟耳。

四月初一日與中丞會銜奏請調貴州廣東兵，茲於廿六日奉到寄諭，鈔錄付回。

餘不一一。（咸豐四年五月初一日）

致諸弟（鄂兵久無餉銀）

澄、溫、季三位侍右：

初二日接奉寄諭。兄兩次請罪，尚止革職，不加嚴譴。鮑提軍革職，即以塔副將署提軍任。聖鑒之公明，天恩之高厚，實令人感激無地，茲鈔錄付回。

江采七於三月自廬州回，初三到省。千辛萬苦，或三日而僅得兩飯，或數夜而不得一眠。亂世行路之難，真奇難也！在湖北時得見魏召亭，光景甚窘。曾與采五言及，萬一城破，當由大東門避去。湖北官弁兵勇，久無餉銀，真不堪設想也。召亭家書一件付去。

兄身體甚好。樹堂、筠仙皆來此過節，專待衡州船到、廣西勇到，即配齊東下。塔智亭於初八日先帶陸勇三千餘人至岳州去。

餘不一一。（咸豐四年五月初四日）

致諸弟（長夫皆令回里）

澄、溫、沅、季四弟足下：

昨發一信後，羅山即於初三到省。是日二更得信，周鳳山、李輔朝之勇於廿九在龍陽得三勝仗，廿九日夜終宵鏖戰，不得休息。初一早一戰，即已敗潰。蓋紮營城外沙洲之上，是夜漲水，侵入營盤。初一早營內水深尺餘，賊船三面環攻，共二千餘號之多，此時逃出營外，途中無船可渡。淹斃至二三百人，軍器全失。周、李皆健將，此番大挫，尤焦灼也！

家中長夫春二等皆不願遠出，茲皆令其回里。其工錢每月三十日，並未扣一日耳。

餘不一一。（咸豐四年六月初四日）

致諸弟（廣西水勇到省）

澄、溫、沅、季老弟足下：

昨寄一信，言周鳳山、李相堂龍陽之敗。後接來稟，知周營千一百人中實傷斃四十人，李營千人中實斃十九人，尚不為大挫。胡詠芝初四由安化至桃源，一路剿賊，周、李即可同去。廣西水勇，李太守帶來，今日到省。若配齊船隻，尚須十餘日，乃可行也。

餘不一一。（咸豐四年六月初四日）

致諸弟（湖北業已失守）

澄、溫、沅、季老弟左右：

湖北青撫臺於今日入省城，所帶兵勇，均不准其入城，在城外二十里紮營，大約不過五六千人。其所稱難民數萬在後隨來者，亦未可信。此間供應數日，即給與途費，令其至荊州另立省城，此實未有之變局也。

鄒心田處，已有札至縣撤委。前胡維峯言鄒心出可勸捐，余不知其即至堂之兄也。昨接父大人手諭始知之，故即札縣撤之。胡維峯近不妥當，亦必屏斥之。余去年辦清泉寧徵義、寧宏才一案，其卷已送回家中，請澄弟查出，即日付來為要。

湖北失守，李鶴人之父想已殉難。鶴人方寸已亂，此刻無心辦事。日內尚不能起行，至七月初旬乃可長征耳。

餘不一一。

諸弟在家教子姪，總須有「勤」、「敬」二字。無論治世亂世，凡一家之中，能勤能敬，未有不興者；不勤不敬，未有不敗者。至切至切！余深悔往日未能實行此二字也。千萬叮囑！澄弟向來本勤，但敬不足耳。閱歷之後，應知此二字之不可須臾離也。（咸豐四年六月十八日）

致諸弟（令子姪見軍旅）

澄、溫、沅、季四位老弟左右：

廿二日彭四到，接父大人手諭及諸弟來信，欣悉一切。

二十日摺差歸。閱京報，袁漱六於五月十三日引見，得御史；十五日特旨放江蘇蘇州府遺缺知府。渠寫家信回，要其家專人至京，渠有多少事要交代。兄因各捐生事，亦欲造冊，專人至京。如袁家人去，即與之同行也。余前奏捐事，部議已准，茲鈔付回。

廣西水勇於十八日殺死祁陽勇七人，日內嚴查逞凶下手之犯，必須按律嚴辦。湖北青撫臺帶來之兵勇，大約二萬金乃可了事。飢困之後，甚安靜，不鬧事也。

擬於七月初六起行，甲三、甲五二人，可令其來省送我。蓋少年之人，使之得見水陸軍旅之事，亦足以長見識。且子姪送我，亦至理之不可少者也。

書不一一。（咸豐四年六月廿三日）

致諸弟（述賊人數更多）

澄侯、溫甫、子植、季洪四弟足下：

安五至，接到家書，具悉一切。

自十八日一戰後，廿一日陸路開仗，小有挫衄，諸殿元陣亡，千總劉士宜陣亡，餘兵勇傷亡廿餘人，賊亦殲斃數十人。二十六日，賊從湖北糾集悍賊二萬人，出臨湘陸路前來，意欲撲塔、周、羅山等之營盤。陸路既得，水路自然失勢，拚死攻撲，滿山滿坑無非黃旗紅巾，比三月初十人數更多。幸撲山之湘勇得力，將頭起殺退。以後如周鳳山之營、楊名聲之營，亦俱奮勇，殺賊共七八百名。此股賊來甚多，必有屢次血戰。東南大局，在此數日內可定。如天之福陸路得獲大勝，水路亦可漸次壯盛也。帶水師者，有戰陣之險，有水波之苦，又有偷營放火之慮，時時堤防，殊不放心。幸精神尚好，照料能周耳。

霞仙定於本月內還家。渠在省實不肯來見，強之使來。兵凶戰危之地，無人不趨而避之。平日至交如馮樹堂、郭筠仙等，尚不肯來，則其他更何論焉！現除李次青外，諸事皆兄一人經理，無人肯相助者，想諸弟亦深知之也。甄甫先生去年在湖北時，身旁僅一舊僕，官親、幕友、家丁、書差、戈什哈一概走盡，此亦無足怪之事。兄現在局勢猶是有為之秋，不致如甄師處之蕭條已甚。然以此為樂地，而謂人人肯欣然相從，則大不然也。

兄身體如常，癬疾不作，乞告稟父、叔大人千萬放心。（咸豐四年七月廿七日）

致諸弟（述陸路大勝）

澄、溫、植、洪四弟足下：

初一日胡二、春二、維五至，接父大人及諸弟手書，具悉一切。

自廿六日陸路大獲勝仗之後，廿八日陸路又大勝，廿九日水路大勝。賊自湖北漢、黃以下，盡糾其精銳來岳，以與我軍相抗。廿八日鏖戰至五個時辰之久，塔軍門匹馬衝突，忽東忽西，全軍士卒無一人不俯首咋舌，稱為神勇。廿九日辰刻接仗，塔公打中路，鳳山打西路，羅羅山打東路。羅山之湘勇此次最為出力，竟能以少勝多。我軍猛殺則賊退敗，退不過二里，輒回戈相向，大殺一回。如是者三退三進，湘勇竟能抵住，不忙不亂。至第三次追去，賊亦不敢迴顧矣。周鳳山之勇，楊名聲之勇，皆極勇敢向前，一可當十。是日自辰至申，殺賊共計五百餘人。賊自敗奔，跌巖墜澗死者，其數尚多。

水師於未刻至諶隆磯，適有賊船上來。開礮轟擊，賊舟奔退，乘勝追下，至擂鼓臺。燒賊船約二十餘號，奪獲賊船約二十餘號，殺斃、溺斃之賊約千餘人。蓋是日凶悍之賊皆已上岸，每船僅留二三賊在船，餘皆被擄之水手。一見官兵開礮轟擊，賊與水手紛紛撲水自溺，故我軍愈得勢也。

三十、初一日，水師皆出隊擊賊。三十日未甚交鋒。初一日，李鶴人一營在前攻剿，擊斷陳鎮軍之舊拖罟船頭桅，斃賊十餘人。

陸營經廿六、廿八、九日三次血戰之後，二日內未開仗。現在陸營有六七分可靠，水營有四五分可靠，擬再備杉板數十號、小漁划一百號，出隊開仗時，散布滿河，拋擲火毬，以亂賊心，或更有濟。

餘不一一，即乞稟告父、叔大人堂上為要，千萬放心。（咸豐四年閏七月初二日）

致諸弟（即日移營前進）

澄侯、溫甫、子植、季洪足下：

自初二日陸路連蹋賊營十三座，奪獲馬騾七八百匹，軍械二千餘件。是夜，水師進追四十里，賊舟捨命奔逃。初三日又追百餘里，賊棄舟登岸者甚多。初四日，追至六溪口。追得賊船十餘號，開礮轟擊，賊僅放數礮抵拒，旋即登岸逃走。我軍入口內支河搜剿，得賊船百數十號，一見我軍開礮圍攻，即紛紛棄舟而去。軍士爭欲搶船，楊載福下令「止許焚燒，不許搶奪」，遂將百餘船一炬焚之。是夜，將士搜湖三十里，通宵未睡。次早，仍回新堤、螺山駐紮。以小划探至金口，皆無賊船。

自金口至武昌六十里，不知賊船尚存若干。此番若能乘勝直追下去，武、漢竟易收復。可惜我水師尚須添募，船礮亦未齊全；陸路之兵，尚無糧臺隨行，不能遽進。連日北風甚大，亦難東下。風稍息，余即進紮螺山也。茲遣人送回一信，即日移營前進。求堂上大人放心。

餘不一一。（咸豐四年閏七月初九日）

致諸弟（述賊不能水戰）

澄、溫、沅、洪四弟左右：

兄於初十日開船，十一日巳刻至螺山，去岳州八十里。楊載福、蕭捷三兩營，已下駐紮新堤，去螺山又四十五里。

楊、蕭於十一夜入倒口黃介湖內，搜剿餘賊，賊僅開十餘礮，即紛紛登岸逃走。各哨官謹遵我「不許搶貨」之令，將六十餘號空船一概焚燒。岸上百姓焚香於辮頂，跪岸上歡迎，呼各勇為青天大人。各勇每見一人，即得如此稱呼，高興之至。倒口湖內既已搜剿，其下六溪口亦經搜剿，金口以上已無賊蹤。自金口六十里至武昌，尚未探明。

大抵賊於水戰一事，極為無能。渠所用者民船，每放一礮，全身震破；所擄水手，皆不願在賊中久住；又以所擄之百姓，令其勉強打槳，勉強扶柁，皆非其所素習。即兩次得我之船，得我之礮，皆我兵勇自先上岸，情願將船礮丟棄與他，是以大敗。若使我兵勇自顧其船，不將船礮送他，渠亦斷不能攏來追我。此屢次打仗，眾勇所親見而熟知者。渠得我之戰船洋礮，並不作水戰之用，以洋礮搬於岸上紮營，而戰船或鑿沉江心，或自焚以逃，亦未收戰船之用。惟賊中所擅長制勝者，在漁划百餘號。每戰四出圍繞，迷目驚心。此次余亦辦得小漁划百廿號，行走如飛。以後我軍見賊小划，或不致驚慌耳。

衡州捐項究竟何如？便中可一打聽。永豐大布厚而不貴，吾意欲辦好帳房五百架，寬大結實，以為軍士寒天之用。澄弟若可承辦此事，望與堯階細商，即在本邑捐項內支用。餘不一一。望敬稟父親大人、叔父大人，軍中匆忙，不及楷稟也。（咸豐四年閏七月十四日）

致諸弟（宜注重勤敬和更宜注意清潔、戒怠惰）

澄侯、溫甫、子植、季洪四弟足下：

久未遣人回家。家中自唐二、維五等到後亦無信來，想平安也。

余於廿九日自新堤移營，八月初一日至嘉魚縣，初五日自坐小舟至牌洲看閱地勢，初七日即將大營移駐牌洲。水師前營、左營、中營自閏七月廿三日駐紮金口。廿七日賊匪水陸上犯，我陸軍未到，水軍兩路堵之。搶賊船二隻，殺賊數十人，得一勝仗。羅山於十八、廿三、廿四、廿六等日得四勝仗。初四發摺，俱詳敘之，茲付回。

初三日接上諭廷寄，余得賞三品頂戴，現具摺謝恩，寄諭並摺寄回。余居母喪，並未在家守制，清夜自思，跼蹐不安。若仗皇上天威，江面漸次肅清，即當奏明回籍，事父祭母，稍盡人子之心。諸弟及兒姪輩務宜體我寸心，於父親飲食起居，十分檢點，無稍疎忽！於母親祭品禮儀，必潔必誠。於叔父處敬愛兼至，無稍隔閡！兄弟姒娣，總不可有半點不和之氣。凡一家之中，「勤」、「敬」二字能守得幾分，未有不興；若全無一分，未有不敗。「和」字能守得幾分，未有不興；不和，未有不敗者。諸弟試在鄉間將此三字於族戚人家歷歷驗之，必以吾言為不謬也。諸弟不好收拾潔淨，比我尤甚，此是敗家氣象。嗣後務宜細心收拾，即一紙一縷，竹頭木屑，皆宜檢拾，以為兒姪之榜樣。一代疎懶，二代淫佚，則必有晝睡夜坐、吸食鴉片之漸矣。四弟、九弟較勤，六弟、季弟較懶。以後勤者愈勤，懶者痛改，莫使子姪學得怠惰樣子。至要至要！子姪除讀書外，教之掃屋、抹桌櫈、收糞、鋤草，是極好之事，切不可以為有損架子而不為也。（咸豐四年八月十一日）

致諸弟（自述不願受官、注意勿使子姪驕佚）

澄、溫、沅、季四位老弟左右：

廿五日著胡二等送家信，報收復武漢之喜。廿七日具摺奏捷。初一日，制臺楊慰農霈到鄂相會。是日又奏廿四夜焚襄河賊舟之捷。初七日奏三路進兵之摺。其日酉刻，楊載福、彭玉麟等率水師六十餘船前往下游剿賊。初九日，前次謝恩摺奉硃批到鄂。初十日，彭四、劉四等來營。進攻武漢、三路進剿之摺，奉硃批到鄂。十一日，武漢克復之摺奉硃批、廷寄、諭旨等件。兄署湖北巡撫，並賞戴花翎。兄意母喪未除，斷不敢受官職。若一經受職，則二年來之苦心孤詣，似全為博取高官美職，何以對吾母於地下？何以對宗族鄉黨？方寸之地，何以自安？是以決計具摺辭謝，想諸弟亦必以為然也。

功名之地，自古難居。兄以在籍之官，募勇造船，成此一番事業，名震一時。人之好名，誰不如我？我有美名，則人必有受不美之名者。相形之際，蓋難為情。兄惟謹慎謙虛，時時省惕而已。若仗聖主之威福，能速將江面肅清，蕩平此賊，兄決意奏請回籍，事奉吾父，改葬吾母。久或三年，暫或一年，亦足稍慰區區之心。但未知聖意果能俯從否？

諸弟在家，總宜教子姪守「勤」、「敬」。吾在外既有權勢，則家中子姪，最易流於驕、流於佚，二字皆敗家之道也。萬望諸弟刻刻留心，勿使後輩近於此二字。至要至要！

羅羅山於十二日拔營，智亭於十三日拔營，余十五六亦拔營東下也。

餘不一一。乞稟告父親大人、叔父大人萬福金安。（咸豐四年九月十三日）

致諸弟（告戰事情況及聘請明師）

澄侯、溫甫、子植、季洪四位老弟左右：

胡二等於初一日到營，接奉父大人手諭及諸弟信，具悉一切。

兄於二十日自漢口起行，二十一日至黃州。二十二日至堵城，以羊一豕一，為文祭吳甄甫師。二十三日過江至武昌縣。二十四在巴河晤郭雨三之弟，知其兄觀亭在山西，因屬邑失守革職，雨三現署兩淮鹽運使。二十九日至蘄州，是月水師大戰獲勝。初一、初四、初五，陸軍在田家鎮之對岸半壁山大戰獲勝。初九、初十，水師在蘄州開仗小勝。十三日，水師大破田家鎮賊防，燒賊船四千餘號。自有此軍以來，陸路殺賊之多，無有過於初四之戰，水路燒船之多，無有過於十三之役。現在前幫已至九江，吾尚駐田家鎮，離九江百五十里。陸路之賊均在廣濟、黃梅一帶，塔、羅於廿三日起行往剿。一切軍事之詳，均具奏報之中，茲並鈔錄寄回，祈敬呈父親大人、叔父大人一覽。

劉一、良五於廿日至田家鎮。得悉家中老幼均安，甚慰甚慰。魏蔭亭先生既來軍中，父大人命九弟教子姪讀書，而九弟書來堅執不肯，欲余另請明師。余意中實乏明師可以聘請，日內與霞仙及幕中諸君子熟商，近處惟羅研生兄是我心中佩仰之人，其學問俱有本原，於《說文》、音學、輿地，尤其所長；而詩、古文辭及行楷書法，亦皆講求有年。吾鄉通經學古之士，以鄒叔績為最，而研生次之。其世兄現在余幕中，故請其寫家信，聘研生至吾鄉教讀。研兄之繼配陳氏，與耦庚先生為聯襟。渠又明於風水之說，並可在吾鄉選擇吉地，但不知其果肯來否？渠現館徐方伯處，未知能辭彼就此否？若果能來，足開吾邑小學之風，於溫甫、子植，亦不無裨益。若研兄不能來，則吾心中別無人。植弟堅不肯教，則乞諸弟為訪擇一師而延聘焉為要。甲三、甲五可同一師，不可分開。科一、科三、科四亦可同師。

餘不一一，諸俟續布。（咸豐四年十月廿二日）

致諸弟（帶歸卒歲之資及告軍中聲名極好）

澄侯、溫甫、子植、季洪四位老弟足下：

廿五日遣春二、維五歸家，曾寄一函，並諭旨奏摺二冊。廿六日，水師在九江開仗獲勝。陸路塔、羅之軍，在江北蘄州之蓮花橋大獲勝仗，殺賊千餘人。廿八日克復廣濟縣城。初一日在大河埔大獲勝仗，初四日在黃梅城外大獲勝仗，初五日克復黃梅縣城。該匪數萬，現屯踞江岸之小池口，與九江府城相對。塔、羅之軍，即日追至江岸，即可水陸夾擊。能將北岸掃除，然後可渡江以剿九江府之賊。自至九江後，即可專夫由武寧以達平江、長沙。

茲因魏蔭亭親家還鄉之便，付去銀一百兩，為家中卒歲之資。以三分計之，新屋人多，取其二以供用；老屋人少，取其一以供用。外五十兩一封，以送親族各家，即往年在京寄回之舊例也。以後我家光景略好，此項斷不可缺。家中卻不可過於寬裕。因處亂世，愈窮愈好。我現在軍中，聲名極好。所過之處，百姓爆竹焚香跪迎，送錢米豬羊來犒軍者絡繹不絕。以祖宗累世之厚德，使我一人食此隆報，享此榮名，寸心兢兢，且愧且慎。現在但願官階不再進，虛名不再張，常葆此以無咎，即是持家守身之道。至軍事之成敗利鈍，此關乎國家之福，吾惟力盡人事，不敢存絲毫僥倖之心。諸弟稟告堂上大人，不必懸念。

馮樹堂前有信來，要功牌百張，茲亦交蔭亭帶歸。望澄弟專差送至寶慶，妥交樹堂為要。衡州所捐之部照，已交朱峻明帶去。外帶照千張，交郭筠仙，從原奏之所指也。朱於初二日起行，江隆三亦同歸。給渠錢已四十千，今年送親族者，不必送隆三可也。

餘不一一。（咸豐四年十一月初七日）

致諸弟（軍事愈辦愈難）

前信已封，而春二、維五於廿五日到營，接奉父大人手諭及諸弟信件，敬悉一切。

曾祖生以本境練團派費之事，而必求救於百里之外，以圖免出資費，其居心不甚良善。劉東屏先生接得父大人手書，此等小事，何難一笑釋之，而必展轉辨論，拂大人之意？在尋常人尚不能無介介於中，况大人兼三達尊，而又重以世交？言不見信，焉能不介懷耶？望諸弟曲慰大人之意，大度含容，以頤天和，庶使遊子在外，得以安心治事。所有來往信件，謹遵父諭，即行寄還。

吾自服官及近年辦理軍務，中心常多鬱屈不平之端，每效母親大人指腹示兒女曰「此中蓄積多少閒氣，無處發洩」。其往年諸事，不及盡知。今年二月在省城河下，凡我所帶之兵勇僕從，每次上城，必遭毒罵痛打，此四弟、季弟所親見者。謗怨沸騰，萬口嘲譏，此四弟、季弟所親聞者。自四月後，兩弟不在此，景況更有令人難堪者。吾惟忍辱包羞，屈心抑志，以求軍事之萬有一濟。現雖屢獲大勝，而愈辦愈難，動輒招尤。倘賴聖主如天之福，殲滅此賊，吾實不願久居官場，自取煩惱。四弟自去冬以來，亦屢遭求全之毀，蜚來之謗，幾於身無完膚。想宦途風味，亦深知之而深畏之矣。而溫弟、季弟來書，常以保舉一事，疑我之有吝於四弟者，是亦不諒我之苦衷也。

甲三從師一事，吾接九弟信，辭氣甚堅，即請研生兄，以書聘之。今尚未接回信，然業令其世兄兩次以家信催之，斷不可更有變局。學堂以古老坪為妥，研兄居馬託鋪鄉中，亦山林寒苦之士，決無官場習氣，盡可放心。至甲三天分本低，若再以全力學八股、試帖，則他項學業必全荒廢，吾決計不令其學作八股也。

曾兆安、歐陽鈺皆已保舉教官，日內想可奉旨。（咸豐四年十一月廿七日）

致諸弟（水師陷入內河）

澄侯、溫甫、子植、季洪四位老弟足下：

久未專使回家，想家中極為懸念。王芝三等到營，得悉家中大人福安，闔宅平善。甚慰甚慰！

我軍自破田家鎮後，滿擬九江不日可下，不料叛賊堅守，屢攻不克。分羅山湘營至湖口，先攻梅家洲堅壘，亦不能克。而士卒力戰於槍礮如雨之中，死傷甚眾。蓋陸路銳師倏變為鈍兵矣。水師自至湖口屢獲大勝，苦戰經月，傷亡亦復不少。臘月十二日，水師一百餘號輕便之船、精銳之卒，衝入湖口小河內，該逆頓將水卡堵塞，在內河者不能復出，在外江之老營船隻多笨重難行，該逆遂將小划乘夜放火，燒去戰船、民船四五十號之多。廿五日又被小划偷襲，燒去、搶去各船至二三十號之多。以極盛之水師，一旦以百餘號好船陷入內河，而外江水師遂覺無以自立。兩次大挫，而兄之座船被失。一軍耳目所在，遂覺人人惶愕，各船紛紛上駛。自九江以上之隆坪、武穴、田家鎮直至蘄州，處處皆有敗船，且有棄船而逃者。糧臺各所之船，水手盡行逃竄。此等情景，殊難為懷。現率殘敗之水師駐紮九江城外官牌夾，兄住羅山陸營之內，不知果能力與此賊相持否？

兄於廿五日蒙恩賞穿黃馬褂，並頒賜貂皮黃馬褂一件、四喜班指一個、白玉巴圖魯翎管一個、小刀一把、火鐮一個，廿六夜蒙恩賞「福」字一幅、大小荷包三對，又有奶餅菓食等件頒到軍營。廿五夜之變，將班指、翎管、小刀、火鐮失去。茲遣人送回黃馬褂一件、「福」字一幅、荷包三對。兄船上所失書籍、地圖、上諭、奏章，及家書等件，甚為可惜。而兩年以來文案信件如山，部照、實收、功牌、賑目一併失去，尤為可惜。莘田叔解戰船來，離大營止少一二日，竟不能到。軍家勝敗本屬無常，而數年辛苦難補涓埃，未免心結。廿九日，羅山率湘勇渡江剿小池口之賊，又見挫敗，士氣愈損。現惟力加整頓，挽回元氣，不審能如意否。茲遣長夫自江西送信回家，當無梗阻。書不一一，諸惟心照。即祈代稟堂上大人，不必罣念。（咸豐五年正月初二日）

致諸弟（至江西整頓戰船）

澄侯、溫甫、子植、季洪老弟足下：

初二日遣人送信回家，想節後可到。

初四日大風擊壞戰船三十餘號。水師自十二日百餘輕便之舟、二千精銳之卒陷入內湖，外江老營兩次被賊用小划燒襲，業已不能自立。終日惶惶，如坐針氈。又復遭此大風，遂全數開赴上游武漢等處。桅折楫摧，多不堅戰，不知回至上游，果尚足以禦賊否？兄因小舟陷入江西內河者，皆向來能戰之船，不甘遽棄之無用之地，必須親至江西整頓。即於十二日自九江起行，十六日至江西省城，官紳相待甚好。在內之百餘船尚皆完好，再加大船數十號，另成一軍，即足自立。

羅山所帶湘勇，自二十九日挫敗後，現在淘汰整頓，認真操練。塔公所帶之兵勇亦日日操練。將來兄在江西另成之水軍由湖口打出，與塔、羅相依護。其外江新回武、漢之水師如果能重整勁旅，則兩路會合攻擊；如不能重整勁旅，則我專治內河之水師，亦自能獨立不懼。江西物力尚厚，供我水陸兩軍口糧，大約足支八個月。

兄身體甚好，惟左腰有寒氣作痛，癬疾亦尚未愈，想皆不久可痊。家中長夫相住甚近。軍中危地，恐小有差失，反為不妙；且送信行走極緩，在營又無事可幹，茲盡遣回家。以後若有家信，即用湘鄉縣官封發至江西南昌府署中，可以必到，兼可速到，不似長夫專送之遲延也。慎勿再令長夫來營。兵凶戰危，我境之人俱未歷過險難。莘田叔此次行二千里，竟不得見我之面，受盡千驚萬苦，實實可憫。嗣後族戚有願至營者，相勸不必前來。至要至要！書不一一，諸惟心知。其不詳者，長夫自能面述耳。（咸豐五年正月十八日）

致諸弟（認真操練水師）

澄侯、溫甫、子植、季洪四弟足下：

久未接家信，想堂上大人安康，家中老幼清吉為慰。

自北省再陷，兄處一軍，反在下游，進退兩難。在內湖之水師，兄在江西駐紮兩月，造船添勇，已有頭緒。現在船近二百號，勇逾三千人，認真操練，可成勁旅。兄於十三日出省登舟。郭筠仙於十六日到營，曾莘田、易敬臣兄弟於十五日到營，羅芸皋於初旬到營。事機不順而來者偏眾，可見鄉間窮苦也。陽陵雲初旬歸去，余送途費八兩。魏蔭亭尚未歸。塔軍門尚紮九江。羅山於初十日進剿廣信、饒州之賊。李次青忽然高興帶勇，於十一日起行赴南康府，實非其所長也。

余辦內湖水師，即以鄱陽湖為巢穴，間或出江剿賊，亦不過以三分之一與賊鏖戰。剿上游，則在九江、武穴、田家鎮處游弋不出湖口二百里之內。利則交戰，不利則退回鄱陽湖巢穴之內。剿下游，則在彭澤、望江、安慶等處游弋，亦不出湖口二百里之內。利則交戰，不利則亦退鄱陽湖巢穴之內。如此辦理，則上游武、漢之賊與下游金陵之賊，中間江路被我兵梗阻一段，其勢不能常通，亦足以制賊之命。特上游金口等處，我軍戰船無人統領，常不放心耳。

近日吾鄉人心慌亂否？去年遷避，終非善策。如賊竄上游岳、常等處，謠言四起，總以安居不遷為是。季洪弟儘可不必教書，宜在家中讀書。沅弟要方望溪、姚姬傳文集，霞仙已代為買得，可用心細看。能閱過一遍，通加圈點，自不患不長進也。

紀澤兒記性平常，不必力求背誦，但宜常看生書。講解數遍，自然有益。八股文、試帖詩皆非今日之急務，儘可不看不作。史鑑略熟，宜因而加功，看朱子《綱目》一偏為要。紀鴻亦不必讀八股文，徒費時日，實無益也。修身齊家之道，無過陳文恭公《五種遺規》一書，諸弟與兒姪輩皆宜常常閱看。

吾之衣服有在家者，可交來人即日送營。特袍褂不宜帶來，餘皆可送也。

諸不一一，惟祈心照。（咸豐五年三月二十日）

致諸弟（讀書不必求熟）

澄、溫、沅、洪四弟足下：

廿五日，春二、維五來營，接家書數件，具悉一切。

乘敗仗之時，兵勇搶劫糧臺，此近年最壞風氣。向帥營中屢屢見之，而皆未懲辦。兄奏明將萬瑞書即行正法，奉旨嚴飭駱中丞即行正法。聞駱中丞不欲殺之，將附片奏請開釋。近日意見不合，辦事之難如此。

吾癬疾大發，幸精神尚足支持。羅山在廣信府大獲勝仗，殺賊三四千。塔軍門在九江平安。紀澤兒讀書記性平常，讀書不必求熟，且將《左傳》《禮記》於今秋點畢，以後聽兒之自讀自思。勤惰成敗，兒當自省而圖自立焉。吾與諸弟惟思以身垂範而教子姪，不在誨言之諄諄也。

即候近祺！（咸豐五年三月廿六日）

致諸弟（營中需才孔亟）

澄、溫、沅、季四位賢弟左右：

於十六日在南康府接父親手諭及澄、沅兩弟、紀澤兒之信，係劉一送來。二十日接澄弟一信，係林福秀由縣送來，具悉一切。

余於十三日自吳城進紮南康，水師右營、後營、嚮導營於十三日進紮青山。十九日，賊帶礮船五六十號、小划船百六十號，前來撲營，鏖戰二時，未分勝負。該匪以小划二十餘號，又自山後攢出，襲我老營。老營戰船業已全數出隊，僅坐船水手數人及所僱民船水手，皆逃上岸。各戰船哨官見坐船已失，遂爾慌亂，以致敗挫。幸戰舟礮位毫無損傷，猶為不幸中之大幸。且左營、定湘營尚在南康，中營尚在吳城，是日未與其事，士氣依然振作。現在六營三千人同泊南康，與陸勇平江營三千人相依護，或可速振軍威。

現在余所統之六軍：塔公帶五千人在九江，羅山帶三千五百人在廣信一帶，次青帶平江營三千人在南康，業已成為三枝，人數亦不少。趙玉班帶五百湘勇來此，若獨成一枝，則不足以自立；若依附塔軍、依附羅軍，則去我仍隔數百里之遠；若依附平江營，則氣類不合。且近來口糧實難接濟，玉班之勇可不必來。玉班一人獨來，則營中需才孔亟，必有以位置之也。

蔣益澧之事，唐公如此辦理甚好。密傳其家人，詳明開導，勒令繳出銀兩，足以允我人心，面面俱圓，請蘋翁即行速辦。但使探驪得珠，即輕輕著筆，亦可以速辦矣。

此間自水師小挫後，急須多辦小划以勝之，但乏能管帶小划之人。若有實能帶小划者，打仗時並不靠他衝陣，只要開仗時，在江邊攢出攢入，眩賊之眼，助我之勢，即屬大有裨益。吾弟若見有此等人，或趙玉班能薦此等人，即可招募善駕小划之水手一百餘人來營。

馮玉珂所繳水勇之槍銀及各項應繳之銀，可酌用為途費也。余在營平安，精神不足，惟癬疾未愈，諸事未能一一照管。小心謹慎，冀盡人事以聽天命。

諸不詳盡，統俟續布。（咸豐五年四月二十日）

致諸弟（打單眼銃數竿）

澄、溫、沅、季四弟左右：

二十二日齊三、昂十到營，奉到父親大人手諭並沅弟一信。廿三日接澄弟在縣官封一信，乃三月二十五日所發，比齊三等之信遲十六日。

水師自十九日小挫，日內未開仗。聞都昌有賊船，派船二十號前往搜剿，廿二日燒船八十餘號，廿三日燒三十餘號，皆賊所擄之民舟也。李次青所帶之平江陸勇，現紮南康護衛水師。魏蔭亭回衡招小划水勇，請蕭可卿同辦。

吾鄉有三眼銃，亦有單眼銃，響振山谷。吾意單眼銃若裝子彈於內，盡可打賊。鄉間用木削尖，往往打得四五十丈遠。請澄弟在吾鄉打單眼銃數竿，用硬木為把，試裝銅拍、小石之類於內，是否可打半里路遠？如其合用，即可多打數十竿或百竿，交魏蔭亭之水勇帶來。其錢由兄營寄回。

兄近日身體尚好，惟火氣甚旺，癬疾未愈。莘田在營安靜謹慎。馮玉珂亦穩實也。

餘不一一，容俟續具。（咸豐五年四月廿五日）

致諸弟（難以打出湖口）

澄侯、溫甫、子植、季洪四位老弟足下：

春二、維五來營，接奉父親大人手諭並諸弟信函，敬悉一切。

此間自五月十三日水戰獲勝後，三十日，該逆七十餘舟上犯至青山一帶，我軍出隊迎敵，又獲勝仗。奪回余去年所坐之拖罟船外，又奪賊戰船五隻，軍心為之一振。六月初七日、初九夜兩次風暴，營中壞船十餘號，應修整者二十餘號。

十三日派人至南康對岸之徐家埠，水陸搜剿。其地去湖口縣七十里。賊匪督率土匪在該處收糧，誅求無度，民不聊生，因派水陸六百人搜剿前往。真賊十餘率土匪三百人與我軍接仗，僅開放兩排槍，該匪即敗竄。追奔十餘里，焚賊館十餘所，焚輜重船百餘隻，擊斃十餘人，生擒七人。十四收隊回南康。十五日，水師至湖口探看賊營情形。該匪堅匿不出，迨我軍疲乏將歸，逆船突出大戰。我軍未約定開戰，人心忙亂，遂致挫敗。被該匪圍去長龍船一號、杉板船二號。三船共陣亡五十人，受傷二十餘人，軍士之氣為之一減。

今年內河水師共開四仗，兩勝兩敗。湖口一關，竟難遽行打出，不勝焦灼！塔軍門在九江十三日打一勝仗，殺賊三百餘人，亦無益於大局也。

自義寧州失守，不特江西省城戒嚴，而湖南亦有東顧之憂。蓋義寧與平江、瀏陽接壤，賊思由此路窺伺長沙。羅山現回江西省，擬即日進攻義寧，以絕兩省腹心之患。若能急急克復，則桑梓有安枕之日。否則三面受敵，湖南亦萬難支持。大亂之弭，豈盡由人力，亦蒼蒼者有以主之耳！

余癬疾未愈，用心尤甚，夜不成寐，常恐耿耿微忱，終無補於國事。然辦一日事盡一日心，不敢片刻稍懈也。陳竹伯中丞辦理軍務不愜人心，與余諸事亦多齟齬。凡共事，和衷最不易易。澄弟近日尚在外辦公事否？宜以余為戒，杜門不出，謝卻一切。余食祿已久，不能不以國家之憂為憂，諸弟則盡可理亂不聞也。子姪輩總宜教之以勤，勤則百弊皆除，望賢弟留心。

即問四位老弟近好！（咸豐五年六月十六日）

致諸弟（調彭雪琴來江）

澄侯、溫甫、子植、季洪四位老弟左右：

劉朝相來營，得植弟手書，具悉一切。

內湖水師自六月十五日開仗後，至今平安。本擬令李次青帶平江勇渡鄱陽湖之東，與水師會攻湖口。奈自六月底至今，十日大風，不克東渡。初四日風力稍息，平江勇登舟，甫經解纜，狂飆大作，旋即折回。弁勇衣被帳棚，寸縷皆濕。天意茫茫，正未可知。不知湖口之賊運數不宜遽滅乎，抑此勇渡湖宜致敗挫，故特阻其行以全此軍乎？現擬俟月半後，請塔軍渡湖會剿。

羅山進攻義寧，聞初四日可止界上，初五、六日當可開仗。湖南三面用兵，駱中丞請羅山帶兵回湘，業經入奏。如義寧能攻破，恐羅山須回湖南保全桑梓，則此間又少一枝勁旅矣。內湖水師船、礮俱精，特少得力營官，現調彭雪琴來江，當有起色。

鹽務充餉，是一大好事，惟浙中官商多思專利。邵位西來江會議，已有頭緒。不知渠回浙後，彼中任事人能允行否？舍此一籌，則餉源已竭，實有坐困之勢。

東安土匪，不知近日何如？若不犯邵陽界，則吾邑尚可不至震驚。帶軍之事，千難萬難。澄弟帶勇至衡陽，溫弟帶勇至新橋，幸託平安，嗣後總以不帶勇為妙。吾閱歷二年，知此中搆怨之事、造孽之端，不一而足，恨不得與諸弟當面一一縷述之也。諸弟在家侍奉父親，和睦族黨，盡其力之所能為，至於團練帶勇，卻不宜。澄弟在外已久，諒知吾言之具有苦衷也。

寬二弟去年下世，未寄奠分，至今歉然於心。玆付回銀廿兩，為寬二弟奠金，望送交任尊叔夫婦手收。

植弟前信言身體不健。吾謂讀書不求強記，此亦養身之道。凡求強記之者，尚有好名心橫亙於方寸，故愈不能記。若全無名心，記亦可，不記亦可，此心寬然無累，反覺安舒，或反能記一二處，亦未可知。此余閱歷語也，植弟試一體驗行之。

餘不一一。

即問近好！（咸豐五年七月初八日）

致諸弟（陸軍勢已不支）

澄侯、溫甫、子植、季洪老弟足下：

十四日良五、彭四回家，寄去一信，諒已收到。

嗣羅山於十六日回剿武漢，霞仙亦即同去。近接武昌信訊，知李鶴人於八月初二日敗挫，金口陸營被賊蹋毀。胡潤芝中丞於初八日被賊蹋破奓山陸營，南北兩岸陸軍皆潰，勢已萬不可支。幸水師尚足自立，楊、彭屯紮沌口。計羅山一軍可於九月初旬抵鄂，或者尚有轉機。即鄂事難遽旋轉，而羅與楊、彭水陸依護，防禦於岳、鄂之間，亦必可固湘省北路之藩籬也。內湖水師，自初八日以後迄未開仗，日日操演。次青尚紮湖口，周鳳山尚紮九江，俱屬安謐。

葛十一於初八日在湖口陣亡，現在尋購尸首，尚未覓得，已奏請照千總例賜卹。將來若購得尸骸，當為之送柩回里；如不可覓，亦必醵金寄卹其家。此君今年大病數月，甫經全愈，尚未復元，即行出隊開仗。人勸之勿出，堅不肯聽，卒以力戰捐軀，良可傷憫。可先告知其家也。去年臘月廿五夜之役，監印官潘兆奎與文生葛榮冊同坐一船，均報陣亡，已入奏請卹矣。頃潘兆奎竟回至江西，云是夜遇漁舟撈救得生，則葛元五或尚未死，亦不可知。不知其家中有音耗否？

癬疾稍愈，今年七、八兩月最甚，諸事廢弛。

餘俟續布。順問近好！（咸豐五年八月廿七日）

致諸弟（喜九弟得優貢）

澄侯、溫甫、子植、季洪四位老弟足下：

廿六日王如一、朱梁七至營，接九月初二日家書。廿九日劉一、彭四至營，又接十六日家書，具悉一切。

沅弟優貢喜信，此間廿三日彭山屺接家信即已聞之。廿七日得左季高書，始知其實。廿九日得家書，乃詳也。沅弟寄信在省，來江西大營甚便，何以無一字報平安耶？十月初當可回家，為父親叩祝大喜。各省優貢朝考，向例在明年五月，沅弟可於明年春間進京。若由浙江一途，可便道由江西至大營兄處聚會。吾有書數十箱在京，無人照管，沅弟此去可經理一番。

自七月以來，吾得聞家中事有數件可為欣慰者：溫弟妻妾皆有夢熊之兆，足慰祖父母於九京，一也；家中婦女大小皆紡紗織布，聞已成六七機，諸子姪讀書不懶惰，內外各有職業，二也；闔境豐收，遠近無警，此間兵事平順，足安堂上老人之心，三也。今又聞沅弟喜音，意吾家高曾以來積澤甚長，後人食報更當綿綿不盡。吾兄弟年富力強，尤宜時時內省，處處反躬自責，勤儉忠厚，以承先而啟後，互相勉勵可也。

內湖水師久未開仗，日日操練，夜夜防守，頗為認真。周鳳山統領九江陸軍，亦尚平安。李次青帶平江勇三千在蘇垣渡，去湖口縣十里，頗得該處士民之歡心。茶陵州土匪，間竄擾江西之蓮花廳、永新縣境內，吉安人心震動。頃已調平江勇六百五十人前往剿辦，又派水師千人往吉防堵河道，或可保全。

余癬疾迄未大愈，幸精神尚可支援。王如一等來，二十四日始到。余怒其太遲，令其即歸，發途費九百六十文，家中不必加補，以為懶漫者戒。寬十在營住一個月，打發銀六兩，途費四千。

羅山於十四日克復崇陽後，尚無信來。羅研山兄於今日到營。紀澤、紀鴻登九峯山詩，文氣俱順，且無猥瑣之氣，將來或皆可冀有成立也。

餘不一一。（咸豐五年九月三日）

致諸弟（擬添募五百人）

澄侯、溫甫、子植、季洪老弟足下：

十月初一日，寬十等歸，寄一函。縣城專差來，又寄一家信，想已收到。

營中日內如常。周鳳山九江陸軍三千餘人尚屬整頓。次青在湖口，因分去千三百人往剿吉安，刻擬添募五百人，以厚兵力。吉安之事，聞周臬台帶千人已至，或足以資剿辦。羅山在羊樓峒，廿六獲勝後，尚無嗣音。

茲因春二患病，維五送之還家，復寄數行，以慰堂上老人懸念。羅山在岳、鄂間，軍間單弱，余甚不放心。家中上面衡、郴，下面岳、平，均多可虞。望多送信幾次來大營也。（咸豐五年十月十九日）

致諸弟（監務籌餉有二）

澄侯、溫甫、子植、季洪四位老弟左右：

十月廿八日寬十等到營，接奉父親大人手諭、紀澤兒稟件及姪兒外甥等壽詩，具悉一切。

澄弟在朱亭帶勇，十八、九可以撤營。欣慰之至！兵凶戰危，一經帶勇，則畏縮趨避之念決不可存。兵端未息，恐非一、二年所能掃除淨盡。與其從事之後而進退不得自由，不如早自審度，量而後入。想諸弟亦必細心籌畫也。

南康水師廿八日開仗一次，失長龍船一號。九江陸軍相持如故。次青在湖口亦未開仗。黃莘農先生今歲為我兵辦理軍輸，已解者六十餘萬兩，未收者尚有二十餘萬。水陸兵勇自入江西境內，已用口糧百餘萬。此項捐款實為大宗。目下捐款將次用畢，莘翁又接辦鹽務。鹽務之可以籌餉者有二端：一則四月間奏請浙鹽三萬引，現在陸續運行，大約除成本外可獲淨利十萬兩；一則於江西饒州、吳城、萬安、新城四處設卡，私鹽過境，酌抽稅課，大約每月得銀亦可萬餘兩。若此兩舉刻期辦齊，則明年軍餉竟可無慮。黃司寇之為功於我軍者大矣。浙江鹽務，先須成本十餘萬，現請郭筠仙往浙一行，張羅本錢。雖未必有濟，姑試圖之。

羅山自入湖北境內克復崇、通後，忽有濠頭堡之竄，旋於廿六日、初三日兩獲大勝，軍威大振。偽北王、偽翼王俱上犯岳、鄂之交，楚事孔亟。乃十月初二早，廬州克復，殺賊近萬，官兵可即日可搗安慶，上游之賊均須回救安省，韋、石二逆或俱退回下游。兩湖之事，近日必可漸鬆。此吾省之福，而亦國家之厚澤，冥冥中巧為布置，使悍賊不得逞志於兩湖也。

兄身體如常，癬疾未愈。昨日係先妣七旬晋一冥壽，軍中不得備禮以祭，負罪滋深。莘翁自省來營商議鹽事，軍中亦無盛饌款之，故未將冥壽之事告之也。

餘不一一。（咸豐五年十一月初四日）

致諸弟（細述鄂贛軍情）

澄侯、溫甫、子植、季洪四位老弟左右：

去年臘月初二遣胡二、佑七送家信，中途遇賊，搶去銀兩等件，仍回南康大營。嗣後未專人回家，想父親、叔父及家中老幼懸望之至。以瑞、臨尚未克復，長夫視為畏途，故遲遲也。

自周鳳山至江西省城，人心為之安定。十二月初四日，大戰樟樹鎮，殺賊千餘，軍威頗振。其時即應留賊之浮橋，星夜修造，次日渡河攻勦，臨江必可得手。周鳳山不敢渡河，而移勦上游六十里之新淦，失此機會。於是省城各大吏，有請其移兵吉安救援以解重圍者，有欲其上勦峽江者，有求其留守新淦者，遷延商榷，遂踰二旬。周鳳山以水師孤紮樟鎮，恐致疏虞，派辰勇、常勇八百人至樟樹護衛水師。正月初二，賊匪渡河來撲，辰、常二勇人少敗挫，傷亡二百餘人。幸初三日大戰獲勝，軍威復振。蓋賊匪於初二日得勝後，即上竄新淦，撲周鳳山之營。而周鳳山於初二日開仗後，亦速回樟樹，為辰、常二勇之援。中途遇於瓦山，大戰，殺賊千餘，奪馬七十餘匹，軍械鍋帳無算。初七日，彭雪琴水師又獲勝仗，折賊浮橋，奪賊新舟。水陸兩軍，目下仍緊扼樟鎮，江西省城可保無虞。

青山至南康、湖口水陸各營，自臘月初三青山戰勝後，未經開仗。李次青帶平江勇駐湖口，訓練不懈，日有起色。惟望羅山在湖北克復武漢，周、彭在樟鎮克復瑞、臨，大局方有轉機耳。

余身體如常，癬疾十愈八九。高雲亭於去年十月初二、三來營診視癬疾，但云可治，並未開方。去後寄二方來，云須服一百帖。今已服六十帖，大有效驗，不知果可斷根否。茲將二方抄回一覽。此間並湖北軍情，有寄羅山觀察一函，亦抄回一覽。茲專人由義寧、平江、長沙回家，不知可無梗阻否？年終，奉聖恩賜「福」字一方、大小荷包三對、食物三件，於正月十六日接到。茲將軍機處原咨抄回。其賜件暫不敢寄，俟道途肅清，再行耑送。去臘初旬之函，茲一併附呈。

餘不一一。

即問近好！（咸豐六年正月十八日）

致諸弟（述吉安府失守）

澄侯、溫甫、子植、季洪四位老弟左右：

正月十九日發去家信，交王發六、劉照一送回，又派戈什哈蕭玉振同送，想日內可到。正月三十日、二月一日連接澄侯在長沙所發四信，具悉一切。唐四、景三等正月所送之信，至今尚未到營。

江西軍事，日敗壞而不可收拾。周鳳山臘月四日攻克樟樹，不能乘勢進取臨江，失此機會。在新淦遷延十餘日，正月五日復回樟鎮。因浮橋難成，未遽渡剿臨江，吉安府城已於二十五日失守矣。周臬司、陳太守等堅守六十餘日，而外援不至。城破之日，殺戮甚慘。偽翼王石達開自臨江至吉安視戰。既破吉郡，自回臨江，而遣他賊分攻贛州，以通粵東之路。如使贛郡有失，則江西之西南五府盡為賊有。北路之九、南、饒，本係屢經殘破之區，九江早為賊據，而僅存東路數府耳。

羅山觀察久攻武昌，亦不得手。現經飛函調其回江救援，但道途多梗，不知文報可達否？劉印渠一軍，聞湘省將籌兩月口糧，計二月初啟行，不知袁州等處果能得手否？

余在南康，身體平安，癬疾已好十之七。青山陸軍正月十八日攻九江城一次，殺賊百餘人。水師於二十九打敗仗一次，失去戰舟六號。湖口陸軍於初一日打勝仗一次，殺賊七八十人。省城官紳請余晉省，就近調度。余以南康水陸不放心，尚未定也。

紀澤兒定三月廿一日成婚。七日即回湘鄉，尚不為久。諸事總須節省，新婦入門之日，請客亦不宜多。何者宜豐，何者宜儉，總求父大人酌定之。

紀澤兒授室太早，經書尚未讀畢。上溯江太夫人來嬪之年，吾父亦係十八歲，然常就外傅讀書，未久耽擱。紀澤上繩祖武，亦宜速就外傅，慎無虛度光陰。聞賀夫人博通經史，深明禮法。紀澤兒至岳家，須緘默寡言，循循規矩。其應行儀節，宜詳問諳習，無臨時忙亂，為岳母所鄙笑。少庚處，以兄禮事之。此外若見各家同輩，宜格外謙謹，如見尊長之禮。

新婦始至吾家，教以勤儉，紡織以事縫紉，下廚以議酒食。此二者，婦道之最要者也。孝敬以奉長上，溫和以待同輩。此二者，婦道之最要者也。但須教之以漸。渠係富貴子女，未習勞苦，由漸而習，則日變月化，而遷善不知。若改之太驟，則難期有恆。凡此，祈諸弟一一告之。

江西各屬告警，西路糜爛。子植若北上，宜走樊城，不宜走浙江，或暫不北上亦可。優貢例在禮部考試，隨時皆可補考。余昔在禮部閱卷數次，熟知之也。（咸豐六年二月初八日）

致諸弟（瑞州屢獲大勝）

澄侯、沅浦、季洪老弟足下：

七月之季遣劉一、安五回家，寄呈家書，想已得達。溫弟之病日見愈痊。因盛暑行軍，過於勞苦，又誤服大黃太多，故到省後以溫補而始奏效。再調養半月即可復元，仍回瑞州也。

瑞郡官軍屢獲大勝，軍威日振，賊勢日蹙。惟聞偽翼王石達開自鄂中東下，為李迪安所敗，或當援來瑞州，不免大戰數場。果能擒此巨憝獻俘北闕，則江省全局立轉破竹之勢，易於著手耳。

七月下旬，有引豐敗匪勾結江閩交界之邊錢會匪，連陷南豐、新城、瀘溪、貴谿、弋陽等縣、河口一鎮，廣信府城十分危急。幸浙江防兵之在玉山者逾境來援，信郡尚保無恙。一波特起，全省震盪。現抽撥次青撫州軍中四千人往剿河口，未審能迅速撲滅否？閩兵尚在建昌，兵多賊少，克復久稽。粵兵在贛，得保要郡，差強人意。畢金科在饒州，彭雪琴在吳城，均尚平安。

前三月間，澄弟在長沙兌李仲雲家銀二百兩，刻下營中實無銀可撥，只得仍在家中籌還。前年所買衡陽王家洲之田，可仍賣出，以田價償李家之債可也。余身體平安，癬疾略發，尚不甚為害。（咸豐六年八月十八日）

致四弟（自謂宦途風波、思抽身免咎）

澄侯四弟左右：

頃接來緘，又得所寄吉安一緘，具悉一切。朱太守來我縣，王、劉、蔣、唐往陪，而弟不往，宜其見怪。嗣後弟於縣城、省城均不宜多去。處茲大亂未平之際，惟當藏身匿跡，不可稍露圭角於外。至要至要！

吾年來飽閱世態，實畏宦途風波之險，常思及早抽身，以免咎戾。家中一切，有關係衙門者，以不與聞為妙。（咸豐六年九月初十日）

致九弟（催周鳳山速來）

沅浦九弟足下：

十七日李觀察遞到家信，係沅弟在省城所發者。黃南兄勸捐募勇，規復吉安，此豪傑之舉也。南路又來此一枝勁兵，則賊勢萬不能支。

金田老賊癸、甲二年北犯者既已隻輪不返，而曾天養、羅大綱之流亦頻遭殛誅，現存悍賊惟石達開、韋俊、陳玉成數人，奔命於各處，實有日衰就落之勢。所患江西民風柔弱，見各屬並陷，遂靡然以為天覆地坼，不復作反正之想，不待其迫脅以從，而甘心蓄髮助戰，希圖充當軍師、旅帥，以訛索其鄉人，擄掠郡縣村鎮，以各肥其私囊。是以每戰動盈數萬人，我軍為之震駭。若果能數道出師，擒斬以萬千計，始則江西從逆之民有悔心，繼則廣東新附之賊生疑貳，而江西之局勢必轉，粵賊之衰象亦愈見矣。南袁能於吉安一路出師，合瑞、兄已列為三路，是此間官紳士民所禱祀以求者也。即日當先行具奏。

沅弟能隨南翁以出，料理戎事，亦足增長識力。南翁能以赤手空拳幹大事而不甚著聲色，弟當留心傚而傚之。

夏憩兄前亦欲辦援江之師，不知可與南兄同辦一路否？渠係簪纓巨室，民望所歸，又奉特旨援江，自不能不速圖集事。惟與南兄共辦一枝，則眾擎易舉；若另籌一路，則獨力難成。沅弟若見憩翁，或先將鄙意道及，余續有信奉達也。

周鳳山現在省城，余飛札調之來江。蓋欲令渠統一軍，峙衡統一軍。一紮老營，一作游兵。不知渠

已接札否？望沅弟催之速來。其現在袁州之伍化蛟、黃三清本係渠部曲，可令渠帶來也。（咸豐六年九月十七日）

致四弟（宜常在家侍父並延師事）

澄侯四弟左右：

胡二等來，知弟不在家，出看本縣團練。吾兄弟五人，皆出外帶勇，季居三十里外，弟又常常他出，遂無一人侍奉父親膝下，溫亦不克遄歸侍奉叔父，實於《論語》「遠遊」、「喜懼」二章之訓相違。現余令九弟速來瑞州與溫並軍，庶二人可以更番歸省。澄弟宜時常在家以盡溫凊之職，不宜干預外事。至囑至囑！

李次青自撫州退保崇仁，尚屬安靜。惟敗勇之自撫回省者，日內在中丞署中鬧請口糧，與三年艾一村之局相似，實為可慮。

明年延師，父大人意欲請曾香海。甚好甚好！此君品學兼優，吾所素佩。弟可專人作書往聘。稍遲旬日，吾再手緘請之。其館金豐儉，則父大人酌定，吾自營寄歸可也。（咸豐六年十月初三日）

致九弟（不可久頓城下）

沅浦九弟左右：

初六日覆去一緘，言弟與夏、黃、周軍並赴吉安，刻計尚未達也。

初八日接來信，因次青撫州之挫，請撥周軍先至瑞州。中丞、李兄慨然允許，周軍當以初二日成行。斯誠不失救拯飢溺迫切之忱。第余初六日業許援吉之行，初七日令周岐山還湘歸併鳳營，亦以赴吉告之。不得因弟一信、駱公一咨而遽變成說也。且夏、黃可為我分憂而籌餉，溫、沅可與岐觀摩而奮興。弟與夏、黃不來，而周軍獨來，難合瑞城之圍，徒增籌餉之慮，殊非余本意也。茲以書達季高，悉遵渠之初指，送各批與梧岡，令其同赴吉安。如梧已行至瀏、萬，可寄書令其折回醴陵小駐，以待弟至而同行也。

周岐山自撫州敗後回湘，軍無鍋帳，弟可商之季翁籌給之。到吉後，約以半月為率，即速出擊，作游兵馳剿各處，不可久頓城下。若事機順手，兄弟年內相見則幸耳。（咸豐六年十月初九日）

致九弟（急來瑞州更替）

沅浦九弟左右：

初十日覆緘，並周梧岡批稟，亮得速達。十二日接初三來緘，藉悉近狀。

黃、夏與周同赴吉安，既盡於昨書所云。十一日附片奏請此軍頒發執照二千張，俾黃、夏勸捐稍得應手。茲趁來卒帶往。

至札飭裕時兄接收捐款專濟此軍一節，黃、夏若果來瑞州，非中丞與季公初意，亦即非司道時、石諸公僉同之議，強人所曲從吾說，不得不設法將捐款羅歸此軍。今既全數赴吉，則季公當能主持其事，捐款自為此軍支用，不必更由余處下札，又多一重斧鑿痕也。至入吉以後，或速行掣動，或久頓城下，亦難預決。惟沅浦則以半月為率，急來瑞州，俾溫甫得以更替歸省。此則家庭要事，弟當與南翁、憩翁堅確訂約者耳。（咸豐六年十月十三日）

致四弟（不宜常常出門、聯姻不必富室名門）

澄侯四弟左右：

初六日俊四等來營，奉到父大人諭帖並各信件，得悉一切。

弟在各鄉看團閱操，日內計已歸家。家中無人，田園荒蕪，堂上定省多闕，弟以後總不宜常常出門。至囑至囑！羅家姻事，暫可緩議。近日人家，一入宦途即習於驕奢，吾深以為戒。三女許字，意欲擇一儉樸耕讀之家，不必定富室名門也。楊子春之弟四人捐官者，吾於二月廿一日具奏，聞部中已議准，部照概交南撫。子春曾有函寄雪琴，似已領到執照者，請查明再行佈聞。

長夫在大營不善抬轎，余每月出門不過五六次，每出則搖擺戰栗，不合腳步。茲僅留劉一、胡二、盛四及新到之俊四、聲六在此，餘俱遣之歸籍。以後即雇江西本地轎夫，家中不必添派也。

此間軍務，建昌府之閩兵昨又敗挫，而袁州克復，大局已轉，儘可放心。十月內餉項亦略寬裕矣。

（咸豐六年十一月初七日）

致九弟（軍餉可望充裕）

沅浦九弟左右：

初六日俊四等至，接廿八夜來緘，具悉廿五日業經拔營，軍容整肅。至以為慰！

吉安殷富，甲於江西，又得官紳傾城輸助，軍餉自可充裕。周梧岡一軍同行，如有銀錢，宜分多潤寡，無令己肥而人獨瘠。梧岡闇於大局，不能受風浪者，紮營放哨、巡更發探、打仗分仗，究係宿將，不可多得。主事匡汝諾在吉安招勇起團，冀圖襲攻郡城。聞湖南援吉之師，將別出一枝，起而相應。若與弟軍會合，宜善待之。

袁州既克，劉、蕭等軍當可進攻臨江，六起與普、劉在瑞聲威亦可日振。弟與夏、黃諸兄到吉安時，或宜速行抽動，或宜久頓不移，亦當相機辦理。若周軍與桂、茶諸軍足以自立，弟率湘人助剿來江，兄弟年內相見，則余之所欣慰者也。軍事變幻無常，每當危疑震撼之際，愈當澄心定慮，不可發之太驟。至要至囑！（咸豐六年十一月初七日）

致四弟（看書不必一一求熟）

澄侯四弟左右：

二十八日，由瑞州營遞到父大人手諭並弟與澤兒等信，具悉一切。

六弟在瑞州辦理一應事宜尚屬妥善，識見本好，氣質近亦和平。九弟治軍嚴明，名望極振。吾得兩弟為幫手，大局或有轉機。次青在貴谿尚平安，惟久缺口糧，又敗挫之後，至今尚未克整頓完好。雪琴在吳城名聲尚好，惟水淺不宜舟戰，時時可慮。

余身體平安，癬疾雖發，較之往在京師則已大減。幕府乏好幫手，凡奏摺、書信、批稟，均須親手為之，以是不免有延閣耳。余性喜讀書，每日仍看數十頁，亦不免拋荒軍務，然非此則更無以自怡也。

紀澤看《漢書》，須以勤敏行之。每日至少亦須看二十頁，不必惑於「在神不在多」之說。今日半頁，明日數頁，又明日就擱間斷，或數年而不能畢一部。如煮飯然，歇火則冷，小火則不熟，須用大柴大火乃易成也。甲五經書已讀畢否？須速點速讀，不必一一求熟。恐因求「熟」之一字，而終身未能讀完經書。吾鄉子弟未讀完經書者甚多，此後當力戒之。諸外甥如未讀完經書，當速補之。至囑至囑！

（咸豐六年十一月二十九日）

致九弟（恐哨勇不老練）

沅浦九弟左右：

元旦接去臘廿五日來函，初九又接除夕一函，均已閱悉。

「待賊遠出，庶可邀截，痛加剿洗」一節，及「但求固守營壘，以俟各軍之至」等語，均係吾弟近日閱歷有得之言，吾亦於稟中批示矣。水師辦成，先燒江中賊船，自是絕接濟之一法。第哨勇恐未能老練，或以利器資敵。慎之慎之！錢漕一稟，批語宜乾淨斬截。此事急應由地方官以全力主持，乃為切實。不然，恐吾批愈結實，而人愈疑貳。此等處頗費斟酌，望吾南公壹志徑行，不恤其他。

余擬日內赴瑞州軍營。吉安之行，必須至瑞後乃能定議。（咸豐七年正月七日）

致九弟（軍事尚隱尚詭）

沅甫九弟左右：

十八日烏山途次接弟十一日所發一緘，具悉一切。

兄於十七日卯刻出省，十八日至奉新，紳耆款留二日。廿一日，率吳竹莊之彪營等四千人同來瑞州，擬於東北隅紮一大營，則四面合圍，接濟不斷，聲息可通，或易得手。

近日省中因探報撫州之賊意圖內犯，人心頗涉驚惶。而饒州畢都司一軍，因畢於初二日在景德鎮敗挫，不知下落，其老營紛紛潰散，饒防自隳，岌岌可危。

福將軍於臘月三十日至廣信，十三日坐舟赴省，月內應可抵章門。

圍城之法，紮營不宜太近：一則開仗之勢太蹙；一則軍事尚隱尚詭，不宜使敵人絲毫畢知也。

余所刻實收，日內另專人送南翁處。南翁已復省垣，軍事當不至掣肘也。（咸豐七年正月二十二日）

致九弟（宜全神注陸路）

沅浦九弟左右：

廿四日耑人至，接來信，知接戰獲勝。水師雖未甚如意，然已奪船數號，亦尚可用。水師自近日以來，法制大備，然其要全在得人。若不得好哨好勇，往往以利器資寇。弟處以全副精神注陸路，以後不必兼籌水師可也。

用紳士不比用官，彼本無任事之職，又有避嫌之念，誰肯挺身出力以急公者？貴在奬之以好言，優之以廩給。見一善者則痛譽之；見一不善者，則渾藏而不露一字。久久不善者勸，而善者亦潛移而默轉矣。吾弟初出辦事而遂揚紳士之短，且以周梧岡之閱歷精明為可佩，是大失用紳士之道也。戒之慎之！

余近發目疾，不能作字，率佈數行，惟心照。（咸豐七年正月廿六日）

致九弟（勸宜息心忍耐為要）

沅甫九弟左右：

十二日申刻代一自縣歸，接弟手書，具審一切。

十三日未刻文輔卿來家，病勢甚重，自醴陵帶一醫生偕行，似是瘟疫之證。兩耳已聾，昏迷不醒，間作譫語，皆惦記營中。余將弟已赴營、省城可籌半餉等事告之四五次，渠已醒悟，且有喜色。因囑其「靜心養病」，不必罣念營務，余代為函告南省、江省等語，渠亦即放心。十四日由我家雇夫送之還家矣。若調理得宜，半月當可痊愈，復元則尚不易易。

陳伯符十二日來我家，渠因負疚在身，不敢出外酬應，欲來鄉為避地計。黃子春官聲極好，聽訟勤明，人皆畏之。

弟到省之期，計在二十日。余日內甚望弟信，不知金八、佑九何以無一人歸來？豈因餉來未定，不遽遣使歸與？弟性褊急似余，恐怫鬱或生肝疾，幸息心忍耐為要！茲趁便寄一緘托黃宅轉遞，弟接到後，望專人送信一次，以慰懸懸。

家中大小平安，諸小兒讀書，余自能一一檢點，弟不必罣心。（咸豐七年九月廿二日）

致九弟（注意綜理密微）

沅浦九弟左右：

廿二夜燈後，佑九、金八歸，接到十五夜所發之信，知十六日已赴吉安。屈指計弟廿四日當可抵營，廿五、六當專人歸來，今日尚未到家，望眼又復懸懸。

吉字中營尚易整頓否？古之成大事者，規模遠大與綜理密微，二者闕一不可。弟之綜理密微，精力較勝於我。軍中器械，其略精者，宜另立一簿，親自記注，擇人而授之。古人以鎧仗鮮明為威敵之要務，恆易取勝。劉峙衡於火器亦勤於修整，刀矛則全不講究。余曾派褚景昌赴河南採買白蠟桿子，又辦腰刀分賞各將弁，人頗愛重。弟試留心此事，亦綜理之一端也。至規模宜大，弟亦講求及之。但講闊大者，最易混入散漫一路。遇事顢頇，毫無條理，雖人亦奚足貴？差等不紊，行之可久，斯則器局宏大，無有流弊者耳。頃胡潤芝中丞來書，贊弟有曰「才大器大」四字，余甚愛之。才根於器，良為知言。

湖口賊舟於九月初八日焚奪淨盡，湖口、梅家洲皆於初九日攻克。三年積憤，一朝雪恥，雪琴從此重遊浩蕩之宇。惟次青尚在坎窞之中，弟便中可與通音問也。潤翁信來，仍欲奏請余出東征。余頃復信，具陳其不宜。不知可止住否。彭中堂復信一緘，由弟處寄至文方伯署，請其轉遞至京。或弟有書呈藩署，未添一筆亦可。李迪庵近有請假回籍省親之意，但未接渠手信。渠之帶勇實有不可及處，弟宜常與通信，殷殷請益。

弟在營須保養身體，肝鬱最易傷人，余生平受累以此，宜和易以調之也。（咸豐七年十月初四日）

致九弟（戒浪戰）

沅浦九弟左右：

前信言牽率出隊之弊，關係至重。凡與賊相持日久，最戒浪戰。兵勇以浪戰而玩，玩則疲；賊匪以浪戰而猾，猾則巧。以我之疲敵賊之巧，終不免有受害之一日。故余昔在營中誡諸將曰：「寧可數月不開一仗，不可開仗而毫無安排算計。」此刻吉安營頭太多，余故再三諄囑。

重九所發之摺，十二日奉到硃批，茲抄付一覽。聖意雖許暫守禮廬，而仍不免有後命。進退之際，權衡實難也。（咸豐七年十月十五日）

致九弟（必須細偵賊情）

沅浦九弟左右：

在吉安紮營，離城不宜太近。蓋地太逼，則賊匪偷營難於防範，奸細混入難於查察。節太短，則我軍出隊難於分股。一經紮近之後，再行退遠，則少餒士氣，不如先遠為之愈也。

牽率出隊之弊，所以難於變革者，蓋此營出隊之時未經知會彼營，一遇賊匪接仗，或小有差挫，即用令箭飛請彼營前來接應，來則感其相援，不來則怨其不救。甚或並未差挫，並未接仗，亦以令箭報馬預請他營速來接應。習慣為常，視為固然。既恐惹人之怨憾，又慮他日之報復，於是不敢不去，不忍不去。夫戰陣呼吸之際，其幾甚微。若盡聽他營之令箭，牽率出隊，一遇大敵，必致誤事。弟思力革此弊，必須與各營委曲說明，三令五申。又必多發哨探，細偵賊情。耳目較各營為確，則人皆信從，而前弊可除矣。（咸豐七年十月十六日）

致九弟（交人料理文案）

沅浦九弟左右：

十一月初二日，春二、甲四歸，接廿四夜來書，具悉一切。弟營中事機尚順，家中大小欣慰。帥逸齋之叔號小舟者，於初二日來，攜有張六琴太守書緘，具告逸齋死事之慘。余具奠金五十兩交小舟，為渠赴江西之旅資。又作書寄雪琴，囑其備戰船至廣西，迎護逸齋之眷口由浙江來。又備舟至省城，迎護逸齋與其姪之靈柩，於南康會齊，同出湖口。由湖口段窯至黃梅帥宅，不過數十里耳。前此仙舟先生墓門被賊掘毀，余曾寄書潤芝中丞、蓮舫員外，籌銀三四百兩為修葺之資。此次小舟歸里，可一併妥為安厝。少有餘資，即以贍濟逸齋之眷口。然亦極薄，難以自存矣。

東鄉敗挫之後，李鎮軍、周副將均退守武陽渡。聞耆中丞緘致長沙，請夏憩亭募勇數千赴江應援，不知確否？自洪、楊內亂以來，賊中大綱紊亂，石達開下顧金陵，上顧安慶，未必能再至江西。即使果來赴援，亦不過多裹烏合之卒，悍賊實已無幾。我軍但稍能立腳，不特吉安力能勝之，即臨江蕭軍亦自可勝之也。

胡爵之將以初十日回省，家中以後不請書啟朋友。韓升告假回家，余文案尚繁，不可無一人料理，望弟飭王福於臘月初回家。交代後，即令韓升回省度歲。韓於正初赴吉營，計弟處有四十日無人經營文案，即交彭椿年一手料理，決無疎失。韓升與王福二人皆精細勤敏，無所軒輊。凌蔭廷於日內赴雪琴處。若弟處再須好手，亦可令凌赴吉也。（咸豐七年十一月初五日）

致九弟（訓練注重講辨）

沅浦九弟左右：

二十四日王得一歸，接十六日信，具悉一切。以後有信仍以耑人送歸為妥。只須一人，不必兩人。擇棲足如曾正七之類，更可迅速。

鄧先生於初七日專人來訂今冬上學，因迎其十五入館。甲三於十八開課，廿三廿二改課文甚細心。

甲五眼睛近日已好十分之七八，右目能認寸大字，左目則能讀小注。每日靜坐二次，以助藥力之不及。鄧先生向來亦多病，得力於靜坐者深也。

弟所寄各件，代普將請餉，代黃太守上稟，均係顧全大局。即使上官未必批准，亦不失緩急相顧之道。請獎一稟，尚欠妥洽。湘後營一軍，不知從何處籌餉？即寶營亦自難支持。弟辭總理之任，極是極是。帶勇本係難事，但弟當約旨卑思，毋好大，毋欲速。管轄現有之二萬人，甯可減少，不可加多。口糧業得一半，此外有可設法更好，即涓滴難求，亦自不至於脫巾潰散。但宜極力整頓，不必常以欠餉為慮也。

打仗之道：在圍城之外，節太短，勢太蹙，無變化，只有隊伍整齊，站得堅穩而已。欲靈機應變，出奇制勝，必須離城甚遠，乃可隨時制宜。凡平原曠野開仗與深山窮谷開仗，其道迥別。去吉城四十里，凡援賊可來之路，須令哨長、隊長輪流前往該處看明地勢。小徑小溪，一邱一窪，細細看明，各令詳述於弟之前，或令繪圖呈上。萬一有出隊迎戰之時，則各哨隊皆已了然於心。古人憂「學之不講」，又曰「明辨之」，余以為訓練兵勇亦須常講常辨也。家中四宅平安，不必挂念。（咸豐七年十一月廿五日）

致九弟（述無恆的弊病及帶勇之法）

沅浦九弟左右：

十二日正七有十歸，接弟信，備悉一切。

定湘營既至三曲灘，其營官成章鑑亦武弁中之不可多得者，弟可與之款接。

來書謂「意趣不在此，則興會索然」。此卻大不可。凡人作一事，便須全副精神注在此一事，首尾不懈，不可見異思遷，做這樣，想那樣；坐這山，望那山。人而無恆，終身一無所成。我生平坐犯無恆的弊病，實在受害不小。當翰林時，應留心詩字，則好涉獵他書，以紛其志。讀性理書時，則雜以詩文各集，以歧其趨。在六部時，又不甚實力講求公事。在外帶兵，又不能竭力專治軍事，或讀書寫字以亂其志意。坐是垂老而百無一成。即水軍一事，亦掘井九仞而不及泉，弟當以為鑒戒。現在帶勇，即埋頭盡力以求帶勇之法，早夜孳孳，日所思，夜所夢，舍帶勇以外則一概不管。不可又想讀書，又想中舉，又想作州縣，紛紛擾擾，千頭萬緒，將來又蹈我之覆轍，百無一成，悔之晚矣。

帶勇之法，以體察人才為第一，整頓營規、講求戰守次之。〈得勝歌〉中各條，一一皆宜講求。至於口糧一事，不宜過於憂慮，不可時常發稟。弟營既得楚局每月六千，又得江局月二三千，便是極好境遇。李希庵十二來家，言迪庵意欲幫弟餉萬金。又余有浙鹽贏餘萬五千兩在江省，昨鹽局耑丁前來稟詢，余囑其解交藩庫充餉。將來此款或可酌解弟營，但弟不宜指請耳。餉項既不勞心，全副精神講求前者數事，行有餘力，則聯絡各營，款接紳士。身體雖弱，卻不宜過於愛惜，精神愈用則愈出，陽氣愈提則愈盛。每日作事愈多，則夜間臨睡愈快活。若存一愛惜精神的意思，將前將卻，奄奄無氣，決難成事。凡此皆因弟「興會索然」之言而切戒之者也。弟宜以李迪庵為法，不慌不忙，盈科後進，到八九個月後，必有一番回甘滋味出來。余生平坐無恆流弊極大，今老矣，不能不教誡吾弟吾子。

鄧先生品學極好，甲三八股文有長進，亦山先生亦請鄧改文。亦山教書嚴肅，學生甚為畏憚。吾家戲言戲動積習，明年當與兩先生盡改之。

鎮江、瓜洲同日克復，金陵指日可克。厚庵放閩中提督，已赴金陵會剿，准其專摺奏事。九江亦即日可復。大約軍事在吉安、撫、建等府結局，賢弟勉之。吾為其始，弟善其終，實有厚望。若稍參以客氣，將以斆志，則不能為我增氣也。營中哨隊諸人氣尚完固否？下次祈書及。（咸豐七年十二月十四日）

致九弟（慚對江西紳士）

沅浦九弟左右：

十九日諒一等歸，接展來函，具悉一切。

臨江克復，從此吉安當易為力，弟黽勉為之。大約明春可復吉郡，明夏可復撫、建。凡兄所未了之事，弟能為他了之，則余之愧憾可稍減矣。

余前在江西，所以鬱鬱不得意者：第一不能干預民事。有剝民之權，無澤民之位，滿腹誠心，無處施展。第二不能接見官員。凡省中文武官僚，晉接有稽，語言有察。第三不能聯絡紳士。凡紳士與我營款愜，則或因而獲咎。坐是數者，方寸鬱鬱，無以自伸。然此只坐不宜駐紮省垣，故生出許多煩惱耳。弟今不駐省城，除接見官員一事無庸議外，至愛民、聯紳二端，皆宜實心求之。現在餉項頗充，凡抽釐勸捐，決計停之。兵勇擾民，嚴行禁之。則吾夙昔愛民之誠心，弟可為我宣達一二。

吾在江西，各紳士為我勸捐八九十萬，未能為江西除賊安民。今年丁憂，奔喪太快，若恝然棄去，置紳士於不顧者，此余之所悔也。若少遲數日，與諸紳往復書問乃妥。弟當為余彌縫此闕。每與紳士書札往還，或接見暢談，具言「江紳待家兄甚厚，家兄抱媿甚深」等語。就中如劉仰素、甘子大二人，余尤對之有媿。劉係余請之帶水師，三年辛苦，戰功日著，渠不負吾之知，而吾不克始終與共患難。甘係余請之管糧台，委曲成全，勞怨兼任，而余以丁憂遽歸，未能為渠料理前程。此二人皆余所慚對，弟為我救正而補苴之。

余在外數年，吃虧受氣實亦不少，他無所慚，獨慚對江西紳士。此日內省躬責己之一端耳。弟此次在營境遇頗好，不可再有牢騷之氣，心平志和，以迓天休。至囑至囑！

承寄回銀二百兩，收到。今冬收外間銀數百，而家用猶不甚充裕，然後知往歲余之不寄銀回家，不孝之罪上通於天矣。

四宅大小平安。余日內心緒少佳，夜不成寐，蓋由心血積虧，水不養肝之故。春來當好為調理。

（咸豐七年十二月廿一日）

致九弟（公文不可疏懶）

沅浦九弟左右：

初七、初八連接弟二信，具悉一切。亮一去時，信中記封有報銷摺稿，來信未經提及，或未得見耶？廿六早，地孔轟倒城垣數丈，而未克成功，此亦如人之生死早遲，時刻自有一定，不可強也。

總理既已接札，則凡承上起下之公文，自不得不照申照行，切不可似我疏懶，置之不理也。余生平之失在志大而才疏，有實心而乏實力，坐是百無一成。李雲麟之長短亦頗與我相似，如將赴湖北，可先至余家一敘再往。潤公近頗綜核名實，恐亦未必投洽無間也。

近日身體略好。惟回思歷年在外辦事，愆咎甚多，內省增咎。飲食起居一切如常，無勞廑念。今年若能為母親大人另覓一善地，教子姪略有長進，則此中豁然暢適矣。弟年紀較輕，精力略勝於我，此際正宜提起全力，早夜整刷。昔賢謂「宜用猛火煮、慢火溫」，弟今正用猛火之時也。

李次青之才實不可及。吾在外數年，獨覺慚對此人。弟可與之常通書信，一則稍表余之歉忱，一則凡事可以請益。

余京中書籍，承漱六專人取出，帶至江蘇松江府署中，此後或易搬回。書雖不可不看，弟此時以營務為重，則不宜常看書。凡人為一事，以專而精，以紛而散。荀子稱「耳不兩聽而聰，目不兩視而明」，莊子稱「用志不紛，乃凝於神」，皆至言也。（咸豐八年正月十一日）

致九弟（待人注意真意與文飾、順便周濟百姓）

沅浦九弟左右：

十二日，安五來營，寄一家信，諒已收到。

治軍總須腳踏實地，克勤小物，乃可日起而有功。凡與人晉接周旋，若無真意，則不足以感人。然徒有真意而無文飾以將之，則真意亦無所託之以出，《禮》所稱「無文不行」也。余生平不講文飾，到處行不動，近來大悟前非。弟在外辦事，宜隨時斟酌也。

聞我水師糧台銀兩尚有贏餘，弟營此時不闕銀用，不必往解。若紳民中實在流離困苦者，亦可隨便周濟。兄往日在營艱苦異常，初不能放手作一事，至今追憾。弟若有宜周濟之處，水師糧台尚可解銀二千兩前往。應酬亦須放手，辦在紳士百姓身上，尤宜放手也。（咸豐八年正月十四日）

致九弟（周濟受害紳民）

沅浦九弟左右：

二十七日接弟信并廿二史二十七套，此書十七史係汲古閣本，《宋》、《遼》、《金》、《元》係《宏簡錄》，《明史》係殿本。較之兄丙申年所購者多《明史》一種，餘略相類，在吾鄉已極為難得矣。吾前在京亦未另買有全史，僅添買《遼》、《金》、《元》、《明》四史及《史》、《漢》各佳本而已。《宋史》至今未辦，蓋闕典也。

吉賊決志不竄，將來必與潯賊同一辦法，想非夏末秋初不能得手。弟當堅耐以待之。迪庵去歲在潯於開濠守邏之外，間亦讀書習字。弟處所掘長濠如果十分可靠，將來亦有閒隙可以偷看書籍，目前則須極力講求濠工巡邏也。

周濟受害紳民，非泛愛博施之謂，但偶遇一家之中殺害數口者、流轉遷徙歸來無食者、房屋被焚棲止靡定者，或與之數十金，以周其急。先星岡公云：「濟人須濟急時無。」又云：「隨緣佈施，專以目之所觸為主。」即孟子所稱「是乃仁術也」。若目無所觸，而泛求被害之家而濟之，與造冊發賑一例，則帶兵者專行沽名之事，必為地方官所識，且有挂一漏萬之慮。弟之所見，深為切中事理。余係因昔年湖口紳士受害之慘，無力濟之，故推而及於吉安，非欲弟無故而為沽名之舉也。（咸豐八年正月廿九日）

致九弟（勉其帶勇須耐煩）

沅浦九弟左右：

十四日接弟初七夜信，得知一切。

貴溪緊急之說確否？近日消息何如？次青非常之才，帶勇雖非所長，然亦有百折不回之氣。其在兄處，尤為肝膽照人，始終可感。兄在外數年，獨慚無以對渠。去臘遣韓升至李家省視，其家略送儀物。又與次青約成姻婚，以申永好。目下兩家兒女無相當者，將來渠或三索得男，弟之次女、三女可與訂婚，兄信已許之矣。在吉安，望常常與之通信。專人往返，想十餘日可歸也。但得次青生還與兄相見，則同甘苦患難諸人中，尚不至留莫大之抱歉耳。

昔耿恭簡公謂「居官以耐煩為第一要義」，帶勇亦然。兄之短處在此，屢次諄諄教弟亦在此。二十七日來書，有云：「仰鼻息于傀儡羶腥之輩，又豈吾心之所樂？」此已露出不耐煩之端倪，將來恐不免於齟齬。去歲握別時，曾以懲余之短相箴，乞無忘也。

李雨蒼於十七日起行赴鄂。渠長處在精力堅強，聰明過人；短處即在舉止輕佻，言語易傷，恐潤公亦未能十分垂青。溫甫弟於廿一日起程，大約三月半可至吉安也。（咸豐八年二月十七日）

致九弟（論長傲多言為凶德致敗者）

沅浦九弟左右：

初三日，劉福一等歸，後來信，藉悉一切。

城賊圍困已久，計不久亦可攻克。惟嚴斷文報是第一要義，弟當以身先之。

家中五宅平安。余身體不適，初二日住白玉堂，夜不成寐。溫弟何日至吉安？

古來言凶德致敗者約有二端：曰長傲，曰多言。丹朱之不肖，曰傲，曰嚚訟，即多言觀也。歷代名公鉅卿多以此二端敗家喪身。余生平頗病執拗，德之傲也。不甚多言，而筆下亦略近乎嚚訟。靜中默省我之愆尤，處處獲戾，其源不外此二者。溫弟略與我相似，而發言尤為尖刻。凡傲之凌物，不必定以言語加人，有以神氣凌之者矣，有以面色凌之者矣。溫弟之神氣稍有英發之姿，面色間有蠻很之象，最易凌人。凡中心不可有所恃，心有所恃，則達於面貌。以門第言，我之物望大減，方且恐為子弟之累；以才識言，近今軍中鍊出人才頗多，弟等亦無過人之處。皆不可恃。只宜抑然自下，一味「言忠信、行篤敬」，庶幾可以遮護舊失、整頓新氣。否則，人皆厭薄之矣。沅弟持躬涉世，差為妥治。溫弟則談笑譏諷，要強充老手，猶不免有舊習，不可不猛省，不可不痛改！余在軍多年，豈無一節可取？只因「傲」之一字，百無一成，故諄諄教諸弟以為戒也。（咸豐八年三月初六日）

致九弟（願共鑒誡長傲多言二弊）

沅浦九弟左右：

二十四日胡二等歸，接弟十三日書，具悉一切。

所譽兄之善處，雖未克當，然亦足以自怡。兄之鬱鬱不自得者，以生平行事，有初鮮終。此次又草草去職，致失物望，不無內疚。

長傲、多言二弊，歷觀前世卿大夫興衰，及近日官場所以致禍福之由，未嘗不視此二者為樞機，故願與諸弟共相鑒誡。弟能懲此二者，而不能勤奮以圖自立，則仍無以興家而立業。故又在乎振刷精神，力求有恆，以改我之舊轍而振家之丕基。弟在外數月，聲望頗隆，總須始終如一，毋怠毋荒，庶幾於弟為初旭之升，而於兄亦代為桑榆之補。至囑至囑！

次青奏赴浙江，令人閱之生氣。以次青之堅忍，固宜有出頭之一日，而詠公亦可謂天下之快人快事矣。

弟勸我與左季高通書問，此次暫未暇作，准於下次寄弟處轉遞，此亦兄長傲一端。弟既有言，不敢遂非也。（咸豐八年三月廿四日）

致九弟（注重平和二字）

沅浦九弟左右：

春二、安五歸，接手書，知營中一切平善。至為欣慰。

次青二月以後無信寄我，其眷屬至江西，不知果得一面否。弟寄接到胡中丞奏伊入浙之稿，未知是否成行。頃得耆中丞十三日書，言浙省江山、蘭溪兩縣失守，次青前往會剿，是次青近日聲光亦漸漸膾炙人口。廣信、衢州兩府不失，似浙中終可無慮。未審近事究復如何。廣東探報，言洋人有船至上海，亦恐其為金陵餘孽所攀援。若無此等意外波折，則洪、楊股匪，不患今歲不平耳。

九江竟尚未克，林啟榮之堅忍，實不可及。聞麻城防兵於三月十日小挫一次，未知確否？弟於次青、迪庵、雪琴等處，須多通音問，余亦略有見聞也。

兄病體已愈十之七八，日內並未服藥，夜間亦能熟睡。至子正以後則醒，是中年後人常態，不足異也。湘陰吳貞階司馬於廿六日來鄉，是厚庵囑其來一省視，次日歸去。

余所奏報銷大概規模一摺，奉硃批「該部議奏」。戶部旋於二月初九日，覆奏言「曾國藩所擬尚屬妥協」云云。至將來需用部費，不下數萬。聞楊、彭在華陽鎮抽釐，每月可得二萬，係雪琴督同凌蔭廷、劉國斌經紀其事，其銀歸水營楊、彭兩大股分用。余偶言可從此項下設法籌出部費，貞階力贊其議，想楊、彭亦必允從。此款有著，則余心又少一牽挂矣。

溫弟丰神較峻，與兄之伉直簡澹雖微有不同，而其難於諧世，則殊途而同歸。余常用為慮。大抵胸多抑鬱，怨天尤人，不特不可以涉世，亦非所以養德；不特無以養德，亦非所以保身。中年以後，則肝腎交受其病。蓋鬱而不暢，則傷木；心火上爍，則傷水。余今日之目疾及夜不成寐，其由來不外乎此。故於兩弟時時以「平和」二字相勖，幸勿視為老生常談。至囑至囑！

親族往弟營者人數不少，廣廈萬間，本弟素志。第善覘國者，睹賢哲在位，則卜其將興；見冗員浮雜，則知其將替。善覘軍者亦然。似宜略為分別，其極無用者，或厚給途費遣之歸里，或酌賃民房令住營外，不使軍中有惰慢喧嚷之象，庶為得宜。至頓兵城下，為日太久，恐軍氣漸懈，如雨後已弛之弓，三日已腐之饌，而主者晏然，不知其不可用。此宜深察者也。附近百姓，果有騷擾情事否？此亦宜深察者也。（咸豐八年三月三十日）

致九弟（宜以求才為急）

沅浦九弟左右：

四月初五日，得一等歸，接弟信，得悉一切。

兄回憶往事，時形交悔，想六弟必備述之。弟所勸譬之語，深中機要，「素位而行」一章，比亦常以自警。只以陰分素虧，血不養肝，即一無所思，已覺心慌腸空，如極餓思食之狀。再加以憧擾之思，益覺心無主宰，怔悸不安。

今年有得意之事兩端：一則弟在吉安聲名極好，兩省大府及各營員弁、江省紳民交口稱頌，不絕於吾之耳；各處寄弟書及弟與各處稟牘信緘，俱詳實妥善，犁然有當，不絕於吾之目。一則家中所請鄧、葛二師品學俱優，勤嚴並著。鄧師終日端坐，有威可畏，文有根柢，而又曲合時趨，講書極明正義，而又易於聽受。葛師志趣方正，學規謹嚴，小兒等畏之如神明。此二者，皆余所深慰。雖愁悶之際，足以自寬解者也。第聲聞之美，可恃而不可恃。兄昔在京中頗著清望，近在軍營，亦獲虛譽。善始者不必善終，行百里者半九十里。譬望一損，遠近滋疑。弟日下名望正隆，務宜力持不懈，有始有卒。

治軍之道，總以能戰為第一義。倘圍攻半歲，一旦被賊沖突，不克抵禦，或致小挫，則令望隳於一朝。故探驪之法，以善戰為得珠；能愛民為第二義；能和協上下官紳為三義。願吾弟兢兢業業，日慎一日，到底不懈，則不特為兄補救前非，亦可為吾父增光泉壤矣。精神愈用而愈出，不可因身體素弱，過於保惜；智慧愈苦而愈明，不可因境遇偶拂，遽爾摧阻。此次軍務，如楊、彭、二李、次青輩，皆係磨鍊出來。即潤翁、羅翁，亦大有長進，幾於一日千里。獨余素有微抱，此次殊乏長進。弟營趁此番識見，力求長進也。

求人自輔，時時不可忘此意。人才至難。往時在余幕府者，余亦平等相看，不甚欽敬，洎今思之，何可多得！弟當常以求才為急，其闒冗者，雖至親密友，不宜久留，恐賢者不願共事一方也。

餘自四月來，眠興較好。近讀杜佑《通典》，每日二卷，薄者三卷。惟目力極劣，餘尚足支持。

（咸豐八年四月初九日）

致九弟（述憑濠對擊之法及捐銀作祭費）

沅浦九弟左右：

十四日，胡二等歸，接弟初七夜信，具悉一切。

初五日城賊猛撲，憑濠對擊，堅忍不出，最為合拍。凡撲人之濠，撲人之牆，撲者，客也，應者，主也。我若越濠而應之，則是反主為客，所謂致於人者也；我不越濠，則我常為主，所謂「致人而不致於人」者也。穩守穩打，彼自意興索然。峙衡好越濠擊賊，吾常不以為然。凡此等處，悉心推求，皆有一定之理。迪菴善戰，其得訣在「不輕進，不輕退」六字，弟以類求之可也。

洋船至上海、天津，亦係恫喝之常態。彼所長者，船礮也；其所短者，路極遠，人極少。若辦理得宜，終不足患。

報銷奏稿及戶部覆奏，即日當緘致諸公。依弟來書之意，將來開局時，擬即在湖口水次蓋銀錢所。張小山、魏召亭、李復生諸公，多年親友，該所現存銀萬餘兩，即可為開局諸公用費，及部中使費。六君子不必皆到此局，但得伯符、小泉二人入場，即可了辦。若六弟在潯較久，則可至局中照護周旋；若六弟不在潯陽，則弟克吉後，回家一行，仍須往該局，為我照護周旋也。至戶部承書，說定費資，目下筠仙在京似可辦理。將來胡蓮舫進京，亦可幫助。

筠仙頃有書來，言弟名遠震京師。盛名之下，其實難副，弟須慎之又慎。茲將原書抄送一閱。

家中四宅大小平安。兄夜來漸能成寐。先大父、先太夫人，尚未有祭祀之費，溫弟臨行，捐銀百兩；余以劉國斌之贈，亦捐銀百兩；弟可設法捐貲否？四弟、季弟則以弟昨寄之銀內提百金為二人捐款。合當業二處，每年可得穀六七十石。起祠堂，樹墓表，尚屬易辦。吾精力日衰，心好古文，吾知其意而不能多作。日內思為三代考妣作三墓表，慮不克工，亦尚憚於動手也。先考妣祠宇若不能另起，或另買一宅作住屋，即以腰裡新屋為祠，亦無不可。其天家賜物及宗器、祭器等，概藏於祠堂，庶有所歸宿。將來京中運回之書籍及家中先後置書，亦貯於祠中。吾生平不善收拾，為咎甚鉅。所得諸物，隨手散去，至今追悔不已。然趁此收拾，亦尚有可為。弟收拾佳物，較善於諸昆從，此益當細心檢點，凡有

用之物，不宜拋散也。（咸豐八年四月十七日）

致九弟（勸捐銀修祠堂）

沅浦九弟左右：

五月二日接四月廿三寄信，藉悉一切。

城賊於十七早，廿日、廿二夜均來撲我濠，如飛蛾之撲燭，多滅幾次，受創愈甚，成功愈易。惟日夜巡守，刻不可懈。若攻圍日久，而仍令其逃竄，則咎責匪輕。弟既有統領之名，自須認真查察，比他人尤為辛苦，乃足以資董率。九江克復，聞撫州亦已收復，建昌想亦於日內可復。吉賊無路可走，收功當在秋間，較各處獨為遲滯。弟不必慌忙，但當穩圍穩守，雖遲至冬間克復亦可，只求不使一名漏洩耳。若似瑞、臨之有賊外竄，或似武昌之半夜潛竄，則雖速，亦為人所詬病。如九江之斬刈殆盡，則雖遲，亦無後患。願弟忍耐謹慎，勉卒此功。至要至要！

余病體漸好，尚未全愈，夜間總不能酣睡。心中糾纏，時憶往事，愧悔憧擾，不能擺脫。四月底，作〈先大夫祭費記〉一首，茲送交賢弟一閱，不知尚可用否？此事溫弟極為認真，望弟另謄一本，寄溫弟閱看。此本仍便中寄回，蓋家中抄手太少，別無副本也。

弟在營所寄銀回，先後均照數收到。其隨處留心，數目多寡，斟酌妥善。余在外未付銀至家，實因初出之時，默立此誓，又於發州縣信中，以「不要錢，不怕死」六字自明，不欲自欺之志，而令老父在家受盡窘迫，百計經營，至今以為深痛。弟之取與，與塔、羅、楊、彭、二李諸公相仿，有其不及，無或過也。儘可如此辦理，不必多疑。頃與叔父各捐銀五十兩，積為星岡公；余又捐二十兩於輔臣公，三十兩於竟希公矣。若弟能於竟公、星公、竹亭三世各捐少許，使修立三代祠堂，即於三年內可以興工，是弟有功於先人，可以蓋阿兄之愆矣。修祠或即用腰裡新宅，或於利見齋另修，或另買田地，弟意如何，便中復示。公費則各力經管，祠堂則三代共之，此余之意也。

初二日接溫弟信，係在湖北撫署所發。

九江一案，楊、李皆賞黃馬褂，官、胡皆加太子少保。想弟處亦已聞之。溫弟至安黃與迪庵相會後，或留營，或進京，尚未可知。

弟素體弱，比來天熱，尚耐勞否？至念至念！羞餌滋補，較善於藥。良方甚多，較善於專服水藥也。（咸豐八年五月初五日）

致九弟（喜保同知花翎）

沅弟左右：

昨信書就，未發。初五夜，玉六等歸，又接弟信，報撫州之復。他郡易而吉州難，余固恐弟之焦灼也。一經焦躁，則心緒少佳，辦事不能妥善。余前年所以廢弛，亦以焦躁故爾。總宜平心靜氣，穩穩辦去。

余前言弟之職以能戰為第一義，愛民第二，聯絡各營將士、各省官紳為第三。今此天暑，弟體素弱，如不能兼顧，則將聯絡一層稍為放鬆，即第二層亦可不必認真，惟能戰一層則刻不可懈。目下濠溝究有幾道？其不甚可靠者尚有幾段？下次詳細見告。九江修濠六道，寬深各二丈，吉安可仿為之否？

弟保同知花翎，甚好甚好！將來克復府城，自可保升太守。吾不以弟得官階為喜，喜弟之吏才更優於將才，將來或可勉作循吏，切實做幾件施澤於民之事，門戶之光也，阿兄之幸也。（咸豐八年五月初六日）

致九弟（克終為貴）

沅浦九弟左右：

正七歸，接一信；啟五等歸，又接一信。正七以瘧故，不能遽回營。啟五求於嘗新後始去。茲另遣人送信至營，以慰遠廑。

三代祠堂，或分或合，或在新宅，或另立規模，統俟弟復，由吉歸家料理。造祠之法，亦聽弟與諸弟為之。落成後，我作一碑而已。余意欲王父母、父母改葬後，將神道碑立畢，然後或出或處，乃可惟余所欲。

目下在家，意緒極不佳。回思往事，無一不愧恥，無一不褊淺。幸弟去秋一出。而江西、湖南物望頗隆，家聲將自弟振之，茲可欣慰！「靡不有初，鮮克有終」，望弟慎之又慎，總以「克終」為貴。

家中四宅大小平安。廿三、四大水，縣城、永豐受害頗甚，我境幸平安無恙。

弟寄歸之書，皆善本。林氏《續選古文雅正》，雖向不知名，亦通才也。如有《大學衍義》《衍義補》二書可買者，買之。學問之道，能讀經史者為根柢。如兩《通》、兩《衍義》及本朝兩《通》。萃「六經」諸史之精，該內聖外王之要。若能熟此六書，或熟其一二，即為有本有末之學。家中現有四《通》而無兩《衍義》，祈弟留心。

弟目下在營不可看書，致荒廢正務。天氣炎熱，精神有限，宜全用於營事中也。

余近作〈賓興堂記〉，抄稿寄閱。久荒筆墨，但有間架，全無神意。愧甚愧甚！（咸豐八年五月三十日）

致九弟（赴浙辦理軍務）

沅浦九弟左右：

初一日專人至吉營送信。初二夜接弟來信，論「敬」字義甚詳，兼及省中奏請援浙事，勸余起復。是日未刻，郭意城來家述此事，駱中丞業出奏矣。初三日接奉廷寄，飭即赴浙辦理軍務，與駱奏適相符合。駱奏廿五日發，寄諭廿一日自京發也。

聖恩高厚，令臣下得守年餘之喪，又令起復，以免避事之責。感激之忱，匪言可喻。茲定於初七日起程，至縣停一日，至省停二三日。恐驛路迂遠，擬由平江、義寧以至吳城。其張運蘭、蕭啟江諸軍，約至河口會齊。將來克復吉安以後，弟所帶吉字營即由吉東行至常山等處相會。先大夫少時在南嶽燒香，抽得一籤云：「雙珠齊入手，光彩耀杭州。」先大夫嘗語云：「吾諸子當有二人官浙。」今吾與弟赴浙剿賊，或已兆於五十年以前乎？

此次之出，約旨卑思，腳踏實地，但求精而不求闊。目前張、蕭二軍及弟與次青二軍已不下萬人，又擬抬船過常、玉二山，略帶水師千餘人，足敷剿辦。此外在江各軍，有餉則再添，無餉則不添，望弟為我斟酌商辦。辦文案者，彭椿年最為好手。現請意城送我至吳城，或至玉山，公牘私函，意城均可辦理。請仙屏即日回吳城與我相會。其彭椿年、王福二人，弟隨留一人，酌派一人來兄處當差，亦至吳城相會。余若出大道，則由武昌下湖口以至河口；若出小徑，則由義寧、吳城以至河口。許、彭等至吳城，聲息自易通也。應辦事宜及往年不合之處，應行改弦者，弟一一熟思，詳書告我。（咸豐八年六月初四日）

致九弟（述自長沙起行）

沅浦九弟左右：

十七日接弟一緘，知弟小有不適，比已全愈否？至念至念！

余十九日自長沙起行，夜宿青油望，二十夜宿土星港，二十一宿岳州，二十二宿新堤，阻風半日。南風太久，恐北風不難遽止也。

弟封還余寄耆公一書，而另以一封附去，所論皆正大之至。弟能如是見理真確，兄復何患哉？惟吳某曾以一緘分訴於余，余許為之關白。復書去僅二日，而自背其說，亦有未安，當更詳之耳。弟前後兩信所言皆極當，特余精力甚倦，不克力行，日日望弟來助我也。（咸豐八年六月廿三日）

致九弟（述寓武昌撫署）

沅浦九弟左右：

在岳州曾寄一緘，不知到否？余於廿二日到新堤。廿四至武昌，寓胡中丞署內，商議一切。應酬數日，初一日可赴下游。李迪庵十九日自武昌赴麻城，廿五日拔營，自蘄水前進，已約其在巴河等候會晤。巴河在黃州下四十里，去鄂垣二百廿里也。浙中之賊，次青六月初八寄胡中丞信言衢州解圍，江山、常山茲已收復。不知其盡竄閩中，抑係分擾浙東？看來浙事亦易了耳。

余身體平安。到湖口時，大約在七月初八、九。自家起行至岳，皆值酷暑。近數日稍涼，略覺漸爽。從此新秋益涼，或可日就安泰。弟七月上旬有信，可專人送至吳城、饒州等處。（咸豐八年六月廿七日）

致九弟（過潯祭塔公祠）

沅浦九弟左右：

久未接弟安報，不知近狀何如？余在蘭溪發一信，由湖北寄左季翁轉致，不知得到否也？初九日與迪、希別。十一日至九江，一祭塔公祠，十二日至湖口。厚庵近日體氣稍遜。雪琴則神采奕奕，在湖口新修水師昭忠祠，土木之工，一一皆親手經營，囑余奏明。迪庵在九江修塔公祠，亦囑余一奏。余擬會楊、李銜奏之。迪庵又欲於湘鄉立忠義祠，亦將一會奏也。

胡中丞之太夫人於十一日辰刻仙逝。水陸數萬人皆仗胡公以生以成，一旦失所依倚，關係甚重。余擬送幛一、聯一、銀二百，皆書余與溫、沅名。玉班兄丁艱，弟如何致情？望速示。（咸豐八年七月十四日）

致四季弟（注重種蔬養魚豬等事）

澄、季兩弟左右：

兄於十二日到湖口，曾發一信，不知何時可到？胡蔚之奉江西耆中丞之命，接我晉省。余因於二十日自湖口開船入省，楊厚庵送至南康，彭雪琴徑送至省。諸君子用情之厚，罕有倫比。浙中之賊，聞已全省肅清。余到江與耆中丞商定，大約由河口入閩。

家中種蔬一事，千萬不可怠忽。屋門首塘中養魚，亦有一種生機。養豬亦內政之要者。下首臺上新竹，過伏天後，有枯者否？此四事者，可以覘人家興衰氣象，望時時與朱見四兄熟商。見四在我家，每年可送束修錢十六千。余在家時曾面許以如延師課讀之例，但未言明數目耳。季弟生意頗好，然此後不宜再做，不宜多做，仍以看書為上。余在湖口臥病三日，近已全愈，但微咳嗽。癬疾久未愈，心血亦虧甚，頗焦急也。久不接九弟之信，極為懸系。見其初九日與雪琴一信，言病後元氣未復，想比已全痊矣。（咸豐八年七月廿一日）

致九弟（擬優保李次青）

沅浦九弟左右：

八月初一日羅逢元專丁歸，接弟廿四日信，知弟病漸痊愈復元。自長沙開船後，四十一日不接弟手書，至是始一快慰！而弟信中所云「先一日曾專人送信來兄處者」，則至今尚未到，不知何以躭閣若是？

余廿五日自江西開船，廿六至瑞洪，廿八日就謝弁之便寄信與弟。八月初二日至安仁，初四日至貴溪，王人瑞、張凱章及蕭浚川之弟蕭啟源均在此相候。初六、七可至河口，沈幼丹、李次青良覿不遠矣。閩省浦城之賊於七月上旬、中旬出犯江西，圍慶豐、玉山兩城，次青以一軍分守兩縣，各力戰五六日夜，逆賊大創，解圍以去。現在廣信一帶，次青勛名大著，民望亦孚。浙撫晏公於全浙肅清案內，保舉次青以道員記名，遇有江西道員缺出，請旨簡放。將來玉山守城案內，余亦當優保之。苦盡回甘，次青今日得蔗境矣。

玉山之賊竄至復興、婺源一帶，將歸併於皖南蕪湖。余至河口，擬留蕭軍守河口，而自率張、王、朱品佐、吳國佐進剿之。崇安賊勢日亂，尚或易於得手。（咸豐八年八月初四日）

致九弟（望來幫辦一切）

沅浦九弟左右：

接弟信，知體氣尚未全愈。弟素體弱，大黃攻伐之品，非弟所能堪而誤服之後，則復原較難。吉安克後，病當全去。元神尚虧，可至家中將養一月，仍來兄處幫辦一切。或帶勇，或不帶，或多帶，或少帶，均聽弟之自便，但不可不來幫我。我近來精神日減。此次之出，惡我者，拭目以觀其後效；好我者，關心而慮其失墜。意城在此幫助，頗稱水乳，手筆亦能曲達人意。但約定至玉山後即當別去。專望弟來照料一切，外和軍旅，內檢瑣務，大小人才，悉心體察，庶可補余之短。弟決不可懷一不來之見也。

胡潤之中丞太夫人之處，余作輓聯云：「武昌居天下上游，看郎君新整乾坤，縱橫掃蕩三千里；陶母為女中人傑，痛仙馭永辭江漢，感泣悲歌百萬家。」胡家聯句必多，此對可望前五名否？

成章鑑極好，阿兄又當自詡眼力之不謬。（咸豐八年八月初六日）

致九弟（述捐餉增學額）

沅浦九弟左右：

八月十四日寄信，略言李次青捐餉增廣學額一事，茲特將稟稿專人送吉。細思吾弟若撤散各勇，則必給予現銀；以欠餉報捐，必非撤勇之所願。而此事又在當辦之列。現在長、善、陰、瀏、潭、醴六邑皆已增至十名，湘鄉捐銀不如六邑之多，此後自不能補捐。平江以勇丁欠餉而捐府縣學額至十五名，湘鄉何不可仿行之？必須賢弟仍帶勇不撤，多則一年，少則半載，此事必成無疑。

弟之不願帶勇者，以久病體弱也。吾之不強弟以多帶全部勇來者：一則恐弟獨統一部，另紮一營盤，不克在幕內幫辦一切；一則恐餉項不繼，愈久愈難也。近來因學額一事，反覆細思：若不趁此專務未竣、皇恩浩蕩之時協力辦成，將來即捐銀十萬、二十萬，欲求增一名學額，恐不可得。湘鄉近年帶勇剿賊，立功各省極美，而廣額反不如長、善、陰、瀏、潭、醴、平江之多，不可謂非闕典。弟病後雖體弱，然回家養息兩月，盡可復原，一張一弛，精神自可提振得起。

吉安克復，或先送五百人來，或先送千人來。其餘各勇，或令休息兩月，將來隨弟同出，或竟行撤散，均聽弟自行裁酌。總之，弟宜速到，為阿兄計，並為學額計也。餉項本極艱窘，然只好放開手、使開膽，勿復瞻前顧後、畏首畏尾。吾弟以為何如？（咸豐八年八月十七日）

致九弟（喜聞克吉安信）

沅浦九弟左右：

二十二日未刻捷書至，知吉安於中秋夜克復，欣慰之至。自弟從軍以來，變故多出，危疑困乏，極難下手。弟內治軍旅，外和官紳，應酬周密，調理精嚴，卒能致此成功。余在江西數年，寸功未就，得弟隱忍成業，增我光華不少。

余至弋陽，已發兩信。張凱章十八日至安仁，十九日大戰獲勝，克復安仁縣城，殺老長毛悍賊四千餘人。聞之賊當以此枝為最凶。二十日凱章收隊。吳翔岡追至萬年，與賊接仗，先勝後挫，劉隱霞殉難，幫辦死者三人。李雨蒼尚無下落。景德鎮現尚有賊，我軍為所牽制，目下尚難入閩。看來弟歸不可久住，宜速來幫我也。（咸豐八年八月廿二日）

致九弟（望即來營小住）

沅浦九弟左右：

吳翔岡萬年之挫，查明實亡三十八人。幫辦劉隱霞之死，老湘勇人人痛之。余輓以聯句云：「五載共兵戈，地下知心王壯武；萬年歆俎豆，沙場歸骨馬文淵。」此外軍械失者甚少。翔岡廿五日收隊，廿六日來弋陽一見。余即於廿七日拔營，張、吳廿七日自貴溪拔營，約廿九、三十日至陳坊取齊，由雲際關入閩也。

聞吉安竄賊攻陷宜、崇二邑，余軍行至陳坊時再行察看，如建昌危急，或分兵往剿，亦未可知。然余職辦閩省軍務，未敢再遲也。

張、蕭各軍，病者甚多，半係瘧疫。許仙屏亦病，現留弋陽，不能從行。次青、意城皆有假歸之意，余強留之。實則意城本約至玉山歸去，不願入浙、閩，乃其初議。次青五年未歸，思母極切，亦至情耳。弟若可速歸速出，則望於十一月中旬到營，以便放次青歸去過年。若目下不克速歸，到家後不克速出，則請即日來營一次，小住二十日，俾次青得於九月歸省亦好。兩者在弟酌之。弟與次、意三人者有兩人在余營，則余案無留牘矣。（咸豐八年八月廿七日）

致四弟季弟（述零匪難奏功）

澄侯、季洪兩弟左右：

張凱章廿四日拔營後，中途各勇夫患病者極多，在資福橋小住調養，日內尚未入閩。閩中賊勢，亦漸鬆矣。北路洋口之賊，已被周天培擊破，僅存順昌股匪，數不滿萬。南路汀州之賊，亦極散漫。所慮零匪不成大股，此剿彼竄，難於奏功耳。江北賊勢復熾，張軍門自金陵帶兵渡江，於九月十六日克復揚州，大局尚可保全。

天津夷務，聞和局已定，出銀六百萬與該夷作軍資。見諸閩督來咨，餘條尚未盡悉。想廣州亦將退出矣。

余身體平安，自九弟來此，日增嵒快。營中疾病尚多，冬令氣斂，當漸愈耳。（咸豐八年十月初三日）

致九弟（當報近日軍情）

沅浦九弟左右：

十二日解纜，聞可行六十里，甚慰。至許灣後，當更順適矣。余十二日游麻源，較麻姑山稍勝。日內當發一摺，報近日軍情，聲明暫駐建昌，不遽東也。溫弟處復信十四日始行。

江北六合、江南溧水，均於九月十八日失守。沈幼丹信言金陵大營退紮白兔、鎮江一帶。頃接何制軍十月初三咨，無和帥移營之說，想不確也。

黃東山太守十三日病故，余擬飭各處湊賻千金，以五百辦後事及歸櫬貴州之資，以五百周其妻子。

應侯新太守到，呼應乃靈耳。（咸豐八年十月十五日）

致諸弟（宜兄弟和睦貴行孝道又實行勤儉二字）

澄侯、沅浦、季洪老弟左右：

十七日接澄弟初二日信，十八日接澄弟初五日信，敬悉一切。三河敗挫之信，初五日家中尚無確耗，且縣城之內，毫無所聞，亦極奇矣。

九弟於廿二日在湖口發信，至今未再接信，實深懸系。幸接希庵信，言九弟至漢口後有書與渠，且專人至桐城、三河訪尋下落，余始知沅浦弟安抵漢口。而久無來信，則不解何故。豈余近日別有過失，沅弟心不以為然耶？當初聞三河凶報，手足急難之際，即有微失，亦當將皖中各事詳細示我。

今年四月，劉昌儲在我家請乩。乩初到，即判曰：「賦得偃武修文。得『閒』字。」（字謎敗字。）余方訝「敗」字不知何指，乩判曰：「為九江言之也，不可喜也。」余又訝九江初克，氣機正盛，不知何所為而云。然乩又判曰：「為天下，即為曾宅言之。」由今觀之，三河之挫，六弟之變，正與「不可喜也」四字相應。豈非數皆前定耶？

然禍福由天主之，善惡由人主之。由天主者，無可如何，只得聽之。由人主者，盡得一分算一分，撐得一日算一日。吾兄弟斷不可不洗心滌慮，以求力挽家運。第一，貴兄弟和睦。去年兄弟不和，以致今冬三河之變。嗣後兄弟當以去年為戒。凡吾有過失，澄、沅、洪三弟各進箴規之言，余必力為懲改。三弟有過，亦當互相箴規而懲改之。第二，貴體孝道。推祖父母之愛以愛叔父，推父母之愛以愛溫弟之妻妾兒女及蘭、蕙二家。又父母墳域必須改葬，請沅弟作主，澄弟不可固執。第三，要實行「勤」「儉」二字。內間妯娌不可多講鋪張。後輩諸兒須走路，不可坐轎騎馬。諸女莫太嬾，宜學燒茶、煮飯。書、蔬、魚、豬，一家之生氣。少睡多做，一人之生氣。勤者，生動之氣；儉者，收斂之氣。有此二字，家運斷無不興之理。余去年在家，未將此二字切實做工夫，至今愧憾，是以諄諄言之。（咸豐八年十一月廿三日）

致諸弟（溫甫尸無下落）

澄侯、沅浦、季洪三弟左右：

初一日接澄弟信，知王四等於初十日到家，尚未接六弟確耗也。沅浦初九日在長沙所發之信，廿五日接到。甚慰甚慰！此次江行之速，為從來所未有。在漢口所發之信，至今尚未接到。

沅弟抵家後，不得溫甫實信，不知如何憂傷。吾派人至江北，至今未歸。沅弟所派六人至三河、桐城訪查者，想亦無真實下落。已矣，尚何言哉！吾去年在家，以小事爭競，所言皆錙銖細故，洎今思之，不值一笑。負我溫弟，即愧對我祖我父，悔恨何及！當極力作文數首，以贖余愆，求沅弟寫石刻碑。沅弟字有秀骨，宜日日臨帖作大楷。凡余文概請沅弟寫之，組田刻之，亦足少攄我心中抑鬱愧悔之懷。

余近日體尚平安。張凱章於初二日拔營赴景德鎮，吳翔岡初四日起行。吾於新正亦當移營進紮鄱陽、彭澤等處，與水師相聯絡，即可為江北之聲援。蕭軍現赴南贛，賊蹤已遠，大約回廣東矣。如江、閫一律肅清，明歲並帶蕭軍至九江兩岸也。

付回銀一百兩，寄送親戚本家，另開一單，不知當否？（咸豐八年十二月初三日）

致諸弟（述溫弟事變及家庭不可說利害話）

澄侯、沅浦、季洪老弟左右：

十五日接澄、沅冬月廿九、三十兩函，得悉叔父大人於二十七日患病，有似中風之象。

吾家自道光元年即處順境，歷三十餘年，均極平安。自咸豐年來，每遇得意之時，即有失意之事相隨而至。壬子科，余典試江西，請假歸省，即聞先太夫人之訃。甲寅冬，余克武漢田家鎮，聲名鼎盛，臘月廿五甫奉黃馬褂之賜，是夜即大敗，衣服、文卷蕩然無存。六年之冬、七年之春，兄弟三人督師於外，瑞州合圍之時，氣象甚好，旋即遭先大夫之喪。今年九弟克復吉安，譽望極隆，十月初七接到知府道銜諭旨，初十即有溫弟三河之變。此四事者，皆吉凶同域，憂喜並時，殊不可解。現在家中尚未妄動，妥慎之至。余之意則不免皇皇。所寄各處之信，皆言溫弟業經殉節矣，究欠妥慎，幸尚未入奏。將來擬俟湖北奏報後再行具疏也，家中亦俟報到日乃有舉動。諸弟老成之見，賢於我矣。

叔父大人之病，不知近狀何如？茲專法六歸，送鹿茸一架，即沅弟前此送我者。此物補精血遠勝他藥，或者有濟。

迪公、筱石之尸業經收覓，而六弟無之，尚有一線生理。若其同盡，則六弟遺骸必去迪不遠也。

沅弟信言「家庭不可說利害話」，此言精當之至，足抵萬金。余生平在家在外，行事尚不十分悖謬，惟說些利害話，至今愧悔無極。（咸豐八年十二月十六日）

致諸弟（述六弟遺骸未尋得）

澄侯、沅浦、季洪老弟閣下：

十五日接叔父患病之信，十六日專王法六送鹿茸回家，限年內趕到。十七早接澄弟兩信、沅弟一信，叔父病勢已愈，大幸大幸！溫弟之事，日內計已說破，不知叔父與溫弟婦能少節哀否？溫弟婦治家最賢，而賦命最苦，不知天理何以全不可憑？

十八夜接希庵信，知六弁沅弟所派已回，皆未尋得。而迪菴遺骨於初一日已搬至霍山縣。同一殉節，而又有幸不幸若此！余又專五人去尋，中有二人係賊中逃出者，言必可至三河故壘；其三人則楊名聲、楊鎮南、張淦也。能尋得遺蛻，尚是不幸中之一幸。否則，吾何面目見吾祖考妣及考妣於地下哉！

（咸豐八年十二月二十日）

致諸弟（述起屋造祠堂及改葬之注意點又述寫字之法）

澄侯、沅浦、季洪三弟左右：

王四等來，得知叔父大人病勢稍加，得十三日優卹之旨，不知何如？頃又接十九日來函，知叔父病已略愈，欣慰欣慰！然溫弟靈柩到家之時，我家祖宗有靈，能保得叔父不添病，六弟婦不過節烈，猶為不幸中之一幸耳。

此間兵事，凱章在景鎮相持如故。所添調之平江三營、寶勇一營均已到防，或可穩紮。浚川在南康之多城墟打一勝仗，奪偽印四十三顆，偽旗五百餘面，皆解至建昌，甚為快慰。惟石達開尚在南安一帶，悍賊亦多，不知究能掃蕩否？「吉」中營以後常不離余左右，沅弟儘可放心。

起屋造祠堂，沅弟言「外間訾議，沅弟自任之」。余則謂外間之訾議不足畏，而亂世之兵變不可不慮。如江西近歲，凡富貴大屋無一不焚，可為殷鑒。吾鄉僻陋，眼界甚淺，稍有修造，已駭聽聞，若太閎麗，則傳播招尤。苟為一方首屈一指，則亂世恐難倖免。望弟再斟酌，於豐儉之間，妥善行之。改葬先人之事，須將求富求貴之念消除淨盡，但求免水、蟻以妥先靈，免凶煞以安後嗣而已。若存一絲求富求貴之念，則必為造物鬼神所忌。以吾所見所聞，凡已發之家，未有續尋得大地者。沅弟主持此事，務望將此意拿得穩，把得定。至要至要！

紀澤姻事，以古禮言之，則大祥後可以成婚。以吾鄉舊俗言之，則除靈道場後可以成婚。吾因近日賊勢尚旺，時事難測，頗有早辦之意。紀澤前兩稟請心壺抄奏摺，儘可行之，吾每月送脩金二兩。應抄之奏，不知家中有底稿否？抄一篇，可寄目錄來一查，注明日月。紀澤之字，較之七年二三月間，遠不能逮。大約握筆宜高，能握至管頂者為上，握至管頂之下寸許者次之，握至毫以上寸許者亦尚可習。若握近毫根，則雖寫好字，亦不久必退，且斷不能寫好字。吾驗之於己身，驗之於朋友，皆歷歷可驗。紀澤以後宜握管略高，縱低亦須隔毫根寸餘。又須用油紙摹帖，較之臨帖勝十倍。

沅弟之字不可拋荒，如溫弟哀辭、墓志及王考妣、考妣神道碑之類，余作就後，均須沅弟認真書寫。〈賓興堂記〉首段未愜，待日內改就，亦須沅弟寫之。沅弟雖憂危忙亂之中，不可廢習字工夫。親戚中雖有漱六、雲仙善書，余因家中碑板，不擬倩外人書也。（咸豐九年正月十一日）

致諸弟（奏溫甫殉難事）

澄侯、沅浦、季洪老弟左右：

初十日接胡中丞信，迪庵及溫弟已奉旨優卹。迪公飾終之典至隆極渥。其靈柩廿五日到湖北，廿六日宣讀恩旨，廿九日請官中堂題主，正月初三日起行還湘，備極哀榮。溫弟與之同一殉難，而遺骨莫收，氣象迥別。予於十一日具摺奏溫弟殉難事，蓋至是更無生還之望矣。慟哉！家中此刻已宣布否？若尚未宣布，則請更祕一月，待二月間楊鎮南等歸來，我摺亦奉批轉來，如實尋不得，則招魂具衣冠以葬。余上無以對祖考妣及考妣，下無以對姪兒女。自古皆有死，死節尤為忠義之門，奕世有光，本無所憾，特以骸骨未收，不能不抱憾於終古。

沅弟近日出外看地否？溫弟之事，雖未必由於墳地風水，然而八斗屋後及周璧沖三處皆不可用，子孫之心，實不能安。千萬設法，不求好地，但求平妥。洪、夏之地，余心不甚願。一則嫌其經過之處山嶺太多；一則既經爭訟，恐非吉壤。地者，鬼神造化之所祕惜，不輕予人者也。人力所能謀，只能求免水、蟻、凶煞三事，斷不能求富貴利達。明此理，絕此念，然後能尋平穩之地；不明此理，不絕此念，則並平穩者亦不可得。沅弟之明，諒能了悟。余在建尚平安；惟心緒鬱悒，不能開懷，殊褊淺耳。（咸豐九年正月十三日）

致諸弟（尋獲溫甫弟遺骸）

澄侯、沅浦、季洪三弟左右：

廿七日亥刻接胡潤公專丁來信，知溫甫弟忠骸業經尋獲，是猶不幸中之一幸。惟先軫喪元，又幸中之一大不幸。計胡中丞亦必有專信另達舍間。沅弟此時自不便遽出。應覓地兩所，一面改葬先考妣，一面安厝溫弟。潤公待我家甚厚，溫弟靈櫬歸舟，想必妥為照料。吾即派楊名聲等三弁送湘鄉也。墓誌銘作就，再行專丁送歸。（咸豐九年正月廿八日）

致諸弟（邑中須有團練）

澄侯、沅浦、季洪三弟左右：

自接沅弟十七日在省一信，至今七日未接長沙嗣音，不知耒陽、常寧、安仁、衡州近狀何如？至為懸系。團練之法，余向不以為然，而我邑此次卻須有團練以壯聲威。望澄弟盡心為之，無以我言為典要。

此間新招三千餘人，余星煥等長、寧勇千人於初一日到營。張子衡平江勇千三百人已將到齊。凌蔭廷接帶義營千人俱紮貴谿，俟練妥後，即日亦當來老營。惟彭山屺之兵未到。到齊時老營共七千餘人，將卒皆躍躍欲試，氣象頗好，似堪一戰，惜無好統領臨陣指麾之耳。

湘勇之在江者，多有回援湖南之意。吾令浚川由吉安回茶陵，已去二札一批，至今尚未回信。又派吳翔岡回援，翔岡之營雖交淩蔭廷，尚留四百人，合新招之三百人，亦差足成軍。王鈐峯、張凱章稟請回援。此時景鎮未克，礙難撤退。廿四日，鎮賊撲凱章所轄之祥字營，一擊即退。凱軍近日已穩，但難期克復耳。

我日來鬱悶之懷雖不能免，然癬疾已愈十分之八九，辦事精神亦較六年略好。往年心中悔愧之事，與官場不和之事，近亦次第消融而彌縫之。惟七年在家度量太小，說話太鄙，至今悔之。此外方寸尚泰然也。（咸豐九年三月初三日）

致諸弟（湖南協餉停解）

澄侯、沅浦、季洪三弟左右：

溫弟靈櫬於初十到縣，十五可到家，至以為慰。又幸叔父能親筆寫字，得紀壽引見恩旨後，必可日就康強，尤為家庭之福。

凱軍在景德鎮相持如故。十三日打一小勝仗。十六日二更，賊放火偽遁以誘我，我軍亦未受其害。老營氣象如常。湖南每月協餉三萬，因有事停解。余以蕭軍之二萬五千餘請其發給，亦差足相當。「吉」營望沅弟甚切，四月能來為妙。澄弟身常勞苦，心常安逸，最善最善！余近日事亦平順。以心血大虧，故多憂疑，恆用自警。沅弟勸我規模宜闊，我可勉而幾也；其謂處事宜決斷，則尚有未能。用情之厚薄，惟李家賻儀略厚，以渠以釐濟我軍已二萬餘金，不可無以酬之。此外皆循舊規耳。（咸豐九年三月廿三日）

致四弟（述近況）

澄侯四弟左右：

今年以來，賢弟實在勞苦，較之我在軍營殆過十倍，萬望加意保養。祁陽之賊或可不竄湘鄉，萬一竄入，亦係定數，余已不復懸系。

余自去年六月再出，無不批之稟，無不復之信。往年之嫌隙尤悔，業已消去十分之七八。惟辦理軍務，仍不能十分盡職，蓋精神不足也。賢弟聞我近日在外，尚有錯處，不妨寫信告我。

余派委員伍華瀚在衡州坐探，每三日送信一次，家中若有軍情報營，可寄衡城交伍轉送也。（咸豐九年五月初六日）

致四弟（以壽序作格言）

澄侯四弟左右：

蕭浚川又至寶慶，大局當不足慮。賊至十萬之多，每日需米食千石，需子藥數千斤。渠全無來源，糧米擄盡，斷無不去之理，可不須大勝仗也。沅弟啟行後，日日大雨，甚為辛苦。

余右目紅疼，不能寫小字。前因賢弟夫婦四十壽辰，思寫紅紙屏一副寄賀。即將平日所稱祖父勤儉孝友、書蔬魚豬等語述寫一篇，為壽序也可，為格言也可。茲因目疾尚未及辦，待下次再寄也。叔父處，前年以大事未辦壽屏。明年叔母五十晉一，擬請漱六、筠仙為之，弟意以為何如？在界嶺等處，弟

亦太辛苦，須常常服補藥。保養身體，孝之大端也。（咸豐九年五月廿四日）

致四弟（責晏起）

澄侯四弟左右：

賀常四到營，接弟信。言早起太晏，誠所不免。吾去年住營盤，各營皆畏慎早起。自臘月廿七移寓公館，早間稍晏，各營皆隨而漸晏。未有主帥晏而將弁能早者也。猶之一家之中，未有家長晏而子弟能早者也。沅弟在景鎮，辦事甚為穩靠，可愛之至。惟據稱悍賊甚多，一時恐難克復。官兵有勁旅萬餘，決可無疑。季弟在湖北已來一信，胡詠帥待之甚厚，家中儘放心。

家中讀書事，弟宜常常留心。如甲五、科三等皆須讀書，不失大家子弟風範，不可太疎忽也。（咸豐九年六月初三日）

致四弟（述奉防蜀之旨）

澄侯四弟左右：

寶慶久被長圍所困，心殊懸懸！景德鎮於十四夜克復，十五日派隊跟追。聞浮梁賊尚未退，不知該逆別有詭計否？沅弟追賊約三日，回營後即謀來撫，將歸里，為改葬事也。

前奉防蜀之旨，頃已復奏，言兵力太單，難以入蜀，且景德鎮未克，不可遽行抽動等因。已於十八日拜發。其時不知景鎮之即復也。目下之計，大約帶兵由長江上泝至荊州、宜昌等處防賊。占荊、宜，則兩湖俱難措手。若諭旨必令赴蜀，則須添至二萬餘人，太少無益也。（咸豐九年六月十八日）

致四九兩弟（必須略置墓田）

澄、沅兩弟左右：

寶慶解圍，團勇當撤。賊竄祁、衡，吾邑遂可弛防。

予在湖口住十日，八月初一日至潯陽。躭擱二日，因阻風不克成行。好在上游無事，賊不入蜀，余行雖遲滯，尚不誤事。日內守風此間，可遊覽廬山近處勝景。朱品隆等各營已由陸路先至黃州。季弟奉胡中丞札，募勇千人，聞初四日自黃州起行歸湘。吉字中營之餉，到黃州再派人起解；如已開船前來，則不起解亦可。

先考妣改葬之期已近，果辦得到否？須略置墓田，令守墓者耕之。凡墓下立雙石柱，方柱圓首，柱高而遠不刻字者，謂之華表；柱矮而刻字者，謂之闕；四柱平立，上有橫石二條，謂之「坊」。凡神道碑，有上覆以亭者；有左右及後面皆以磚石貼砌，上蓋圓筒瓦者；有露立全無覆蓋者。三者隨弟斟酌。要之上用螭首，下用龜趺，則一定之式，不可改易。公卿大夫之家有隆禮者，於墓門之南立墓表碑，又於極南遠處立神道碑，稍簡者僅立一碑。二者聽弟斟酌。要之宜立於墓門之外。江西立於墳堆之趾，湖南立於羅筐之頭，蓋非古法，不可學也。及築墳結頂，上年周璧冲結冲最合古法。今京師王公貝勒及品官之家墳塋多用此式，勿以其為吾鄉所創見駭聞而不用也。吾之所見如此，望弟細心詳酌。

吾於祖父墳墓祠廟皆未盡心，實懷隱疚。今沅弟能力辦之，澄弟能玉成之，為先人之功臣，即為余彌此缺憾，且慰且感。余此次在外，專了從前未了之事，而彌縫過失，亦十得七八耳。（咸豐九年八月初五日）

致四弟（述楚軍難北征及湖南樊鎮一案）

澄侯四弟左右：

沅弟到營，得聞家事之詳。近日婚嫁兩事皆已完畢，可少休息。

吾於二十八日自黃州歸，接奉寄諭。以湖北大舉征皖，恐其驅賊北竄。吾細察湘勇柔脆，實難北征。一渡淮水，共食麥麵，天氣苦寒，必非湘人所能耐。擬於日內復奏，陳明楚軍所以不能北行之故。湖南樊鎮一案，駱中丞奏明湖南歷次保舉一秉至公，並將全案卷宗封送軍機處。皇上嚴旨詰責，有「屬員慫恿，劣幕要脅」等語，並將原奏及全案發交湖北，原封未動。從此湖南局面，不能無小變矣。

余身體平安，惟目疾久不全愈，精神意興日臻老態。所差堪自信者，看書看稿猶能精細深入；每日黎明即起，不敢隳祖父之家風，足以告慰。（咸豐九年十月初四日）

致四弟九弟（述捻匪之猖獗）

澄侯、沅浦兩弟左右：

自余於巴河拔營，沅浦於次日登舟，計此信到家，沅弟亦抵里門矣。

余拔營後長行七日。十一月初三日至黃梅，駐紮城外，距太湖百二十里。賊約三四千，被我兵萬五千人四面環圍，城賊極為窮蹙。所慮者，四眼狗率黨來援，或有變動。否則，太湖年內可克。余暫駐黃梅邑，細察地勢，再行前進。

日內癬疾大作，目亦極蒙，幸精神如常，每日竭力支撐，不甚懈怠。

河南捻匪日以猖獗。皖南寧國屢次敗挫。六合大營被四眼狗攻陷。揚州近又被圍，氣機殊未轉耳。

（咸豐九年十一月初三日）

致四弟九弟（頗慮統將乏人）

澄侯、沅浦兩弟左右：

十五日接弟信，知沅弟初一日移新宅，賀賀！吾弟以孝友之本，立宏大之規，氣魄遠勝阿兄。或者祖父之澤，得吾弟而門乃大乎！

日內警報頻聞，援賊四眼狗糾合捻匪龔瞎子，帶五六萬人來援，鮑超紮小池驛禦之，已在太湖之前四十里。蔣之純紮龍家涼亭，多都護紮新昌，相去各十里內外。廿二日開仗，我軍先獲大勝，窮追二十里，多因遇伏而小挫。太湖城外留唐義渠一軍三千四百人，太形單薄。余派前幫十營六千人前往助紮，派朱雲巖、李申夫統領。不知前敵多、鮑等軍，果站得住否？余在宿松，身邊僅四千三百人。除「吉」

中、「吉」字之外均不甚可恃，心殊焦灼。蕭浚川奉旨調赴黔、蜀，希庵亦以母病不來。統將乏人，不知所以為計。

余癬疾大發，為十餘年所僅見。夜不成寐，幸溫書未甚間斷耳。（咸豐九年十二月廿四日）

致四弟九弟（問新屋形狀及述賊包圍鮑營）

澄侯、沅浦兩弟左右：

除夕接兩弟家書并紀澤兒一稟，欣悉家中四宅平安。惟叔父病未全愈，至以為念。

沅弟移居後，新屋氣象則尚宏敞，不知居之適意否？凡屋有取直光者，有取斜光者，有取反光者。聞新屋極高而天井不甚闊，則所取皆直光矣。未、申以後，內室尚不黑暗否？裝修及製品殊不易易，頗有頭緒否？余在此望沅弟來甚切，而恐弟應辦之事皆未辦妥，不敢遽催。

多、鮑、蔣三軍自臘月廿二大戰後，賊於廿四、六等日包圍鮑營，廿七日遂長圍鮑營，層層包裹。「霆」左營四面皆合，水米文報不通。幸定心堅守幾日，廿九日賊解圍，少退五里以外。除夕日多都護另派精選前營紮於「霆」左營之壘，而令「霆」左營弁勇暫入鮑之中軍休息數日。從此，前敵應稍安穩。

余自去冬以來癬疾大發。目蒙異常，而應辦之事未甚間斷。新年軍事緊急，少為將息，除公事外不敢多作一事也。紀澤兒所論八分不合古義，至欲來營省視，余亦思一見。沅弟來時可帶紀澤來，展謁一

次，住營一月，專人送歸。（咸豐十年正月初四日）

致四弟九弟（述克復太湖縣）

澄、沅兩弟左右：

多都護於二十五日出隊誘賊，業已破賊三壘。賊以大隊猛撲，多部敗退，賊追十里。唐、蔣各部齊出接應，鮑亦猛進，多亦回殺，賊遂大敗，凶悍者傷亡二三千人。廿六日我軍乘勝進攻，五軍出滿隊，凡萬八千人，排列而進，破賊壘六十餘座。壘內火藥甚多，草棚甚密。火球所著，登時轟發，狂風旋轉，巨火燭天。山谷之間，人馬倉卒難逃，多被傷死。牲糧衣物，一炬焦土。殺賊亦實有三四千人，僅有三壘未破。四眼狗於是夜逃去，三壘亦逃，太湖縣之賊亦逃，即將城池克復。此次大捷，實足寒賊逆膽而快人心。沅弟雖不在營，而中軍義字兩營連破賊壘，亦極有功。季弟在太湖克復一城，志亦少紓。特此轉告，俾沅弟放心可也。（咸豐十年正月廿八日）

致四弟九弟（痛悉叔父去世）

澄侯、沅浦兩弟左右：

接來信，痛悉叔父大人於十九日戌刻去世，哀痛曷極！自八年十一月聞溫弟之耗，叔父即說話不圓，已虞其以憂傷身。叔父生平外面雖處順境，而暗中卻極鬱抑，思之傷心。此次一切從豐，兩弟自有權衡。喪禮以哀為主，次以肅靜為主。余於聞訃之第二日進公館設位成服，擬素食七日，素服十四日，仍行撤靈入營。季弟擬請假回籍，余囑其來宿松靈前行禮。

沅弟言新第不敢再求愜意，自是知足之言，但濕氣一層不可不詳密。若濕氣太重，人或受之，則易傷脾。凡屋高而天井小者，風難入，日亦難入，必須設法祛散濕氣，乃不生病。至囑至囑！（咸豐十年二月初八日）

致四弟九弟（聞克復杭城信及囑不必添營）

澄侯、沅浦兩弟左右：

自初十日聞浙江被圍之信，十三日聞失守之信，寸心焦灼，全軍為之驚擾。一則恐有援浙之行；二則大局一壞，一木難支。所謂「一馬之奔，無一毛而不動；一舟之覆，無一物而不沉」也。茲幸於十八日接張筱浦先生來信，杭城於三月三日克復，欣慰無極。特耑人馳告家中，亦以慰陳作梅將母之懷。前有信囑沅弟來營，或酌募一二營帶來。茲浙事既已平定，即不必添營。沅弟信中意於今冬謀為蟬蛻之計，尤可不必再行添募。蓋凡勇皆服原募之人，不甚服接帶之人，多一營頭，則蟬蛻時多一番糾結也。

（咸豐十年三月十九日）

致四弟九弟（論進補藥及必須起早）

澄侯、沅浦兩弟左右：

接家信，知叔父大人已於三月二日安厝馬公塘。兩弟於家中兩代老人養病送死之事，備極敬誠，將來必食報於子孫。聞馬公塘山勢平衍，可決其無水蟻凶災，尤以為慰。澄弟服補劑而大愈，幸甚幸甚！吾平生頗講求「惜福」二字之義，近來補藥不斷，且蔬菜亦較奢。自愧享用太過，然亦體氣太弱，不得不爾。胡潤帥、李希庵常服遼參，則其享受更有過於余者。

家中後輩子弟體弱，學射最足保養，起早尤千金妙方，長壽金丹也。（咸豐十年三月廿四日）

致四弟九弟（尋地必求愜意）

澄侯、沅浦兩弟左右：

沅弟既與作梅兄意見相合，家中尋地可留梅公多住一二月，以必得為期。改葬本非好事，然既已屢改，則必求愜意而後止。余非欲求地以徼富貴者，惟作梅以三千里外至吾鄉，千難萬難，不可錯過。

澄弟所跋對聯甚為妥洽。服補藥雖多，仍當常常靜坐，不可日日外出。一則保養身體，二則教訓子姪。至囑至囑！

此間至今未得進兵，實為遲滯。

希庵至多公處，與之暢談，針芥契合，相得益彰。大約數日後即可移營進逼桐城、懷甯矣。浙江克復後，皖南又大震動。河南捻匪上竄，陝西及樊城戒嚴。四眼狗近拊全椒，思解金陵之圍。

余身體平安，癬疾皆在腿以下，本是空閒地方，任其騷擾可也。（咸豐十年閏三月十四日）

致四弟（治家八字訣）

澄侯四弟左右：

廿七日接弟信，欣悉合家平安。沅弟是日申刻到，又得詳問一切，敬知叔父臨終毫無抑鬱之情，至為慰念。

余與沅弟論治家之道，一切以星岡公為法。大約有八字訣，其四字即上年所稱「書、蔬、魚、豬」也，又四字則曰「早、掃、考、寶」。「早」者，起早也；「掃」者，掃屋也；「考」者，祖先祭祀，敬奉顯考、王考、曾祖考，言考而妣可該也；「寶」者，親族鄰里，時時周旋，賀喜弔喪，問疾濟急。星岡公常曰：「人待人，無價之寶也。」星岡公生平於此數端，最為認真，故余戲述為八字訣曰：「書、蔬、魚、豬，早、掃、考、寶」也。此言雖涉諧謔，而擬即寫屏上，以祝賢弟夫婦壽辰，使後世子孫知吾兄弟家教，亦知吾兄弟風趣也，弟以為然否？（咸豐十年閏三月廿九日）

致四弟（述蘇錫失守信）

澄侯四弟左右：

前寄一緘，想已入覽。近日江、浙軍事大變，自金陵大營潰敗，退守鎮江，旋退保丹陽。廿九日丹陽失守，張國樑陣亡。四月初五日和雨亭將軍、何根雲制軍退至蘇州。初十日無錫失守。十三日蘇州失守。目下浙江危急之至，孤城新復，兵無餉，又無軍火器械，賊若再至，亦難固守。東南大局一旦瓦裂，皖北各軍必有分援江、浙之命，非胡潤帥移督兩江，即余往視師蘇州。二者苟有其一，則目下三路進兵大局不能不變。抽兵以援江、浙，又恐顧此而失彼。賊若得志於江、浙，則江西之患亦近在眉睫。吾意勸湖南將能辦之兵力出至江西，助防江西之北岸，免致江西糜爛。使湖南專防東南，則勞費多而無及矣。不知以吾言為然否？左季高在余營住二十餘日，昨已歸去，余尚肯顧大局。沅弟、季弟新圍安慶，正得勢得機之際，不肯舍此而他適。余則聽天由命，或皖北，或江南，無所不可。死生早已置之度外，但求臨死之際，寸心無可愧憾，斯為大幸。

家中之事，望賢弟力為主持，切不可日趨於奢華。子弟不可學大家口吻，動輒笑人之鄙陋，笑人之寒村。日習於驕縱而不自知。至戒至囑！余本思將「書、蔬、魚、豬，早、掃、考、寶」八字作一壽屏，為賢弟夫婦生日賀，內匆匆，尚未作就。余目疾近日略好。有言早洗面水泡洗二刻即效，比試行之。諸請放心。（咸豐十年四月廿四日）

致四弟（囑紀澤來省覲）

澄侯四弟左右：

余擬於十五日起行，帶兵渡江，駐紮徽州、池州二府境內。其九弟所帶之萬人，現紮安慶城外者，仍不撤動。蓋以公事言之，余雖駐南岸，仍當以北岸為根本。有胡中丞在北岸主持一切，又有多禮堂、李希庵及沅弟三支大軍，則北岸穩，湖北穩，袁公之軍亦穩；余在南岸亦可倚北為聲援也。以私事言之，則余為地方官，若僅帶一胞弟在身邊，則好事未必見九弟之功，壞事必專指九弟之過。嫌隙之際，不可不慎。余定帶鮑鎮超之霆字營六千人，朱品隆二千人及現在宿松之馬、步二千人，合萬人先行。餘在湖南陸續調集招募，足成三萬之數。左季高現奉旨以四品京堂候補襄辦余處軍務，所有應在湖南招募等事，即咨請季翁在湘料理。

近日得浙江王中丞信，蘇州之賊尚未至浙境，浙江省城有杭州將軍瑞、欽差大臣張及王中丞三人，應可保全。但使保得浙江，保得江西，則此後尚可挽回全局。

紀澤兒若來省覲，則由長沙或坐戰船或坐民船，直下湖北以至湖口、東流，余紮營當在東流附近之地方。長江之險，夏月風濤無定，每遇極熱之時，須防暴風之至，下晚灣泊宜早。來營住一月，即令其速歸也。望弟諭紀澤沿途謹慎，不必求快。（咸豐十年五月初四日）

致四弟（述營中諸務叢集）

澄弟左右：

五月四日接弟緘，「書、蔬、魚、豬，早、掃、考、寶」橫寫八字，下用小字注出，此法最好，余必遵辦。其次序則改為「考、寶、早、掃，書、蔬、魚、豬」。

目下因拔營南渡，諸務叢集。蘇州之賊已破嘉興，淳安之賊已至績溪，杭州、徽州十分危急，江西亦可危之至。余赴江南，先駐徽郡之祁門，內顧江西之饒州，張凱章速來饒州會合，又札王梅春募三千人進紮撫州，保江西即所以保湖南也。又札王人樹仍來辦營務處，不知七月可趕到否？若此次能保全江西、兩湖，則將來仍可克復。安危大局，所爭只在六、七、八、九數月。

澤兒不知已起行來營否？弟為余照料家事，總以「儉」字為主。情意宜厚，用度宜儉，此居家鄉之要訣也。（咸豐十年五月十四日）

致九弟季弟（述楊光宗不馴）

沅弟、季弟左右：

出隊以護百姓收穫甚好，與吉安散耕牛籽種用意相似。吾輩不幸生當亂世，又不幸而帶兵，日以殺人為事，可為寒心。惟時時存一愛民之念，庶幾留心田以飯子孫耳。楊鎮南之哨官楊光宗頭髮橫而盤，吾早慮其不馴。楊鎮南不善看人，又不善斷事。弟若看有不妥洽之意，即飭令仍回兄處，兄另撥一營與弟換可耳。

吾於初十日至歷口，十一日擬行六十里趕至祁門縣。十二日先太夫人忌辰，不欲紛紛迎接應酬也。寧國府一軍緊急之至，吾不能撥兵往援，而擬少濟之以餉，亦地主之道耳。（咸豐十年六月初十日）

致季弟（講求將略品行學術）

季弟左右：

頃接沅弟信，知弟接行知，以訓導加國子監學正銜。不勝欣慰！官階初晉，雖不足為吾季榮，惟弟此次出山，行事則不激不隨，處位則可高可卑，上下大小，無人不翕然悅服，因而凡事皆不拂意，而官階亦由之而晉。或者前數年抑塞之氣，至是將暢然大舒乎！《易》曰：「天之所助者，順也；人之所助者，信也。」我弟若常常履順思信，如此名位豈可限量哉。

吾湖南近日風氣蒸蒸日上。凡在行間，人人講求將略，講求品行，並講求學術。弟與沅弟既在行間，望以講求將略為第一義，點名看操等粗淺之事必躬親之，練膽料敵等精微之事必苦思之。品、學二者，亦宜以餘力自勵。目前能做到湖南出色之人，後世即推為天下罕見之人矣。大哥豈不欣然哉！

沅弟以陳米發民夫挑濠，極好極好！此等事，弟等儘可作主，兄不吝也。（咸豐十年六月廿七日）

致沅弟季弟（囑文輔卿二語）

沅弟、季弟左右：

探報閱悉。此路並無步撥，即由東流、建德驛夫送祁。建德令已死，代理者新到，故文遞遲延。弟以後要事，須專勇送來，三日可到。或逢三、八，專人來一次，每月六次。其不要緊者仍由驛發來，則兄弟之消息常通矣。

文輔卿辦釐金甚好。現在江西釐務經手者，皆不免官氣太重，此外則不知誰何之人。如輔卿者能多得幾人，則釐務必有起色。吾批二李詳文云：「須冗員少而能事者多，入款多而坐支者少。」又批云：「力除官氣，嚴裁浮費。」弟須囑輔卿二語：「無官氣，有條理。」守此行之，雖至封疆不可改也。有似輔卿其人者，弟多薦幾人更好。

甲三起行時，溫弟婦甚好。此後來之變態也。（咸豐十年六月廿八日）

致沅弟季弟（隨時推薦正人）

沅弟、季弟左右：

輔卿而外，又薦意卿、柳南二人，甚好。柳南之篤慎，余深知之。意卿亮亦不凡。余告筱、輔觀人之法，以有操守而無官氣、多條理而少大言為主。又囑其求潤帥、左、郭及沅薦人。以後兩弟如有所見，隨時推薦，將其人長處短處一一告知阿兄，或告筱荃。尤以習勞苦為辦事之本。引用一班能耐勞苦之正人，日久自有大效。

季弟言：「出色之人斷非有心所能做得。」此語確不可易。名位大小，萬般由命不由人。特父兄之教家、將帥之訓士，不能如此立言耳。季弟天分絕高，見道甚早。可喜可愛！然辦理營中小事，教訓弁勇，仍宜以「勤」字作主，不宜以「命」字諭眾。

潤帥先幾陳奏以釋羣疑之說，亦有函來余處矣。昨奉六月二十四日諭旨，實授兩江督兼授欽差大臣。恩眷方渥，儘可不必陳明。所慮者，蘇、常、淮、揚無一支勁兵前往。位高非福，恐徒為物議之張本耳。

余好出汗，沅弟亦好出汗，似不宜過勞。（咸豐十年七月初八日）

致九弟季弟（以勤字報君以愛民二字報親）

沅弟、季弟左右：

兄膺此鉅任，深以為懼。若如陸、阿二公之前轍，則貽我父母羞辱，即兄弟子姪亦將為人所侮。禍福倚伏之幾，竟不知何者為可喜也。默觀近日之吏治、人心及各省之督撫將帥，天下似無戡定之理。吾惟以一「勤」字報吾君，以「愛民」二字報吾親。才識平庸，斷難立功，但守一「勤」字，終日勞苦，以少分宵旰之憂。行軍本擾民之事，但刻刻存愛民之心，不使先人之積累自我一人耗盡。此兄之所自矢者，不知兩弟以為然否？願我兩弟亦常常存此念也。沅弟「多置好官，遴選將才」二語，極為扼要。然好人實難多得，弟為留心采訪。凡有一長一技者，兄斷不敢輕視。

謝恩摺今日拜發。寧國日內無信。聞池州楊七麻子將往攻甯，可危之至！（咸豐十年七月十二日）

致九弟季弟（問軍中柴米足否）

沅弟、季弟左右：

接專丁來信，下游之賊漸漸蠢動，九月當有大仗開。此賊慣技，好於營盤遠遠包圍，斷我糧道。弟處有水師接濟，或可無礙。不知多、李二營何如，有米有柴可濟十日半月否？賊雖多，善戰者究不甚多，禮、希或可禦之。

弟既挖長濠，切不可過濠打仗。勝則不能多殺賊，挫則不能收隊也。營中柴尚多否？煤已開出否？紅單船下去後，吾擬札陳舫仙辦大通釐金，以便弟就近稽查。聞該處每月可二萬餘串也。魏柳南宜辦釐乎，宜作吏乎？弟密告我。潘意卿何時可到？此間需才極急。浙事岌岌，請援之書如麻。次青今日到祁門，其部下十四、五可到。季弟所言諸枉昤悉，定當一一錯之，不姑息也。（咸豐十年八月初七日）

致九弟（北援不必多兵）

沅弟左右：

安慶決計不撤圍，江西決計宜保守。此外或棄或取，或抽或補，合眾人之心思共謀之。北援不必多兵，但即吾與潤帥二人中有一人遠赴行在，奔問官守，則君臣之義明，將師之識著，有濟無濟，聽之可也。（咸豐十年九月十四日）

致九弟（告戰事為天雨所阻）

沅弟左右：

接來緘，知營牆及前後濠皆倒。良深焦灼！然亦恐是挖濠時不甚得法。若容土覆得極遠，雖雨大，不至仍倒入濠內，庶稍易整理。至牆子，則無不倒坍，不僅安慶耳。

徽州之賊，竄浙者十之六七，在府城及休甯者聞不過數千人，不知確否？連日雨大泥深，鮑、張不能進剿，深為可惜！季高尚在樂平。余深恐賊竄入江西腹地，商之季高，無遽入皖；季高亦以雨泥不能速進也。潤帥謀皖已大半年，一切均有成竹，而臨事復派人救援六安，與吾輩及希庵等之初議全不符合，槍法忙亂；而弟與希庵皆有驕矜之氣。茲為可慮。希庵論事最為穩妥，如潤帥有槍法忙亂之事，弟與希婉陳而切諫之。弟與希之矜氣，則彼此互規之。北岸當安如泰山矣。（咸豐十年九月廿一日）

致九弟季弟（戒傲惰二字）

沅弟、季弟左右：

沅弟以我切責之緘，痛自引咎，懼蹈危機而思自進於謹言慎行之路。能如是，是弟終身載福之道，而吾家之幸也。季弟信亦平和溫雅，遠勝往年傲惰氣象。

吾於道光十九年十一月初二日進京散館。十月二十八早侍祖父星岡公於階前，請曰：「此次進京，求公教訓。」星岡公曰：「爾之官是做不盡的，爾之才是好的，但不可傲。『滿招損，謙受益』，爾若不傲，更好全了。」遺訓不遠，至今尚如耳提面命。今吾謹述此語誥誡兩弟，總以除「傲」字為第一義。唐虞之惡人，曰「丹朱傲」，曰「象傲」。桀紂之無道，曰「強足以拒諫，辨足以飾非」，曰「謂已有天命，謂敬不足行」，皆傲也。吾自八年六月再出，即力戒「傲」字以儆無恆之弊，近來又力戒「惰」字。昨日徽州未敗之前，次青心中不免有自是之見。既敗之後，余益加猛省：大約軍事之敗，非傲即惰，二者必居其一。巨室之敗，非傲即惰，二者必居其一。

余於初六日所發之摺，十月初可奉諭旨。余若奉旨派出，十日即須成行。兄弟遠別，未知相見何日。惟願兩弟戒此二字，並戒後輩常守家規，則余心大慰耳。（咸豐十年九月廿四日）

致九弟季弟（謝給紀澤途費）

沅弟、季弟左右：

日內不知北岸賊情何如，至為系念！

季弟賜紀澤途費太多。余給以二百金，實不為少。余在京十四年，從未得人二百金之贈，余亦未嘗以此數贈人。雖由余交遊太寡，而物力艱難亦可概見。余家後輩子弟，全未見過艱苦模樣，眼孔大，口氣大，呼奴喝婢，習慣自然，驕傲之氣入於膏肓而不自覺，吾深以為慮！前函以「傲」字箴規兩弟，兩弟猶能自省自惕。若以「傲」字誥誡子姪，則全然不解。蓋自出世以來，祇做過大，並未做過小，故一切茫然，不似兩弟做過小，吃過苦也。（咸豐十年十月初四日）

致九弟季弟（告軍事失利）

沅弟、季弟左右：

接信，知北岸日內尚未開仗。此間鮑、張於十五日獲勝，破萬安街賊巢。十七日獲勝，破休寧東門外二壘，鮑軍亦受傷百餘人。正在攻剿得手之際，不料十九日未刻，石埭之賊破羊棧嶺而入，新嶺、桐林嶺同時被破。張軍前後受敵，全局大震。比之徽州之失，更有甚焉。余於十一日親登羊棧嶺，為大霧所迷，目無所睹。十二日登桐林嶺，為大雪所阻。今失事恰在此二嶺，豈果有天意哉？目下張軍最可危慮，其次則祁門老營距賊僅八十里，朝發夕至，毫無遮阻。現講求守壘之法，賊來則堅守以待援師。倘有疎虞，則志有素定，斷不臨難苟免。

回首生年五十餘，除學問未成，尚有遺憾外，餘差可免於大戾。賢弟教訓後輩子弟，總以勤苦為體，謙遜為用，以藥驕佚之積習，餘無他囑。（咸豐十年十月二十日）

致四弟（述剿賊情形及憂心子弟驕奢逸）

澄侯四弟左右：

此間於十九日忽被大股賊匪竄入羊棧嶺，去祁門老營僅六十里，人心大震。幸鮑、張兩軍於廿日、廿一日大戰獲勝，克復黟縣，追賊出嶺，轉危為安。此次之險，倍於八月廿五徽州失守時也。現賊中偽侍王李世賢、偽忠王李秀成、偽輔王楊輔清皆在徽境與兄作對；偽英王陳玉成在安慶境，與多禮、沅、季作對。軍事之能否支持，總在十月、十一月內見大分曉。

甲三十月初六至武穴，此時計將抵家。余在外無他慮，總怕子姪習於「驕、奢、佚」三字。家敗離不得個「奢」字；人敗離不得個「佚」字；討人嫌離不得個「驕」字。弟切戒之！（咸豐十年十月廿四日）

致四弟（述戰事並教子姪以謙勤）

澄侯四弟左右：

自十一月來，奇險萬狀，風波迭起。文報不通者五日，餉道不通者二十餘日。自十七日唐桂生克復建德，而皖北沅、季之文報始通。自鮑鎮廿八日至景德鎮，賊退九十里，而江西饒州之餉道始通。若左、鮑二公能將浮梁、鄱陽等處之賊逐出江西境外，仍從建德竄出，則風波漸平，而祁門可慶安穩矣。

余身體平安。此一月之驚恐危急，實較之八月徽、寧失守時，險難數倍。余近年在外，問心無愧，死生禍福，不甚介意。惟接到英、法、美各國通商條款，大局已壞，令人心灰。茲付回二本，與弟一閱。時事日非，吾家子姪輩總以「謙」、「勤」二字為主。戒傲惰，保家之道也。（咸豐十年十二月初四日）

致四弟（不信醫藥僧巫和地師）

澄侯四弟左右：

接弟手書，具悉弟病日就痊愈。至慰至幸！惟弟服藥過多，又堅囑澤兒請醫調治，余頗不以為然。

吾祖星岡公在時，不信醫藥，不信僧巫，不信地師。此三者，弟必能一一記憶。今我輩兄弟亦宜略法此意，以紹家風。今年做道場二次，禱祀之事，聞亦常有，是不信僧巫一節，已失家風矣。買地至數千金之多，是不信地師一節，又與家風相背。至醫藥，則合家大小老幼，幾於無人不藥，無藥不貴。迨至補藥喫出毛病，則服涼藥攻伐之；陽藥喫出毛病，則服陰藥清潤之。輾轉差誤，非大病大弱不止。弟今年春間多服補劑，夏末多服涼劑，冬間又多服清潤之劑。余意欲勸弟少停藥物，專用飲食調養。澤兒雖體弱，而保養之法，亦惟在慎飲食節嗜慾，斷不在多服藥也。

洪家地契，洪秋浦未到場押字，將來恐仍有口舌。地師、僧巫二者，弟向來不甚深信，近日亦不免為習俗所移。以後尚祈卓識堅定，略存祖父家風為要。天下信地、信僧之人，曾見有家不敗者乎？北菓公屋，余無銀可捐。己亥冬，余登山踏勘，覺其渺茫也。（咸豐十年十二月廿四日）

致四弟（教去驕惰）

澄侯四弟左右：

臘底由九弟處寄到弟信，具悉一切。弟於世事閱歷漸深，而信中不免有一種驕氣。天地間惟謙謹是載福之道。驕則滿，滿則傾矣。凡動口動筆，厭人之俗，嫌人之鄙，議人之短，發人之覆，皆驕也。無論所指未必果當，即使一一切當，已為天道所不許。吾家子弟滿腔驕傲之氣，開口便道人短長，笑人鄙陋，均非好氣象。賢弟欲戒子弟之驕，先須將自己好議人短、好發人覆之習氣痛改一番，然後令後輩事事警改。欲去「驕」字，總以不輕非笑人為第一義。欲去「惰」字，總以不晏起為第一義。弟若能謹守星岡公之八字、三不信，又謹記愚兄之去驕去惰，則家中子弟日趨於恭謹而不自覺矣。（咸豐十一年正月初四日）

致四弟（戒不輕非笑人）

澄侯四弟左右：

弟言家中子弟，無不謙者，此卻未然。凡畏人不敢妄議論者，謙謹者也。凡好譏評人短者，驕傲者也。諺云：「富家子弟多驕，貴家子弟多傲。」非必錦衣玉食、動手打人，而後謂之驕傲也。但使志得意滿，毫無畏忌，開口議人短長，即是極驕極傲耳。

余正月初四日信中言戒「驕」字，以不輕非笑人為第一義，望弟常常猛省，並戒子弟也。（咸豐十一年二月初四日）

致九弟季弟（宜以靜字勝賊）

沅、季兩弟左右：

官相既已出城，則希庵由下巴河南渡以救省城，甚是矣！希庵既已南渡，狗逆必回救安慶。風馳雨驟，經過黃梅、宿松，均不停留，直由石牌以下集賢關，此意計中事也。凡軍行太速，氣太銳，其中必有不整不齊之處，惟有一「靜」字可以勝之。不出隊，不喊吶，槍礮不能命中者不許亂放一聲。穩住一二日，則大局已定。然後函告春霆渡江援救，并可約多軍三面夾擊。吾之不肯令鮑軍預先北渡者，一則南岸處處危急，賴鮑軍以少定人心；二則霆軍長處甚多，而短處正坐少一「靜」字。若狗賊初回集賢關，其情切於救城中之母妻眷屬，拚命死戰，鮑軍當之，勝負尚未可知。若鮑公未至，狗賊有輕視弟等之心，而弟等持以謹靜專一之氣，雖危險數日，而後來得收多、鮑夾擊之效，卻有六七分把握。吾兄弟無功無能，俱統領萬眾，主持劫運，生死之早遲，冥冥者早已安排妥貼，斷非人謀計較所能及。只要兩弟靜守數日，則數省之安危胥賴之矣。至囑至要！（咸豐十一年二月廿二日）

致四弟（教子弟以三不信及八本）

也。

澄侯四弟左右：

上次送家信者，三十五日即到；此次專人，四十日未到。蓋因樂平、饒州一帶有賊，恐中途繞道

自十二日克復休寧後，左軍分出八營在於甲路地方小挫，退紮景鎮。賊幸未跟蹤追犯，左公得以整頓數日，銳氣尚未大減。目下左軍進剿樂平、鄱陽之賊。鮑公一軍，因撫、建吃緊，本調渠赴江西省，先顧根本，次援撫、建。因近日鄱陽有警，景鎮可危，又暫留鮑軍不遽赴省。胡宮保恐狗逆由黃州下犯安慶沅弟之軍，又調鮑軍救援北岸。其祁門附近各嶺，廿三日又被賊破兩處。數月以來，實屬應接不暇，危險迭見。而洋人又縱橫出入於安慶、湖口、湖北、江西等處，并有欲來祁門之說。看此光景，今年殆萬難支持。然余自咸豐三年冬以來，久已以身許國。願死疆場，不願死牖下，本其素志。近年在軍辦事，盡心竭力，毫無愧怍，死即瞑目，毫無悔憾。

家中兄弟子姪，惟當記祖父之八個字，曰：「考、寶、早、掃、書、蔬、魚、豬。」又謹記祖父之三不信，曰：「不信地師，不信醫藥，不信僧巫。」余日記冊中又有八本之說，曰：「讀書以訓詁為本，作詩文以聲調為本，事親以得歡心為本，養生以戒惱怒為本，立身以不妄語為本，居家以不晏起為

本，作官以不要錢為本，行軍以不擾民為本。」此八本者，皆余閱歷而確有把握之論，弟亦當教諸子姪謹記之。無論世之治亂，家之貧富，但能守星岡公之八字與余之八本，總不失為上等人家。余每次寫家信，必諄諄囑咐，蓋因軍事危急，故預告一切也。

余身體平安。營中雖欠餉四月，而軍心不甚渙散，或尚能支持，亦未可知。家中不必懸念。（咸豐十一年二月廿四日）

致九弟（陸路萬難多運）

沅弟左右：

余於十九日未刻由休寧回至祁門，接弟十六日夜信，不勝焦慮之至！弟處日內援賊將自梅、宿而至，桐城、廬江等賊亦將大有舉動；乃以余前緘辦米之故，尚須分心辦南岸糧運事件，兄實不安之至！兄十一日信，言弟收三萬金，或酌量為我辦米數千石，其時未聞東征局三萬有改解南岸之說，更未聞賊由梅、宿竄下安慶之說也。厥後接弟信，東征局餉改解南岸，即思酌改為北二南一。茲聞上游之賊由梅、宿竄懷，決計改為北二南一。其南一之數不必遽買多米，請先買千石，試運一次看何如。第一次不過運百石而已。口袋千個已嫌太多，難於買辦。弟乃欲辦八千個，則是誤會兄意。陸運千難萬難，豈有一次運至千石之理？兄忙亂之中，公牘私函俱欠細思，弟則但求竭力為之，亦未細思也。總之，援賊若未至石牌、集賢關一帶，則弟試為我運米一次，以百石為率，或不運米而運火繩、鉛子亦可。援賊若至，則弟可全不管南岸。其經理之人，則東流以張小山為主，桃樹店以姚秋浦為主。弟切不可令盛南表弟到東、建。盛南是弟處最得力之人，援賊若到安慶，盛南可為弟代一半之勞也。千萬千萬！兄已派人

往東、建，囑盛南速歸矣。（咸豐十一年三月十九日）

致九弟（論人力與天事）

沅弟左右：

接來書，具悉一切。

昨日雨小而風大，今日風小而雨大。鮑軍勇夫萬餘人，縱能渡江，想初二尚未渡畢，初三則斷不能渡。凡辦大事，半由人力，半由天事。如此次安慶之守，濠深而牆堅，穩靜而不懈，此人力也。其是否不至以一蟻潰堤、以一蠅玷圭，則天事也。各路之赴援，以多、鮑為正援集賢之師，以成、胡為後路纏護之兵，以朱、韋為助守牆濠之軍，此人事也。其臨陣果否得手，能否不為狗賊所算，能否不令狗賊逃遁，此天事也。吾輩但當盡人力之所能為，至天事則聽之彼蒼而無所容心。弟於人力頗能盡職，而每稱擒殺狗賊云云，則好代天作主張矣。

至催鮑進兵，亦不宜太急。鮑之隊伍由景德鎮至下隅坂，僅行五日。冒雨遄征，亦可謂極速矣。其鍋帳至今尚未到齊，以泥太深，小車難動也。弟自撫州拔營至景德鎮，曾經數日遇雨。試一回思，能如鮑公此次之迅速乎？潤帥力勸鮑公進兵不必太急，待狗賊求戰氣竭力疲而後徐起應之云云，與弟見正相反。余意不必催鮑急進，亦不必囑鮑緩戰，聽鮑公自行斟酌可也。多公調度遠勝於鮑，其馬隊亦數倍於鮑。待多擊退黃文金後，再與鮑軍會剿集賢關，更有把握。

至狗賊，雖凶悍，然屢敗於多、李、鮑之手，未必此次忽較平日更狠。黃文金於洋塘、小麥鋪兩敗，軍器丟棄已盡。多、鮑之足以制陳、黃二賊，理也，人力之可知者也。其臨陣果否得手，則數也，天事之不可知者也。來書謂狗部有馬賊二千五六百，似亦未確。係臨陣細數乎，抑係投誠賊供乎？聞賊探多假稱投誠者，弟宜慎之！（咸豐十一年四月初三日）

致四弟（述安慶之得失）

澄侯四弟左右：

余在休寧發一信，因皖南軍務棘手，信中預作不測之想。余自休寧回祁門，聞景德鎮克復，左季翁軍三次大獲勝仗，殺賊極多。偽侍王敗潰鼠竄而去。景德鎮之賊退盡，所有鄱陽、浮梁，凡祁門之後路一律肅清。余方欣欣有喜色，以為可安枕而臥，忽聞四眼狗圍逼集賢關外，九弟、季弟又十分緊急。不得已，抽朱雲巖帶五百人，赴安慶助守於濠內；又調鮑春霆帶八千人，赴安慶助攻於關外。

此次安慶之得失，關係吾家之氣運，即關係天下之安危，不知沅、季能堅守半月以待援兵否。余身體平安。皖南自去冬以來，危險異常，目下大有起色。若安慶能轉危為安，則事尚可為耳。（咸豐十一年三月廿四日）

致四弟（洋船濟賊油鹽）

澄弟左右：

余自來東流，心緒略舒。安慶之賊，前紮九壘於中空之處。沅弟又紮六壘於賊之後，並九壘與城皆以大圍包之。鮑軍亦紮於赤岡嶺，圍賊四壘。皆有可破之理。所慮者，洋船過安慶城，停泊一天，運送油鹽接濟。我雖辛苦圍攻，賊仍供應不斷耳。四眼狗竄至桐城，恐日內又直竄上游，蹂躪完善之區。瑞州一股，盤踞如故。建德又新來一股，距東流僅四十里。自去年蘇、常失守，金陵師潰，目下賊數驟多至數十倍。聞各處敗兵潰勇多半投賊，故兇悍亦倍於往年。天意茫茫，不知何日始有轉機也。

余身體平安，徧身生瘡，竟日作痒。自三月下旬至今，幾於無日不雨。自十五後，無日不大風。江水漲添一丈二尺有奇。重棉猶覺畏寒。洋船上下長江，幾於無日無之。

紀澤兒信，亦不為無見。紀鴻文筆大方。可為喜慰！（咸豐十一年四月廿四日）

致九弟季弟（須將外濠加挖）

沅弟、季弟左右：

鮑軍准用民夫，即日當通行各縣。黟縣於初五日克復。左軍聞亦至景德鎮。或者天從人願，三縣竟可不棄乎？水大異常，於賊則處處不利。然江西、兩湖農不能收種，官不能安居，商不能貿易，口糧更從何處取出？真大憂也！

弟論兵貴精不貴多一段，實有至理。然弟處守外濠、內濠，約計七十餘里，萬餘人尚嫌其少。如賊猛撲外、內兩濠，地段太長，余深以為慮。比之左公樂平野戰迥乎不同。弟切不可存此心，謂人已太多，力已有餘也。若存此心，必致誤事。計外、內并守，僅敷一班站防，並不能兩班輪替。若賊來輪換猛撲，而守者晝夜不換，豈不可危？弟從此著想，並須將外濠加挖。至囑至囑！

添募本不易易。余令鮑、朱、唐添募，係採弟與希庵及諸公之言。實則三公均不宜將多也。（咸豐十一年五月初九日）

致九弟（宜作堅守之計）

沅弟左右：

劫數之大，良可歎悸。然使堯、舜、周、孔生今之世，亦不能謂此賊不應痛剿。

援賊至呂停驛，日內想已開仗。弟總作一堅守不戰之計，并預作一桐軍小挫之想，諒當足以禦之。再，狗酋此次援皖，利在速戰。方今盛暑酷熱，若出隊站立烈日之中歷二三個時辰之久，任是鐵漢，亦將渴乏勞疲。若挂車河官軍作堅守之計，任賊誘戰挑戰，總不出隊與之交仗，待其曬過數日之後，相機打之，亦一法也。多禮帥謀略最優，不知肯為此堅忍之著否？弟試與商之。（咸豐十一年六月初六日）

致四弟（必須親往弔唁）

澄弟左右：

舅母去世，紀澤往弔後，弟亦往弔唁否？此等處，吾兄弟中有親往者為妙。從前星岡公之於彭家並無厚禮厚物，而意甚殷勤，親去之時甚多。我兄弟宜取以為法。大抵富貴人家氣習，禮物厚而情意薄，使人多而親到少。吾兄弟若能彼此常常互相規誡，必有裨益。（咸豐十一年六月十四日）

致九弟（暫緩奏祀望溪）

沅弟左右：

望溪先生之事，公私均不甚愜。

公牘中須有一事實冊，將生平履歷，某年中舉中進士，某年升官降官，某年得罪，某年昭雪，及生平所著書名，與列祖褒贊其學問品行之語，一一臚列，不作影響約略之詞，乃合定例。望溪兩次獲罪：一為戴名世《南山集序》入刑部獄；一為其族人方某罣名逆案，將方氏響族編入旗籍，雍正間始准赦宥，免隸旗籍，望溪文中所云「因臣而宥及合族」者也。今欲請從祀孔廟，須將兩案歷奉諭旨一一查出，尤須將國史本傳查出。恐有嚴旨礙眼者，易干駁詰。從前入祀兩廡之案，數十年而不一見，近年層見迭出，幾於無歲無之。去年大學士九卿等議覆陸秀夫從祀之案，聲明以後外間不得率請從祀。茲甫及一年，若遽違新例而入奏，必駁無疑。右三者，公事之不甚愜者也。

望溪經學勇於自信，而國朝鉅儒多不甚推服，《四庫書目》中於望溪每有貶詞，《皇清經解》中并未收其一冊一句。姬傳先生最推崇方氏，亦不稱其經說。其古文號為一代正宗，國藩少年好之，近十餘年，亦別有宗尚矣。國藩於本朝大儒，學問則宗顧亭林、王懷祖兩先生；經濟則宗陳文恭公。若奏請從

祀，須自三公始。李厚菴與望溪，不得不置之後圖。右私志之不甚愜者也。（咸豐十一年六月廿九日）

致九弟（述賊萬難持久）

沅弟左右：

當此酷暑，賊以積勞之後遠來攻撲，我軍若專守一「靜」字法，可期萬穩。多公亦宜用「靜」字法。此賊萬無持久之道，弟不必慮多軍之久困也。昔曹操八十萬人自荊州東下，吳以五萬人禦之。而周瑜策其必敗者，一料曹兵不服水土；二料劉表水師新附，不樂為用；三料暑熱久疲。其後赤壁之役果不出周郎之所料。德安克復，雪琴專函來報。又言成、蔣軍病人太多，不能全進。又聞鮑軍中病者極多。以此而推，狗、輔之部病必更多，故料其不能持久。（咸豐十一年七月十七日）

致九弟（聞安慶克復）

沅弟左右：

郭弁到，接喜信，知本日卯刻克復安慶。是時恰值日月合璧、五星聯珠。欽天監於五月具奏，以為非常祥瑞。今皖城按時應驗，國家中興，庶有冀乎！

此間銀不滿六千，欲湊萬金犒賞將士，弟處可設法辦得四千金否？（咸豐十一年八月初一日）

致九弟（述輓胡潤帥聯）

沅弟左右：

調巡湖營由劉家渡拖入白湖之札，今日辦好，即派人送去。吾所慮者，水師不能由大江入白湖，白湖不能通巢湖耳。今僅拖七八丈寬堤即入白湖，斯大幸矣。若白湖能通巢湖，則更幸矣。

余昨日作輓潤帥一聯，云：「逋寇在吳中，是先帝與藎臣臨終憾事；薦賢滿天下，願後人補我公未竟勳名。」（咸豐十一年九月十四日）

致九弟（今專守廬江無為）

沅弟左右：

多公信來，日內嘔血甚多。此人勞苦太過，難於速愈。安慶克城，人人優獎，惟多公尚嫌其薄。弟當以信函慰之，或能親往看視亦好。

李、王二鎮水師，究竟堅勁可恃否。望弟細察。

運漕可乘機取，巢縣亦未始不可乘機攻取。吾意取之易而守之難，目下且專守廬江、無為二處，稍息兵勇之力，亦稍抑其躁氣矜情。待水師肅清巢湖後，運漕、巢縣皆囊中物耳。吾於水師實不放心也。

（咸豐十一年九月廿五日）

致四弟九弟（望來共商大計）

澄弟、沅弟左右：

得趙玉班寄季弟信，知沅弟十月廿八自長沙還家，竟可趕上初三祭期。至慰至慰！

此間軍事平安。三河之賊無故自退，或與廬州賊目不和，或別有詭謀，均未可知。余令振字、開字兩營移守三河偽城，而派竹莊之千三百人接守廬江，均札歸多都統就近調度。竹莊自安慶開差，可至廬邑，不知振、開兩營果能守三河要隘否。如守得堅定，則廬郡、巢縣亦或易於得手。

浙江自紹興失守後別無確信。聞寧波繼陷，杭城被圍，可危之至！余奏請左宗棠由廣信、衢州援浙，又調鮑春霆進攻寧國。寧國距杭僅三百里，亦可掣浙賊之勢，堅杭人之心。第目下均尚未拔行，不知趕得及否。

江蘇、上海來此請兵之錢調甫，即前任湘撫錢伯瑜中丞之少君也。久住不去，每次泣涕哀求，大約不得大兵同行即不還鄉，可感可敬。余前許令沅弟帶八千人往救，正月由湘至皖，二月由皖至滬，實屬萬不得已之舉，務望沅弟於年內將新兵六千招齊，正月交盛南帶來，沅則扁舟先來，共商大計。吾家一門受國厚恩，不能不力保上海重地。上海為蘇、杭及外國財貨所聚，每月可得釐捐六十萬金，實為天下膏腴。吾今冬派員去提二十萬金，當可得也。陳舫仙丁內艱，家無兄弟，本應給假回籍治喪。吾因運漕喫緊之地，批令待沅弟來再行給假。茲將原批暨信鈔閱。望沅弟正月到皖，則余不甚失信。至要至要！

（咸豐十一年十一月十四日）

致四弟九弟（但求保全上海）

澄弟、沅弟左右：

三河復後，余派振、開兩營往守。吳竹莊團防營替守廬江。開營全赴三河。另札將吳、羅、程歸多都護調度。運漕等處日內如故。以理揆之，環巢湖四面廬郡及舒、廬、無、巢五城，運漕、東關、三河三隘，八者，官兵已占其六，想賊并此二者亦不能久守矣。惟浙江危急，上海亦有唇齒之憂，務望沅弟迅速招勇來皖，替出現防之兵，帶赴江蘇下游。與少荃、昌岐同去，得八千陸兵，五千水師，必能保朝廷膏腴之區，慰吳民水火之望也。

京師十月以來，新政大有更張。皇太后垂簾聽政，中外悚肅。

余連接廷寄諭旨十四件，倚畀太重，權位太尊，虛望太隆。可悚可畏！浙事想已無及，但求沅弟與少荃二人能為我保全上海。人民如海，財貨如山，所裨多矣。廬、巢一克，余與弟中無梗隔，事局尚可為也。（咸豐十一年十一月廿四日）

致九弟（注意訓練新軍及戒用人太濫）

沅弟左右：

接弟臘月專丁一緘，具悉一切。

弟於十九日敬辦星岡公撥向事件，起行來營，月杪或可趕到。少荃准於二月杪赴鎮江。弟能早十日趕到，則諸事皆妥。除程學啟外，少荃欲再向弟處分撥千人，余亦欲許之。不知弟有何營可撥？渠赴鎮江，即日將有悍賊尋戰。新勇太多，實不放心。弟進攻巢縣、和、含一帶，不妨稍遲。待新軍訓練已成，再行進兵可也。

用人太濫，用財太侈，是余所切戒阿弟之大端。李、黃、金本屬擬不於倫。黃君心地寬厚，好處甚多。而此二者，弟亦當愛而知其惡也。「在安慶未虐使兵士，未得罪百姓。」此二語，兄可信之。「拚命報國，側身修行。」此二語，弟亦當記之。余近日平安。幼丹撫江，季高撫浙，希庵撫皖，應不至大掣肘。（同治元年正月十四日）

致季弟（慰喪弟婦）

季弟左右：

接家書，知季弟婦於二月初七日仙逝。何以一病不起？想係外感之證。弟向來襟懷不暢，適聞此噩耗，諒必哀傷不能自遣。惟弟體亦不十分強旺，尚當達觀節哀，保重身體。應否回籍一行，待沅弟至三山夾與弟熟商，再行定奪。

長江數百里內釐卡太多，若大通再抽船釐，恐商賈裹足，有礙大局，擬不批准。荻港釐局分設為數無多，擬批令改於華陽鎮分設，為數較多，弟之所得較厚，又於外江水師無交涉爭利之嫌，更為妥善。

諸囑保重！至要至要！（同治元年二月廿一日）

致九弟季弟（籌辦粵省釐金）

沅弟、季弟左右：

覆奏朱侍御一疏，定於五日內拜發，請欽派大員再抽廣東全省釐金。余奏派委員隨同籌辦，專濟蘇、浙、贛、皖四省之餉。大約所得每月在二十萬上下，勝於江西釐務也。此外實無可生發。計今年春夏必極窮窘，秋冬當漸優裕。

馬隊營制，余往年所定，今閱之，覺太寬而近於濫，如公夫、長夫之類是也。然業已久行，且姑仍之。弟新立營頭，即照此辦理。將來裁減，當與華字、順字兩營並裁，另行新章也。

上海派洋船來接少荃一軍，帶銀至十八萬兩之多，可駭而亦可憐。不能不令少荃全軍舟行，以順輿情。三月之內，陸續拔行。其黃昌岐水軍，則俟三四月之交，遇大順風直衝下去。弟到運漕，可告昌岐來此一晤也。（同治元年三月初三日）

致九弟（咨鄂協解火藥）

沅弟左右：

火藥即日咨請湖北協解五萬，不知見許否。凡與人交際，當求其誠信之素孚；求其協助，當諒其力量所能為。弟每求人，好開大口，尚不脫官場陋習。余本不敢開大口，而人亦不能一一應付，但略諒我之誠實耳。四十萬鐵究竟有著落否？此時子彈亦極少也。

韓正國、程學啟初七日開行，少荃初八早開行，輪船不過三四日可抵上海。余令開字營號補皖勇改淮勇，程云「必待沅帥緘諭乃敢改換」，亦足見其不背本矣。

廣東全省抽釐專供江浙軍餉一摺，本日拜發。大約秋冬以後每月可添銀二十萬兩，春夏則苦不堪言耳。（同治元年三月初八日）

致九弟（辦事好手不多）

沅弟左右：

接陳東友、蔡東祥、周惠堂稟，知雍家鎮於十九日克復。惜日內大雨，難以進兵，若跟蹤繼進，則裕溪口亦可得手矣。

小泉赴粵，取其不開罪於人，內端方而外圓融。今聞幼丹有出省赴廣信之行，小泉萬不可赴粵矣。丁雨生筆下條暢，少荃求之幕府相助，雨生不甚願去，恐亦不能至弟處，礙難對少荃也。南坡才大之處，人皆樂為之用。惟年歲太大，且粵湘交涉事多，亦須留南翁在湘，通一切消息。擬派鶴汀前往，鶴與勞公素相得。待大江通行後，請南翁來此商辦鹽務，或更妥洽。

又接弟信，知巢縣、含山於一日之內克復。欣慰之至！米可以多解，子藥各解三萬。惟辦事之手實不可多得，容覓得好手，請赴弟處。受山不樂在希帥處，即日當赴左帥大營，亦不便挽留也。（同治元年三月廿七日）

致九弟（抽本省之釐稅）

沅弟左右：

接信，知弟目下將操練新軍，甚善甚善！惟稱欲過江斜上四華山紮營，則斷不可。四華山上逼蕪湖，下逼東梁，若一兩月不破此二處，則我軍無勢無趣，不得不退回北岸矣。

弟軍南渡，總宜在東梁山以下，采石、太平一帶。如嫌采石下形勢太寬，即在太平以上渡江，總宜奪金柱關，佔內河江面為主。余昨言妙處有四：一曰隔斷金陵、蕪湖之氣；二曰水師打通涇縣、寧國之糧路；三曰蕪賊四面被圍；四曰墪船過東壩可達蘇州。尤妙之小者耳。又有最大者，金柱關可設釐卡，每月進款五六萬；東壩可設釐卡，每月亦五六萬。二處皆係蘇、皖交界，弟以本省之藩司，抽本省之釐稅，尤為名正言順。弟應從太平關南渡，毫無疑義，余可代作主張。其遲速則仍由弟作主耳。

西梁上下兩岸，從三山起至采石止，望弟繪一圖寄來。至要至要！（同治元年四月初六日）

致九弟（宜多選好替手）

沅弟左右：

水師攻打金柱關時，若有陸兵三千在彼，當易得手。

保彭杏南，係為弟處分統一軍起見。弟軍萬八千人，總須另有二人堪為統帶者，每人統五六千，弟自統七八千，然後可分可合。

杏南而外，尚有何人可以分統？亦須早早提拔。辦大事者，以多選替手為第一義。滿意之選不可得，姑節取其次，以待徐徐教育可也。（同治元年四月十二日）

致四弟（紀鴻倖取縣首）

澄弟左右：

紀鴻兒倖取縣首，詩文雖不甚穩愜，而其中多有精警之句、疏宕之氣。寅皆先生時雨之化，可敬可感！當略備微儀，以申鄙意。府、院考皆當極熱之時，鴻兒體弱，不知能耐此酷暑否？今年鄉試，鴻兒即可不必入場。蓋工夫尚早，年紀太輕，本無望中之理，又恐鴻兒難熬此九日之辛苦也。

軍事平善。多將軍於十四夜攻克廬州府城。皖北數十州縣為粵匪所占，今皆克復，一律肅清，只餘二三城為捻匪、苗逆所占，想亦易於就緒。四眼狗未經擒戮，北竄河南，殊為後患。沅弟由西梁山渡江南岸，進攻金柱關。季弟尚在魯港。鮑春霆進攻寧國府，徽、衢等處賊皆退，江西今年得保平安。

余身體平安。家中不必罣念。（同治元年四月廿四日）

致九弟季弟（注意清、慎、勤）

沅弟、季弟左右：

帳棚即日趕辦，大約五月可解六營，六月再解六營，使新勇略得卻暑也。小擡槍之藥，與大砲之藥，此間並無分別，亦未製造兩種藥。以後定每月解藥三萬斤至弟處，當不致更有缺乏。王可陞十四日回省，其老營十六可到。到即派往蕪湖，免致南岸中段空虛。

雪琴與沅弟嫌隙已深，難遽期其水乳。沅弟所批雪信稿，有是處，亦有未當處。弟謂雪聲色俱厲。凡目能見千里而不能自見其睫，聲音笑貌之拒人，每苦於不自見，苦於不自知。雪之厲，雪不自知；沅之聲色，恐亦未始不厲，特不自知耳。曾記咸豐七年冬，余咎駱文耆待我之薄，溫甫則曰：「兄之面色，每予人以難堪。」又記十一年春，樹堂深咎張伴山簡傲不敬，余則謂樹堂面色亦拒人於千里之外。觀此二者，則沅弟面色之厲，得毋似余與樹堂之不自覺乎？

余家目下鼎盛之際，余忝竊將相，沅所統近二萬人，季所統四五千人，近世似此者曾有幾家？沅弟半年以來，七拜君恩，近世似弟者曾有幾人？日中則昃，月盈則虧，吾家亦盈時矣。管子云：「斗斛滿則人概之，人滿則天概之。」余謂天之概無形，仍假手於人以概之。霍氏盈滿，魏相概之，宣帝概之。諸葛恪盈滿，孫峻概之，吳主概之。待他人之來概而後悔之，則已晚矣。吾家方豐盈之際，不待天之來概、人之來概，吾與諸弟當設法先自概之。

自概之道云何？亦不外「清」、「慎」、「勤」三字而已。吾近將「清」字改為「廉」字，「慎」字改為「謙」字，「勤」字改為「勞」字，尤為明淺，確有可下手之處。沅弟昔年於銀錢取與之際不甚斟酌，朋輩之譏議菲薄，其根實在於此。去冬之買犁頭嘴、栗子山，余亦大不謂然。以後宜不妄取分毫，不寄銀回家，不多贈親族，此「廉」字工夫也。「謙」之存諸中者不可知，其著於外者，約有四端：曰面色，曰言語，曰書函，曰僕從屬員。沅弟一次添招六千人，季弟並未稟明，徑招三千人。此在他統領斷做不到者，在弟尚能集事，亦算順手。而弟等每次來信，索取帳棚子藥等件，常多譏諷之詞、不平之語。在兄處書函如此，則與別處書函更可知已。沅弟之僕從隨員頗有氣焰。面色言語，與人酬接時，吾未及見，而申夫曾述及往年對渠之詞氣，至今餘憾。以後宜於此四端痛加克治，此「謙」字工夫也。每日臨睡之時，默數本日勞心者幾件，勞力者幾件，則知宣勤王事之處無多，更竭誠以圖之，此「勞」字工夫也。

余以名位太隆，常恐祖宗留貽之福自我一人享盡，故將「勞」「謙」「廉」三字時時自惕，亦願兩賢弟之用以自惕，且即以自概耳。

湖州於初三日失守，可憫可儆。（同治元年五月十五日）

致九弟季弟（剛柔互用）

沅弟、季弟左右：

沅於人概、天概之說，不甚措意，而言及勢利之天下、強淩弱之天下。此豈自今日始哉？蓋從古已然矣。

從古帝王將相，無人不由自強自立做出。即為聖賢者，亦各有自立自強之道，故能獨立不懼、確乎不拔。余往年在京，好與有大名大位者為仇，亦未始無挺然特立、不畏強禦之意。近來見得天地之道，剛柔互用，不可偏廢。太柔則靡，太剛則折。剛非暴虐之謂也，強矯而已；柔非卑弱之謂也，謙退而已。趨事赴公，則當強矯；爭名逐利，則當謙退。開創家業，則當強矯；守成安樂，則當謙退。出與人物應接，則當強矯；入與妻孥享受，則當謙退。若一面建功立業，外享大名；一面求田問舍，內圖厚實。二者皆有盈滿之象，全無謙退之意，則斷不能久。此余所深信，而弟宜默默體驗者也。（同治元年

五月廿八日）

致九弟季弟（述負李次青實甚）

沅弟、季弟左右：

湖南之米，昂貴異常。東征局無米解來，安慶又苦于碾碓無多，每日不能舂出三百石，不足以應諸路之求。每月解子、藥各三萬斤，不能再多。望弟量入為出，少操幾次，以省火藥為囑。

紮營圖閱悉。得幾場大雨，吟、崑等營必日鬆矣。處處皆係兩層，前層拒城賊，後層防援賊，當可穩固無虞。

少泉代買之洋槍，今日交到一單，待物到即解弟處。洋物機括太靈，多不耐久，宜慎用之。

次青之事，弟所進箴規，極是極是！吾過矣！吾過矣！吾因鄭魁士享當世大名，去年袁、翁兩處及京師臺諫尚累疏保鄭為名將，以為不防與李並舉，又有「鄭罪重、李情輕暨王銳意招之」等語，以為比前摺略輕。逮拜摺之後，通首讀來，實使次青難堪。今得弟指出，余益覺大負次青，愧悔無地。余生平於朋友中，負人甚少，惟負次青實甚。兩弟為我設法，有可挽回之處，余不憚改過也。（同治元年六月初二日）

致九弟季弟（須惜士卒精力）

沅弟、季弟左右：

接少荃信，知偽忠王在上海受創而返，即日來援金陵。弟等濠牆已固，應足禦之。所慮者夏月士卒多病，恐隊伍單弱。銀米子藥等事，吾必設法多解，竭平日之力辦之。援賊至金陵大戰，當在七月。此外弟應需之物，速寫信來，七月初尚可趕到。此間能辦之件，亦必先儘弟營也。臨戰之際，預先愛惜士卒精力，以備屆時辛苦熬夜，猶考試者場前靜養也。（同治元年六月初八日）

致九弟（望勿各逞己見注意外間指摘）

沅弟左右：

此次洋槍合用。前次解去之百支，果合用否？如有不合之處，一一指出。蓋前次以大價買來，若過於喫虧，不能不一一與之申說也。

吾因近日辦事名望關係不淺，以鄂中疑季之言相告，弟則謂我不應述及。外間指摘吾家昆弟過惡，吾有所聞，自當一一告弟，明責婉勸，有則改之，無則加勉，豈可祕而不宣？鄂之於季，自係有意與之為難。名望所在，是非於是乎出，賞罰於是乎分，即餉之有無，亦於是乎判。去冬金眉生被數人參劾，後至鈔沒其家，妻孥中夜露立，此豈有萬分之惡哉？亦因名望所在，賞罰隨之也。眾口悠悠，初不知其所自起，亦不知其所由止。有才者忿疑謗之無因，而悍然不顧，則謗且日騰；有德者畏疑謗之無因，而抑然自修，則謗亦日息。吾願弟等之抑然，不願弟等之悍然。弟等敬聽吾言，手足式好，同禦外侮；不願弟等各逞己見，於門內計較雌雄，反忘外患。

至阿兄忝竊高位，又竊虛名，時時有顛墜之虞。吾通閱古今人物，似此名位權勢，能保全善終者極少。深恐吾全盛之時，不克庇蔭弟等；吾顛墜之際，或致連累弟等。惟於無事時，常以危詞苦語，互相勸誡，庶幾免於大戾耳。（同治元年六月二十日）

致四弟（開用總督關防及鹽政之印信）

澄侯四弟左右：

此間軍事，四眼狗糾同五偽王救援安慶，其打先鋒者，已至集賢關，九弟屢信皆言堅守後濠，可保無虞，但能堅守十日半月之久，城中糧米必難再支，可期克復矣。

徽州六屬俱平安，欠餉多者七個月，少者四五六月不等，幸軍心尚未渙散。江西省城戒嚴，附近二三十里，處處皆賊，余派鮑軍往救。湖北之南岸，已無一賊，北岸德安隨州等處，有金劉與成大吉三軍，必可口有起色。余癬疾未痊，日來天氣亢燥，甚以為苦；幸公事勉強能了，近日無積閣之弊。總督關防，鹽政印信，於初四日到營，余即於初六日開用。

家中雇長沙園丁已到否？菜蔬茂盛否？諸子姪無傲氣否？傲為凶德，惰為衰氣，二者皆敗家之道。戒惰莫如早起，戒傲莫如多走路，少坐轎。望弟留心儆戒，如聞我有傲惰之處，亦寫信來規勸。（同治元年七月十四日）

致九弟季弟（不服藥之利）

沅弟、季弟左右：

季弟病似瘧疾，近已全愈否？吾不以季弟病之易發為慮，而以季好輕下藥為慮。吾在外日久，閱事日多，每勸人以不服藥為上策。吳彤雲近病極重，水米不進已十四日矣。十六夜四更，已將後事料理，手函託我，余一概應允，而始終勸其不服藥。自初十日起，至今不服藥十一天，昨日竟大有轉機，瘧疾減去十之四，呃逆各症減去十之七八，大約保無他變。希庵五月之杪病勢極重，余緘告之，云「治心以廣大二字為藥，治身以不藥二字為藥」，并言作梅醫道不可恃。希乃斷藥月餘，近日病已全愈，咳嗽亦止。是二人者，皆不服藥之明效大驗。季弟信藥太過，自信亦太深，故余所慮不在於病，而在於服藥。茲諄諄以不服藥為戒，望季由從之，沅力勸之。至要至囑！

季弟信中所商六條皆可允行。回家之期，不如待金陵克復乃去，庶幾一勞永逸。如營中難耐久勞，或來安慶閒散十日八日，待火輪船之便，復還金陵本營，亦無不可。若能耐勞耐煩，則在營久熬更好，與弟之名曰「貞」、字曰「恆」者，尤相符合。其餘各條皆辦得到，弟可放心。

上海四萬尚未到，到時當全解沅處。東征局於七月三萬之外，又月專解金陵五萬，到時亦當全解沅處。東局保案，自可照准，弟保案亦日內趕辦。雪琴今日來省，筱泉亦到。（同治元年七月二十日）

致九弟季弟（不可服藥）

沅弟、季弟左右：

久不接來信，不知季病全愈否？各營平安否？東征局專解沅餉五萬，上海許解四萬，至今尚未到皖。閱新聞紙，其中一條言何根雲六月初七正法，讀之悚懼悵惘。

余去歲臘尾買鹿茸一架，銀百九十兩，嫌其太貴，今年身體較好，未服補藥，亦未吃丸藥。茲將此茸送至金陵，沅弟配製後，與季弟分食之。中秋涼後，或可漸服，但偶有傷風微恙，則不宜服。余閱歷已久，覺有病時斷不可吃藥，無病時可偶服補劑調理，亦不可多。吳彤雲大病二十日，竟以不藥而愈。鄧寅皆終身多病，未嘗服藥一次。季弟病時好服藥，且好易方。沅弟服補劑，失之太多。故余切戒之，望弟牢記之。

弟營起極早，飯後始天明，甚為喜慰。吾輩仰法家訓，惟早起、務農、疏醫、遠巫四者尤為切要。

（同治元年七月廿五日）

致九弟季弟（金陵似可克復）

沅弟、季弟左右：

接沅弟排遞一緘，大儺禮神，以驅厲氣而鼓眾心，或亦足以卻病。余寸心憂灼，未嘗少安。一則以弟營與鮑營病者太多，為之心悸；二則各縣禾稼，前傷於旱，繼而蝗蟲陰雨，皆有所損，收成歉薄，各軍勇夫七萬人，難於辦米。三則以秦禍日烈，多公不能遽了，袁、李皆將去位，長淮南北，千里空虛。天意茫茫，竟不知果有厭亂之期否？幸季弟瘧疾速愈，大為欣慰。觀民心之思治，賊情之渙散，金陵似有可克之機。然古來成大功大名者，除千載一郭汾陽外，恆有多少風波，多少災難，談何容易！願與吾弟兢兢業業，各懷臨深履薄之懼，以冀免於大戾。

東征局五萬，因此風太大，尚未到省。此月竟止解去五萬，下月必補足也。（同治元年七月廿八日）

致九弟（述保舉人為難）

沅弟左右：

所保各員均奉允准，惟金安清明諭不准調營，寄諭恐弟為人聳動。蓋因金君經余兩次糾參，朝廷恐余兄弟意見不合也。大抵清議所不容者，斷非一口一疏所能挽回，只好徐徐以待其自定。又近世保人，亦有多少為難之處。有保之而旁人不以為然，反累斯人者；有保之而本人不以為德，反成仇隙者。余閱世已深，即薦賢亦多顧忌，非昔厚而今薄也。

景、河、婺、樂四卡，左帥業已歸還余處。上海四萬，余志在必得，恐不免大有爭論。霞仙升陝撫，先辦漢中軍務，聞李雨蒼係多帥所劾。（同治元年八月初二日）

致九弟（述查參金眉生）

沅弟左右：

小河西岸盡為我有，賊船萬不能過，且憑河為守，又可當一道長濠，可慰之至！

然城內有數十萬悍賊，上游黃、胡、古、賴等即日下援金陵，窮寇有致死於我之心，抑又可懼之至。河之東岸暫不必謀，少息兵力以打援賊可也。

金眉生參者極多。二三年來，勝帥屢疏保之，升於九天；袁帥屢疏劾之，沉於九淵。余十一年冬查參革職，勝帥又以一疏劾我，謂為黨袁而不公。余偶與汪曜奎言之，汪以告勝，勝又寄函與我，自陳前疏之誤。即如下游諸公，李、吳、喬皆痛惡眉而不知其美，郭又婉好眉而不知其惡。此等處弟須詳詢密查，不可憑立談而遽信其人之生平耳。

餉銀今日解去三萬，湖南又另解四萬與弟，節下當可敷衍。

生日在即，萬不可宴客稱慶。此間謀送禮者，余已力辭之，弟在營亦宜婉辭而嚴卻之。家門大盛，常存日慎一日而恐其不終之念，或可自保。否則顛蹶之速，有非意計以能及者。（同治元年八月初五日）

致四弟（告軍中病疫）

澄弟左右：

沅、霆兩軍病疫迄未稍愈，寧國各屬軍民死亡相繼，道殣相望，河中積尸生蟲，往往緣船而上。河水及井水皆不可食。其有力者，用舟載水於數百里之外。穢氣襲人，十病八九。誠宇宙之大劫，軍行之奇苦也。

洪容海投誠後，其黨黃、朱等目復叛，廣德州既得復失。金柱關常有賊窺伺，近聞增至三四萬人，深可危慮。余心所懸念者，惟此二處。

余體氣平安。惟不能多說話，稍多則氣竭神乏。公事積閣，恐不免於貽誤。弟體亦不甚旺，總宜好好靜養。莫買田園，莫管公事，吾所囑者，二語而已。「盛時常作衰時想，上場當念下場時。」富貴人家，不可不牢記此二語也。（同治元年閏八月初四日）

致四弟（對本縣父母官之態度）

澄弟左右：

沅弟金陵一軍危險異常，偽忠王率悍賊十餘萬晝夜猛撲，洋槍極多，又有西洋之落地開花礮。幸沅弟小心堅守，應可保全無虞。鮑春霆至蕪湖養病，宋國永代統寧國一軍，分六營出剿，小挫一次。春霆力疾回營，凱章全軍亦趕至寧國守城。雖病者極多，而鮑、張合力，此路或可保全。又聞賊於東壩擡船至寧郡諸湖之內，將圖衝出大江，不知楊、彭能知之否。若水師安穩，則全局不至決裂耳。

來信言余於沅弟既愛其才，宜略其小節，甚是甚是！沅弟之才，不特吾族所少，即當世亦不多見。然為兄者，總宜獎其所長，而兼規其短。若明知其錯，而一概不說，則非特沅一人之錯，而一家之錯也。

吾家於本縣父母官，不必力贊其賢，不可力詆其非。與之相處，宜在若遠若近、不親不疎之間。渠有慶弔，吾家必到；渠有公事，須紳士助力者，吾家不出頭，亦不躲避。渠於前後任之交代，上司衙門之請託，則吾家絲毫不可與聞。弟既如此，並告子姪輩常常如此。子姪若與官相見，總以「謙」、「謹」二字為主。（同治元年九月初四日）

致九弟（兵貴機局靈活）

沅弟左右：

賊之來援金陵，羣酋大會二次，各路布置周妥而後來。賊處心積慮以求逞於我。我輕心深入，以僥倖於不可得之城。弟之驟進，余之調度，皆輕敵而不能精審。此次經一番大驚恐，長一分大閱歷。如忠、侍等酋解圍而去，弟當趁勢退兵，以傷病羸弱者循江濱退至金柱關，選精銳者整隊追賊，追至大官圩、小丹陽一帶，與鮑軍互為聲援。待新募之卒到後，認真整練，再行進兵。

弟由高郵、東壩、溧陽以進宜興，鮑由建平、廣德以進長興。兩路排進，相去常在百里內外。水師棋布於丹陽、石臼、南漪等湖，與陸軍相去常在數十里內，旌旗相望。弟以金柱為後路根本，處處聯絡，庶無全局瓦裂之患。宜興、長興兩城皆在太湖西岸，陸軍到此休息停頓。待李朝斌水師辦成，駛入太湖後，陸軍再行前進。此大局所關，一年二年之軍勢，不可不早為定計。若長紮雨花臺，以二三萬勁旅屯宿該處，援賊不來，則終歲清閒，全無一事；援賊再來，則歸路全斷。一蟻潰堤，此等最險之著，只可一試再試，豈可屢屢試之，以為兵家要訣乎？望弟早早定計。賊不解圍，則忍心堅守；賊若解圍，則以追為退，不蓋痕蹟。行兵最貴機局生活，弟在吉安、安慶，機局已不甚活，至金陵則更呆矣。

久晴之後，必苦陰雨；下弦之後，夜必晦暗。不知弟處仍能堅守否？縮濠恐長賊氣，即可定計不

縮。營中米糧子藥，究竟尚可支若干日，我自能打算也。（同治元年九月廿一日）

致九弟（述器重杜小舫）

沅弟左右：

接十五日、十七日信，有畏慎而無怫鬱，極慰極慰。老弟之意量遠矣，先世之氣脈長矣。

杜小舫文瀾往年經郭雨三專函力保，去年又經晏彤甫函保，故余一見即器重之，許以駐漢口辦督銷局務。近日與南坡亦極水乳，南亦請以漢口督銷局委之。其品望雖未必果翕輿論，然亦當稍優於金、許也。許之條陳多有可采，候與南坡商之。

楊守砲船一事，弟之公牘甚為緩遜，即照弟所擬辦理。末世好以不肖之心待人，欲媒孽老弟之短者，必先說與阿兄不睦。吾之常常欲弟檢點者，即所以杜小人之讒口也。何銑罰款斷不放鬆，幸毋聽謠言而生疑。（同治元年九月廿二日）

致九弟（切忌全作呆兵）

沅弟左右：

來信欣悉季弟之病已愈六七分，能進飲食，為之大慰！

李世忠雖十分危迫，然渠始終親駐九洑洲行營，當非遽不能支之象。惟浦口官營被賊攻撲，頗不可解。豈新開河業已乾涸，賊已偏行北岸耶？否則賊能渡大江而至九洑洲，不能遽渡新開河而至北岸。若賊已偏行北岸，則和、含、巢、廬，上至舒、同、潛、太，處處可慮。余擬將希庵部下之駐壽州、霍邱、三河尖等處者陸續抽出，移至六安、廬州、巢、含等處，免致已復之城盡隳前功。

苗霈霖前後所上僧邸各稟，痛詆楚師，令人髮指。僧邸所與苗黨之札，亦袒護苗練而疏斥楚師。世事變化反覆，往往出乎意想之外。所謂「道高一尺，魔高一丈」，不飽歷事故，烏知局中之艱難哉！

弟信均已接到。添募新營，儘可允許；不變換局面，則斷不能允許。前此向、和以重兵株守金陵，不早思變計，以圖滅賊。吾嘗譏其全無智略，今豈肯以向、和為師，而蹈其覆轍乎？再添十營，從弟之請可也。金陵老營永不拔動，從弟之計可也。至以數萬人全作呆兵，圖合長圍，則余斷斷不從。余之拙見，總宜有呆兵，有活兵，有重兵，有輕兵，缺一不可。以萬人為呆兵、重兵屯宿金陵，以萬人為活兵、輕兵進攻東壩、句容、二溧等處，以八九千人保後路蕪湖、金柱，隨時策應。望弟熟審，以此次回信定局。（同治元年十月廿七日）

致九弟（擬接季弟靈柩）

沅弟左右：

接弟十八日辰刻信，知季弟溘逝，哀慟曷極！應商之事，條列如左：

一、余准於三日起行赴金陵，本月內准到。一則與弟商季弟後事，一則親接季弟靈柩，由金陵護送至安慶。載靈柩之船不必大，取其輕便易行者。余坐一長龍船，季櫬載一民船，各用數號杉板拖帶，庶上水穩而且快。至安慶後，應否另換大船，俟與弟面商。

一、季弟請卹事，應請少荃出奏。上海現在有「威林密」輪船在此，廿六、七日可過金陵，余信弟信均可由該船帶滬。

一、季弟部下五千人，自當歸併弟處統領；若另有可分統之人，俟余與弟相見後再行下札。弟久勞之後，繼以憂傷，務當強自寬解。余于兄弟骨肉之際，夙有慚德，愧憾甚多。弟則仁至義盡，毫無遺憾，千萬莫太悲傷。

一、弟信須洋藥等物，余當帶洋藥萬斤，洋帽二十萬，洋槍四百桿，親交弟處。白齊文在上海大鬧，茲將筠仙原信付閱。該軍斷不來矣。只要春霆站得住，軍務尚可支持也。（同治元年十一月廿二日）

致九弟（述季柩已到此）

沅弟左右：

兩日未接弟信，不知金陵各營平安否？

季弟櫬到此已一日，外間幛、聯頗多，無十分稱意者。余因書一聯云：「英名百戰總成空，淚眼看河山，憐余季保此人民，拓此疆土；慧業多生磨不盡，癡心說因果，來世再為哲弟，並為勳臣。」亦不稱意也。

今日已漆一次，擬在此漆五次，二十日發引登舟。少荃信來，欲為季請謚、請祠、請加銜、立傳，恐已在官奏之後。茲將少荃信抄閱。

朱雲巖因前調青陽之檄，已棄旌德城而回徽。寧郡四面皆賊，深恐難支。（同治元年十二月初十日）

致九弟（作季弟輓聯一副）

沅弟左右：

昨寄緘後，罣山恰到，道弟雖憂勞過甚，而精神完足，為之少慰。

余在季公館三宿，今日仍回本署。至鹽河一看，新城已修十分之八，十五六可竣工矣。

九洑洲圖迄無善本，余倩人畫一幅，以應恭邸之求。茲將副本寄弟一閱，果不甚差謬否？

春霆久無來信，懸系之至。

昨夕擬為季弟作墓志，竟夜未成一字，卻又得輓聯一副云：「大地干戈十二年，舉室效愚忠，自稱家國報恩子；諸兄離散三千里，音書寄涕淚，同哭天涯急難人。」或用弟名寫之，或不寫，尚未定也。

（同治元年十二月十二日）

致九弟（派送季柩歸里）

沅弟左右：

季弟墓志作就，不甚稱意。唐鶴九所寄輓聯極佳，云：「秀才肩半壁東南，方期一戰成功，挽回劫運；當世號滿門忠義，豈料三河灑淚，又隕臺星。」余欲改「成功」二字為「功成」，改「灑淚」二字為「痛定」，似更妥叶。

余僅派戈什哈一人送季櫬，蓋以弟所派諸人，凡事皆有條理，不必更派文武委員，反致紛亂也。

（同治元年十二月十八日）

致四弟（述為季弟治喪並家中來接柩事）

澄弟左右：

接弟來信，知已得季弟淪逝之信，將在荷葉宅內為季治喪發引。季弟此次身後之事，沅在金陵辦得十分整齊。余於初九日接進安慶，二十發引登舟，一切未敢稍忽。大致與七年先大夫之喪禮儀規模一一相似，亦係新製六十四人輿，新製高腳牌，輓聯稍少，祭幛則較七年更多。身後之虛榮，在季弟可稱全備。前沅弟意，季櫬到湘鄉後，不必更進紫田、荷葉等屋，余意亦以為然，望弟即照此辦理，將季櫬從北港徑至馬公塘山內，千妥萬妥！古人云：「祭不欲數，數則煩，煩則不敬。」祭尚不可煩瀆，況喪禮而可煩瀆乎？

余係一家之主，安慶係省會之地，又係季弟克復之城，一切禮儀在此行之，即在此發引登山，想季弟之英靈亦必默鑒，深以為然。

再，季弟靈柩，自金陵至安慶七百里而走十六日，甚為遲滯。此次二十日自安慶開船，計程至湘潭二千里，應須四十餘日乃可到，當在二月十五後矣。然風信無定，或遇順風早到，亦未可知。自湘潭至北港，又須七八日。家中辦接柩事，總在二月初十以後。葬馬公塘則不進荷葉，不葬馬公塘則必進荷葉，二者聽弟一言決斷。余與沅相隔太遠，往返商酌，恐致誤事，不敢遙斷也。

季弟升知府，贈按察使，兩次諭旨寄回。李中丞又奏請照二品例議卹，請謚請祠，恐更有後命。二十日業經題主，須改題耳。（同治元年十二月廿二日）

致九弟（述為季弟請謚）

沅弟左右：

少荃為季弟請謚請祠摺稿昨日寄到，茲抄寄弟閱。目下之是否俞允，殊不敢必。但吾與弟將來若再立功績，克復金陵，則請謚亦終可望允准。

兩宮太后及恭邸力求激濁揚清，賞罰嚴明。但患無可賞之實，不患無不次之賞。而罰罪亦毫不假借，如去年之誅二王一相，今年之戮林、米與何，近日拿問勝帥，又拿問前任蘇藩司蔡映斗進京，諭旨皆嚴切異常。吾輩忝當重任，不恃無意外之罰，而恃無可罰之實。

少荃解銀四萬，吾暫不解弟處，且解鮑、張兩軍各二萬，為度歲之資。弟處昨日解銀四萬，年內必到。其解錢二萬串，今日用民船解去，年內之能到與否，未可知也。

澄弟昨有信來，言季櫬不宜附葬馬公塘，其言亦頗近理。余因相隔太遠，不敢遙決，請澄自行決斷。（同治元年十二月廿三日）

致九弟（整頓陳棟之勇）

沅弟左右：

陳棟之勇，除已至金陵三營外，尚有九營。吾昨令營務處點名，共四千六百餘人。聞精壯者不甚多，可汰者占三分之一。余札撥二營與鮑春霆，撥一營與朱雲巖，以六營歸弟處。若果汰去三分之一，則可挑存四營。其餘或令全坐原船遣歸，或酌留數百作為餘勇，聽弟裁度。

昨奉年終頒賞福字、荷包、食物之類，聞弟有一分，春霆亦有一分，此係特恩。吾兄弟報國之道，總求實浮於名，勞浮於賞，才浮於事。從此三句切切實實做去，或者免於大戾。（同治二年正月十三日）

致九弟（申請辭退一席）

沅弟左右：

疏辭兩席一節，弟所說甚有道理。然處大位大權而兼享大名，自古曾有幾人能善其末路者？總須設法將權位二字推讓少許，減去幾成，則晚節漸漸可以收場耳。今因弟之所陳，不復專疏奏請，遇便仍附片申請，但能於兩席中辭退一席，亦是一妙。

李世忠處，余擬予以一函。一則四壩卡請歸余派員經收，其銀錢仍歸渠用；一則渠派人在西壩封捆淮北之鹽，與搶奪無異，請其迅速停止。看渠如何回復。

本日接兩次家信，交來人帶寄弟閱。鼎三姪善讀書，大慰大慰！其眉宇本軒昂出羣，又溫弟鬱抑過甚，必有稍伸之一日也。

弟軍士氣甚王，可喜。然軍中消息甚微，見以為旺，即寓驕機。老子云：「兩軍相對，哀者勝矣。」其義最宜體驗。（同治二年正月十七日）

致九弟（述彼此意趣之不同）

沅弟左右：

左臂疼痛不能伸縮，實深懸系。茲專人送膏藥三個與弟，即余去年貼手臂而立愈者，可試貼之，有益無損也。

「拂意之事接於耳目」，不知果指何事？若與阿兄間有不合，則儘可不必拂鬱。弟有大功於家，有大功於國，余豈有不感激、不愛護之理？余待希、厚、雲、霆諸君，頗自覺仁讓兼至，豈有待弟反薄之理？惟有時與弟意趣不合。弟之志事，頗近春夏發舒之氣；余之志事，頗近秋冬收嗇之氣。弟意以發舒而生機乃旺，余意以收嗇而生機乃厚。平日最好昔人「花未全開月未圓」七字，以為惜福之道、保泰之法莫精於此。曾屢次以此七字教誡春霆，不知與弟道及否？星岡公昔年待人，無論貴賤老小，純是一團和氣，獨對子孫諸姪則嚴肅異常，遇佳時令節，尤為凜凜不可犯，蓋亦具一種收嗇之氣，不使家中歡樂過節，流於放肆也。余於弟營保舉銀錢軍械等事，每每稍示節制，亦猶本「花未全開月未圓」之義。至危迫之際，則救焚拯溺，不復稍有所吝矣。弟意有不滿處，皆在此等關頭，故將余之襟懷揭出，俾弟釋其疑而豁其鬱。此關一破，則余兄弟絲毫皆合矣。

再，余此次應得一品廕生，已於去年八月咨部，以紀瑞姪承廕，因恐弟辭讓，故當時僅告澄而未告弟也。將來瑞姪滿二十歲時，紀澤已三十矣，同去考廕，同當部曹，若能考取御史，亦不失世家氣象。以弟於祖、父、兄弟、宗族之間竭力竭誠，將來後輩必有可觀。目下小恙斷不為害，但今年切不宜親自督隊耳。（同治二年正月十八日）

致九弟（述紀梁宜承廕）

沅弟左右：

臂疼尚未大愈，至為懸念。然治之之法，只宜貼膏藥，不宜服水藥。余日內當赴金陵看視，正月當成行也。

嘗奉寄諭，知少荃為季弟請二品卹典，立傳、予謚、建祠，一一允准，但未接閱諭旨耳。

陳棟之勇既好，甚慰甚慰！

紀梁宜廕一節，予亦思之再四，以其目未全愈，讀書作字均難加功；且弟有功於家庭根本之地，不特為同氣之冠，亦為各族所罕，質諸祖、父在天之靈，亦應如此。

九洑洲北渡之賊果有若干？吾意尚以南岸為重。劉南雲、王峯臣兩軍，弟幸勿遽調北渡。蓋北岸守定安、合、無、廬、舒五城，此外均可挽救；南岸若失寧國，則不可救矣。（同治二年正月廿七日）

致九弟（論恬淡沖融之襟懷）

沅弟左右：

弟讀邵子詩，領得恬淡沖融之趣，此是襟懷長進處。自古聖賢豪傑、文人才士，其志事不同，而其豁達光明之胸大略相同。以詩言之，必先有豁達光明之識，而後有恬淡沖融之趣。如李白、韓退之、杜牧之，則豁達處多；陶淵明、孟浩然、白香山，則沖淡處多。杜、蘇二公，無美不備，而杜之五律最沖淡，蘇之七古最豁達。邵堯夫雖非詩之正宗，而豁達、沖淡，二者兼全。吾好讀《莊子》，以其豁達足益人胸襟也。去年所講「生而美者，若知之，若不知之，若聞之，若不聞之」一段最為豁達，推之即舜、禹之有天下而不與，亦同此襟懷也。

吾輩現辦軍務，係處功利場中，宜刻刻勤勞，如農之力穡，如賈之趨利，如篙工之上灘，早作夜思，以求有濟。而治事之外，此中卻須有一段豁達沖融氣象。二者並進，則勤勞而以恬淡出之，最有意味。余所以令刻「勞謙君子」印章與弟者，此也。

少荃已克復太倉州，若再克昆山，則蘇州可圖矣。吾但能保沿江最要之城隘，則大局必日振也。

（同治二年三月廿四日）

致九弟（儘可隨時陳奏）

沅弟左右：

弟之謝恩摺，尚可由安慶代作代寫代遞。初膺開府重任，心中如有欲說之話，思自獻於君父之前者，儘可隨時陳奏。奏議是人臣最要之事，弟須加一番工夫。弟文筆不患不詳明，但患不簡潔，以後從「簡當」二字上著力。（同治二年四月初一日）

致九弟（不必再行辭謝）

沅弟左右：

辭謝一事，本可渾渾言之，但求收回成命，已請筱泉、子密代弟與余各擬一摺矣。昨接弟咨，已換署新銜，則不必再行辭謝。

吾輩所最宜畏懼敬慎者，第一則以方寸為嚴師，其次則左右近習之人，如巡捕、戈什、幕府文案及部下營哨官之屬，又其次乃畏清議。今業已換稱新銜，一切公文體制為之一變，而又具疏辭官，已知其不出於至誠矣。

弟應奏之事，暫不必忙。左季帥奉專銜奏事之旨，厥後三個月始行拜疏。雪琴得巡撫及侍郎後，除疏辭復奏二次後，至今未另奏事。弟非有要緊事件，不必專銜另奏；尋常報仗，仍由余辦可也。（同治二年四月十六日）

致九弟（當大事宜明強）

沅弟左右：

來信「亂世功名之際頗為難處」十字，實獲我心。

本日余有一片，亦請將欽篆、督篆二者分出一席，另簡大員。吾兄弟常存兢兢業業之心，將來遇有機緣，即便抽身引退，庶幾善始善終，免蹈大戾乎。

至於擔當大事，全在「明」「強」二字。《中庸》「學」「問」「思」「辨」「行」五者，其要歸於思必明、柔必強。弟向來倔強之氣，卻不可因位高而頓改。凡事非「氣」不舉，非「剛」不濟，即修身齊家，亦須以「明」「強」為本。

巢縣既克，和、含必可得手。以後進攻二浦，望弟主持一切，余相隔太遠，不遙制也。（同治二年四月廿七日）

致九弟（欣悉家庭和睦）

沅弟左右：

苦攻無益，又以皖北空虛之故，心急如焚。我弟憂勞如此，何可再因上游之事，添出一番焦灼！上游之事，千妥萬妥。兩岸之事，皆易收拾。弟積勞太久，用心太苦，不可再慮及他事。

弟以「博文約禮」獎澤兒，語太重大，然此兒純是弟獎借而日進。記咸豐七年冬，胡帥寄余信，極贊三庵一琴之賢，時溫弟在座，告余曰：「沅弟實勝迪、希、厚、雪。」余比尚不深信。近見弟之圍攻百數十里而毫無罅隙，欠餉數百萬而毫無怨言，乃信溫弟之譽有所試。然則弟之譽澤兒者，或亦有所試乎？

余於家庭有一欣慰之端：聞妯娌及子姪輩和睦異常，有姜被同眠之風，愛敬兼至，此足卜家道之興；然亦全賴老弟分家時布置妥善，乃克臻此。

余俟江西案辦妥，乃赴金陵。弟千萬莫過憂灼，至囑至囑！（同治三年六月初一日）

致九弟（戰事宜自具奏）

沅弟左右：

專丁送信，具悉一切。所應復者，仍條列如左：

一、摺稿皆軒爽條暢，儘可去得。余平日好讀東坡〈上神宗皇帝書〉，亦取其軒爽也。弟可常常取閱，多閱數十徧，自然益我神智。譬如飲食，但得一穀適口充腸，正不必求多品也。金陵戰事，弟自行具奏亦可，然弟總以不常奏事為妥。凡督撫以多奏新事不襲故常為露面。吾兄弟正在鼎盛之際，弟於此等處可略退縮一步。

一、鮑軍仍須由大勝關進孝陵衛，決不可由下面繞來。待過中秋後，弟信一到，余別咨鮑由南頭進兵。

一、弟驟添兵營，與余平日之規模不符。然賊勢窮蹙之際，求合圍亦是正辦，余亦不敢以弟策為非。惲中丞余曾保過。凡大臣密保人員，終身不宜提及一字，否則近於挾長，近於市恩。此後余與湘中函牘，不敢多索餉項，以避挾長市恩之嫌。弟不宜求之過厚，以避盡歡竭忠之嫌。

一、江西釐務，下半年當可略旺。然余統兵已近十萬，即半餉亦須三十萬，思之膽寒。弟處米除每月三千石外，本日又解四千石矣。（同治二年七月廿三日）

致九弟（在積勞二字上著力）

沅弟左右：

接初五夜地道轟陷賊城十餘丈，被該逆搶堵，我軍傷亡三百餘人。此蓋意中之事。城內多百戰之寇，閱歷極多，豈有不能搶堵缺口之理？

蘇州先復，金陵尚遙遙無期，弟切不必焦急。古來大戰爭、大事業，人謀僅占十分之三，天意恆居十分之七。往往積勞之人非即成名之人，成名之人非即享福之人。此次軍務，如克復武、漢、九江、安慶，積勞者即是成名之人，在天意已算十分公道，然而不可恃也。吾兄弟但在「積勞」二字上著力，「成名」二字則不必問及，「享福」二字則更不必問矣。

厚庵堅請回籍養親侍疾，只得允准，已於今日代奏。

苗逆於二十六夜擒斬，其黨悉行投誠。凡壽州、正陽、潁上、下蔡等城，一律收復，長淮指日肅清，真堪慶倖！

弟近日身體健否？吾所囑者二端：一曰天懷淡定，莫求速效；二曰謹防援賊城賊內外猛撲，穩慎禦之。（同治二年十一月十二日）

致四弟（注意儉字）

澄弟左右：

圍山嘴橋稍嫌用錢太多，南塘竟希公祠宇亦儘可不起。沅弟有功於國，有功於家，千好萬好！但規模太大，手筆太廓，將來難乎為繼。吾與弟當隨時斟酌，設法裁減。此時竟希公祠宇業將告竣，成事不說，其星岡公祠及溫甫、事恆兩弟之祠，皆可不修，且待過十年之後再看。至囑至囑！

余往年撰聯贈弟，有「儉以養廉，直而能忍」二語。弟之直，人人知之；其能忍，則為阿兄所獨知。弟之廉，人人料之；其不儉，則阿兄所不及料也。以後望弟於「儉」字加一番工夫，用一番苦心。不特家常用度宜儉，即修造公費，周濟人情，亦有一「儉」字意思。總之，愛惜物力，不失寒士之家風而已。吾弟以為然否？（同治二年十一月十四日）

致四弟（勤儉首要）

澄弟左右：

吾不欲多寄銀物至家，總恐老輩失之奢，後輩失之驕。未有錢多而子弟不驕者也。

吾兄弟欲為先人留遺澤，為後人惜餘福，除卻「勤」「儉」二字，別無做法。弟與沅弟皆能勤而不能儉，余微儉而不甚儉。子姪看大眼吃大口，後來恐難挽回，弟須時時留心。（同治三年正月十四日）

致四弟（宜勸諸姪勤讀）

澄弟左右：

沅弟營中久無戰事，金陵之賊亦無糧盡確耗。杭州之賊目陳炳文聞有投誠之信，克復當在目前。天氣陰雨作寒，景象似不甚佳。吾在兵間日久，實願早滅此寇，俾斯民稍留孑遺，而覩此消息，竟未知何日息兵也！

紀澤兄弟及王甥、羅壻，讀書均屬有恆。家中諸姪，近日勤奮否？弟之勤，為諸兄弟之最；「儉」

字工夫，日來稍有長進否？諸姪不知儉約者，弟常常訓責之否？（同治三年三月初四日）

致九弟（毋惱毋怒以養肝疾）

沅弟左右：

適聞常州克復、丹陽克復之信，正深欣慰。而弟信中有云「肝病已深，痛疾已成，逢人輒怒，遇事輒憂」等語，讀之不勝焦慮。今年以來，蘇、浙克城甚多，獨金陵遲遲尚無把握，又餉項奇絀，不如意之事機、不入耳之言語紛紛迭乘，余尚慍鬱成疾，況弟之勞苦過甚百倍阿兄，心血久虧數倍於阿兄乎！余自春來，常恐弟發肝病。而弟信每含糊言之，此四句乃露實情。此病非藥餌所能為力，必須將萬事看空，毋惱毋怒，乃可漸漸減輕。蝮蛇螫手，則壯士斷其手，所以全生也。吾兄弟欲全其生，亦當視惱怒如蝮蛇，去之不可不勇。至囑至囑！

余年來愧對老弟之事，惟調撥程學啟一名，將有損於阿弟。然有損於家，有益於國，弟不必過鬱，兄亦不必過悔。頃見少荃為程學啟請卹一疏，立言公允，茲特寄弟一閱。

李世忠事，十二日奏結。又餉絀情形一片，即為將來兄弟引退之張本。余病假於四月廿五日滿期，余意再請續假，幕友皆勸銷假，弟意以為何如？

淮北票鹽、課釐兩項，每歲共得八十萬串，擬概供弟一軍。此亦鉅款，而弟尚嫌其無幾。余於咸豐四、五、六、七、八、九等年，從無一年收過八十萬者。再籌此等鉅款，萬不可得矣。（同治三年四月十三日）

致九弟（心肝之病以自養自醫為主）

沅弟左右：

厚庵到皖，堅辭督辦一席。渠之赴江西與否，余不能代為主持。至於具摺，則必須渠親自陳奏，余斷不能代辭。厚帥現擬在此辦摺，拜疏後仍回金陵水營。春霆、昌岐聞亦日內可到。春霆回籍之事，卻不能不代為奏懇也。

弟病近日少愈否？肝病余所深知，腹疼則不知何症。屢觀《朗山脈案》，以扶脾為主，不求速效，余深以為然。然心、肝兩家之病，究以自養自醫為主，非藥物所能為力。今日偶過裱畫店，見弟所寫對聯，光彩煥發，精力似甚完足。若能認真調養，不過焦灼，必可漸漸復元。（同治三年五月初十日）

致九弟（鬱怒最易傷人）

沅弟左右：

內疾外症，果愈幾分？凡鬱怒最易傷人。余有錯處，弟儘可一一直說。

人之忌我者，惟願弟做錯事，惟願弟之不恭。人之忌弟者，惟願兄做錯事，惟願兄之不友。弟看破此等物情，則知世路之艱險，而心愈抑畏，氣反和平矣。（同治三年五月廿三日）

致四弟（教家中以勤儉為主）

澄弟左右：

余在金陵二十日起行至安慶，內外大小平安。

門第太盛，余教兒女輩惟以「勤、儉、謙」三字為主。自安慶以至金陵，沿江六百里大小城隘，皆沅弟所攻取。余之幸得大名，皆沅弟之所贈送也，皆高、曾祖父之所留遺也。余欲上不愧先人，下不愧子弟，惟以力教家中勤儉為主。余於「儉」字做到六七分，「勤」字則尚無五分工夫。弟與沅弟於「勤」字做到六七分，「儉」字則尚欠工夫。以後各勉其所長，各戒其所短。弟每用一錢，均須三思。至囑！（同治三年八月初四日）

致四弟九弟（述浚秦淮河及書信往來論文事）

澄、沅兩弟左右：

臘月初六日接沅弟來信，知已平安到家，慰幸無已！

少荃於初六日起行，已抵蘇州。余於十四日入闈寫榜，是夜二更發榜，正榜二百七十三，副榜四十八，闈墨極好，為三十年來所未有。韞齋先生與副主考亦極得意，士子歡欣傳誦。韞師定於二十六日起程，平景孫編修奏請便道回浙，此間公私送程儀約各三千有奇。

各營挑浚秦淮河，已浚十分之六，約年內可以竣事。

澄弟所勸大臣大儒致身之道，敬悉敬悉！惟目下精神實不如從前耳！

鳴原堂論文抄、東坡萬言書，弟閱之如尚有不能解者，宜寫信來問。弟每次問幾條，余每次批幾條。兄弟論文於三千里外，亦不減對床風雨之樂。弟以不能文為此身缺憾，宜趁此家居時，苦學二三年，不可拋荒片刻也。（同治三年十二月十六日）

致九弟（講求奏議不遲）

沅弟左右：

弟信言寄文每月以六篇為率，余意每月三次，每次未滿千字者則二篇，千字以上者則止一篇。選文之法，古人選三之二，本朝人選三之一，不知果當弟意否？

弟此時講求奏議尚不為遲，不必過於懊悔。天下督、撫二十餘人，其奏疏有過弟者，有魯、衛者，有不及弟者。弟此時用功不求太猛，但求有恆。以吾弟攻金陵之苦力，用之他事，又何事不可為乎？

（同治四年正月廿四日）

致四弟九弟（述軍情）

澄、沅兩弟左右：

紀瑞姪得取縣案首，喜慰無已。吾不望代代得富貴，但願代代有秀才。秀才者，讀書之種子也，世家之招牌也，禮義之旂幟也。諄囑瑞姪從此奮勉加功，為人與為學並進，切戒「驕」「奢」二字，則家中風氣日厚，而諸子姪爭相濯磨矣。

吾自受督辦山東軍務之命，初九、十三日兩摺皆已寄弟閱看，茲將兩次批諭鈔閱。吾於廿五日起行登舟，在河下停泊三日。待遣回之十五營一概開行，帶去之六營一概拔隊，然後解維長行。

茂堂不願久在北路，擬至徐州度暑，九月間准茂堂還湘。勇丁有不願留徐者，亦聽隨茂堂歸。總使吉中全軍人人榮歸，可去可來，無半句閒話惹人談論，沅弟千萬放心。

余舌尖蹇澀，不能多說話，諸事不甚耐煩，幸飲食如常耳。沅弟濕毒未減，懸系之至。藥物斷難收效，總以能養能睡為妙。（同治四年五月廿五日）

致四弟九弟（寄銀親族三黨）

澄、沅兩弟左右：

余經手事件，只有長江水師應撤者尚未撤，應改為額兵者尚未改，暨報銷二者未了而已。今冬必將水師章程出奏，并在安慶設局辦理報銷。諸事清妥，則余兄弟或出或處，或進或退，綽有餘裕。

近四年每年寄銀少許與親屬三黨，今年仍循此例。惟徐州距家太遠，勇丁不能攜帶，因寫信與南坡，請其在鹽局匯兌，余將來在揚州歸款。請兩弟照單封好，用紅紙簽寫「菲儀」等字，年內分送。千里寄出毫毛，禮文不可不敬也。（同治四年十一月十六日）

致四弟（述養身五事）

澄弟左右：

鄉間穀價日賤，禾豆暢茂，猶是昇平景象，極慰極慰！

賊自三月下旬退出曹、鄆之境，幸保山東運河以東各屬，而仍蹂躪及曹、宋、徐、泗、鳳、淮諸府。彼剿此竄，倏忽來往。直至五月下旬，張、牛各股始竄至周家口以西，任、賴各股始竄至太和以西。大約夏秋數月，山東、江蘇可以高枕無憂，河南、皖、鄂又必手忙腳亂。

余擬於數日內至宿遷、桃源一帶察看隄牆，即由水路上臨淮而至周家口。盛暑而坐小船，是一極苦之事。因陸路多被水淹，雇車又甚不易，不得不改由水程。余老境日逼，勉強支持一年半載，實不能久當大任矣。因思吾兄弟體氣皆不甚健，後輩子姪尤多虛弱，宜於平日講求養生之法，不可於臨時亂投藥劑。

養生之法約有五事：一曰眠食有恆，二曰懲忿，三曰節慾，四曰每夜臨睡洗腳，五曰每日兩飯後各行三千步。懲忿，即余篇中所謂「養生以少惱怒為本」也。眠食有恆及洗腳二事，星岡公行之四十年，余亦學行七年矣。飯後三千步近日試行，自矢永不間斷。弟從前勞苦太久，年近五十，願將此五事立志行之，並勸沅弟與諸子姪行之。

余與沅弟同時封爵開府，門庭可謂極盛，然非可常恃之道。記得己亥正月，星岡公訓竹亭公曰：「寬一雖點翰林，我家仍靠作田為業，不可靠他吃飯。」此語最有道理，今亦當守此二語為命脈。望吾弟專在作田上用工，輔之以「書、蔬、魚、豬，早、掃、考、寶」八字。任憑家中如何貴盛，切莫全改道光初年之規模。凡家道所以可久者，不恃一時之官爵，而恃長遠之家規；不恃一二人之驟發，而恃大眾之維持。我若有福罷官回家，當與弟竭力維持。老親舊眷，貧賤族黨，不可怠慢。待貧者亦與富者一般，當盛時預作衰時之想，自有深固之基矣。（同治五年六月初五日）

致九弟（宜在自修處求強）

沅弟左右：

接弟信，具悉一切。

弟謂命運作主，余素所深信；謂自強者每勝一籌，則余不甚深信。凡國之強，必須多得賢臣；凡家之強，必須多出賢子弟。此亦關乎天命，不盡由於人謀。至一身之強，則不外乎北宮黝、孟施舍、曾子三種。孟子之集義而慊，即曾子之自反而縮也。惟曾、孟與孔子告仲由之強，略為可久可常。此外鬭智鬭力之強，則有因強而大興，亦有因強而大敗。古來如李斯、曹操、董卓、楊素，其智、力皆橫絕一世，而其禍敗亦迥異尋常；近世如陸、何、肅、陳，皆予知自雄，而俱不保其終。故吾輩在自修處求強則可，在勝人處求強則不可。若專在勝人處求強，其能強到底與否，尚未可知。即使終身強橫安穩，亦君子所不屑道也。

賊匪此次東竄，東軍小勝二次，大勝一次；劉、潘大勝一次，小勝數次；似已大受懲創，不似上半年之猖獗。但求不竄陝、洛，即竄鄂境，或可收夾擊之效。

余定於明日請續假一月，十月請開各缺，仍留軍營，刻一木戳，會辦中路剿匪事宜而已。（同治五年九月十二日）

致四弟（送銀共患難者及述星岡公之家規）

澄弟左右：

余於十月廿五接入覲之旨，次日寫信召紀澤來營。厥後又有三次信止其勿來，不知均接到否？自十一月初六接奉回江督任之旨，十七日已具疏恭辭；廿八日又奉旨令回本任，初三日又具疏懇辭。如果不獲命，尚當再四疏辭。但受恩深重，不敢遽求回籍，留營調理而已。余從此不復作官。

同鄉京官，今冬炭敬猶須照常餽送。昨令李翥漢回湘，送羅家二百金、李家二百金、劉家百金，昔年曾共患難者也。

前致弟處千金，為數極少。自有兩江總督以來，無待胞弟如此之薄者。然處茲亂世，錢愈多則患愈大，兄家與弟家，總不宜多存現銀現錢。每年足敷一年之用，便是天下之大富，人間之大福矣。家中要得興旺，全靠出賢子弟。若子弟不賢不才，雖多積銀積錢積穀積產積書積衣，總是枉然。

子弟之賢否，六分本於天生，四分由於家教。吾家世代皆有明德明訓，惟星岡公之教尤應謹守牢記。吾近將星岡公之家規編成八句，云：「書、蔬、魚、豬，考、早、掃、寶，常設常行，八者都好。

地命醫理，僧巫祈禱，留客久住，六者俱惱。」蓋星岡公於地、命、醫、僧、巫五項人進門便惱，即親友遠客久住亦惱。此「八好」「六惱」者，我家世世守之，永為家訓。子孫雖愚，亦必使就範圍也。

（同治五年十二月初六日）

致九弟（一悔字訣）

沅弟左右：

鄂署五福堂有回祿之災，幸人口無恙，上房無恙，受驚已不小矣。其屋係板壁紙糊，本易招火。凡遇此等事，只可說打雜人役失火，固不可疑會匪之毒謀，尤不可怪仇家之奸細。若大驚小怪，胡想亂猜，生出多少枝葉，仇家轉得傳播以為快。惟有處處泰然，行所無事。申甫所謂「好漢打脫牙，和血吞」，星岡公所謂「有福之人善退財」，真處逆境者之良法也。

弟求兄隨時訓示申儆，兄自問近年得力，惟有一「悔」字訣。兄昔年自負本領甚大，可屈可伸，可行可藏，又每見得人家不是。自從丁巳、戊午大悔大悟之後，乃知自己全無本領，凡事都見得人家有幾分是處。故自戊午至今九載，與四十歲以前迥不相同。大約以「能立能達」為體，以「不怨不尤」為用。立者，發奮自強，站得住也；達者，辦事圓融，行得通也。吾九年以來，痛戒無恆之弊，看書寫字，從未間斷，選將練兵，亦常留心。此皆自強、能立工夫。奏疏公牘，再三斟酌，無一過當之語、自誇之詞。此皆圓融、能達工夫。至於怨天，本有所不敢；尤人，則尚不能免，亦皆隨時強制而克去之。弟若欲自儆惕，似可學阿兄丁、戊二年之悔，然後痛下鍼砭，必有大進。

「立」、「達」二字，吾於己未年曾寫於弟之手卷中，弟亦刻刻思自立自強。但於能達處尚欠體驗，於不怨尤處尚難強制。吾信中言皆隨時指點，勸弟強制也。趙廣漢本漢之賢臣，因星變而劾魏相，後乃身當其災，可為殷鑒。默存一「悔」字，無事不可挽回也。（同治六年正月初三日）

致九弟（必須逆來順受）

沅弟左右：

接李少帥信，知春霆因弟覆奏之片言「省三係與任逆接仗，霆軍係與賴逆交鋒」，大為不平，自奏傷疾舉發，請開缺調理。又以書告少帥，謂弟自占地步。弟當此百端拂逆之時，又添此至交齟齬之事，想心緒益覺難堪。然事已如此，亦只有逆來順受之法，仍不外「悔」字訣，「硬」字訣而已。朱子嘗言：「『悔』字如春，萬物蘊蓄初發。『吉』字如夏，萬物茂盛已極。『吝』字如秋，萬物始落。『凶』字如冬，萬物枯凋。」又嘗以「元」字配春，「亨」字配夏，「利」字配秋，「貞」字配冬。兄意「貞」字即「硬」字訣也。弟當此艱危之際，若能以「硬」字法冬藏之德，以「悔」字啟春生之機，庶幾可挽回一二乎？

聞左帥近日亦極謙慎。在漢口氣象何如，弟曾聞其大略否？中甫閱歷極深，若遇危難之際，與之深談，渠尚能於惡風駭浪之中默識把柁之道，在司道中不可多得也。（同治六年三月初二日）

致四弟九弟（諭旨飭沅陛見）

澄、沅兩弟左右：

初二日接奉寄諭，飭沅弟迅速進京陛見，茲用排單恭錄諭旨咨至弟處。

上年十二月，韞齋先生力言京師士大夫於沅弟毫無間言，余即知不久必有諭旨徵召，特不料有如是之速。余擬於日內覆奏一次，言弟「所患夜不成寐之病尚未痊愈，趕緊調理，一俟稍痊，即行進京。一面函商臣弟國荃，令將病狀詳細陳明」云云。沅弟奉旨後，望作一摺寄至金陵，附余發摺之便覆奏。

余意不寐屢醒之症，總由元、二兩年用心太過，肝家亦暗暗受傷，必須在家靜養一年，或可奏效，明春再行出山，方為妥善。若此再後有諭旨來催，亦須稍能成寐，乃可應詔急出。不審兩弟之意以為何如？

筱荃來撫吾湘，諸事尚不至大有更張。惟次山以微罪去官，令人悵悵。沅弟前函有長沙之行，想正值移宮換羽之際，難為情也。（同治六年三月初四日）

致四弟（念及丁口繁盛）

澄弟左右：

吾鄉雨水霑足，甲五、科三、科九三姪婦皆有夢熊之祥，至為歡慰！吾自五十以後百無所求，惟望星岡公之後丁口繁盛，此念刻刻不忘。吾德不及祖父遠甚，惟此心則與祖父無殊。弟與沅弟望後輩添丁之念，又與阿兄無殊。或者天從人願，鑒我三兄弟之誠心，從此丁口日盛，亦未可知。且即此一念，見我兄弟之同心。無論何房添丁，皆有至樂。和氣致祥，自有可卜明盛之理。

沅弟自去冬以來憂鬱無極。家眷擬不再接來署。吾精力日衰，斷不能久作此官。內人率兒婦輩久居鄉間，將一切規模立定，以「耕讀」二字為本，乃是長久之計。（同治六年五月初五日）

致四弟九弟（述為學四要）

澄、沅兩弟左右：

屢接弟信，並閱弟給紀澤等諭帖，具悉一切。兄以八月十三出省，十三、十五日歸署，在外匆匆，未得常寄函與弟，深以為歉。小澄生子，岳松入學，是家中近日可慶之事，沅弟夫婦病而速痊，亦屬可慰。

吾見家中後輩，體皆虛弱，讀書不甚長進，曾以為學四事勗兒輩：一曰看生書宜求速，不多讀則太陋。一曰溫舊書宜求熟，不背誦則易忘。一曰習字宜有恆，不善寫則如身之無衣，山之無木。一曰作文宜苦思，不善作則如人之啞不能言，馬之跛不能行。四者缺一不可，蓋閱歷一生而深知之，深悔之者，今亦望家中諸姪力行之。兩弟如以為然，望常以此教誡子姪為要。

兄在外兩月有餘，應酬極繁，眩暈疝氣等症，幸未復發，腳腫亦愈。惟目蒙日甚，小便太多，衰老相逼，時勢當然，無足怪也。（同治六年十月廿三日）

致四弟（兄弟同蒙封爵）

澄弟左右：

初十日接奉恩旨，余蒙封侯爵、太子太保，沅弟蒙封伯爵、太子少保，均賞雙眼花翎。沅部李臣典子爵，蕭孚泗男爵。殊恩異數，萃於一門。祖宗積累陰德，吾輩食此重祿，感激之餘，彌增歉悚。沅弟至六月甚辛苦，近日濕毒十愈其七。初十、十一、十二等日戲酒宴客，每日百餘席，沅應酬周到，不以為苦。諺稱「人逢喜事精神爽」，其信然歟！

余擬於七月下旬回皖，九月再來金陵，十一月舉行江南鄉試。沅弟擬九、十月回籍。各營應撤二萬人，遣資尚無著也。（同治七年五月十四日）

曾國藩家訓

諭紀鴻（勤儉自持習勞習苦）

字諭紀鴻兒：

家中人來營者多稱爾舉止大方，余為少慰。凡人多望子孫為大官，余不願為大官，但願為讀書明理之君子。勤儉自持，習勞習苦，可以處樂，可以處約，此君子也。

余服官二十年，不敢稍染官宦氣習，飲食起居，尚守寒素家風，極儉也可。略豐也可，太豐則我不敢也。凡仕宦之家，由儉入奢易，由奢返儉難。爾年尚幼，切不可貪愛奢華！不可慣習懶惰！無論大家小家，士農工商，勤苦儉約，未有不興；驕奢倦怠，未有不敗！爾讀書寫字，不可間斷。早晨要早起，莫墜高曾祖考以來相傳之家風。吾父吾叔皆黎明卽起，爾之所知也。

凡富貴功名，皆有命定：半由人力，半由天事。惟學作聖賢，全由自己作主，不與天命相干涉。吾有志學為聖賢，少時欠居敬工夫，至今猶不免偶有戲言戲動。爾宜舉止端莊，言不妄發，則入德之基也。（咸豐六年九月廿九日）

諭紀澤（讀書寫字作文做人之道）

字諭紀澤兒：

余此次出門，略載日記，即將日記封每次家信中。聞林文忠家書，即係如此辦法。

爾在省城，僅至丁、左兩家，餘不輕出，足慰遠懷。

讀書之法，看、讀、寫、作，四者每日不可缺一。看者，如爾去年看《史記》、《漢書》、韓文、《近思錄》，今年看《周易折中》之類是也。讀者，如《四書》、《詩》、《書》、《易經》、《左傳》諸經、《昭明文選》、李杜韓蘇之詩、韓歐曾王之文，非高聲朗誦則不能得其雄偉之概，非密詠恬吟則不能探其深遠之韻。譬之富家居積，看書則在外貿易，獲利三倍者也，讀書則在家慎守，不輕花費者也；譬之兵家戰爭，看書則攻城爭地，開拓土宇者也，讀書則深溝堅壘，得地能守者也。看書與子夏之「日知所亡」相近，讀書與「無忘所能」相近，二者不可偏廢。

至於寫字，真行篆隸，爾頗好之，切不可間斷一日。既要求好，又要求快。余生平因作字遲鈍，吃虧不少。爾須力求敏捷，每日能作楷書一萬則幾矣。

至於作詩文，亦宜在二三十歲立定規模；過三十後，則長進極難。作四書文，作試帖詩，作律賦，作古今體詩，作古文，作駢體文，數者不可不一一講求，一一試為之。少年不可怕醜，須有「狂者進取」之趣，此時不試為之，則後此彌不肯為矣。

至於作人之道，聖賢千言萬語，大抵不外「敬恕」二字。「仲弓問仁」一章，言敬恕最為親切。自此以外，如「立則見參於前也，在輿則見其倚於衡也」；「君子無眾寡，無小大，無敢慢」，斯為「泰而不驕」；「正其衣冠，儼然人望而畏」，斯為「威而不猛」，是皆言敬之最好下手者。孔言「欲立立人，欲達達人」；孟言「行有不得，反求諸己」。「以仁存心，以禮存心」，「有終身之憂，無一朝之患」。是皆言恕之最好下手者。爾心境明白，於「恕」字或易著力，敬字則宜勉強行之。此立德之基，不可不謹。

科場在即，亦宜保養身體。余在外平安，不多及。

再，此次日記，已封入澄侯叔函中寄至家矣。余自十二至湖口，十九夜五更開船晉江西省，廿一申刻即至章門。餘不多及。又示。（咸豐八年七月廿一日）

諭紀澤（讀書宜虛心涵泳、切己體察）

字諭紀澤：

八月一日，劉曾撰來營，接爾第二號信並薛曉帆信，得悉家中母子平安，至以為慰。

汝讀《四書》無甚心得，由不能「虛心涵泳，切己體察」。朱子教人讀書之法，此二語最為精當。爾現讀〈離婁〉，即如〈離婁〉首章「上無道揆，下無法守」，我往年讀之，亦無甚警惕。近歲在外辦事，乃知上之人必揆諸道，下之人必守乎法；若人人以道揆自許，從心而不從法，則下凌上矣。「愛人不親」章，往年讀之，不甚親切，近歲閱歷日久，乃知治人不治者，智不足也。此切己體察之一端也。

「涵泳」二字，最不易識。余嘗以意測之，曰：涵者，如春雨之潤花，如清渠之溉稻。雨之潤花，過小則難透，過大則離披，適中則涵濡而滋液；清渠之溉稻，過少則枯槁，過多則傷澇，適中則涵養而勃興。泳者，如魚之游水，如人之濯足。程子謂「魚躍於淵，活潑潑地」；莊子言「濠梁觀魚，安知非樂」？此魚水之快也。左太沖有「濯足萬里流」之句，蘇子瞻有夜臥濯足詩，有浴罷詩，亦人性樂水者之一快也。善讀書者，須視書如水，而視此心如花如稻如魚如濯足，則「涵泳」二字，庶可得之於意言之表。爾讀書易於解說文義，卻不甚能深入，可就朱子「涵泳」、「體察」二語悉心求之。

鄒叔明新刊地圖甚好，余寄書左季翁，託購致十幅，爾收得後，可好藏之。薛曉帆銀百兩宜璧還。

余有復信，可并交季翁也。此囑。（咸豐八年八月初三日）

諭紀澤（學詩學字之方法勉其雪己之三恥）

字諭紀澤：

十九日曾六來營，接爾初七日第五號家信並詩一首，具悉。次日入闈，考具皆齊矣。此時計已出闈還家。

余於初八日至河口。本擬由鉛山入閩，進擣崇安，已拜疏矣。光澤之賊竄擾江西，連陷瀘溪、金溪、安仁三縣，即在安仁屯踞。十四日派張凱章往剿。十五日余亦回駐弋陽。待安仁破滅後，余乃由瀘溪雲際關入閩也。

爾七古詩，氣清而詞亦穩，余閱之忻慰。凡作詩，最宜講究聲調。余所選鈔五古九家、七古六家，聲調皆極鏗鏘，耐人百讀不厭。余所未鈔者，如左太沖、江文通、陳子昂、柳子厚之五古，鮑明遠、高達夫、王摩詰、陸放翁之七古，聲調亦清越異常。爾欲作五古七古，須熟讀五古七古各數十篇。先之以高聲朗誦，以昌其氣；繼之以密詠恬吟，以玩其味。二者並進，使古人之聲調，拂拂然若與我之喉舌相習，則下筆為詩時，必有句調湊赴腕下。詩成自讀之，亦自覺琅琅可誦，引出一種興會來。古人云「新詩改罷自長吟」，又云「煆詩未就且長吟」，可見古人慘淡經營之時，亦純在聲調上下工夫。蓋有字句之詩，人籟也；無字句之詩，天籟也。解此者，能使天籟人籟湊拍而成，則於詩之道思過半矣。

爾好寫字，是一好氣習。近日墨色不甚光潤，較去年春夏已稍退矣。以後作字，須講究墨色。古來書家，無不善使墨者，能令一種神光活色浮於紙上，固由臨池之勤染翰之多所致，亦緣於墨之新舊濃淡，用墨之輕重疾徐，皆有精意運乎其間，故能使光氣常新也。

余生平有三恥：學問各途，皆略涉其涯涘，獨天文算學，毫無所知，雖恆星五緯亦不認識，一恥也；每做一事，治一業，輒有始無終，二恥也；少時作字，不能臨摹一家之體，遂致屢變而無所成，遲鈍而不適於用，近歲在軍，因作字太鈍，廢閣殊多，三恥也。爾若為克家之子，當思雪此三恥。推步算學，縱難通曉，恆星五緯，觀認尚易。家中言天文之書，有十七史中各天文志，及《五禮通考》中所輯觀象授時一種。每夜認明恆星二三座，不過數月，可畢識矣。凡作一事，無論大小難易，皆宜有始有終。作字時，先求圓勻，次求敏捷。若一日能作楷書一萬，少或七八千，愈多愈熟，則手腕毫不費力。將來以之為學，則手銘羣書，以之從政，則案無留牘。無窮受用，皆從寫字之勻而且捷生出。三者皆足以彌吾之缺憾矣。

今年初次下場，或中或不中，無甚關係，榜後即當看《詩經》注疏。以後窮經讀史，二者迭進。國朝大儒，如顧、閻、江、戴、段、王數先生之書，不可不熟讀而深思之。光陰難得，一刻千金。以後寫安稟來營，不妨將胸中所見，簡編所得，馳騁議論，俾余得以考察爾之進步，不宜太寥寥。此諭。（咸豐八年八月二十日）

諭紀澤（治經學賦、習字之法）

字諭紀澤：

十月十一日接爾安稟，內附隸字一冊。廿四日接澄叔信，內附隸臨《元教碑》一冊。王五及各長夫來，具述家中瑣事甚詳。

爾信內言讀《詩》注疏之法，比之前一信已有長進。凡漢人傳注、唐人之疏，其惡處在確守故訓，失之穿鑿；其好處在確守故訓，不參私見。釋「謂」為「勤」，尚不數見，釋「言」為「我」，處處皆然，蓋亦十口相傳之詁，而不復顧文氣之不安。如〈伐木〉為文王與友人入山，〈鴛鴦〉為明王交於萬物，與爾所疑〈螽斯〉章解，同一穿鑿。朱子《集傳》一掃舊障，專在涵泳神味，虛而與之委蛇。然如〈鄭風〉，諸什注疏以為皆刺忽者固非，朱子以為皆淫奔者，亦未必是。爾治經之時，無論看注疏，看朱傳，總宜虛心求之。其愜意者，則以硃筆識出；其懷疑者，則以另冊寫一小條，或多為辨論，或僅著數字，將來疑者漸晰，又記於此條之下，久久漸成卷帙，則自然日進。高郵王懷祖先生，父子經學為本朝之冠，皆自劄記得來。吾雖不及懷祖先生，而望爾為伯申氏甚切也。

爾問時藝可否暫置，抑或他有所學。余惟文章之可以道古、可以適今者，莫如作賦。漢魏六朝之賦，名篇鉅製，具載於《文選》，余嘗以〈西征〉、〈蕪城〉，及〈恨〉、〈別〉等賦示爾矣。其小品賦，則有〈古賦識小錄〉。律賦，則有本朝吳穀人、顧耕石、陳秋舫諸家。爾若學賦，可於每三、八日作一篇大賦，或數千字；小賦或僅數十字，或對或不對，均無不可。此事比之八股文略有意趣，不知爾性與之相近否？爾所臨隸書《孔廟碑》，筆太拘束，不甚鬆活，想係執筆太近毫之故，以後須執於管頂。余以執筆太低，終身吃虧，故教爾趁早改之。《元教碑》墨氣甚好，可喜可喜。郭二姻叔嫌左肩太俯，右肩太聳，吳子序年伯欲帶歸示其子弟。爾字姿於草書尤相宜，以後專習真、草二種，篆、隸置之可也。四體並習，恐將來不能一工。

余癬疾近日大愈，目光平平如故。營中各勇夫病者，十分已好六七，惟尚未復元，不能拔營進剿，良深焦灼。聞甲五目疾十愈八九，忻慰之至。爾為下輩之長，須常常存個樂育諸弟之念。君子之道，莫大乎與人為善，況兄弟乎？臨二、昆八係親表兄弟，爾須與之互相勸勉。爾有所知者，常常與之講論，則彼此並進矣。此諭。（咸豐八年十月二十五日）

諭紀澤（研究天文學）

字諭紀澤：

二十五日寄一信，言讀《詩經》注疏之法。二十七日縣城二勇至，接爾十一日安稟，具悉一切。

爾看天文，認得恆星數十座，甚慰甚慰！前信言《五禮通考》中觀象授時二十卷內恆星圖最為明晰，曾繙閱否？國朝大儒於天文歷數之學，講求精熟，度越前古。自梅定九、王寅旭以至江、戴諸老，皆稱絕學，然皆不講占驗，但講推步。占驗者，觀星象雲氣以卜吉凶，《史記·天官書》、《漢書·天文志》是也。推步者，測七政行度，以定授時，《史記·律書》、《漢書·律歷志》是也。秦味經先生之《觀象授時》，簡而得要。心壺既肯究心此事，可借此書與之閱看。《五禮通考》內有之，《皇清經解》內亦有之。若爾與心壺二人能略窺二者之端緒，則足以補余之缺憾矣。（咸豐八年十月二十九日）

諭紀澤（宜繙閱校經書籍）

字諭紀澤：

初一日接爾十二日一稟，得知四宅平安，爾將有長沙之行，想此時又歸也。少庚早世，賀家氣象日以凋耗，爾當常常寄信與爾岳母，以慰其意。每年至長沙須走一二次，以解其憂。耦庚先生學問、文章卓絕流輩，居官亦愷惻慈祥，而家運若此，是不可解！爾輓聯尚穩妥。

《詩經》字不同者，余忘之。凡經文板本不合者，沅氏校勘記最詳。凡引經不合者，段氏《撰異》最詳。爾繙而校對之，則疑者明矣。（咸豐八年十二月初三日）

諭紀澤（教子作文習字）

字諭紀澤：

日來接爾兩稟，知爾《左傳》注疏將次看完。三禮注疏，非將江慎修《禮書綱目》識得大段，則注疏亦難領會，爾可暫緩，即《公》、《穀》亦可緩看。爾明春將胡刻《文選》細看一徧，一則含英咀華，可醫爾筆下枯澀之弊；一則吾熟讀此書，可常常教爾也。沅叔及寅皆先生望爾作四書文，極為勤懇。余念爾庚申、辛酉下兩科場，文章亦不可太醜，惹人笑話。爾自明年正月起，每月作四書文三篇，俱由家信內封寄營中。此外或作得詩賦論策，亦即寄呈。

寫字之中鋒者，用筆尖著紙，古人謂之蹲鋒，如獅蹲、虎蹲、犬蹲之類。偏鋒者，用筆毫之腹著紙，不倒於左，則倒於右，當將倒未倒之際，一提筆則為蹲鋒。是用偏鋒者，亦有中鋒時也。此諭。

（咸豐八年十二月二十三）

諭紀澤（敬愛長輩，為後輩立榜樣）

字諭紀澤：

聞爾至長沙已逾月餘，而無稟來營，何也？少庚訃信百餘件，聞皆爾親筆寫之，何不發刻？或倩人幫寫？非謂爾宜自惜精力，蓋以少庚年未三十，情有等差，禮有隆殺，則精力亦不宜過竭耳。近想已歸家度歲。今年家中因溫甫叔之變，氣象較之往年迥不相同。余因去年在家，爭辨細事，與鄉里鄙人無異，至今抱慖。故雖在外，亦惻然寡懽。爾當體我此意，於叔祖、各叔父母前盡些愛敬之心。常存休戚一體之念，無懷彼此歧視之見，則老輩內外必器愛爾，後輩兄弟姊妹必以爾為榜樣，日處日親，愈久愈敬。若使宗族、鄉黨皆曰紀澤之量大於其父之量，則余欣然矣。

余邇有信教爾學作賦，爾復稟並未提及。又有信言「涵養」二字，爾復稟亦未之及。嗣後我信中所論之事，爾宜一一稟復。余於本朝大儒，自顧亭林之外，最好高郵王氏之學。王安國以鼎甲官至尚書，謚文肅，正色立朝。生懷祖先生念孫，經學精卓。生王引之，復以鼎甲官尚書，謚文簡。三代皆好學深思，有漢韋氏、唐顏氏之風。余自憾學問無成，有媿王文肅公遠甚，而望爾輩為懷祖先生，為伯申氏，則夢寐之際，未嘗須臾忘也。懷祖先生所著《廣雅疏證》《讀書雜誌》，家中無之；伯申氏所著《經義述聞》、《經傳釋詞》，《皇清經解》內有之。爾可試取一閱。其不知者，寫信來問。本朝窮經者，皆精小學，大約不出段、王兩家之範圍耳。（咸豐八年十二月三十日）

諭紀澤（寫字之法）

字諭紀澤：

三月初二日接爾二月廿日安稟，得知一切。

內有賀丹麓先生墓志，字勢流美，天骨開張，覽之忻慰。惟間架間有太鬆之處，尚當加功。大抵寫字只有用筆、結體兩端。學用筆，須多看古人墨蹟；學結體，須用油紙摹古帖。此二者，皆決不可易之理。小兒寫影本，肯用心者，不過數月，必與其摹本字相肖。吾自三十時已解古人用筆之意，只為欠卻間架工夫，便爾作字不成體段。生平欲將柳誠懸、趙子昂兩家合為一爐，亦為間架欠工夫，有志莫遂。爾以後當從間架用一番苦功，每日用油紙摹帖，或百字，或二百字，不過數月，間架與古人逼肖而不自覺。能合柳、趙為一，此吾之素願也。不能，則隨爾自擇一家，但不可見異思遷耳。不特寫字宜摹仿古人間架，即作文亦宜摹仿古人間架。《詩經》造句之法，無一句無所本。《左傳》之文，多現成句調。揚子雲為漢代文宗，而其《太玄》摹《易》，《法言》摹《論語》，《方言》摹《爾雅》，〈十二箴〉摹〈虞箴〉，〈長楊賦〉摹〈難蜀父老〉，〈解嘲〉摹〈客難〉，〈甘泉賦〉摹〈大人賦〉，〈劇秦美新〉摹〈封禪文〉，〈諫不許單于朝書〉摹〈國策〉「信陵君諫伐韓」，幾於無篇不摹。即韓、歐、曾、蘇諸巨公之文，亦皆有所摹擬，以成體段。爾以後作文、作詩賦，均宜心有摹仿，而後間架可立，其收效較速，其取徑較便。前信教爾暫不必看《經義述聞》，今爾此信言業看三本，如看得有些滋味，即一直看下去。不為或作或輟，亦是好事。惟《周禮》、《儀禮》、《大戴禮》、《公》、《穀》、《爾雅》、《國語》、《太歲考》等卷，爾向來未讀過正文者，則王氏《述聞》亦暫可不觀也。

爾思來營省覲，甚好，余亦思爾來一見。婚期既定五月廿六日，三、四月間自不能來，或七月晉省鄉試，八月底來營省覲亦可。身體雖弱，處多難之世，若能風霜磨鍊、苦心勞神，亦自足堅筋骨而長識見。沅甫叔向最羸弱，近日治軍，反得壯健，亦其證也。（咸豐九年三月初三日）

諭紀澤（書法之派別）

字諭紀澤兒：

廿二日接爾稟並《書譜．敘》，以示李少荃、次青、許仙屏等，皆極贊美云「爾鈎聯頓挫，純用孫過庭草法，而間架純用趙法，柔中寓剛，綿裡藏針，動合自然」等語。余聽之亦欣慰也。

趙文敏集古今之大成，於初唐四家內師虞永興，而參以鍾紹京，因此以上窺二王，下法山谷，此一徑也；於中唐師李北海，而參以顏魯公、徐季海之沉著，此一徑也；於晚唐師蘇靈芝，此又一徑也。由虞永興以溯二王及晉六朝諸賢，世所稱南派者也；由李北海以溯歐、褚及魏、北齊諸賢，世所稱北派者也。爾欲學書，須窺尋此二派之所以分。南派以神韻勝，北派以魄力勝。宋四家，蘇、黃近於南派，米、蔡近於北派。趙子昂欲合二派而匯為一。爾從趙法入門，將來或趨南派，或趨北派，皆可不迷於所往。

我先大夫竹亭公，少學趙書，秀骨天成。我兄弟五人，於字皆下苦功，沅叔天分尤高。爾若能光大先業，甚望甚望！

制藝一道，亦須認真用功。鄧瀛師，名手也。爾作文，在家有鄧師批改，付營次有次青批改，此極難得，千萬莫錯過了。付回趙書《楚國夫人碑》，可分送汪、易、葛三先生，及二外甥，暨爾諸堂兄

弟。又舊宣紙手卷、新宣紙橫幅，爾可學《書譜》，請徐柳臣一看。此囑。（咸豐九年三月二十三日）

諭紀澤（讀書宜知所選擇）

字諭紀澤：

前次於諸叔父信中，復示爾所問各書帖之目。鄉間苦於無書，然爾生今日，吾家之書，業已百倍於道光中年矣。買書不可不多，而看書不可不知所擇。以韓退之為千古大儒，而自述其所服膺之書，不過數種：曰《易》、曰《書》、曰《詩》、曰《春秋左傳》、曰《莊子》、曰《離騷》、曰《史記》、曰相如、子雲。柳子厚自述其所得，正者：曰《易》、曰《書》、曰《詩》、曰《禮》、曰《春秋》；旁者：曰《穀梁》、曰《孟》、《荀》、曰《老》、《莊》、曰《國語》、曰《離騷》、曰《史記》。二公所讀之書，皆不甚多。本朝善讀古書者，余最好高郵王氏父子，曾為爾屢言之矣。今觀懷祖先生《讀書雜志》中所考訂之書：曰《逸周書》、曰《戰國策》、曰《史記》、曰《漢書》、曰《管子》、曰《晏子》、曰《墨子》、曰《荀子》、曰《淮南子》、曰《後漢書》、曰《老》、《莊》、曰《呂氏春秋》、曰《韓非子》、曰《楊子》、曰《楚辭》、曰《文選》，凡十六種。又別注《廣雅疏證》一種。伯申先生《經義述聞》中所考訂之書：曰《易》、曰《書》、曰《詩》、曰《周官》、曰《禮儀》、曰《大戴禮》、曰《禮記》、曰《左傳》、曰《國語》、曰《公羊》、曰《穀梁》、曰《爾雅》，凡十二種。王氏父子之博，古今所罕，然亦不滿三十種也。余於四書五經之外，最好《史記》、《漢書》、《莊子》、韓文四種，好之十餘年，惜不能熟讀精攻。又好《通鑑》、《文選》及姚惜抱所選《古文辭類纂》、所選《十八家詩鈔》四種，共不過十餘種。早歲篤志為學，恆思將此十餘書貫串精通，略作箚記，仿顧亭林、王懷祖之法。今年齒衰老，時事日艱，所志不克成就，中夜思之，每自悔愧。澤兒若能成吾之志，將四書五經及余所好之八種一一熟讀而深思之，略作箚記，以志所得，以著所疑，則余歡欣快慰，夜得甘寢，此外別無所求矣。至王氏父子所考訂之書二十八種，凡家中所無者，爾可開一單來，余當一一購得寄回。

學問之途，自漢至唐，風氣略同；自宋至明，風氣略同；國朝又自成一種風氣，其尤著者，不過閻百詩、戴東原、江慎修、錢辛楣、秦味經、段懋堂、王懷祖數人，而風會所扇，羣彥雲興。爾有志讀書，不必別標漢學之名目，而不可不一窺數君子之門徑。凡有所見所聞，隨時稟知，余隨時諭答，較之當面問答，更易長進也。（咸豐九年四月二十一日）

諭紀澤（宜分類手鈔體面話頭）

字諭紀澤：

爾作時文，宜先講詞藻，欲求詞藻富麗，不可不分類鈔撮體面話頭。近世文人，如袁簡齋、趙甌北、吳穀人，皆有手鈔詞藻小本，此眾人所共知者。阮文達公為學政時，搜出生童夾帶，必自加細閱。如係親手所鈔，略有條理者，即予進學；如係請人所鈔，概錄陳文者，照例罪斥。阮公一代閎儒，則知文人不可無手鈔夾帶小本矣。昌黎之記事提要、纂言鈎元，亦係分類手鈔小冊也。爾去年鄉試之文，太無詞藻，幾不能敷衍成篇。此時下手工夫，以分類手鈔詞藻為第一義。

爾此次復信，即將所分之類開列目錄，附稟寄來。分大綱子目，如倫紀類為大綱，則君臣、父子、兄弟為子目；王道類為大綱，則井田、學校為子目。此外各門可以類推。爾曾看過《說文》、《經義述聞》，二書中可鈔者多。此外如江慎修之《類腋》及《子史精華》、《淵鑑類函》，則可鈔者尤多矣，爾試為之。此科名之要道，亦即學問之捷徑也。此諭。（咸豐九年五月初四日）

諭紀澤（讀書不求記憶但求明白）

字諭紀澤：

接爾二十九、三十號兩稟，得悉《書經》注疏已看畢。《書經》注疏頗庸陋，不如《詩經》之該博。我朝儒者，如閻百詩、姚姬傳諸公皆辨別古文《尚書》之偽。孔安國之傳，亦偽作也。蓋秦燔書後，漢代伏生所傳，歐陽及大小夏侯所習，皆僅二十八篇，所謂今文《尚書》者也。厥後孔安國家有古文《尚書》，多十餘篇，遭巫蠱之事，未得立於學官，不傳於世。厥後張霸有《尚書》百兩篇，亦不傳於世。後漢賈逵、馬、鄭作古文《尚書》注解，亦不傳於世。至東晉梅賾始獻古文《尚書》並孔安國傳，自六朝唐宋以來承之，即今通行之本也。自吳才老及朱子、梅鼎祚、歸震川，皆疑其為偽。至閻百詩遂專著一書以痛辨之，名曰《疏證》。自是辨之者數十家，人人皆稱偽古文、偽孔氏也。《日知錄》中略著其源委。王西莊、孫淵如、江艮庭三家皆詳言之。此亦六經中一大案，不可不知也。

爾讀書記性平常，此不足慮。所慮者第一怕無恆，第二怕隨筆點過一遍，並未看得明白。此卻是大病。若實看得明白了，久之必得些滋味，寸心若有怡悅之境，則自略記得矣。爾不必求記，卻宜求個明白。

鄧先生講書，仍請講《周易折中》。余圈過之《綱鑑》，暫不必講，恐汙壞耳。爾每日起得早否？並問。此諭。（咸豐九年六月十四日）

諭紀澤（看注疏及寫字法）

字諭紀澤兒：

接爾七月十三、廿七日兩稟，並賦一篇，尚有氣勢，茲批出發還。凡作文，末句要吉祥；凡作字，墨色要光潤。此先大夫竹亭公常以教余與諸叔父者。兒謹記之，無忘祖訓。爾問各條，分列示知：

爾問《五箴》末句「敢告馬走」。凡箴以〈虞箴〉為最古，其末句曰「獸臣司原，敢告僕夫」，意以獸臣有司郊原之責，吾不敢直告之，但告其僕耳。揚子雲仿之作〈州箴〉。冀州曰：「牧臣司冀，敢告在階。」揚州曰：「牧臣司揚，敢告執籌。」荊州曰：「牧臣司荊，敢告執御。」青州曰：「牧臣司青，敢告執矩。」徐州曰：「牧臣司徐，敢告僕夫。」余之「敢告馬走」，即此類也。走猶僕也。朱子作〈敬箴〉，曰「敢告靈臺」，則非僕御之類，於古人微有歧誤矣。凡箴以〈官箴〉為本，如韓公〈五箴〉、程子〈四箴〉、朱子各箴、范浚〈心箴〉之屬，皆失本義。余亦相沿失之。

爾問注疏之法，「《書經》文義奧衍，注疏勉強牽合」二語甚有所見。《左》疏淺近，亦頗不免。國朝如王西莊鳴盛、孫淵如星衍、江艮庭聲皆注《尚書》，顧亭林炎武、惠定宇棟、王伯申引之皆注《左傳》，皆刻《皇清經解》中。《書經》則孫注較勝，王、江不甚足取。《左傳》則顧、惠、王三家俱精。王亦有《書經述聞》，爾曾看過一次矣。大抵十三經注疏以「三禮」為最善，《詩》疏次之。此外皆有純有駁。爾既已看動數經，即須立志全看一過，以期作事有恆，不可半途而廢。

爾問作字換筆之法，凡轉折之處，如「乚乚ㄱ亅」之類，必須換筆，不待言矣。至並無轉折形迹，亦須換筆者，如以一橫言之，須有三換筆。末向上挑，所謂磔也；中折而下行，所謂波也；右向上行，所謂勒也；初入手，所謂直來橫受也。以一直言之，須有兩換筆。捺與橫相似，特末筆磔處更顯耳。撇與直相似，特末筆更撇向外耳。凡換筆，以小換圈識之，可以類推。凡用筆，須略帶欹斜之勢，如本斜向左，一換筆則向右矣；本斜向右，一換筆則左向矣。舉一反三，爾自悟取可也。

李春醴處，余擬送之八十金。若家中未先送，可寄信來。凡家中親友有慶弔事，皆可寄信由營致情也。（咸豐九年八月十二日）

諭紀澤（早辦男女婚嫁事）

字諭紀澤：

廿一日得家書，知爾至長沙一次，何不寄安稟來營？婚期改九月十六，余甚喜慰。余老境侵尋，頗思將兒女婚嫁早早料理。袁漱六親家患咯血疾，昨專人走松江看視，若得復原，吾即思明春辦大女兒嫁事。袁鐵庵來我家時，爾稟問母親，可以吾意商之。

京中書到時，有胡刻《通鑑》一部，留家中講解，即將吾圈過一部寄來營可也。又汲古閣初印《五代史》一部，亦寄來。皮衣等件，速速寄來。吾買帖數十部，下次寄爾。此諭。（咸豐九年九月二十四日）

諭紀澤（宜早起及有恆）

字諭紀澤兒：

接爾十九、二十九日兩稟，知喜事完畢，新婦能得爾母之歡，是即家庭之福。

我朝列聖相承，總是寅正即起，至今二百年不改。我家高、曾、祖考相傳早起，吾得見竟希公、星岡公皆未明即起，冬寒起坐約一個時辰，始見天亮。吾父竹亭公亦甫黎明即起，有事則不待黎明，每夜必起看一二次不等，此爾所及見者也。余近亦黎明即起，思有以紹先人之家風。爾既冠授室，當以早起為第一先務。自力行之，亦率新婦力行之。

余生平坐無恆之弊，萬事無成。德無成，業無成，已可深恥矣。逮辦理軍事，自矢靡他，中間本志變化，尤無恆之大者，用為內恥。爾若稍有成就，須從「有恆」二字下手。

余嘗細觀星岡公儀表絕人，全在一「重」字。余行路、容止亦頗重厚，蓋取法於星岡公。爾之容止甚輕，是亦大弊病，以後宜時時留心。無論行坐，均須重厚。早起也、有恆也、重也，三者皆爾最要之務。早起是先人之家法，無恆是吾身之大恥，不重是爾身之短處，故特諄諄戒之。

吾前一信答爾所問者三條，一字中換筆，一「敢告馬走」，一注疏得失，言之頗詳，爾來稟何以並未提及？以後凡接我教爾之言，宜條條稟復，不可疏略。此外教爾之事，則詳於寄寅皆先生看、讀、寫、作一紙中矣。此諭。（咸豐九年十月十四日）

諭紀澤（治家八法與讀《文選》之道）

字諭紀澤：

初一日接爾十六日稟，澄叔已移寓新居，則黃金堂老宅爾為一家之主矣。昔吾祖星岡公最講治家之法，第一起早，第二打掃潔淨，第三誠修祭祀，第四善待親族鄰里。凡親族鄰里來家，無不恭敬款接，有急必周濟之，有訟必排解之，有喜慶必賀之，有疾必問，有喪必弔。此四事之外，於讀書、種菜等事尤為刻刻留心。故余近寫家信，常常提及書、蔬、魚、豬四端者，蓋祖父相傳之家法也。爾現讀書無暇，此八事，縱不能一一親自經理，而不可不識得此意，請朱運四先生細心經理，八者缺一不可。其誠修祭祀一端，則必須爾母隨時留心：凡器皿第一等好者留作祭祀之用，飲食第一等好者亦備祭祀之需。凡人家不講究祭祀，縱然興旺，亦不久長。至要至要！

爾所論看《文選》之法不為無見。吾觀漢魏文人，有二端最不可及：一曰訓詁精確，二曰聲調鏗鏘。《說文》訓詁之學，自中唐以後人多不講，宋以後說經尤不明訓詁，及至我朝巨儒始通小學。段茂堂、王懷祖兩家，遂精研乎古人文字聲音之末，乃知《文選》中古賦所用之字，無不典雅精當。爾若能熟讀段、王兩家之書，則知眼前常見之字，凡宋唐文人誤用者，惟六經不誤，《文選》中漢賦亦不誤也。即以爾稟中所論〈三都賦〉言之，如「蔚若相如，皭若君平」，以一「蔚」字該括相如之文章，以一「皭」字該括君平之道，此雖不盡關乎訓詁，亦足見其下字之不苟矣。至聲調之鏗鏘，如「開高軒以臨山，列綺窗而瞰江」、「碧出萇宏之血，鳥生杜宇之魄」、「洗兵海島，刷馬江洲」、「數軍實乎桂林之苑，饗戎旅乎落星之樓」等句，音響節奏，皆後世所不能及。爾看《文選》，能從此二者用心，則漸有入理處矣。

作梅先生想已到家，爾宜恭敬款接。沅叔既已來營，則無人陪往益陽，聞胡宅專人至吾鄉迎接，即請作梅獨去可也。爾舅父牧雲先生身體不甚耐勞，即請其無庸來營。吾此次無信，爾先致吾意，下次再行寄信。此囑。（咸豐十年閏三月初四日）

諭紀澤（囑兒研習小學）

字諭紀澤：

二十七日劉得四到，接爾稟。所議論《文選》俱有所得，問小學亦有條理，甚以為慰。

沅叔於二十七到宿松。初三日由宿至集賢關，將爾稟帶去矣。余不能悉記，但記爾問「穜」、「種」二字。此字段茂堂辨論甚晰。「種」，為藝也。「穜」為後熟之禾，《詩》之「黍稷重穋」，《說文》作「穜稑」。種，正字也。重，假借字也。「稑」與「穋」，異同字也。隸書以「稑、種」二字互易，今人於「耕、穜」概用「種」字矣。吾於訓詁、詞章二端頗嘗盡心。爾看書若能通訓詁，則於古人之故訓大義、引伸假借漸漸開悟，而後人承訛襲誤之習可改。若能通詞章，則於古人之文格文氣、開合轉折漸漸開悟，而後人之硬腔滑調之習可改，是余之所厚望也。嗣後爾每月作三課：一賦、一古文、一時文，皆交長夫帶至營中，每月十有三次長夫接家信也。

吾於爾有不放心者二事：一則舉止不甚重厚，二則文氣不甚圓適。以後舉止留心一「重」字，行文留心一「圓」字。至囑。（咸豐十年四月初四日）

諭紀澤（作文須珠圓玉潤）

字諭紀澤：

十六日接爾初二日稟並賦二篇，近日大有長進，慰甚。

無論古今何等文人，其下筆造句，總以「珠圓玉潤」四字為主。無論古今何等書家，其落筆結體，亦以「珠圓玉潤」四字為主。故吾前示爾書，專以一「重」字教爾之短，一「圓」字望爾之成也。世人論文家之語圓而藻麗者，莫如徐陵、庾信，而不知江淹、鮑昭則更圓，進之沈約、任昉則亦圓，進之潘岳、陸機則亦圓，又進而溯之東漢之班固、張衡、崔駰、蔡邕則亦圓，又進而溯之西漢之賈誼、晁錯、匡衡、劉向則亦圓。至於司馬遷、相如、子雲三人，可謂力趨險奧，不求圓適矣。而細讀之，亦未始不圓。至於昌黎，其志意直欲陵駕子長、卿、雲三人，戛戛獨造，力避圓熟矣，而久讀之，實無一字不圓，無一句不圓。爾於古人之文，若能從鮑、江、徐、庾四人之圓步步上溯，直窺卿、雲、馬、韓之圓，則無不可讀之古文矣，即無不可通之經史矣。爾其勉之。余於古人之文，用功甚深，惜未能一一達之腕下，每歉然不怡耳。

江、浙賊勢大亂，江西不久亦當震動，兩湖亦難安枕。余寸心坦坦蕩蕩，毫無疑怖。爾稟告爾母，儘可放心。人誰不死，只求臨終心無愧悔耳。家中暫不必添起雜屋，總以安靜不動為妙。（咸豐十年四月二十四日）

諭紀澤、紀鴻（不積田產、囑兒讀書）

字諭紀澤、紀鴻兩兒：

在安慶所發各信及在黃石磯、湖口之信，均已接到。鴻兒所呈擬連珠體壽文，初七日收到。

余以初九日出營至黟縣查閱各嶺，十四日歸營，一切平安。鮑超、張凱章二軍，自廿九、初四獲勝後未再開仗。楊軍門帶水、陸三千餘人至南陵，破賊四十餘壘，拔出陳大富一軍。此近日最可喜之事。英夷業已就撫，余九月六日請帶兵北援一疏，奉旨無庸前往，余得一意辦東南之事，家中儘可放心。

澤兒看書天分高，而文筆不甚勁挺，又說話太易，舉止太輕。此次在祁門為日過淺，未將一「輕」字之弊除盡，以後須於說話、走路時刻刻留心。鴻兒文筆勁健，可慰可喜。此次連珠文，先生改者若干字，擬體係何人主意，再行詳稟告我。銀錢、田產最易長驕氣、逸氣，我家中斷不可積錢，斷不可買田，爾兄弟努力讀書，決不怕沒飯喫。（咸豐十年十月十六日）

諭紀澤、紀鴻（言語舉止要穩重）

字諭紀澤、紀鴻兩兒：

十月二十九日接爾母及澄叔信，又棉鞋、瓜子二包，得知家中各宅平安。澤兒在漢口阻風六日，此時當已抵家。「舉止要重，發言要訒。」爾終身須牢記此二語，無一刻可忽也。

余日內平安，鮑、張二軍亦平安。左軍二十二日在貴溪獲勝一次，二十九日在德興小勝一次，然賊數甚眾，尚屬可慮。普軍在建德，賊以大股往撲，祇要左、晉二軍站得住，則處處皆穩矣。

澤兒字天分甚高，但少剛勁之氣，須用一番苦工夫，切莫把天分自棄了。家中大小，總以早起為第一義。澄叔處此次未寫信，爾等稟之。（咸豐十年十一月初四日）

諭紀澤（飯後散步為養生祕訣）

字諭紀澤：

曾名琮來，接爾十一月二十五日稟，知十五、十七尚有兩稟未到。爾體甚弱，咳吐鹹痰，吾尤以為慮，然總不宜服藥。藥能活人，亦能害人。良醫則活人者十之七，害人者十之三；庸醫則害人者十之七，活人者十之三。余在鄉在外，凡目所見者，皆庸醫也。余深恐其害人，故近三年來決計不服醫生所開之方藥，亦不令爾服鄉醫所開之方藥。見理極明，故言之極切，爾其敬聽而遵行之。每日飯後走數千步，是養生家第一祕訣。爾每餐食畢，可至唐家鋪一行，或至澄叔家一行，歸來大約可三千餘步。三個月後，必有大效矣。

爾看完《後漢書》，須將《通鑑》看一遍。即將京中帶回之《通鑑》仿照余法用筆點過可也。爾走路近略重否？說話略鈍否？千萬留心。此諭。（咸豐十年十二月二十四日）

諭紀澤（文章雄奇之道）

字諭紀澤：

臘月二十九日接爾一稟，係十一月十四日送家信之人帶回，又由沅叔處送到爾初歸時二信，驚悉霞仙先生之令弟仙逝，余於近日當寫唁信，並寄奠儀。爾當先去弔唁。

爾問文中雄奇之道。雄奇以行氣為上，造句次之，選字又次之。然未有文不古雅而句能古雅，句不古雅而氣能古雅者；亦未有字不雄奇而句能雄奇，句不雄奇而氣能雄奇者。是文章之雄奇，其精處在行氣，其麤處全在造句選字也。余好古人雄奇之文，以昌黎為第一，揚子雲次之。二公之行氣，本之天授。至於人事之精能，昌黎則造句之工夫居多，子雲則造字之工夫居多。

爾問敘事誌傳之文難於行氣，是殊不然。昌黎如《曹成王碑》、《韓許公碑》固屬千奇萬變，不可方物，即盧夫人之銘、女拏之誌，寥寥短篇，亦復雄奇倔強。爾試將此四篇熟看，則知二大二小，各極其妙矣。

爾所作〈雪賦〉，詞意頗古雅，惟氣勢不暢，對仗不工。兩漢不尚對仗，潘、陸則對矣，江、鮑、徐、庾則工對矣。爾宜從對仗上用工夫。此囑。（咸豐十一年正月初四日）

諭紀澤（從短處痛下工夫）

字諭紀澤兒：

爾求鈔古文目錄，下次即行寄歸。爾寫字筆力太弱，以後即常摹柳帖亦好。家中有柳書《元祕塔》《琅琊碑》、《西平碑》四種，爾可取《琅琊碑》日臨百字、摹百字。臨以求其神氣，摹以倣其間架。每次家信內，各附數紙送閱。

《左傳》注疏閱畢即閱看《通鑑》，將京中帶回之《通鑑》仿我手校本將目錄寫於面上。其去秋在營帶回手校本，便中仍當寄送祁門。余常思繙閱也。

爾言鴻兒為鄧師所賞，余甚欣慰。鴻兒現閱《通鑑》，爾亦可時時教之。爾看書天分甚高，作字天分甚高，作詩文天分略低，若在十五六歲時教導得法，亦當不止於此。今年已廿三歲，全靠爾自己掙扎發憤，父兄師長不能為力。作詩文是爾之所短，即宜從短處痛下工夫。看書、寫字爾之所長，即宜拓而充之。走路宜重，說話宜遲，常常記憶否？余身體平安，告爾母放心。（咸豐十一年正月十四日）

諭紀澤（述古人之解經、說經）

字諭紀澤：

正月十四發第二號家信，諒已收到。日內祁門尚屬平安。鮑春霆自初九日在洋塘獲勝後，即追賊至彭澤。官軍駐牯牛嶺，賊匪踞下隅坂，與之相持，尚未開仗。日內雨雪泥濘，寒風凜冽，氣象殊不適人意。偽忠王李秀成一股，正月初五日圍玉山縣，初八日圍廣豐縣，初十日圍廣信縣，均經官軍竭力堅守，解圍以去，現竄鉛山之吳坊、陳坊等處。或由金溪以竄撫、建，或徑由東鄉以撲江西省城，皆意中之事。余囑劉養素等堅守撫、建，而省城亦預籌防守事宜。只要李逆一股不甚擾江西腹地，黃逆一股不再犯景德鎮等，三、四月間，安慶克復，江北可分兵來助南岸，則大局必有轉機矣。目下春季尚必有危險迭見，余當謹慎圖之，泰然處之。

余身體平安，惟齒痛時發。所選古文，已鈔目錄寄歸。其中有未注明名氏者，爾可查出補注，大約不出三百名家全集及《文選》、《古文辭類纂》三書之外。爾問《左傳》解《詩》、《書》、《易》與今解不合。古人解經，有內傳，有外傳。內傳者，本義也；外傳者，旁推曲衍，以盡其餘義也。孔子繫《易》，〈小象〉則本義為多，〈大象〉則餘義為多。孟子說《詩》，亦本子貢之因貧富而悟切磋，子夏之因素絢而悟禮後，亦證餘義處為多。《韓詩外傳》，盡餘義也。《左傳》說經，亦以餘義立言者矣。

袁庚生之二百金，余去年曾借松江二百金送季仙九先生，此項祇算還袁宅可也。樹堂先生送爾三百金，余當面祇受百金。爾寫信寄營酬謝，言「受一璧二」云云。余在營中備二百金，并爾信函交馮可也。此字並送澄叔一閱，此次不另作書矣。（咸豐十一年正月二十四日）

諭紀澤、紀鴻（逑須以勞字、謙字為重）

字諭紀澤、紀鴻兩兒：

得正月廿四日信，知家中平安。

此間軍事自去冬十一月至今危險異常，幸皆化險為夷。目下惟左軍在景德鎮一帶十分可危，餘俱平安。余將以十七日移駐東流、建德。

付回銀八兩，為我買好茶葉陸續寄來。下手竹茂盛，屋後山內仍須栽竹，復吾父在日之舊觀。余七年在家芟伐各竹，以倒廳不光明也。乃芟後而黑暗如故，至今悔之，故囑爾重栽之。「勞」字、「謙」字，常常記得否？（咸豐十一年二月十四日）

諭紀澤、紀鴻（述軍情及自己志願與家教）

字諭紀澤、紀鴻兩兒：

接二月廿三日信，知家中五宅平安，甚慰甚慰。

余以初三日至休寧縣，即聞景德鎮失守之信。初四日寫家書，託九叔處寄湘，即言此間局勢危急，恐難支持，然猶意力攻徽州，或可得手，即是一條生路。初五日進攻，強中、湘前等營在西門挫敗一次。十二日再行進攻，未能誘賊出仗。是夜二更，賊匪偷營劫村，強中、湘前等營大潰。凡去廿二營，其挫敗者八營（強中三營、老湘三營、湘前一、震字一）。其幸而完全無恙者十四營（老湘六、震二、禮二、親兵一、峯二）。與咸豐四年十二月十二夜賊偷湖口水營情形相仿。此次未挫之營較多，以尋常兵事言之，此尚為小挫，不甚傷元氣。目下值局勢萬緊之際，四面梗塞，接濟已斷，加此一挫，軍心尤大震動。所盼望者，左軍能破景德鎮、樂平之賊，鮑軍能從湖口迅速來援，事或略有轉機，否則不堪設想矣。

余自從軍以來，即懷見危授命之志。丙戌年在家抱病，常恐溘逝牖下，渝我初志，失信於世。起復再出，意尤堅定。此次若遂不測，毫無牽戀。自念貧窶無知，官至一品，壽逾五十，薄有浮名，兼秉兵權，忝竊萬分，夫復何憾！惟古文與詩，二者用力頗深，探索頗苦，而未能介然用之，獨闢康莊。古文尤確有依據，若遽先朝露，則寸心所得，遂成廣陵之散。作字用功最淺，而近年亦略有入處。三者一無所成，不無耿耿。至行軍本非余所長，兵貴奇而余太平，兵貴詐而余太直，豈能辦此滔天之賊？即前此屢有克捷，已為僥倖，出於非望矣。爾等長大之後，切不可涉歷兵間，此事難於見功，易於造孽，尤易於貽萬世口實。余久處行間，日日如坐鍼氈，所差不負吾心、不負所學者，未嘗須臾忘愛民之意耳。近來閱歷愈多，深諳督師之苦。爾曹惟當一意讀書，不可從軍，亦不必作官。

吾教子弟不離八本、三致祥。八者曰：讀古書以訓詁為本，作詩文以聲調為本，養親以得歡心為本，養生以少惱怒為本，立身以不妄語為本，治家以不晏起為本，居官以不要錢為本，行軍以不擾民為本。三者曰：孝致祥，勤致祥，恕致祥。吾父竹亭公之教人，則專重「孝」字。其少壯敬親，暮年愛親，出於至誠，故吾纂墓誌，僅敘一事。吾祖星岡公之教人，則有八字、三不信。八者：曰考、寶、早、掃、書、蔬、魚、豬。三者：曰僧巫，曰地仙，曰醫藥，皆不信也。處茲亂世，銀錢愈少，則愈可免禍；用度愈省，則愈可養福。爾兄弟奉母，除「勞」字、「儉」字之外，別無安身之法。吾當軍事極危，輒將此二字叮囑一遍，此外亦別無遺訓之語，爾可稟告諸叔及爾母，無忘。（咸豐十一年三月十三日）

諭紀澤（告軍情、囑雇人種蔬）

字諭紀澤：

三月三十日建德途次接澄侯弟在永豐所發一信，並爾將去省時在家所留之稟。爾到省後所寄一稟，卻於二十八日先到也。

余於二十六日自祁門拔營起行，初一日至東流縣。鮑軍七千餘人於二十五日自景德鎮起行，三十日至下隅坂。因風雨阻滯，初三日始渡江，即日進援安慶，大約初八、九可到。沅弟、季弟在安慶穩守十餘日，極為平安。朱雲岩帶五百人二十四日自祁門起行，初二日已至安慶助守營濠，家中儘可放心。此次賊救安慶，取勢乃在千里以外，如湖北則破黃州，破德安，破孝感，破隨州、雲夢、黃梅、蘄州等屬，江西則破吉安，破瑞州、吉水、新淦、永豐等屬，皆所以分兵力，亟肄以疲我，多方以誤我。賊之善於用兵，似較昔年更狡更悍。吾但求力破安慶一門，此外皆不遽與之爭得失。轉旋之機，只在一二月可決耳。

鄉間早起之家，蔬菜茂盛之家，類多興旺；晏起無蔬之家，類多衰弱。爾可於省城菜園中用重價雇人至家種蔬，或二人亦可。其價若干，余由營中寄回。此囑。（咸豐十一年四月四日）

諭紀澤（種菜之法及寫匾與子姪）

字諭紀澤：

六月二十日唐介科回營，接爾初三日稟並澄叔一函，具悉一切。

今年「彗星」出於「北斗」與「紫微垣」之間，漸漸移南，不數日而退出「右輔」與「搖光」之外，並未貫「紫微垣」，亦未犯「天市」也。占驗之說，本不足信，即有不祥，或亦不大為害。

省雇園丁來家，宜廢田一二坵，用為菜園。吾現在營課勇夫種菜，每塊土約三丈長，五尺寬，窄者四尺餘寬，務使芸草及摘蔬之時人足行兩邊溝內，不踐菜土之內。溝寬一尺六寸，足容便桶。大小橫直，有溝有澮，下雨則水有所歸，不使積潦傷菜。四川菜園極大，溝澮終歲引水長流，頗得古人井田遺法。吾鄉一家園土有限，斷無橫溝，而直溝則不可少。吾鄉老農雖不甚精，猶頗認真，老圃則全不講究。我家開此風氣，將來荒山曠土盡可開墾，種百穀雜蔬之類。如種茶亦獲利極大，吾鄉無人試行，吾家若有山地，可試種之。

爾前問《說文》中逸字，今將貴州鄭子尹所著二卷寄爾一閱。渠所補一百六十五文，皆許書本有之字，而後世脫失者也。其子知同，又附考三百字，則許書本無之字，而他書引《說文》有之，知同辨為不當有者也。爾將鄭氏父子書細閱一遍，則知叔重原有之字，被傳寫逸脫者實已不少。

紀渠姪近寫篆字甚有筆力，可喜可慰。茲圈出付回。爾須教之認熟篆文，並解明偏旁本意。渠姪、湘姪要大字橫匾，余即日當寫就付歸。壽姪亦當付一匾也。家中有李少溫篆帖〈三墳記〉、〈遷先塋記〉，亦可尋出，呈澄叔一閱。澄叔作篆字，間架太散，以無帖意故也。鄧石如先生所寫篆字〈西銘〉、〈弟子職〉之類，永州楊太守新刻一套，爾可求郭意誠姻叔榻一二分，俾家中寫篆者有所摹仿。家中有褚書〈西安聖教〉、〈同州聖教〉，爾可尋出寄營，〈王聖教〉亦寄來一閱。如無裱者，則不必寄也。《漢魏六朝百三家集》，京中一分，江西一分，想俱在家，可寄一部來營。

余瘡疾略好，而癬大作，手不停爬，幸飲食如常。安慶軍事甚好，大約可克復矣。此次未寫信與澄叔，爾將此呈閱，並問澄弟近好。（咸豐十一年六月廿四日）

諭紀澤（讀書須窺尋門徑）

字諭紀澤：

爾前寄所臨《書譜》一卷，余比送徐柳臣先生處，請其批評。初七日接渠回信，茲寄爾一閱。十三晤柳臣先生，渠盛稱爾草字可以入古，又送爾扇一柄，茲寄回。劉世兄送〈西安聖教〉，茲與手卷並寄回，查收。爾前用油紙摹字，若常常為之，間架必大進。

歐、虞、顏、柳四大家，是詩家之李、杜、韓、蘇，天地之日星江河也。爾有志學書，須窺尋四人門徑。至囑至囑。（咸豐十一年七月十四日）

諭紀澤（練習看讀寫作工夫）

字諭紀澤：

前接來稟，知爾鈔《說文》，閱《通鑑》，均尚有恆，能耐久坐，至以為慰。去年在營，余教以看、讀、寫、作，四者闕一不可。爾今閱《通鑑》，算「看」字工夫；鈔《說文》，算「讀」字工夫。尚能臨帖否？或臨《書譜》，或用油紙摹歐、柳楷書，以藥爾柔弱之體。此「寫」字工夫，必不可少者也。爾去年曾將《文選》中零字碎錦分類纂抄，以為屬文之材料，今尚照常摘鈔否？已卒業否？或分類抄《文選》之詞藻，或分類抄《說文》之訓詁，爾生平作文太少，似以此代作字工夫，亦不可少者也。爾十餘歲至二十歲虛度光陰，及今將「看」、「讀」、「寫」、「作」四字逐日無間，尚可有成。爾語言太快，舉止太輕，近能力行「遲」、「重」二字以改救否？

此間軍事平安。援賊於十九、廿、廿一日撲安慶後濠，均經擊退。二十二日自巳刻起至五更止，猛撲十一次，亦竭力擊退。從此當可化險為夷，安慶可望克復矣。余癬疾未愈，每日夜手不停爬，幸無他病。皖南有左、張，江西有鮑，均可放心。目下惟安慶較險，然過二十二之風波，當無慮也。（咸豐十一年七月廿四日）

諭紀澤（惟崇儉可以長久）

字諭紀澤：

八月二十日胡必達、謝榮鳳到，接爾母子及澄叔三信，並《漢魏三百家》、〈聖教序〉三帖。二十二日譚在榮到，又接爾及澄叔二信，具悉一切。

蔡迎五竟死於京口江中，可異可憫！茲將其口糧三兩補去外，以銀二十兩賑卹其家。朱運四先生之母仙逝，茲寄去奠儀銀八兩；蕙姑娘之女一貞於今冬發嫁，茲付去賀銀十兩。家中可分別妥送。大女兒擇於十二月初三日發嫁，袁家已送期來否？余向定嫁奩之資二百金，茲先寄百金回家，製備衣物，餘百金俟下次再寄。其自家至袁家途費暨六姪女出嫁奩儀，均俟下次再寄也。居家之道，惟崇儉可以長久，處亂世尤以戒奢侈為要義，衣服不宜多製，尤不宜大鑲大緣，過於絢爛。爾教導諸妹，敬聽父訓，自有可久之理。

牧雲舅氏書院一席，余以函託寄雲中丞，沅叔告假回長沙，當面再一提及，當無不成。余身體平安。二十一日成服哭靈，現在三日已畢。瘡尚未好，每夜搔癢不止，幸不甚為害。溫叔近患瘧疾，二十

二日全愈矣。此次未寫澄叔信，爾將此呈閱。（咸豐十一年八月廿四日）

諭紀澤（論述《爾雅》）

字諭紀澤：

接爾八月十四日稟並日課一單、分類目錄一紙。日課單批明發還。

目錄分類，非一言可盡。大抵有一種學問，即有一種分類之法；有一人嗜好，即有一人摘抄之法。若從本原論之，當以《爾雅》為分類之最古者。天之星辰，地之山川，鳥獸草木，皆古聖賢人辨其品彙，命之以名。《書》所稱「大禹主名山川」，《禮》所稱「黃帝正名百物」是也。物必先有名，而後有是字，故必知命名之原，乃知文字之原。舟車、弓矢、俎豆、鐘鼓，日用之具，皆先王制器以利民用，必先有器而後有是字，故又必知制器之原，乃知文字之原。君臣、上下、禮樂、兵刑、賞罰之法，皆先王立事以經綸天下，或先有事而後有字，或先有字而後有事，故又必知萬事之本，而後知文字之原。此三者，物最初，器次之，事又次之。三者既具，而後有文詞。

《爾雅》一書，如釋天、釋地、釋山、釋水、釋草木、釋鳥獸蟲魚，物之屬也；釋器、釋宮、釋樂，器之屬也；釋親，事之屬也；釋詁、釋訓、釋言，文詞之屬也。《爾雅》之分類，惟屬事者最略，後世之分類，惟屬事者最詳。

事之中又判為兩端焉：曰虛事，曰實事。虛事者，如經之「三禮」，馬之「八書」，班之「十志」，及「三通」之區別門類是也。實事者，就史鑑中已往之事蹟，分類纂記，如《事文類聚》、《白孔六帖》、《太平御覽》及我朝《淵鑑類函》、《子史精華》等書是也。

爾所呈之目錄，亦是抄摘實事之象，而不如《子史精華》中目錄之精當。余在京藏《子史精華》於溫叔處，二十八年帶回，惟尚在白玉堂，爾可取出核對，將子目略為減少。後世人事日多，史冊日繁，摘類書者，事多而器物少，乃勢所必然。爾即可照此抄去，但期與《子史精華》規矩相仿，即為善本。其末附古話鄙諺，雖未必無用，而不如徑摘抄《說文》訓詁，庶與《爾雅》首三篇相近也。

余亦思仿《爾雅》之例抄纂類書，以記日知月無忘之效，特患年齒已衰，軍務少暇，終不能有所成。或余少引其端，爾將來繼成之可耳。

余身體尚好，惟瘡久不愈。沅叔已拔營赴廬州、無為州，一切平安。胡宮保仙遊，是東南大不幸事，可傷之至。

紫兼毫營中無之。茲付筆二十枝、印章一包查收。藍格本下次再付。澄叔處尚未寫信，將此送閱。

（咸豐十一年九月初四日）

諭紀澤（寄銀為大女兒于歸之用）

字諭紀澤：

昨見爾所作《說文》分韻解字凡例，喜爾今年甚有長進。因請莫君指示錯處。莫君名友芝，字子偲，號佀亭，貴州辛卯舉人，學問淹雅。丁未年在琉璃廠與余相見，心敬其人。七月來營，復得晤談。

其學於考據、詞章二者皆有本原，義理亦踐修不苟。茲將渠批訂爾所作之凡例寄去，余亦批示數處。

又寄銀百五十兩，合前寄之百金，均為大女兒于歸之用。以二百金辦奩具，以五十金為程儀，家中切不可另籌銀錢，過於奢侈。遭此亂世，雖大富大貴亦靠不住，惟「儉」、「勤」二字可以持久。又寄丸藥二小瓶，與爾母服食。爾在家常能起早否？諸弟妹起早否？說話遲鈍、行路厚重否？宜時時省記也。（咸豐十一年九月廿四日）

諭紀澤（胸次須博大活潑）

字諭紀澤：

初四夜接爾二十六號稟，所刻《心經》微有〈西安聖教〉筆意。總要養得胸次博大活潑，此後更當有長進也。爾去年看《詩經》注疏已畢否？若未畢，自當補看，不可無恆耳。講《通鑑》即以我過筆者講之，亦可將來另購一部，爾照我之樣過筆一次可也。（咸豐十一年十月廿四日）

諭紀澤（賊氛環逼，憂悶之至）

字諭紀澤：

接沅叔信，知二女喜期。陳家擇於正月二十日入贅，澄叔欲於鄉間另備一屋。余意即在黃金堂成禮，或借曾家坰頭行禮，三朝後仍接回黃金堂。想爾母子與諸叔已有定議矣。茲寄回銀二百兩，為二女奩資。外五十金為酒席之資，俟下次寄回。（亦於此次寄矣。）

浙江全省皆失。賊勢浩大，迥異往時氣象。鮑軍在青陽，亦因賊眾兵單，未能得手。徽州近又被圍。余任大責重，憂悶之至。瘡癬並未少減，每當痛癢極苦之時，常思與爾母子相見，因賊氛環逼，不敢遽接家眷。又以羅氏女須嫁，紀鴻須出考，且待明春察看。如賊焰少衰，安慶無虞，則接爾母帶紀鴻來此一行，爾夫婦與陳壻在家照料一切。若賊氛日甚，則仍接爾來此一行。明年正二月，再有准信。紀鴻縣、府各考，均請鄧師親送。澄叔前言紀鴻至書院讀書，則斷不可。

前蒙恩賜遺念衣一、冠一、班指一、表一，茲用黃箱送回。敬謹尊藏。此囑。（咸豐十一年十二月廿四日）

諭紀澤（論讀詩與作詩）

字諭紀澤兒：

正月十三、四連接爾十二月十六、二十四兩稟，又得澄叔十二月廿二日一緘，備悉一切。

爾詩一首閱過發回。爾詩筆遠勝於文筆，以後宜常常為之。余久不作詩，而好讀詩。每夜輒取古人名篇高聲朗誦，用以自娛。今年亦當間作二三首，與爾曹相和答，倣蘇氏父子之例。爾之才思，能古雅而不能雄駿，大約宜作五言，而不宜作七言。余所選十八家詩，凡十厚冊，在家中，此次可交來丁帶至營中。爾要讀古詩，漢魏六朝，取余所選曹、阮、陶、謝、鮑、謝六家，專心讀之，必與爾性質相近。至於開拓心胸，擴充氣魄，窮極變態，則非唐之李、杜、韓、白、宋金之蘇、黃、陸、元八家不足以盡天下古今之奇觀。爾之質性，雖與八家者不相近，而要不可不將此八人之集悉心研究一番，實「六經」外之鉅製，文字中之尤物也。爾於小學龘有所得，深用為慰。欲讀周、漢古書，非明於小學無可問津。余於道光末年始好高郵王氏父子之說，從事戎行未能卒業，冀爾竟其緒耳。

余身體尚可支持，惟公事太多，每易積壓。癬痒迄未甚愈。家中索用銀錢甚多，其最要緊者，余必付回。京報在家，不知係報何喜？若節制四省，則余已兩次疏辭矣。此等空空體面，豈亦有喜報耶？

（同治元年正月十四日）

諭紀澤（述戰事之艱、詢問縣考事宜）

字諭紀澤兒：

二月十三日接正月二十三日來稟并澄侯叔一信，知五宅平安。二女正月二十日喜事諸凡順遂，至以為慰。

此間軍事如恆。徽州解圍後賊退不遠，亦未再來犯。左中丞進攻遂安，以為攻嚴州、保衢州之計。鮑春霆頓兵青陽，近未開仗。洪叔在三山夾收降卒三千人，編成四營。沅叔初七日至漢口，十五後當可抵皖。李希帥初九日至安慶，三月初赴六安州。多禮堂進攻廬州，賊堅守不出。上海屢次被賊撲犯，洋人助守，尚幸無恙。

余身體平安。今歲問能成寐，為近年所僅見。惟聖眷太隆，責任太重，深以為危，知交有識者亦皆代我危之，只好刻刻謹慎，存一臨深履薄之想而已。

今年縣考在何時？鴻兒赴考，須請寅師往送。寅師父子一切盤費皆我家供應也。（同治元年二月十四日）

諭紀澤（論古今文人瑣事之勞、述其母病況）

字諭紀澤兒：

三月十三日據爾二月二十四日安稟并澄叔信，具悉五宅平安。

爾至葛家送親後，又須至劉陽送陳壻夫婦，又須趕回黃宅送親，又須接辦羅氏女喜事。今年春夏，爾在家中比余在營更忙。然古今文人、學人，莫不有家常瑣事之勞其身，莫不有世態冷暖之攖其心。爾現當家門鼎盛之時，炎涼之狀不接於目，衣食之謀不縈於懷，雖奔走煩勞，猶遠勝於寒士困苦之境也。爾母咳嗽不止，其病當在肺家。茲寄去好參四錢五分、高麗參半斤，好者如試之有效，當託人到京再買也。余近久不吃丸藥，每月兩逢節氣，服歸脾湯三劑。邇來渴睡甚多，不知是好是歹。

軍事平安。鮑公於初七日在銅陵獲一大勝仗。少荃坐火輪船於初八日赴上海，其所部六千五百人當陸續載去。希菴所派救潁州之兵，於初五日解潁郡之圍。第三女於四月廿二日於歸羅家，茲寄去銀二百五十兩，查收。餘不詳，即呈澄叔一閱。此囑。（同治元年三月十四日）

諭紀澤（論紀澤之優缺、述軍事近況）

字諭紀澤兒：

連接爾十四、廿二日在省城所發稟，知二女在陳家，門庭雍睦，衣食有資，不勝欣慰。

爾累月奔馳酬應，猶能不失常課，當可日進無已。人生惟有「常」是第一美德。余早年於作字一道，亦嘗苦思力索，終無所成。近日朝朝摹寫，久不間斷，遂覺月異而歲不同。可見年無分老少，事無分難易，但行之有「恆」，自如種樹養畜，日見其大而不覺耳。爾之短處在言語欠純訥，舉止欠端重，看書不能深入而作文不能崢嶸。若能從此三事上下一番苦工，進之以猛，持之以恆，不過一二年，自爾精進而不覺。言語遲鈍，舉止端重，則德進矣。作文有崢嶸雄快之氣，則益進矣。爾前作詩，差有端序，近亦常作否？李、杜、韓、蘇四家之七古，驚心動魄，曾涉獵及之否？

此間軍事，近日極得手。鮑軍連克青陽、石埭、太平、涇縣四城，沅叔連克巢縣、和州、含山三城暨銅城閘、雍家鎮、裕溪口、西梁山四隘，滿叔連克繁昌、南陵二城暨魯港一隘。現仍穩慎圖之，不敢驕矜。

余近日瘡癬大發，與去年九、十月相等。公事叢集，竟日忙冗，尚多積擱之件。所幸飲食如常，每夜安眠或二更三更之久，不似往昔徹夜不寐，家中可以放心。此信并呈澄叔一閱，不另致也。（同治元年四月初四日）

諭紀澤、紀鴻（謂讀書可以變化氣質）

字諭紀澤、紀鴻：

今日專人送家信，甫經成行，又接王輝四等帶來四月初十之信，爾與澄叔各一件，藉悉一切。

爾近來寫字總失之薄弱，骨力不堅勁，墨氣不豐腴，與爾身體向來「輕」字之弊正是一路毛病。爾當用油紙摹顏字之《郭家廟》、柳字之《琅琊碑》、《元祕塔》，以藥其病。日日留心，專從「厚重」二字上用工。否則字質太薄，即體質亦因之更輕矣。人之氣質由於天生，本難改變，惟讀書則可變化氣質。古之精相法，并言讀書可以變換骨相。欲求變化之法，總須先立堅卓之志。即以余生平言之，三十歲前最好喫煙，片刻不離，至道光壬寅十一月廿一日立志戒煙，至今不再喫。四十六歲以前作事無恆，近五年深以為戒，現在大小事均尚有恆。即此二端，可見無事不可變也。爾於「厚重」二字，須立志變改。古稱金丹換骨，余謂立志即丹也。此囑。（同治元年四月廿四日）

諭紀澤（論讀書與作文之法）

字諭紀澤：

接爾四月十九日一稟，得知五宅平安。

爾《說文》將看畢，擬先看各經注疏，再從事於詞章之學。余觀漢人詞章，未有不精於小學訓詁者，如相如、子雲、孟堅於小學皆專著一書，《文選》於此三人之文著錄最多。余於古文，志在效法此三人，並司馬遷、韓愈五家。以此五家之文，精於小學訓詁，不妄下一字也。爾於小學，既粗有所見，正好從詞章上用功。《說文》看畢之後，可將《文選》細讀一過，一面細讀，一面抄記，一面作文，以倣效之。凡奇僻之字，雅古之訓，不手抄則不能記，不摹倣則不慣用。自宋以後能文章者不通小學，國朝諸儒通小學者又不能文章，余早歲窺此門徑，因人事太繁，又久歷戎行，不克卒業，至今用為疚憾。爾之天分，長於看書，短於作文。此道太短，則於古書之用意行氣，必不能看得諦當。目下宜從短處下工夫，專肆力於《文選》，手鈔及摹倣二者皆不可少。待文筆稍有長進，則以後詁經讀史，事事易於著手矣。

此間軍事平順。沅、季兩叔皆直逼金陵城下。茲將沅、季信二件寄家一閱。惟沅、季兩軍進兵太銳，後路蕪湖等處空虛，頗為可慮。余現籌兵補此瑕隙，不知果無疏失否。余身體平安，惟公事日繁，應復之信積擱甚多，餘件尚能料理，家中可以放心。此信送澄叔一閱。余思家鄉茶葉甚切，迅速付來為要。（同治元年五月十四日）

諭紀澤（囑其厚待袁壻）

字諭紀澤：

二十日接家信，係爾與澄叔五月初二所發，廿二日又接衢州澄侯一信，具悉五宅平安，三女嫁事已畢。

爾信極以袁壻為慮，余亦不料其遽爾學壞至此，余即日當作信教之。爾等在家卻不宜過露痕跡，人所以稍顧體面者，冀人之敬重也。若人之傲慢鄙棄業已露出，則索性蕩然無恥，拚棄不顧，甘與正人為仇，而以後不可救藥矣。我家內外大小於袁壻處禮貌均不可疏忽，若久不悛改，將來或接至皖營，延師教之亦可。大約世家子弟，錢不可多，衣不可多，事雖至小，所關頗大。

此間各路軍事平安。多將軍赴援陝西，沅、季在金陵孤軍無助，不無可慮。湖州於初三日失守。鮑攻寧國，恐難遽克。安徽亢旱，頃間三日大雨，人心始安。穀即在長沙採買，以後澄叔不必挂心。此次不另寄澄信，爾稟告之。此囑。（同治元年五月廿四日）

諭紀鴻（勸兒常守儉樸之風）

字諭紀鴻：

前聞爾縣試幸列首選，為之欣慰。所寄各場文章，亦皆清潤大方。

昨接易芝生先生十三日信，知爾已到省。城市繁華之地，爾宜在寓中靜坐，不可出外遊戲徵逐。茲余函商郭意城先生，在於東征局兌銀四百兩，交爾在省為進學之用。印卷之費，向例兩學及學書共三分，爾每分宜送錢百千。鄧寅師處謝禮百兩，鄧十世兄處送銀十兩，助渠買書之資。餘銀數十兩，為爾零用及略添衣物之需。

凡世家子弟，衣食起居無一不與寒士相同，庶可以成大器。若沾染富貴氣習，則難望有成。吾忝為將相，而所有衣服不值三百金。願爾等常守此儉樸之風，亦惜福之道也。其照例應用之錢，不宜過嗇。謁聖後，拜客數家，即行歸里。今年不必鄉試，一則爾工夫尚早，二則恐體弱難耐勞也。此諭。（同治

元年五月廿七日）

諭紀澤（勸兒多讀古書，法王羲之、陶淵明，不法嵇、阮）

字諭紀澤：

曾代四、王飛四先後來營，接爾二十日、二十六日兩稟，具悉五宅平安。

和張邑侯詩，音節近古，可慰可慰。五言詩，若能學到陶潛、謝朓一種和淡之味、和諧之音，亦天下之至樂、人間之奇福也。爾既無志於科名祿位，爾能多讀古書，時時哦詩作字，以陶寫性情，則一生受用不盡。第宜束身圭璧，法王羲之、陶淵明之襟懷瀟灑則可，法嵇、阮之放蕩名教則不可耳。希庵丁憂，余即在安慶送禮，寫四兄弟之名，家中似不必另送禮。或鼎三姪另送禮物亦無不可，然只可送祭席輓幛之類，銀錢則斷不必送。爾與四叔父、六嬸母商之。希庵到家之後，我家須有人往弔，或四叔，或爾去皆可，或目下先去亦可。近年以來，爾兄弟讀書，所以不甚躭擱者，全賴四叔照料大事，朱金權照料小事。茲寄回鹿茸一架、袍褂料一付，寄謝四叔。高麗參三兩、銀十二兩，寄謝金權。又袍褂料一付，補謝寅皆先生。爾一一妥送。家中賀喜之客，請金權恭敬款接，不可簡慢。至要至要。

賢五先生請余作傳，稍遲寄回。此次未寫覆信，爾先告之。家中有殿板《職官表》一書，余欲一看，便中寄來。鈔本《國史文苑》、《儒林傳》尚在否？查出稟知。此囑。（同治元年七月十四日）

諭紀澤（論《漢書》之訓詁，《莊子》之詼詭）

字諭紀澤：

接爾七月十一日稟並澄叔信，具悉一切。鴻兒十三日自省起程，想早到家。

此間諸事平安。沅、季二叔在金陵亦好。惟疾疫頗多，前建清醮，後又陳龍燈獅子諸戲，倣古大儺之禮，不知少愈否？鮑公在寧國招降童容海一股，收用者三千人。餘五萬人憑行遣散，每人給錢一千。鮑公辦妥此事，即由高淳、東壩會剿金陵。希帥由六安回省，初三已到。久病之後，加以憂戚，氣象黑瘦，咳嗽不止，殊為可慮。本日接奉諭旨，不准請假回籍，賞銀八百，飭地方官照料。聖恩高厚，無以復加，而希帥思歸極切。觀其病象，亦非回籍靜養斷難痊愈。渠日內擬自行具摺陳情也。

爾所作擬莊三首，能識名理，兼通訓詁。慰甚。余近年頗識古人文章門徑，而在軍鮮暇，未嘗偶作，一吐胸中之奇。爾若而解《漢書》之訓詁，參以《莊子》之詼詭，則余願償矣。至行氣為文章第一義，卿、雲之跌宕，昌黎之倔強，尤為行氣不易之法。爾宜先於韓公倔強處揣摩一番。京中帶回之書，有《謝秋水集》，可交來人帶營一看。澄叔處未另作書，將此呈閱。（同治元年八月初四日）

諭紀澤（述軍中士卒多病）

字諭紀澤：

日內未接家信，想五宅平安，為慰。

此間近狀如常。各軍士卒多病，迄未少愈。甘子大至寧國一行，歸即一病不起。許吉齋座師之世兄名敬身、號藻卿者，遠來訪我，亦數日物故。幸楊、鮑兩軍門皆有轉機，張凱章聞亦少痊。三公無他故，則大局尚可為也。沅叔營中病者亦多，沅意欲奏調多公一軍回援金陵。多公在秦，正當緊急之際，焉能東旋？且沅、季共帶三萬人，僅保營盤，亦無請援之理。惟祝病卒漸愈，禁得此次風浪，則此後普成坦途矣。李希庵於閏八月廿三日自安慶開行，奔喪回里。唐義渠即於是日到皖。兩公於余處皆以長者之禮見待，公事毫無掣肘。余亦推誠相與，毫無猜疑。皖省吏治，或可漸有起色。

余近日癬疾復發，不似去秋之甚。眼蒙則逐日增劇，夜間不能看字。老態相催，固其理也。（同治元年閏八月廿四日）

諭紀澤（述戰事之艱辛）

字諭紀澤兒：

接爾閏月稟，知澄叔尚在衡州未歸，家中五宅平安，至以為慰。

此間連日惡風驚浪。偽忠王在金陵苦攻十六晝夜，經沅叔多方堅守，得以保全。偽侍王初三、四亦至。現在金陵之賊數近二十萬。業經守二十日，或可化險為夷。茲將沅叔初九、十與我二信寄歸外，又有大夫第信一，慰家人之心。鮑春霆移紮寧都城二十里之高祖山，雖病弁太多，十分可危，然凱軍在城主守，春霆在外主戰，或足禦之。惟寧國縣城於初六日失守，恐賊猛撲徽州、旌德、祁門等城，又恐其由間道徑竄江西，殊可深慮。

余近日憂灼迥異尋常氣象，與八年春間相類。蓋安危之機，關係甚大，不僅為一己之身名計也。但願沅、霆兩處倖保無恙，則他處尚可徐徐補救。此信送澄叔一閱，不詳。（同治元年九月十四日）

諭紀澤（分析軍事）

字諭紀澤兒：

旬日未接家信，不知五宅平安如常否？

此間軍事，金柱關、蕪湖及水師各營，已有九分穩固可靠；金陵沅叔一軍，已有七分可靠；寧國鮑、張各軍，尚不過五分可靠。此次風波之險，迥異尋常。余憂懼太過，似有怔忡之象，每日無論有信與無信，寸心常若皇皇無主。前此專慮金陵沅、季大營或有疏失，近日金陵已穩，而憂惶戰慄之象不為少減，自是老年心血虧損之症。欲爾再來營中省視，父子團聚一次。一則或可少解怔忡病症，二則爾之學問亦可稍進。或今冬起行，或明年正月起行，稟明爾母及澄叔行之。爾在此住數月歸去，再令鴻兒來此一行。

寅皆先生明年定在大夫第教書，鴻兒隨之受業。金二外甥有志向學，爾可帶之來營，餘詳日記中。此諭。（同治元年十月初四日）

諭紀澤（論訓詁之學）

字諭紀澤兒：

十月初十日接爾信與澄叔九月廿日縣城發信，具悉五宅平安。希庵病亦漸好，至以為慰。此間軍事，金陵日就平穩，不久當可解圍，沅叔另有二信，余不贅告。鮑軍日內甚為危急，賊於灣沚渡過河西，梗塞霆營糧路。霆軍當士卒大病之後，布置散漫，眾心頗怒，深以為慮。鮑若不支，則張凱章困於寧國郡城之內，亦極可危。如天之福，寧國亦如金陵之轉危為安，則大幸也。

爾從事小學、《說文》，行之不倦，極慰極慰。小學凡三大宗：言字者，以《說文》為宗。古書惟大、小徐二本，至本朝而段氏特開生面，而錢玷、王筠、桂馥之作亦可參觀。言訓詁者，以《爾雅》為宗。古書惟郭注、刑疏，至本朝而邵二雲之《爾雅正義》、王懷祖之《廣雅疏證》、郝蘭皋之《爾雅義疏》，皆稱不朽之作。言音韻者，以《唐韻》為宗。古書推《廣韻》、《集韻》，至本朝而顧氏《音學五書》乃為不刊之典，而江（慎修）、戴（東原）、段（茂堂）、王（懷祖）、孔（巽軒）、江（晉三）諸作，亦可參觀。爾欲於小學鑽研古義，則三宗如顧、江、段、邵、郝、王六家之書，均不可不涉獵而探討之。

余近日心緒極亂，心血極虧。其慌忙無措之象，有似咸豐八年春在家之時，而憂灼過之，甚思爾兄弟來此一見。不知爾何日可來營省視？仰觀天時，默察人事，此賊竟無能平之理。但求全局不遽決裂，余能速死，而不為萬世所痛罵，則幸矣。（同治元年十月十四日）

諭紀澤、紀鴻（述軍事勞煩、牙疼殊甚）

字諭紀澤、紀鴻兩兒：

日內未接家信，想五宅平安。

此間軍事，金陵於初五日解圍，營中一切平安，惟洪叔有病未愈。目下危急之處有三：一係寧國鮑、張兩軍糧路已斷，外無援兵；一係旌德朱品隆一軍被賊圍撲，糧米亦缺；一係九洑洲之賊竄過北岸，恐李世忠不能抵禦。大約此三處者斷難倖全。余兩月以來，十分憂灼，牙疼殊甚，心緒之惡，甚於八年春在家、十年春在祁門之狀。爾明年新正來此，父子一敘，或可少紓憂鬱。

爾近日走路身體略覺厚重否？說話略遲鈍否？鴻兒近學作試帖詩否？袁氏壻近常在家否？爾若來此，或帶袁壻與金二外甥同來亦好。（同治元年十月二十四日）

諭紀澤（論四言詩）

字諭紀澤兒：

廿九接爾十月十八在長沙所發之信，十一月初一又接爾初九日一稟，并與左鏡和唱酬詩及澄叔之信，具悉一切。

爾詩胎息近古，用字亦皆的當。惟四言詩最難有聲響，有光芒，雖《文選》章孟以後諸作，亦復爾雅有餘，精光不足。揚子雲之〈州箴〉、〈百官箴〉諸四言，刻意摹古，亦乏作作之光、淵淵之聲。余生平於古人四言，最好韓公之作，如〈祭柳子厚文〉、〈祭張署文〉、〈進學解〉、〈送窮文〉諸四言，固皆光如皎日，響如春霆。即其他凡墓志之銘詞及集中如〈淮西碑〉、〈元和聖德〉各四言詩，亦皆於奇崛之中迸出聲光。其要不外意義層出、筆仗雄拔而已。自韓公而外，則班孟堅《漢書．敘傳》一篇，亦四言中之最雋雅者。爾將此數篇熟讀成誦，則於四言之道自有悟境。鏡和詩雅潔清潤，實為吾鄉罕見之才，但亦少奇矯之致。凡詩文欲求雄奇矯變，總須用意，有超群離俗之想，乃能脫去恆蹊。爾前信讀《馬汧督誄》，謂其沈鬱似《史記》，極是極是。余往年亦篤好斯篇。爾若於斯篇及〈蕪城賦〉、〈哀江南賦〉、〈九辨〉、〈祭張署文〉等篇吟翫不已，則聲情自茂，文思汩汩矣。

此間軍事危迫異常。九洑洲之賊紛竄江北，巢縣、和州、含山俱有失守之信。余日夜憂灼，智盡能索，一息尚存，憂勞不懈，他非所知耳！爾行路漸重厚否？紀鴻讀書有恆否？至為廑念。餘詳日記中。

（同治元年十一月初四日）

諭紀澤（練字應從剛字、厚字用功）

字諭紀澤：

二十二、三日連寄二信與澄叔，驛遞長沙轉寄，想俱接到。季叔齎志長逝，實堪傷慟。沅叔之意，定以季櫬葬馬公塘，與高軒公合塚。爾即可至北港迎接。一切築墳等事，稟問澄叔，必恭必慤。俟季叔葬事畢再來皖營可也。

爾現用油紙摹帖否？字乏遒勁之氣，是爾生質短處，以後宜從「剛」字、「厚」字用功。特囑。

（同治元年十一月二十四日）

諭紀澤（論韓愈五言詩）

字諭紀澤：

十一日接十一月二十二日來稟，內有鴻兒詩四首。十二日又接初五日來稟，其時爾初自長沙歸也。兩次皆有澄叔之信，具悉一切。

韓公五言詩本難領會，爾且先於怪奇可駭處、詼諧可笑處細心領會。可駭處，如詠落葉，則曰「謂是夜氣滅，望舒霣其圓」；詠作文，則曰「蛟龍弄角牙，造次欲手攬」。可笑處，如詠登科，則曰「儕輩妒且熱，喘如竹筒吹」；詠苦寒，則曰「羲和送日出，恇怯頻窺覘」。爾從此等處用心，可以長才力，亦可添風趣。鴻兒試帖大方而有清氣，易於造就，即日批改寄回。

季叔奉初六恩旨追贈按察使，照按察使軍營病故例議卹，可稱極優。茲將諭旨錄歸。此間定於十九日開弔，二十日發引，同行者為厚四、甲二、甲六、葛畢山、江龍三諸族戚，又有員弁親兵等數十人送之。大約三月可到湘潭。葬期若定二月底三月初，必可不誤。

下游軍事漸穩。北岸蕭軍於初十日克復運漕，鮑軍糧路雖不甚通，而賊實不悍，或可勉強支持。此信送澄叔一閱。（同治元年十二月十四日）

諭紀澤（勸妹柔順恭謹）

字諭紀澤：

蕭開二來，接爾正月初五日稟，得知家中平安。

羅太親翁仙逝，當寄奠儀五十金，祭幛一軸，下次付回。羅壻性情可慮，然此無可如何之事。爾諄囑三妹柔順恭謹，不可有片語違忤。三綱之道，君為臣綱，父為子綱，夫為妻綱，是地維所賴以立，天柱所賴以尊。故《傳》曰：「君，天也；父，天也；夫，天也。」《儀禮》記曰：「君至尊也，父至尊也，夫至尊也。君雖不仁，臣不可以不忠；父雖不慈，子不可以不孝；夫雖不賢，妻不可以不順。」吾家讀書居官，世守禮義，爾當誥誡大妹、三妹忍耐順受。吾於諸女妝奩甚薄，然使女果貧困，吾亦必周濟而覆育之。目下陳家微窘，袁家、羅家並不憂貧。爾諄勸諸妹，以能耐勞忍氣為要。吾服官多年，亦常在「耐勞忍氣」四字上做工夫也。

鮑春霆正月初六日涇縣一戰後，各處未再開仗。春霆營士氣復旺，米糧亦足，應可再振。偽忠王復派賊數萬續渡江北，非希庵與江味根等來恐難得手。

余牙疼大愈，日內將至金陵一晤沅叔。此信送澄叔一閱，不另致。（同治二年正月廿四日）

諭紀澤（處亂世而得寬閒之歲月）

字諭紀澤：

二月二十一日在運漕行次，接爾正月二十二日、二月初三日兩稟，並澄叔兩信，具悉家中五宅平安。

大姑母及季叔葬事，此時均當完畢。爾在團山嘴橋上跌而不傷，極幸極幸。聞爾母與澄叔之意欲修石橋，爾寫稟來，由營付歸可也。《禮》云：「道而不徑，舟而不遊。」古之言孝者，專以保身為重。鄉間路窄橋孤，嗣後吾家子姪凡遇過橋，無論轎、馬，均須下而步行。吾本意欲爾來營見面，因遠道風波之險，不復望爾前來，且待九月霜降水落，風濤性定，再行寄諭定奪。目下爾在家飽看群書，兼持門戶。處亂世而得寬閒之歲月，千難萬難，爾切莫錯過此等好光陰也。

余以十六日自金陵開船而上，沿途閱看金柱關、東西梁山、裕溪口、運漕、無為州等處，軍心均屬穩固，布置亦尚妥當。惟兵力處處單薄，不知足以禦賊否。余再至青陽一行，月杪即可還省。南岸近亦吃緊。廣匪南股竄撲徽州，古、賴等股竄擾青陽。其志皆在直犯江西以營一飽，殊為可慮。

澄叔不願受沅之貤封。余當寄信至京，停止此舉，以成澄志。爾讀書有恆，余歡慰之至。第所閱日博，亦須箚記一二條，以自考證。腳步近稍穩重否？常常留心。此囑。（同治二年二月廿四日）

諭紀澤（論古茂之文章、勸兒背誦經典）

字諭紀澤：

接爾二月十三日稟並〈聞人賦〉一首，具悉家中各宅平安。

爾於小學訓詁頗識古人源流，而文章又窺見漢魏六朝之門徑，欣慰無已。余嘗怪國朝大儒如戴東原、錢辛楣、段懋堂、王懷祖諸老，其小學訓詁實能超越近古，直逼漢唐，而文章不能追尋古人深處，達於本而閡於末，知其一而昧其二，頗覺不解。私竊有志，欲以戴、錢、段、王之訓詁，發為班、張、左、郭之文章。久事戎行，斯願莫遂，若爾曹能成我未竟之志，則至樂莫大乎是。即日當批改付歸。爾既得此津筏，以後更當專心壹志，以精確之訓詁，作古茂之文章。由班、張、左、郭上而揚、馬而《莊》《騷》而「六經」，靡不息息相通，下而潘、陸而任、沈而江、鮑、徐、庾，則詞愈雜，氣愈薄，而訓詁之道衰矣。至韓昌黎出，乃由班、張、揚、馬而上躋「六經」，其訓詁亦甚精當。爾試觀《南海神廟碑》《送鄭尚書序》諸篇，則知韓文實與漢賦相近。又觀《祭張署文》《平淮西碑》諸篇，則知韓文實與《詩經》相近。近世學韓文者，皆不知其與揚、馬、班、張一鼻孔出氣。爾須要參透此中消息。

爾閱看書籍頗多，然成誦者太少，亦是一短。嗣後宜將《文選》最愜意者熟讀，以能背誦為斷，如〈兩都賦〉、〈西征賦〉、〈蕪城賦〉及〈九辯〉、〈解嘲〉之類皆宜熟讀。選後之文如〈與楊遵彥書〉、〈哀江南賦〉亦宜熟讀。又經世之文如馬貴與《文獻通考》序二十四首，天文如丹元子之〈步天歌〉，地理如顧祖禹之《州域形勢敘》。以上所選文七篇三種，爾與紀鴻兒皆當手鈔熟讀，互相背誦，將來父子相見，余亦課爾等背誦也。

爾擬以四月來營，余亦甚望爾來，教爾以文。惟長江風波頗不放心，又恐往返途中拋荒學業，爾稟請爾母及澄叔酌示。如四月起程，則只帶袁婿及與金二甥同來；如八、九月起程，則奉母及弟、妹、妻、女合家同來，到皖住數月，孰歸孰留，再行商酌。目下皖北賊犯湖北，皖南賊犯江西，今年上半年不安靜，下半年或當稍勝。爾若於四月來謁，舟中宜十分穩慎；如八月來，則余派大船至湘潭迎接可

也。（同治二年三月初四日）

諭紀澤（述軍事近況）

字諭紀澤：

頃接爾稟及澄叔信，知余二月初四在蕪湖下所發二信同日到家，季叔與伯姑母葬事皆已辦妥。爾自櫧山歸來，俗務應稍減少。

此間近日軍事最急者，惟石澗埠毛竹九、劉南雲營盤被圍。自初三至初十，晝夜環攻，水洩不通。次則黃文金大股由建德竄犯景德鎮。余本檄鮑軍救援景德鎮，因石澗埠危急，又令鮑改援北岸，沅叔亦撥七營救援石澗埠。只要守住十日，兩路援兵皆到，必可解圍。又有捻匪由湖北下竄，安慶必須安排守城事宜。各路交警，應接不暇，幸身體平安，尚可支持。

《聞人賦》圈批發還，爾能抗心希古，大慰余懷。紀鴻好學否？爾說話走路，比往年較遲重否？付去高麗參一斤，備家中不時之需。又付銀十兩，爾託櫧山為我買好茶葉若干斤。去年寄來之茶，不甚好也。此信送與澄叔一看，不另寄。奏章、諭旨一本查收。（同治二年三月十四日）

諭紀鴻（論科考）

字諭紀鴻：

接爾稟件，知家中五宅平安，子姪讀書有恆，為慰。

爾問今年應否往應科考，爾既作秀才，凡歲考、科考，均應前往入場，此朝廷之功令，士子之職業也。惟爾年紀太輕，余不放心。若鄧師能晉省送考，則爾凡事有所稟承，甚好甚好。若鄧師不赴省，則爾或與易芝生先生同住，或隨罣山、鏡和、子祥諸先生同伴，總須得一老成者照應一切乃為穩妥。爾近日常作試帖詩否？場中細檢一番，無錯平仄，無錯抬頭也。此次未寫信與澄叔，爾為稟告。（同治二年五月十八日）

致十叔（盡力軍事）

丹閣十叔大人閣下：

前奉賜函，敬審福履康愉，闔潭多祜，至為慶慰。

此間軍事，自去秋以至今春危險萬狀。四月以後巢、和、二浦次第克復，奪回九洑州要隘，江北肅清，大局極有轉機。不料苗逆復叛，占踞數城。一波未平，一波復起。而各軍疾疫大作，死亡相屬，幾與去秋相等。餉項奇絀，醫藥無資，茫茫天意不知何日果遂厭亂也？姪身體粗適，牙齒脫落一個，餘亦動搖不固。此外視聽眠食未改。五十以前舊態，自以菲材久竊高位，兢兢慄慄，惟是不貪安逸，不圖豐豫，以是報聖主之厚恩，即以是稍惜祖宗之餘澤。上年恭遇兩次覃恩，已將本身應得封典貤封伯祖父重五公暨中和公伯祖母、彭太夫人暨蕭太夫人。茲將誥軸專盛四送回，即求告知任尊叔及芝圃、榮發、厚一、厚四諸弟，敬謹收藏。焚黃告墓之日，子姪悉與於祭，茲各寄二十金，少助祭席之資，又參枝、對聯、書帖等微物，略將鄙忱伏乞哂存。

左君辦硝之事，因採辦諸人在各縣挖牆拆屋，紛紛釀成控案，東征局司道乃詳請概歸官辦，不特不能添新委員，即前此給札者亦須一一撤回，是以未能照辦。但諸人借湊本錢分途採買，因此半途而廢，不免吃虧。姪已函告東局主事者，酌量調劑，不令虧本矣。（同治二年七月十二日）

諭紀鴻（嫁女不應戀母家）

字諭紀鴻：

接爾澄叔七月十八日信並爾寄澤兒一函，知爾奉母於八月十九日起程來皖，並三女與羅壻一同前來。

現在金陵未復，皖省南、北兩岸羣盜如毛，爾母及四女等姑嫂來此，並非久住之局。大女理應在袁家侍姑盡孝，本不應同來安慶，因榆生在此，故吾未嘗寫信阻大女之行。若三女與羅壻，則尤應在家事姑事母，尤可不必同來。余每見嫁女貪戀母家富貴而忘其翁姑者，其後必無好處。余家諸女當教之孝順翁姑，敬事丈夫，慎無重母家而輕夫家，效澆俗小家之陋習也。三女夫婦若尚在縣城、省城一帶，儘可令之仍回羅家奉母奉姑，不必來皖。若業已開行，勢難中途折回，則可同來安慶一次。小住一月二月，余再派人送歸。其陳壻與二女，計必在長沙相見，不可帶之同來。俟此間軍務大順，余寄信去接可也。

（同治二年八月初四日）

諭紀澤（路上不可驚動官長）

字諭紀澤兒：

爾於十九自家起行，想九月初可自長沙挂帆東行矣。船上有大帥字旗，余未在船，不可誤挂。經過府、縣各城，可避者略為避開，不可驚動官長，煩人應酬也。

余日內平安。沅叔及紀鴻等在金陵亦平安。此諭。（同治二年八月十二日）

寄紀瑞姪（勿忘先世之勤儉）

字寄紀瑞姪左右：

前接吾姪來信，字跡端秀，知近日大有長進。紀鴻奉母來此，詢及一切，知姪身體業已長成，孝友謹慎，至以為慰。

吾家累世以來，孝弟勤儉。輔臣公以上吾不及見，竟希公、星岡公皆未明即起，竟日無片刻暇逸。竟希公少時在陳氏宗祠讀書，正月上學，輔臣公給錢一百，為零用之需。五月歸時，僅用去二文，尚餘九十八文還其父。其儉如此。星岡公當孫入翰林之後，猶親自種菜、收糞。吾父竹亭公之勤儉，則爾等所及見也。今家中境地雖漸寬裕，姪與諸昆弟切不可忘卻先世之艱難，有福不可享盡，有勢不可使盡。「勤」字工夫，第一貴早起，第二貴有恆；「儉」字工夫，第一莫華麗衣服，第二莫多用僕婢雇工。凡將相無種，聖賢豪傑亦無種，只要人肯立志，都可做得到的。姪等處最順之境，當最富之年，明年又從最賢之師，但須立定志向，何事不可成？何人不可作？願吾姪早勉之也。廕生尚算正途功名，可以考御史。待姪十八九歲，即與紀澤同進京應考。然姪此際專心讀書，宜以八股試帖為要，不可專恃廕生為基，總以鄉試、會試能到榜前，益為門戶之光。

紀官聞甚聰慧，姪亦以「立志」二字兄弟互相勸勉，則日進無疆矣。（同治二年十二月十四日）

諭紀澤（勸兒以勤謙二字為主）

字諭紀澤兒：

余於廿五日巳刻抵金陵陸營，文案各船亦於廿六日申刻趕到。沅叔濕毒未愈，而精神甚好。偽忠王曾親訊一次，擬即在此殺之。由安慶咨行各處之請，在皖時未辦咨扎稿，茲寄去一稿。若已先發，諒與此稿不符，亦無礙也。刻摺稿寄家可一二十分，或百分亦可。沅叔要二百分，宜先儘沅叔處，此外各處不宜多散。此次令王洪陞坐輪船於廿七日回皖，以後送包封者仍坐舢舨歸去。包封每日止送一次，不可再多。爾一切以「勤謙」二字為主。至囑。

頃見安慶付來之咨行稿，甚妥。此間稿不用矣。（同治三年六月二十二日）

諭紀澤（述偽忠王已就擒）

字諭紀澤兒：

日內北風甚勁，未接包封及爾稟，余亦未發信也。

偽忠王自寫親供，多至五萬餘字。兩日內看該酋親供，如校對房本誤書，殊費目力。頃始具奏洪、李二酋處治正法。李酋已於初六正法，供詞亦咨送軍機處矣。

沅叔擬於十一、二等日演戲請客，余亦於十五前後起程回皖。日內因天熱事多，尚未將江西一案出奏，計非五日不能核定此稿。老年畏熱，亦畏案牘之繁難。余將來到金陵，即在英王府寓居，頃已派人修理矣。（同治三年七月初七日）

諭紀鴻（勉勵家中子弟去傲惰二字）

字諭紀鴻兒：

自爾西行後，南風甚多，此五日內卻是東北風，不知爾已至岳州否？

余以廿五日至金陵，沅叔病已痊愈。廿八日戮洪秀全之尸，初六日將偽忠王正法。初八日接富將軍咨，余蒙恩封侯，沅叔封伯。余所發之摺，批示尚未接到。不知同事諸公得何懋賞，然得五等賞甚少。余借人之力以竊上賞，寸心不安之至。

爾在外以「謙謹」二字為主，世家子弟，門第過盛，萬目所屬。臨行時，教以三戒之首，末二條及力去「傲惰」二弊，當已牢記之矣。場前不可與州、縣來往，不可送條子，進身之始，務知自重，酷暑尤須保養身體。此囑。（同治三年七月初九日）

諭紀澤（請其詳查封賞之事例）

字諭紀澤兒：

廿三日之摺，批旨尚未到皖，頗不可解。豈已遞至官相處耶？各處來信皆言須用賀表，余亦不可不辦一分。爾請程伯敷為我撰一表，為沅叔撰一表。伯敷前後所作謝摺甚多，此次擬另送潤筆費三十金，蓋亦僅見之美事也。

得五等之封者似無多人。余借人之力而竊上賞，寸心深抱不安。從前三藩之役，封爵之人較多，求闕齋西間有《皇朝文獻通考》一部，爾試查《封建考》中三藩之役共封幾人，平準部封幾人，平回部封幾人，開單寄來。

偽幼王有逃至廣德之說，不知確否？（同治三年七月初九日）

諭紀澤（告知封賞之事）

字諭紀澤兒：

今早接奉廿九日諭旨。余蒙恩封一等侯、太子太保、雙眼花翎，沅叔蒙恩封一等伯、太子少保、雙眼花翎，李少典封子爵，蕭孚泗男爵。其餘黃馬褂九人，世職十人，雙眼花翎四人。恩旨本日包封鈔回。茲先將初七之摺寄回發刻，李秀成供明日付回也。（同治三年七月初十日）

諭紀澤（老人畏亢旱酷熱）

字諭紀澤兒：

初十、十一、二等日獻酒三日，沅叔料理周到，精力沛然，余則深以為苦。亢旱酷熱，老人所畏，應治之事多擱廢者。江西周石一案，奏稿久未核辦，尤以為疚。自六月廿三日起，凡人證皆由余發及盤川，以示體卹。爾託子密告知兩司可也。

鄂刻地圖，爾可即送一分與莫偲老。〈輪船行江說〉三日內准付回，另紙繕寫，黏貼大圖空處。萬篪軒、忠鶴皋及泰州、揚州各官日內均來此一見。李少荃亦擬來一晤，聞余將以七月回皖，遂不來矣。

（同治三年七月十三日）

諭紀澤（告知欲登舟回安應）

字諭紀澤兒：

二日未接爾稟，蓋北風阻滯之故。此間十七日大風大雨，蕭然便有秋氣。

富將軍今日來拜，暢談一切。余擬明日登舟，乘坐民船，不求其快，舟中須作周石獄事一摺，非三四日不能了。沅叔處無一人獨坐之位，無一刻清淨之時，故未辦也。其他積擱之事皆須在船一為清理。到皖當在月杪矣。此囑。（同治三年七月十八日）

諭紀澤（述回皖所經之地、稱愧受恩典）

字諭紀澤兒：

余於十九日回拜富將軍即起程回皖，約百七十里乃至棉花隄。今日未刻發報後，長行順風，行七十里泊宿，距采石不過十餘里。

接奉諭旨，諸路將帥、督撫均免造冊造報銷，真中興之特恩也。頃又接爾十八日稟，鈔錄封爵單一冊。我朝酬庸之典，以此次最隆，愧悚戰兢，何以報稱！爾曹當勉之矣。（同治三年七月廿日）

諭紀鴻（勸兒以謙敬保家門之盛美）

字諭紀鴻：

自爾還湘起行後，久未接爾來稟，殊不放心。今年天氣奇熱，爾在途次平安否？

余在金陵與沅叔相聚二十五日，二十日登舟還皖，體中尚適。余與沅叔蒙恩晉封侯伯，門戶太盛，深為祇懼。爾在省以「謙敬」二字為主，事事請問意臣、芝生兩姻叔，斷不可送條子，致騰物議。十六日出闈，十七、八拜客，十九日即可回家。九月初在家聽榜信後，再起程來署可也。擇交是第一要事，須擇志趣遠大者。此囑。（同治三年七月廿四日）

諭紀澤、紀鴻（諭兒謙慎勤儉）

字諭紀澤、紀鴻兩兒：

余於初四日自邵伯開行後，初八日至清江浦。聞捻匪張、任、牛三股並至蒙、亳一帶，英方伯雉河集營被圍，易開俊在蒙城亦兩被賊圍，糧路難通。余商昌岐帶水師由洪澤湖至臨淮，而自留此待羅、劉旱隊至乃赴徐州。

爾等奉母在寓，總以「勤」、「儉」二字自惕，而接物出以謙慎。凡世家之不勤不儉者，驗之於內眷而畢露。余在家深以婦女之奢逸為慮，爾二人立志撐持門戶，亦宜自端內教始也。余身尚安，癬略甚耳。（同治四年閏五月初九日）

諭紀澤（述近況並指定二子閱習書目）

字諭紀澤兒：

接爾兩次安稟，具悉一切。爾母病已全愈，羅外孫亦好，甚慰。

余到清江已十一日，因劉松山未到，皖南各軍鬧餉，故爾遲遲未發。雉河、蒙城等處日內亦無警信。羅茂堂等今日開行，由陸路赴臨淮。余俟劉松山到後，擬於廿一日由水路赴臨淮。身體平安。惟廑念湘勇鬧餉，有弗戢自焚之懼，竟日憂灼。蔣之純一軍在湖北業已叛變，恐各處相煽，即湘鄉亦難安居。想所以有懲之之法，尚無善策。

楊見山之五十金，已函復小岑在於伊卿處致送。邵世兄及各處月送之款，已有一札，由伊卿長送矣。惟壬叔向按季送，偶未入單，劉伯山書局撤後，再代謀一安硯之所。該局何時可撤，尚無聞也。

寓中絕不酬應，計每月用錢若干？兒婦諸女，果每日紡績有常課否？下次稟復。吾近夜飯不用葷菜，以肉湯炖蔬菜一二種，令極爛如臡，味美無比，必可以資培養（菜不必貴，適口則足養人）。試炖爾母食之。（星岡公好於日入時手摘鮮蔬，以供夜餐。吾當時侍食，實覺津津有味，今則加以肉湯，而味尚不逮於昔時。）後輩則夜飯不葷，專食蔬而不用肉湯，亦養生之宜，崇儉之道也。顏黃門（推之）《顏氏家訓》作於亂離之世，張文端英《聰訓齋語》作於承平之世，所以教家者極精。爾兄弟各覓一冊，常常閱習，則日進矣。（同治四年閏五月十九日）

諭紀澤、紀鴻（領略古人文字意趣）

字諭紀澤、紀鴻兩兒：

余於廿五、六日渡洪澤湖面二百四十里，廿七日入淮，廿八日在五河停泊一日，等候旱隊。廿九日抵臨淮。聞劉省三於廿四日抵徐州，廿八日由徐州赴援雉河，英西林於廿六日攻克高鑪集，雉河之軍心益固，大約圍可解矣。羅、張、朱等明日可以到此，劉松山初五六可到。余小住半月，當仍赴徐州也。毛寄雲年伯至清江，急欲與余一晤，余因太遠，止其在臨淮。

爾寫信太短，近日所看之書及領略古人文字意趣儘可自攄所見，隨時質正。前所示有氣則有勢，有識則有度，有情則有韻，有趣則有味，古人絕好文字大約於此四者之中必有一長。爾所閱古文何篇？於

何者為近？可放論而詳問焉。鴻兒亦宜常常具稟，自述近日工夫。此示。（同治四年六月初一日）

諭紀澤、紀鴻（告水災）

字諭紀澤、紀鴻兩兒：

今日接小岑信，知邵世兄一病不起，實深傷悼。位西立身行己、讀書作文俱無差謬，不知何以家運衰替若此？豈天意真不可測耶？爾母之病，總帶溫補之劑，當無他虞。羅氏外孫及朱金權已痊愈否？

此間水大異常，各營皆已移渡南岸。惟余所居淮北兩營係羅茂堂所帶，二日內尚可不移。再長水八寸，則危矣。陰雲鬱熱，雨勢殊未已也。

邵世兄處，應送奠金五十金。可由家中先為代出，有便差來營即付去。滕中軍所帶百人，可令每半月派一兵來，此不必定候家鄉長夫送信。余託陳小浦買龍井來，爾可先交銀十六兩，亦候下次兵來時付去。邵宅每月二十金，爾告伊卿照常致送否？須補一公牘否？爾每旬至李宮保處一談否？幕中諸友凌曉風相見契愜否？氣勢、識度、情韻、趣味四者，偶思邵子四象之說可以分配，茲錄於別紙。爾試究之。

（同治四年六月十九日）

諭紀澤（陳刻廿四史頗可愛）

字諭紀澤兒：

廿四日接奉寄諭，知沅叔已簡授山西巡撫。諭旨咨少泉宮保處，爾可借閱。沅叔之病，不知此時全愈否？余須寄信囑其北上陛見之便，且至徐州兄弟相會。

陳刻「廿四史」頗為可愛，不知其錯字多否？《幾何原本》可先刷一百部。曾恆德無事亦可來營。余又有取閱之書，可令滕中軍派兵送來，錄如別紙。（同治四年六月二十五日）

諭紀澤、紀鴻（作文氣勢須與揣摩並重）

字諭紀澤、紀鴻兩兒：

紀澤於陶詩之識度不能領會，試取〈飲酒〉二十首、〈擬古〉九首、〈歸田園居〉五首、〈詠貧士〉七首等篇反覆讀之，若能窺其胸襟之廣大，寄託之遙深，則知此公於聖賢豪傑皆已升堂入室。爾能尋其用意深處，下次試解說一二首寄來。

又問有一專長，是否須兼三者乃為合作。此則斷斷不能。韓無陰柔之美，歐無陽剛之美，況於他人而能兼之？凡言兼眾長者，皆其一無所長者也。鴻兒言此表範圍曲成，橫豎相合，足見善於領會。至於純熟文字，極力揣摩固屬切實工夫，然少年文字，總貴氣象崢嶸，東坡所謂蓬蓬勃勃，如釜上氣。古文如賈誼〈治安策〉、賈山〈至言〉、太史公〈報任安書〉、韓退之〈原道〉、柳子厚〈封建論〉、蘇東坡〈上神宗書〉，時文如黃陶庵、呂晚村、袁簡齋、曹寅谷，墨卷如《墨選觀止》、《鄉墨精銳》中所選兩排三疊之文，皆有最盛之氣勢。爾當兼在氣勢上用功，無徒在揣摩上用功。大約偶句多，單句少，段落多，分段少，莫拘場屋之格式。短或三五百字，長或八九百字、千餘字，皆無不可。雖係四書題，或用後世之史事，或論目下之時務，亦無不可。總須將氣勢展得開，筆仗使得強，乃不至於束縛拘滯，愈緊愈呆。

嗣後爾每月作五課揣摩之文，作一課氣勢之文。講揣摩者送師閱改，講氣勢者寄余閱改。四象表中，惟氣勢之屬太陽者，最難能而可貴。古來文人雖偏於彼三者，而無不在氣勢上痛下工夫。兩兒均宜勉之。此囑。（同治四年七月初三日）

諭紀澤（示兒應讀書有恆）

字諭紀澤兒：

福秀之病，全在脾虧。今聞曉岑先生峻補脾胃，似亦不甚相宜。凡五藏極虧者，皆不受峻補也。爾少時亦極脾虧，後用老米炒黃，熬成極釅之稀飯，服之半年，乃有轉機。爾母當尚能記憶。金陵可覓得老米否？試為福秀一服此方。開生到已數日，元徵信接到，茲有覆信，並邵二世兄信。爾閱後封口交去。渠需銀兩，爾陸續支付可也。

《義山集》似曾批過，但所批無多。余於道光廿二、三、四、五、六等年，用胭脂圈批。惟余有丁刻《史記》六套（在家否？）。王刻韓文（在爾處）。程刻韓詩（最精本）。小本杜詩、唐刻《古文辭類纂》（溫叔帶回，霞仙借去）。《震川集》（在季師處）。《山谷集》（在黃恕皆家）。首尾完畢，餘皆有始無終，故深以無恆為憾。近年在軍中閱書，稍覺有恆，然已晚矣。故望爾等於少壯時即從「有恆」二字痛下工夫。然須有情韻、趣味，養得生機盎然，乃可歷久不衰。若拘苦疲困，則不能真有恆

也。（同治四年七月十三日）

諭紀澤、紀鴻（女兒姻事成禮地點）

字諭紀澤、紀鴻兩兒：

郭宅姻事，吾意決不肯由輪船海道行走。嘉禮儘可安和中度，何必冒大洋風濤之險？至禮成，或在廣東，或在湘陰，須先將我家或全眷回湘，或澤兒夫婦送妹回湘，吾家主意定後，而後婚期之或遲或早可定，而後成禮之或湘或粵亦可定。

吾既決計不回江督之任，而全眷獨戀戀於金陵，不免武仲據防之嫌，是爾母及全眷早遲總宜回湘，全眷皆須還鄉，四女何必先行？吾意九月間爾兄弟送家屬悉歸湘鄉。經過省城時，如吉期在半月之內，或爾母親至湘陰一送亦可。如吉期尚遙，則紀澤夫婦帶四妹在長沙小住，屆期再行送至湘陰成婚。

至成禮之地，余意總欲在湘陰為正辦。筠仙姻丈去歲嫁女，既可在湘陰由意誠主持，則今年娶婦，亦可在湘陰由意誠主持。金陵至湘陰近三千里，粵東至湘陰近二千里。女家送三千，壻家迎三千，而成禮於累世桑梓之地，豈不盡美盡善？爾以此意詳覆筠仙姻丈一函，令崔成貴等由海道回粵。余亦以此意詳致一函，由排單寄去，即以此信為定。喜期定用十二月初二日，全眷十月上旬自金陵起行，斷不致誤。如筠仙姻丈不願在湘陰舉行，仍執送粵之說，則我家全眷暫回湘鄉，明年再商吉期可也。

鴻兒之文氣勢頗旺，下次再行詳示。爾母須用茯苓，候至京之便購買。余以廿四日自臨淮起行，十日無雨，明日可到徐州矣。途次平安，勿念。（同治四年八月初三日）

諭紀澤（安頓友人葬事及家事）

字諭紀澤兒：

邵世兄開來節略等件收到，位西先生遺文亦閱過。本月當作墓銘，出月親為書寫，仍付金陵，交張氏兄弟刻鉤。大約刊刻搨印須三箇月工夫，年底乃可藏事。爾告邵子晉急急返杭料理葬事，以速為妙。此石不宜埋藏土中，將來或藏之邵氏家廟，或嵌之邵家屋壁，或一二年後，於墓之址丈餘另穿一小穴補行埋之，亦無不可。此次不可待碑成再定葬期也。（同治四年八月十三日）

諭紀澤（交代藏書讀書事宜）

字諭紀澤兒：

王船山先生《書經稗疏》三本、《春秋家說序》一薄本，係託劉韞齋先生在京城文淵閣鈔出者。爾可速寄歐陽曉岑丈處，以便續行刊刻。劉松山前借去鄂刻地圖七本，茲可取回。尚有二十六本在金陵，可寄至大營，配成全部。

《全唐文》太繁，而郭慕徐處有專集十餘種，其中有《韓昌黎集》，吾欲借來一閱，取其無注，便於溫誦也。又《文獻通考》（吾曾點過田賦、錢幣、戶口、識役、征榷、市糴、土貢、國用、刑制、輿地等門者）。《晉書》、《新唐書》（要殿本，《晉書》兼取李芋仙送毛刻本）。均取來，以便繙閱。《後漢書》亦可帶來（殿本）。冬春皮衣均於此次舢板帶來。此囑。（同治四年八月十九日）

諭紀澤、紀鴻（家眷回湘事）

字諭紀澤、紀鴻兩兒：

家眷旋湘，應俟接筠仙姻丈覆信乃可定局。余意婚期果是十二月初二，則澤兒夫婦送妹先行，至湘陰辦喜事畢，即回湘鄉，另覓房屋。覓妥後，寫信至金陵，鴻兒奉母並全眷回籍。若婚期改至明年，則澤兒一人回湘覓屋，家婦及四女皆隨母明年起程。

黃金堂之屋，爾母素不以為安，又有塘中溺人之事，自以另擇一處為妥。余意不願在長沙住，以風俗華靡，一家不能獨儉。若另求僻靜處所，亦殊難得，不如即在金陵多住一年半載亦無不可。澤兒回湘與兩叔父商，在附近二三十里覓一合式之屋，或尚可得。星岡公昔年思在牛欄大圵起屋，即𩽹魚壩蕭祠間壁也。不知果可造屋，以終先志否？又油舖里係元吉公屋，犁頭嘴係輔臣公屋，不知可買莊兌換或借住一二年否？富圫可移兌否？爾稟商兩叔，必可設法辦成。爾母既定於明年起程，則松生夫婦及邵小姐之位置，新年再議可也。

近奉諭旨，飭余晉駐許州。不去則屢違詔旨，又失民望；遽往則局勢不順，必無成功，焦灼之至。餘不多及。（同治四年八月廿一日）

諭紀澤（示兒養生之道）

字諭紀澤：

爾十一日患病，十六日尚神倦頭眩，不知近已全愈否？吾於凡事皆守「盡其在我，聽其在天」二語，即養生之道亦然。體強者，如富人因戒奢而益富；體弱者，如貧人因節嗇而自全。節嗇非獨食色之性也，即讀書用心，亦宜儉約，不使太過。余八本篇中言養生以少惱怒為本，又嘗教爾胸中不宜太苦，須活潑潑地，養得一段生機，亦去惱怒之道也。既戒惱怒，又知節嗇，養生之道已盡其在我者矣。此外壽之長短，病之有無，一概聽其在天，不必多生妄想去計較他。凡多服藥餌，求禱神祇，皆妄想也。吾於醫藥、禱祀等事，皆記星岡公之遺訓，而稍加推闡，教爾後輩。爾可常常與家中內外言之。爾今冬若回湘，不必來徐省問，徐去金陵太遠也。

近日賊犯山東，余之調度，概咨少荃宮保處。澄叔、沅叔信附去查閱，不須寄來矣。此囑。（同治四年九月初一日）

諭紀澤（告徐州賊勢）

字諭紀澤兒：

十七日接爾初十日稟，知爾病三次翻覆，近已全愈否？舢板尚未到徐。而此間群賊萃於銅、沛二縣，攻破民圩頗多，與微山湖相近，湖中水淺，近郡處又窄，舢板或畏賊不欲進耶？馬步賊約六七萬，火器雖少而剽悍異常，看來凶焰尚將日長。吾已定與賊相終始，故亦安之若素。

文輔卿自京來此，言近事頗詳。九叔浮言漸息，霞仙雖降調，而物望尚好。筠仙眾望較減，天眷亦甚平平。頃接筠信，婚期已改明年，然則爾今冬亦可不回湘矣。原信鈔去一閱。爾母健飯，大慰大慰。

（同治四年九月二十五日）

諭紀澤（鉤刻墓銘）

字諭紀澤兒：

茲將邵位西墓銘付回。其兄之「名空」二字，爾可填寫，交匠人鉤摹刊刻。季公墓銘，匠人刻出太俗，無深厚之意，余字尚不如是。爾可教張氏二匠用刀須略明行氣之法。刀下無氣，則順修逆描，全失勁健之氣矣。

《幾何原本序》付去照收。余十九日覆奏李公入洛、李丁迭遷一疏，爾可至李宮保署查閱。此囑。

（同治四年九月二十五日）

諭紀澤、紀鴻（蒔花竹玩山水）

字諭紀澤、紀鴻兩兒：

二十六日接紀澤排遞之稟，紀鴻舢板帶來稟件、衣、書，今日派夫往接矣。澤兒肝氣痛病亦全好否？爾不應有肝鬱之症，或由元氣不足，諸病易生，身體本弱，用心太過。上次函示以節嗇之道，用心宜約，爾曾體驗否？張文端公（英）所著《聰訓齋語》，皆教子之言，其中言養身、擇友、觀玩山水花竹，純是一片太和生機，爾宜常常省覽。鴻兒身體亦單弱，亦宜常看此書。吾教爾兄弟不在多書，但以聖祖之《庭訓格言》、張公之《聰訓齋語》二種為教，句句皆吾肺腑所欲言。以後在家則蒔養花竹，出門則飽看山水，環金陵百里內外，可以徧遊也。算學書切不可再看，讀他書亦以半日為率。未刻以後，即宜歇息游觀。古人以懲忿窒慾為養生要訣，懲忿即吾前信所謂少惱怒也，窒慾即吾前信所謂知節嗇也。因好名好勝而用心太過，亦慾之類也。藥雖有利，害亦隨之，不可輕服。切囑。（同治四年九月卅日）

諭紀澤（寄書命二子細覽）

字諭紀澤兒：

爾病已好，甚慰。賊於廿九日稍與馬隊接仗，其夜即竄蕭縣，初一、二日竄又漸遠，現尚不知果竄何處。各兵既力求寬限，以後即限九日，以八百里之程，每日僅走九十里，想非強人所難。

張文端公《聰訓齋語》茲付去二本，爾兄弟細心省覽，不特於德業有益，實於養生有益。余身體平安，惟精神日損，老景逐增，而責任甚重，殊為悚懼。（同治四年十月初四日）

諭紀澤、紀鴻（將去巡閱地勢）

字諭紀澤、紀鴻兩兒：

賊自初三、四兩日在豐縣為潘軍所敗，倉皇西竄。行至寧陵，又為歸德周盛波一軍所敗。擄擒賊供稱將竄湖北，不知確否。此間俟幼泉游擊之師辦成，除四鎮大兵外，尚有兩枝大游兵，盡敷剿辦。但求朱、唐、金軍遣撤不生事變，則諸務漸有歸宿矣。

澤兒身體復元，思來徐州省覲。余擬於今冬至曹、濟、歸、陳四府巡閱地勢，現尚未定，爾暫不必來。如余不赴齊、豫，爾至十二月十五以後前來徐州，侍余度歲可也。彭笛仙在糧臺，爾常相見否？其學問、長處究竟何如？《聰訓齋語》，余以為可卻病延年，爾兄弟與松生、慕徐常常體驗否？可一稟及。此囑。（同治四年十月十七日）

諭紀澤（為子擇良師）

諭紀澤兒：

余近日身體平安。

捻匪自竄河南後，久無消息。十九日之摺，頃接寄諭，業經照准。明年寓中請師。頃桐城吳汝綸摯甫來此，渠以本年連捷，得內閣中書，告假出京。余勸令不必遽爾進京當差，明年可至余幕中專心讀書，多作古文。因擬請其父吳元甲號育泉者至金陵教書，為紀鴻及陳壻之師。育泉以廩生舉孝廉方正，其子汝綸係一手所教成者也。摯甫聞此言欣然樂從，歸告其父，想必允許。惟澄、沅叔已答應將富圫讓與我家居住，明歲將送全眷回湘，吳來金陵，恐非長久之局。摯甫由徐赴金陵，余擬派差官送之。爾可與之面商一切。

鴻兒每十日宜寫一稟。字宜略大，墨宜濃厚。此囑。（同治四年十月二十四）

諭紀澤（諭紀澤來營過年）

字諭紀澤兒：

彭宮保尚在安慶，松生陪王益梧去，恐無所遇，抑別有他營耶？河南吳中丞疏稱「豫省情形萬難，供職無狀，請另簡賢能」。諭旨又催移營，現因湖團一案關係極大，必須至徐料理，新年即將移駐河南之周家口。爾可於臘月來徐省覲，隨同度歲。由金陵坐船至清江，在清江雇王家營轎車至徐，余派弁至清江迎接。大約水陸不過十二三日程耳。季泉無病，何必託詞不來？

《聰訓齋語》俟覓得再寄。余前信欲乞慕徐齋頭《全唐文》殘本中韓文一種，爾曾與慕徐說及否？《明史》亦未帶來。臘月來營，可將此二書帶來。《明史》即將陳刻本帶來亦可，王氏《廣雅疏證》可附帶也。（同治四年十一月初六日）

諭紀澤、紀鴻（交待家事若干並命紀澤代為查寄典籍）

字諭紀澤、紀鴻兩兒：

余明年正月即移駐周家口，該處距漢口八百四十里，距長沙一千六百餘里，距金陵亦一千三百餘里。兩邊皆係陸路，通信於金陵，與通信於長沙，其難一也。澤兒來此省覲，送余移營起程後即回金陵。全眷仍以三月回湘為妥。吳育泉正月上學，教滿兩月，如果師弟相得，或請之赴湖南，或令紀鴻、陳堉隨吳師來余營讀書亦無不可。家中人少，不宜分作兩處住也。

余日來核改水師章程，將次完竣。惟提、鎮以下至千、把，每年各領養廉若干，此間無書可查，澤兒可翻《會典》，查出寄來。凡經制之現行者查典，凡因革之有由者查事例。武職養廉，記始於乾隆四十七年補足名糧案內。文職養廉，記始於雍正五年耗羨歸公案內。爾細查武養廉數目，即日先寄。又提督之官，見《明史・職官志》都察院條內，本與總督、巡撫等官皆係文職而帶兵者，不知何時改為武職。爾試翻尋《會典》，或詢之凌曉嵐、張嘯山等，速行稟復。（同治四年十一月十八日）

諭紀澤（交待瑣事若干）

字諭紀澤兒：

蔣大春賫到，《會典》五冊、《明史》一冊。國初提督尚文武兼用，厥後專用武職，不知始於何時。前明有掛印總兵，以總兵而掛平西將軍、征南將軍等印。國朝總兵亦間存掛印之名，而實無真印，不知何年并掛印之名而去之。爾試問劉伯山能記之否？水師章程定於十二月出奏。如其查不出，亦不要緊，凡辦事不必定講考據也。（同治四年十一月二十九日）

諭紀鴻（細教紀鴻習文練字）

字諭紀鴻：

爾學柳帖《琅琊碑》，效其骨力，則失其結構，有其開張，則無其抗搏。古帖本不易學，然爾學之尚不過旬日，焉能眾美畢備，收效如此神速？

余昔學顏、柳帖，臨摹動輒數百紙，猶且一無所似。余四十以前在京所作之字，骨力間架皆無可觀，余自媿而自惡之。四十八歲以後，習李北海《嶽麓寺碑》，略有進境，然業歷八年之久，臨摹已過千紙。今爾用功未滿一月，遂欲遽躋神妙耶？余於凡事皆用困知勉行工夫，爾不可求名太驟，求效太捷也。以後每日習柳字百個，單日以生紙臨之，雙日以油紙摹之。臨帖宜徐，摹帖宜疾，專學其開張處。數月之後，手愈拙，字愈醜，意興愈低，所謂困也。困時切莫間斷，熬過此門，便可少進。再進再困，再熬再奮，自有亨通精進之日。不特習字，凡事皆有極困極難之事，打得通的，便是好漢。余所責爾之功課，並無多事，每日習字一百，閱《通鑑》五頁，誦熟書一千字，三、八日作一文一詩。此課極簡，每日不過兩個時辰即可完畢，而看、讀、書、作四者俱全。餘則聽爾自為主張可也。

爾母欲以全家住周家口，斷不可行。周家口河道甚窄，與永豐河相似，余駐周家口亦非長局，決計全眷回湘。紀澤俟全行復元，二月初回金陵。余於初九日起程也。此囑。（同治五年正月十二日）

諭紀鴻（講求八股試帖）

字諭紀鴻：

日內未接爾稟，想闔寓平安。余定以二月九日由徐州起程，至山東濟、兗，河南歸、陳等處，駐紮周家口以為老營。紀澤定於初一日起程，花朝前後可抵金陵，三月初送全眷回湘。

爾出外二年有奇，詩文全無長進，明年鄉試，不可不認真講求八股試帖。吾鄉難尋明師，長沙書院亦多遊戲徵逐之習，吾不放心。爾至安慶後，可與方存之、吳摯甫同伴，由六安州坐船至周家口，隨我大營讀書。李申夫於八股試帖最善講說。據渠論及，不過半年，即可使聽者歡欣鼓舞，機洋趣溢而不能自已。爾到營後，去棄一切外事，即看《鑑》、臨帖、算學等事皆當輟舍，專在八股試帖上講求。丁卯六月回籍鄉試，得不得雖有命定，但求試卷不為人所譏笑，亦非一年苦功不可。此囑。（同治五年正月廿四日）

諭紀鴻（作字之法）

字諭紀鴻兒：

凡作字總要寫得秀，學顏、柳，學其秀而能雄；學趙、董，恐秀而失之弱耳。爾並非下等姿質，特從前無善講善誘之師，近來又頗有好高好速之弊。若求長進，須勿忘而兼以勿助，乃不致走入荊棘耳。（同治五年二月十八日）

諭紀澤、紀鴻（教子以眠食二功養生）

字諭紀澤、紀鴻兩兒：

接紀澤在清江浦、金陵所發之信。舟行甚速，病亦大愈，為慰。

老年來始知聖人教「孟武伯問孝」一節之真功。爾雖體弱多病，然只宜清靜調養，不宜妄施攻治。

莊生云：「聞在宥天下，不聞治天下也。」東坡取此二語以為養生之法。爾熟於小學，試取「在宥」二字之訓詁體味一番，則知莊、蘇皆有順其自然之意。養生亦然，治天下亦然。若服藥而日更數方，無故而終年峻補，疾輕而妄施攻伐，強求發汗，則如商君治秦、荊公治宋，全失自然之妙。柳子厚所謂「名為愛之，其實害之」，陸務觀所謂「天下本無事，庸人自擾之」，皆此義也。東坡游羅浮詩云：「小兒少年有奇志，中宵起坐存黃庭。」下一「存」字，正合莊子「在宥」二字之意。蓋蘇氏兄弟父子皆講養生，竊取黃老微旨，故稱其子為有奇志。以爾之聰明，豈不能窺透此旨？余教爾從眠、食二端用功，看似粗淺，卻得自然之妙。爾以後不輕服藥，自然日就壯健矣。

余以十九日至濟寧，即聞河南賊匪圖竄山東，暫駐此間，不遽赴豫。賊於廿二日已入山東曹縣境，余調朱心檻三營來濟護衛，衞出潘軍赴曹攻剿。須俟賊出齊境，余乃移營西行也。

爾侍母西行，宜作還里之計，不宜留連鄂中。仕宦之家，往往貪戀外省，輕棄其鄉，目前之快意甚少，將來之受累甚大。吾家宜力矯此弊。（同治五年二月二十五日）

諭紀澤（安排二子行程）

字諭紀澤兒：

全眷起行已定十七、二十六兩日，當可從容料理。得沅叔二月十三日信，定於三月初間赴鄂履任。爾等到鄂，當可少為停留。賊在山東，余須留於濟寧就近調度，不能遽至周家口。紀鴻兒過安慶時，不可輕赴周口，且隨母至湖北，再行定計。爾過安慶，往拜吳摯甫之父樟泉翁，觀其言論風範，果能大有益於鴻兒否？如其藹然可親，爾兄弟即定計請之，同船赴鄂，即在沅叔署中讀書。若余抵周家口，距漢口八百四十里，紀鴻省覲尚不甚難。爾則奉母還湘，不必在鄂久住。

金陵署內木器之稍佳者不必帶去，余擬寄銀三百，請澄叔在湘鄉、湘潭置些木器送於富圫，但求結實，不求華貴。衙門木器等物，除送人少許外，餘概交與房主姚姓、張姓，稍留去後之思。（同治五年三月初五日）

諭紀澤、紀鴻（教二子多用「渾、勤」之功）

字諭紀澤、紀鴻兩兒：

頃據探報，張逆業已回竄，似有返豫之意。其任、賴一股銳意來東，已過汴梁，頃據探亦有改竄西路之意。如果齊省一律肅清，余仍當赴周家口，以踐前言。

雪琴之座船已送到否？三月十七果成行否？沿途州、縣有送迎者，除不受禮物、酒席外，爾兄弟遇之，須有一種謙謹氣象，勿恃其清介而生傲惰也。余近年默省之「勤、儉、剛、明、忠、恕、謙、渾」八德，曾為澤兒言之，宜轉告與鴻兒，就中能體會一二字，便有日進之象。澤兒天質聰穎，但嫌過於玲瓏剔透，宜從「渾」字上用些工夫。鴻兒則從「勤」字上用些工夫。用工不可拘苦，須探討些趣味出來。

余身體平安，告爾母放心。（同治五年三月十四日）

諭紀澤、紀鴻（訓導二子當應科場）

字諭紀澤、紀鴻兩兒：

接爾兩人在裕溪口、在安慶、在九江所發信，知沿途清吉，為慰。此時想已安抵湖北。沅叔恩明誼美，必留全眷在湖北過夏。余意業已回籍，即以一直到家為妥。

富托房屋如未修完，即在大夫第借住。紀鴻即留鄂署讀書。世家子弟既為秀才，斷無不應科場之理。既入科場，恐詩文為同人所笑，斷不可不切實用功。科六與黃澤生先生若來湖北，紀鴻宜從之講求八股。湖北有胡東谷，是一時文好手。此外尚有能手否？爾可稟商沅叔，擇一善講者而師事之。

余尚不能遽赴周家口，中夫亦不能遽赴鄂中，道遠而逼近賊氛。鴻兒不可冒昧來營，即在武昌沅叔左右苦心作詩文經策。（同治五年四月二十五日）

諭紀澤、紀鴻（專攻八股試帖）

字諭紀澤、紀鴻兩兒：

接爾二人稟，知九叔母率眷抵鄂，極骨肉團聚之樂。宦途親眷本難相逢，亂世尤難。留鄂過暑，自是至情。

鴻兒與瑞姪一同讀書，請黃澤生先生看文，恰與我前信之意相合。屢聞近日精於舉業者，言及陝西路閏生先生（德）《仁在堂稿》及所選仁在堂試帖、律賦、課藝無一不當行出色，宜古宜今。余未見此書，僅見其所著《樫華館試帖》，久為佩仰。陝西近三十年科第中人，無一不出閏生先生之門。湖北官員中想亦有之。紀鴻與瑞姪等須買《仁在堂全稿》、《樫華館試帖》悉心揣摩，如武漢無可購買，或摺差由京買回亦可。

鴻兒信中擬專讀唐人詩文。唐詩固宜專讀，唐文除韓、柳、李、孫外，幾無一不四六者，亦可不必多讀。明年鴻、瑞兩人宜專攻八股試帖。選仁在堂佳者，讀必手鈔，熟必背誦。爾信中言「須能背誦乃讀他篇」，苟能踐言，實良法也。讀《樫華館試帖》，亦以背誦為要。對策不可太空。鴻、瑞二人可將《文獻通考》序二十五篇讀熟，限五十日讀畢，終身受用不盡。既在鄂讀書，不必來營省覲矣。（同治五年五月十一日）

諭紀澤、紀鴻（宜從古文上用功）

字諭紀澤、紀鴻兩兒：

沅叔足疼全愈，深可喜慰。惟外毒遽瘳，不知不生內疾否？

唐文李、孫二家，係指李翺、孫樵。八家始於唐荊州之文編，至茅鹿門而其名大定，至儲欣同人而添孫、李二家。御選《唐宋文醇》亦從儲而增為十家。以全唐皆尚駢儷之文，故韓、柳、李、孫四人之不駢者為可貴耳。

湘鄉修縣志，舉爾纂修。爾學未成，就文甚遲鈍，自不宜承認，然亦不可全辭。一則通縣公事，吾家為物望所歸，不得不竭力贊助；二則爾憚於作文，正可借此逼出幾篇。天下事無所為而成者極少，有所貪、有所利而成者居其半，有所激、有所逼而成者居其半。爾《篆韻》鈔畢，宜從古文上用功。余不能文，而微有文名，深以為恥，爾文更淺而亦獲虛名，尤不可也。

吾友有山陽魯一同通父，所撰《邳州志》、《清河縣志》，即為近日志書之最善者。此外再取有名之志為式，議定體例，俟余核過，乃可動手。（同治五年六月十六日）

諭紀澤、紀鴻（曾家女子須擅紡織酒食）

字諭紀澤、紀鴻兩兒：

十六日在濟寧開船，廿四日至宿遷。小舟酷熱，晝不乾汗，夜不成寐，較之去年赴臨淮時困苦倍之。

吾家門第鼎盛，而居家規模禮節未能認真講求。歷觀古來世家長久者，男子須講求耕、讀二事，婦女須講求紡績、酒食二事。〈斯干〉之詩，言帝王居室之事，而女子重在酒食是議。〈家人卦〉，以二爻為主，重在中饋。〈內則〉一篇，言酒食者居半。故吾屢教兒婦諸女親主中饋，後輩視之若不要緊，此後還鄉居家，婦女縱不能精於烹調，必須常至廚房，必須講求作酒作醯醢小菜之類。爾等可須留心於蒔蔬養魚。此一家興旺氣象，斷不可忽。紡績雖不能多，亦不可間斷。大房唱之，各房皆和之，家風自厚矣。至囑至囑。（同治五年六月二十六日）

諭紀澤、紀鴻（既知保養卻宜勤勞）

字諭紀澤、紀鴻兩兒：

在臨淮住六七日，擬由懷遠入渦河，經蒙、亳以達周口，中秋後必可趕到。屆時沅叔若至德安，當設法至汝寧、正陽等處一會。

余邇來衰態日增，眼光益蒙。然每日諸事有恆，未改常度。爾等身體皆弱，前所示養生五訣，已行之否？澤兒當添不輕服藥一層，共六訣矣。既知保養，卻宜勤勞。家之興衰，人之窮通，皆於勤惰卜之。澤兒習勤有恆，則諸弟七八人皆學樣矣。鴻兒來稿太少，以後半月寫稟一次。澤兒稟亦嫌太短，以後可泛論時事，或論學業也。此諭。（同治五年七月二十一日）

諭紀澤、紀鴻（指點二子作文、讀史要義）

字諭紀澤、紀鴻兩兒：

接紀澤兩稟，并紀鴻、瑞姪稟信、八股。兩人氣象俱光昌，有發達之概，惟思路未開，作文以思路宏開為必發之品。意義層出不窮，宏開之謂也。

余此次行役，始為酷熱所困，中為風波所驚，旋為疾病所苦。此間赴周家口尚有三百餘里，或可平安耳。爾擬於《明史》看畢重看《通鑑》，即可便看王船山之《讀通鑑論》，爾或間作史論，或作詠史詩。惟有所作，則心自易入，史亦易熟，否則難記也。

早間所食之鹽、薑已完，近日設法寄至周家口。吾家婦女須講究作小菜，如腐乳、醬油、醬菜、好醋、倒筍之類，常常做些寄與我吃。〈內則〉言事父母舅姑，以此為重。若外間買者，則不寄可也。（同治五年八月初三日）

諭紀澤、紀鴻（得孫大喜）

字諭紀澤、紀鴻兩兒：

接爾等八月初十日稟，知鴻兒生男之喜。軍事棘手，衰病焦灼之際，聞此大為喜慰。

九月初十後，澤兒送全眷回湘，鴻兒可來周家口侍奉左右。明年夏間，澤兒來營侍奉，換鴻兒回家鄉試。余病已全愈，惟不能用心。偶一用心，即有齒疼、出汗等患，而摺片不肯假手於人。責望太重，萬不能不用心也。

朱子《綱目》一書，有續修宋元及明合為一編者，白玉堂忠愍公有之，武漢買得出否？若有而字大明顯者，可買一部帶來。此諭。（同治五年八月二十二日）

諭紀澤、紀鴻（但有志氣可獎成之）

字諭紀澤、紀鴻兩兒：

接澤兒八月十八日稟，具悉。擇期九月廿日還湘，十月廿四日四女喜事，諸務想辦妥矣。凡衣服首飾百物，只可照大女、二、三女子例，不可再加。紀鴻於廿日送母之後，即可束裝來營，自坐一轎，行李用小車，從人或車或馬皆可，請沅叔派人送至羅山，余派人迎至羅山。

淮勇不足恃，余亦久聞此言，然物論悠悠，何足深信。所貴好而知其惡，惡而知其美。省三、琴軒均屬有志之士，未可厚非。申夫好作讖微之論，而實不能平心細察。余所見將才傑出者極少，但有志氣，即可予以美名而獎成之。

余病雖已愈，而難於用心，擬於十二日續假一月，十月奏請開缺，但須沅弟無非常之舉，吾乃可徐行吾志耳。否則別有波折，又須虛與委蛇也。此諭。（同治五年九月初九日）

諭紀澤、紀鴻（擬奏請開缺）

字諭紀澤、紀鴻兩兒：

余病大致已好，惟不甚能用心。自度難任艱鉅，已於十三日具片續假一月，將來請開各缺。縱不能離營調養，但求事權稍小，責任稍輕，即為至幸。欲求平捻功成，從容引退，殆恐不能；即求免於謗議，亦不能也。捻匪竄過沙河、賈魯河之北，不知已入鄂境否？若鴻兒尚未回湘，目下亦不必來周口，恐中途適與賊遇。

鹽、薑頗好，所作椿麩子醞菜亦好。家中並須講求蒔蔬，內須講求曬小菜。此足驗人家之興衰，不可忽也。（同治五年九月十七日）

諭紀澤（讀詩文當先認其貌，後觀其神）

字諭紀澤兒：

爾讀李義山詩，於情韻既有所得，則將來於六朝文人詩文，亦必易於契合。

凡大家、名家之作，必有一種面貌，一種神態，與他人迥不相同。譬之書家羲、獻、歐、虞、褚、李、顏、柳，一點一畫，其面貌既截然不同，其神氣亦全無似處。本朝張得天、何義門雖稱書家，而未能盡變古人之貌。故必如劉石庵之貌異神異，乃可推為大家。詩文亦然。若非其貌其神迥絕群倫，不足以當大家之目。渠既迥絕羣倫矣，而後人讀之，不能辨識其貌，領取其神，是讀者之見解未到，非作者之咎也。爾以後讀古文、古詩，惟當先認其貌，後觀其神，久之自能分別蹊徑。今人動指某人學某家，大抵多道聽塗說，扣槃捫燭之類，不足信也。君子貴於自知，不必隨眾口附和也。余病已大愈，尚難用心，日內當奏請開缺。近作古文二首，亦尚入理，今冬或可再作數首。

唐鏡海先生歿時，其世兄求作墓誌，余已應允，久未動筆，并將節略失去。爾向唐家或賀世兄處索取行狀節略寄來。《羅山文集年譜》未帶來營，亦向易芝生先生索一部付來，以使作碑，一償夙諾。

紀鴻初六日自黃安起程，日內應可到此。（同治五年十月十一日）

諭紀澤（將進京陛見）

字諭紀澤兒：

余於十三日具疏請開各缺，并附片請注銷爵秩。廿五日接奉批旨，再賞假一月，調理就痊，進京陛見一次。余擬於正月初旬起程進京。

余近無他苦，惟腰疼畏寒，夜不成眠。群疑眾謗之際，此心無不介介，然回思邇年行事無甚差謬，自反而縮，不似丁冬戊春之多悔多愁也。到京後，仍當具疏請開各缺，惟以散員留營維繫軍心，擔荷稍輕。爾兄弟輪流侍奉，軍務鬆時，請假回籍省墓一次，亦足以娛暮景。

紀鴻在此體氣甚好，心思亦似開朗，當令其回家事母耳。（同治五年十月二十六日）

諭紀澤（不復作官）

字諭紀澤兒：

余定於正初北上，頃已附片覆奏。屆時鴻兒隨行，二月回豫，鴻兒三月可還湘也。余決計此後不復作官，亦不作回籍安逸之想，但在營中照料雜事，維繫軍心。不居大位享大名，或可免於大禍大謗。若小小凶咎，則亦聽之而已。

余近日身體頗健，鴻兒亦發胖。家中興衰，全係乎內政之整散。爾母率二婦諸女於酒食、紡績二事斷不可不常常勤習。目下官雖無恙，須時時作罷官衰替之想。至囑至囑。（同治五年十一月初三日）

諭紀澤（奏請開缺）

字諭紀澤兒：

此間軍事，東股任、賴竄入光、固，賊勢已衰，西股張總愚久踞秦中華陰一帶，余派春霆往援，大約臘初可以成行。

十七日覆奏不能回江督本任一摺，刻木質關防留營自效一片，茲抄寄家中一閱。若果能開去各缺，不過留營一年，或可請假省墓。但平日雖有讒謗之言，亦不乏譽頌之人，未必果准悉開各缺耳。

紀鴻在此體氣甚好，月餘未令作文，聽其瀟灑閒適，一暢其機。臘月當令與葉甥開課作文。爾膽怯等症由於陰虧，朱子所謂「氣清者魄恆弱」。若能善睡酣眠，則此症自去矣。（同治五年十一月十八日）

諭紀澤（述軍情近況、囑兒善待新鄰）

字諭紀澤兒：

此間軍事，任、賴由固始竄至鄂境，該逆不得逞志於鄂，勢必仍回河南。張逆入秦，已奏派春霆援秦，本月當可起程。惟該逆有至漢中過年、明春入蜀之說，不知鮑軍追趕得及否。

本日摺差回營，十三日有滿御史參劾，奉有明發諭旨，茲鈔回一閱。余擬再具數疏婉辭，必期盡開各缺而後已。將來或再奉入覲之旨，亦未可知。

爾在家料理家政，不復召爾來營隨侍矣。李申夫之母嘗有二語云「有錢有酒款遠親，火燒盜搶喊四鄰」，戒高貴之家不可敬遠親而慢近鄰也。我家初移富圫，不可輕慢近鄰，酒飯宜鬆，禮貌宜恭。或另請一人款待賓客亦可，除不管閒事、不幫官司外，有可行方便之處，亦無吝也。此諭。（同治五年十一月二十八日）

致歐陽夫人（當為子孫榜樣）

歐陽夫人左右：

接紀澤兒各稟，知全眷平安抵家，夫人體氣康健，至以為慰。

余自八月以後，屢疏請告假開缺，幸蒙聖恩准交卸欽差大臣關防，尚令回江督本任。余病難於見客，難於閱文，不能復勝江督繁劇之任，仍當再三疏辭。但受恩深重，不忍遽請離營，即在周口養病，少泉接辦。如軍務日有起色，余明年或可回籍省墓一次。若久享山林之福，則恐不能。然辦捻無功，欽差交出，而恩眷仍不甚衰，已大幸矣。

家中遇祭酒菜，必須夫人率婦女親自經手。祭祀之器皿，另作一箱收之，平日不可動用。內而紡績做小菜，外而蔬菜養魚、款待人客，夫人均須留心。吾夫婦居心行事，各房及子孫皆依以為榜樣，不可不勞苦，不可不謹慎。近在京買參，每兩去銀廿五金，不知好否。茲寄一兩與夫人服之。澄叔待兄與嫂極誠極敬，我夫婦宜以誠敬待之，大小事絲毫不可瞞他，自然愈久愈親。此問近好。（同治五年十二月初一日）

諭紀澤（須作代代做士民之想）

字諭紀澤兒：

余自奉回兩江本任之命，兩次具疏堅辭，皆未俞允。訓詞肫摯，只得遵旨暫回徐州接受關防，令少泉得以迅赴前敵，以慰宸廑。余自揣精力日衰，不能多閱文牘，而意中所欲看之書又不肯全行割棄，是以決計不為疆吏，不居要任。兩三月內，必再專疏懇辭。

余近作書箱，大小如何廉舫八箱之式。前後用橫板三塊，如吾鄉倉門板之式。四方上下皆有方木為柱為匡，頂底及兩頭用板裝之。出門則以繩絡之而可挑，在家則以架乘之而可累兩箱、三箱、四箱不等。開前倉板則可作櫃，再開後倉板則可過風。當作一小者送回，以為式樣。吾縣木作最好而賤，爾可照樣作數十箱，每箱不過費錢數百文。讀書乃寒士本業，切不可有官家風味。吾於書箱及文房器具，但求為寒士所能備者，不求珍異也。家中新居富圫，一切須存此意，莫作代代做官之想，須作代代做士民之想。門外但挂「宮太保第」一匾而已。（同治五年十二月二十三日）

諭紀澤（點評紀澤新詩）

字諭紀澤兒：

紀鴻病請一醫來診，鴻兒乃天花痘也。余深用憂駭，以痘太密厚，年太長大，而所服之藥無一不誤。闔署惶恐失措，幸託痘神佑助，此三日內轉危為安。茲將日記由鄂轉寄家中，稍為一慰。再過三日灌漿，續行寄信回湘也。

爾七律十五首圓適深穩，步趨義山，而勁氣倔強處頗似山谷。爾於情韻、趣味二者皆由天分中得之。凡詩文趣味約有兩種：一曰詼詭之趣，一曰閒適之趣。詼詭之趣，惟莊、柳之文，蘇、黃之詩。韓公詩文，皆極詼詭，此外實不多見。閒適之趣，文惟柳子厚遊記近之，詩則韋、孟、白傅均極閒適。而余所好者，尤在陶之五古、杜之五律、陸之七絕，以為人生具此高淡襟懷，雖南面王不以易其樂也。爾胸懷頗雅淡，試將此三人之詩研究一番，但不可走入孤僻一路耳。

余近日平安，告爾母及澄叔知之。（同治六年三月二十二日）

諭紀澤（讀書須具大量，不宜妄生意氣）

字諭紀澤兒：

鴻兒出痘，余兩次詳信告知家中。此六日尤為平順，全家放心。

余憂患之餘，每聞危險之事，寸心如沸湯澆灼。鴻兒病痊後，又以鄂省賊久踞臼口、天門，春霆病勢甚重，焦慮之至。爾信中述左帥密劾次青，又與鴻兒信言閩中謠歌之事，恐均不確。余於左、沈二公之以怨報德，此中誠不能無芥蒂，然老年篤畏天命，力求克去褊心、忮心。爾輩少年，尤不宜妄生意氣，著不得絲毫意見。切記切記。

爾稟氣太清。清則易柔，惟志趣高堅，則可變柔為剛；清則易刻，惟襟懷閒遠，則可化刻為厚。余字汝曰劼剛，恐其稍涉柔弱也。教汝讀書須具大量，看陸詩以導閒適之抱，恐其稍涉刻薄也。爾天性淡於榮利，再從此二字用功，則終身受用不盡矣。

鴻兒全數復元。端午後當遣之回湘。（同治六年三月二十八日）

致歐陽夫人（從勤儉耕讀上做出好規模）

歐陽夫人左右：

自余回金陵後，諸事順遂。惟天氣亢旱，雖四月廿四、五月初三日兩次甘雨，稻田尚不能栽插，深以為慮。科一出痘，非常危險，幸祖宗、神靈庇佑，現已全愈，發體變一結實模樣。十五日滿兩個月後，即當遣之回家，計六月中旬可以抵湘。如體氣日旺，七月中旬赴省鄉試可也。

余精力日衰，總難多見人客。算命者常言十一月交癸運，即不吉利，余亦不願久居此官，不欲再接家眷東來。夫人率兒婦輩在家，事事須立個一定章程。作官不過偶然之事，居家乃是長久之計，能從勤儉耕讀上做出好規模，雖一旦罷官，尚不失為興旺氣象。若貪圖衙門之熱鬧，不立家鄉之基業，則罷官之後，便覺氣象蕭索。凡有盛必有衰，不可不預為之計。望夫人教訓子孫、婦女，常常作家中無官之想，時時有謙恭、省儉之意，則福澤悠久，余心大慰矣。余身體安好如常。惟眼蒙日甚，說話多則舌頭蹇澀，左牙疼甚，而不甚動搖，不至遽脫，堪以告慰。順問近好。（同治六年五月初五日）

諭紀澤、紀鴻（預囑身後事，望二子不忮不求）

字諭紀澤、紀鴻兩兒：

余即日前赴天津，查辦毆斃洋人、焚毀教堂一案。外國性情凶悍，津民習氣浮囂，俱難和諧。將來構怨興兵，恐致激成大變。余此行反覆籌思，殊無良策。余自咸豐三年募勇以來，即自誓效命疆場，今老年病軀，危難之際，斷不肯吝於一死，以自負其初心。恐邂逅及難，而爾等諸事無所稟承，茲略示一二，以備不虞。余若長逝，靈柩自以由運河搬回江南歸湘為便。中間雖有臨清至張秋一節須改陸路，較之全行陸路者差易。去年由海船送來之書籍、木器等過於繁重，斷不可全行帶回，須細心分別去留。可送者分送，可毀者焚毀，其必不可棄者，乃行帶歸，毋貪瑣物而化途費。其在保定自製之木器全行分送，沿途謝絕一切，概不收禮，但水、陸略求兵勇護送而已。

余歷年奏摺，令胥吏擇要鈔錄，今已鈔一多半，自須全行擇鈔。鈔畢後，存之家中，留於子孫觀覽，不可發刻送人，以其中可存者絕少也。余所作古文，黎蒓齋鈔錄頗多，頃渠已照鈔一分寄余處存稿。此外，黎所未鈔之文，寥寥無幾，尤不可發送別人，不特篇帙太多，且少壯不克努力，志亢而才不足以副之，刻出適以彰其陋耳。如有知舊勸刻余集者，婉言謝之可也。

余生平略涉儒先之書，見聖賢教人修身千言萬語，而要以不忮不求為重。忮者，嫉賢害能，妒功爭寵，所謂「怠者不能修，忌者畏人修」之類也。求者，貪利貪名，懷土懷惠，所謂「未得患得，既得患失」之類也。忮不常見，每發露於名業相侔，勢位相埒之人。求不常見，每發露於貨財相接，仕進相妨之際。將欲造福，先去忮心。所謂「人能充無欲害人之心，而仁不可勝用也」。將欲立品，先去求心。所謂「人能充無穿窬之心，而義不可勝用也」。忮不去，滿懷皆是荊棘；求不去，滿腔日即卑污。余於此二者，常加克治，恨尚未能掃除淨盡。爾等欲心地乾淨，宜於二者痛下工夫，并願子孫世世戒之。附作〈忮求詩〉二首錄後。

歷覽有國有家之興，皆由克勤克儉所致，其衰也則反是。余生平亦頗以「勤」字自勵，而實不能勤。故讀書無手鈔之冊，居官無可存之牘。生平亦好以「儉」字教人，而自問實不能儉。今署中內外服役之人、廚房日用之數亦云奢矣。其故由於前在軍營規模宏闊，相沿未改，近因多病，醫藥之資漫無限制。由儉入奢易於下水，由奢反儉難於登天。在兩江交卸時，尚存養廉二萬金在，余初意不料有此。然似此放手用去，轉瞬即已立盡。爾輩以後居家須學陸峻山之法，每月用銀若干兩，限一成數另封秤出，本月用畢，只准贏餘，不准虧欠。衙門奢侈之習，不能不徹底痛改。余初帶兵之時，立志不取軍營之錢以自肥其私，今日差幸不負始願。然亦不願子孫過於貧困，低顏求人，惟在爾輩力崇儉德，善持其後而已。

孝、友為家庭之祥瑞，凡所稱因果報應，他事或不盡驗，獨孝、友則立獲吉慶，反是則立獲殃禍，無不驗者。吾早歲久宦京師，於孝養之道多疎，後來展轉兵間，多獲諸弟之助，而吾毫無裨益於諸弟。余兄弟姊妹各家，均有田宅之安，大抵皆九弟扶助之力。我身歿之後，爾等事兩叔如父，事叔母如母，視堂兄弟如手足，凡事皆從省嗇，獨待諸叔之家則處處從厚，待堂兄弟以德業相勸，過失相規，期於彼此有成為第一要義，其次則親之欲其貴，愛之欲其富，常常以吉祥善事代諸昆季默為禱祝，自當神鬼共欽。溫甫、季洪兩弟之死，余內省自有慚德，澄侯、沅甫兩弟漸老，余此生不審能否相見。爾輩若能從「孝」、「友」二字切實講求，亦足為彌縫缺憾耳。（同治九年六月初四日）

附〈忮求詩〉二首

善莫大於恕，德莫凶於妒。妒者妾婦行，瑣瑣奚比數。
己拙忌人能，己塞忌人遇。己若無事功，忌人得成務。
己若無黨援，忌人得多助。勢位苟相敵，畏偪又相惡。

己無好聞望，忌人文名著。己無賢子孫，忌人後嗣裕。
爭名日夜奔，爭利東西鶩。但期一身榮，不惜他人污。
聞災或欣幸，聞禍或悅豫。問渠何以然？不自知其故。
爾室神來格，高明鬼所顧。天道常好還，嫉人還自誤。
幽明叢詬忌，乘氣相迴互。重者裁汝躬，輕亦減汝祚。
我今告後生，悚然大覺寤。終身讓人道，曾不失寸步。
終身祝人善，曾不損尺布。消除嫉妒心，普天零甘露。
家家獲吉祥，我亦無恐怖。（右不忮。）

知足天地寬，貪得宇宙隘。豈無過人姿，多欲為患害。
在約每思豐，居困常求泰。富求千乘車，貴求萬釘帶。
未得求速償，既得求勿壞。芬馨比椒蘭，磐固方泰岱。
求榮不知饜，志亢神愈汰。歲燠有時寒，日明有時晦。
時來多善緣，運去生災怪。諸福不可期，百殃分來會。
片言動招尤，舉足便有礙。戚戚抱殷憂，精爽日凋瘵。
矯首望八荒，乾坤一何大。安榮無遽欣，患難無遽憝。
君看十人中，八九無倚賴。人窮多過我，我窮猶可耐。
而況處夷塗，奚事生嗟慨？於世少所求，俯仰有餘快。
俟命堪終古，曾不願乎外。（右不求。）

日課四條（同治十年金節署中日記）

一曰慎獨則心安。

自修之道，莫難於養心。心既知有善，知有惡，而不能實用其力，以為善去惡，則謂之自欺。方寸之自欺與否，蓋他人所不及知，而己獨之。故《大學》之「誠意章」兩言慎獨。果能「好善如好好色，惡惡如惡惡臭，力去人欲，以存天理」，則《大學》之所謂「自慊」，《中庸》之所謂「戒慎恐懼」皆能切實行之，即曾子所謂「自反而縮」，孟子之所謂「仰不愧，俯不怍」，所謂「養心莫善於寡欲」，皆不外乎是。故能慎獨，則內省不疚，可以對天地，質鬼神，斷無行有不慊，於心則餒之時。人無一內愧之事，則天君泰然，此心常快足寬平，是人生第一自強之道，第一尋樂之方，守身之先務也。

二曰主敬則身強。

「敬」之一字，孔門持以教人。春秋士大夫亦常言之，至程、朱，則千言萬語不離此旨。內而專靜純一，外而整齊嚴肅，敬之工夫也。出門如見大賓，使民如承大祭，敬之氣象也。修己以安百姓，篤恭而天下平，敬之效驗也。程子謂「上下一於恭敬，則天地自位，萬物自育，氣無不和，四靈畢集」。聰明睿智，皆由此出。以此事天饗帝，蓋謂敬則無美不備也。吾謂「敬」字切近之效，就在能固人肌膚之會、筋骸之束。莊敬日強，安肆日偷，皆自然之徵應。雖有哀年病軀，一遇壇廟祭獻之時，戰陣危急之際，亦不覺神為之悚，氣為之振，斯足知敬能使人身強矣。若人無眾寡，事無大小，一一恭敬，不敢怠慢，則身體之強健又何疑乎？

三曰求仁則人悅。

凡人之生，皆得天地之理以成性，得天地之氣以成形。我與民物，其大本乃同出一源。若但知私己而不知仁民愛物，是於大本一源之道已悖而失之矣。至於尊官厚祿，高居人上，則有拯民溺、救民飢之責。讀書學古，粗知大義，即有覺後知、覺後覺之責。若但知自了，而不知教養庶彙，是於天之所以厚我者辜負甚大矣。孔門教人莫大於求仁，而其最切者莫要於「欲立立人，欲達達人」數語。立者，自立不懼，如富人百物有餘，不假外求。達者，四達不悖，如貴人登高一呼，群山四應。人孰不欲己立、己達？若能推以立人、達人，則與物同春矣。後世論求仁者，莫精於張子之《西銘》，彼其視民胞物與宏濟群倫，皆事天者性分當然之事。必如此，乃可謂之人；不如此，則曰悖德、曰賊。誠如其說，則雖盡立天下之人，盡達天下之人，而曾無善勞之足言。人有不悅而歸之者乎？

四曰習勞則神欽。

凡人之情，莫不好逸而惡勞。無論貴賤、智愚、老少，皆貪於逸而憚於勞，古今之所同也。人一日所著之衣、所進之食，能一日所行之事、所用之力相稱，則旁人韙之，鬼神許之，以為彼自食其力也。若農夫織婦，終歲勤動，以成數石之粟、數尺之布；而富貴之家，終歲逸樂，不管一業而食必珍羞，衣必錦繡，酣豢高眠，一呼百諾，此天下最不平之事，鬼神所不許也，其能久乎？古之聖君賢相，若湯之昧旦丕顯，文王日昃不遑，周公夜以繼日，坐以待旦，蓋無時不以勤勞自勵。《無逸》一篇，推之於勤則壽考，逸則夭亡，歷歷不爽。為一身計，則必操習技藝，磨鍊筋骨，困知勉行，操心危慮，而後可以增智慧而長才識。為天下計，則必己飢己溺，一夫不獲，引為余辜。大禹之周乘四載，過門不入；墨子之摩頂放踵，以利天下，皆極儉以奉身，而極勤以救民。故荀子好稱大禹、墨翟之行，以其勤勞也。軍興以來，每見人有一材一技、而耐艱苦者，無不見用於人，見稱於時；其絕無材技、不慣作勞者，皆唾棄於時，饑凍就斃。故勤則壽，逸則夭。勤則有材而見用，逸則無能而見棄。勤則博濟斯民，而神祇欽仰；逸則無補於人，而神鬼不歆。是以君子欲為人神所憑依，莫大於習勞也。

余衰年多病，目疾日深，萬難挽回。汝及諸姪輩，身體強壯者少。古之君子修己治家，必能心安身強，而後有振興之象，必使人悅神欽，而後有駢集之祥。今書此四條，老年用自警惕，以補昔歲之愆，并令二子各自勗勉。每夜以此四條相課，每月終以此四條相稽。轉寄諸姪共守，以期有成焉。

曾文正公大事記

道光十三年

學使岳鎮南按臨，補縣學生員。

道光十四年

甲午科鄉試中式第三十六名舉人，時年二十四歲。

道光十八年

戊戌科會試中式第三十八名貢士。

道光二十年

授檢討。旋派順天鄉試磨勘。

道光二十一年

充國史館協修官。

道光二十三年

為四川正考官。後補翰林院侍講。是年冬回京充文淵閣校理。

道光二十四年

充翰林院教習庶吉士。後轉補翰林院侍讀。

道光二十五年

乙巳科會試，充第十八房同考官。九月擢翰林院侍講學士。十二月，補日講起居注官，充文淵閣直閣事。

道光二十七年

充考試漢教習閱卷大臣。十月，充武會試正總裁。又派殿試讀卷大臣。

道光二十九年

詔授禮部右侍郎。八月，兼署兵部右侍郎，充宗室舉人覆試閱卷大臣。九月，充順天鄉試覆試閱卷大臣。十月，充順天武鄉試校射大臣。

道光三十年

文宗咨以郊配廟祔大禮。公具疏條陳，上嘉納之。賜遺念衣一件，玉佩一事。四月，充庚戌科會試覆試閱卷大臣。又派朝考閱卷大臣。八月充考試國子監學正學錄閱卷大臣。九月，充宣宗梓宮前恭捧冊室大臣。後兼署兵部左侍郎。

咸豐元年

疏陳簡練軍實以裕國用，上嘉納之。又上敬陳聖德一疏，語多切直，朝士皆憂其獲譴。及優詔褒答，一時稱盛事焉！五月，兼署刑部左侍郎。十一月，監視郊壇開工。十二月，上備陳民間疾苦一疏。奉旨教部議奏監視墓陵隧道開工。

咸豐二年

疏請寬免勝保處分，以廣言路，上嘉納之。充壬子科會試搜檢大臣。六月，詔公為江西正考官，附奏試竣回籍，硃批允之。行至安徽太湖縣，聞母江太夫人之訃，匍匐奔喪。八月，抵家。九月，葬江太夫人。時粵匪洪秀全等由廣西竄長沙，圍攻三閱月不克。十月，解圍去。掠船浮洞庭湖而下，連陷岳州漢陽武昌等處。大江南北，土徒蜂起。詔諭湖南巡撫張亮基傳旨，飭公協同辦理本省團練，搜查土匪事宜。公以奉諱歸家，不宜與聞軍事，章疏辭卻。適庶吉士郭嵩燾至。力勸公出。公弟國荃亦贊之。於是始治兵於長沙，逐日操練，是為湘軍創立之始。

咸豐三年

編查保甲，設發省局。一時巨奸大憝，多被誅戮。盜賊屏息，莠民亦改而從善。各處土匪，逐斬剪除。粵匪洪秀全棄武昌，刦眾東下，疊陷沿江郡縣，又陷安慶省城，並據金陵為偽都。公遣軍與忠源會剿平之。旋又擣毀永桂等地之匪穴。四月，安慶又陷，賊船上犯湖口。公檄忠源，由劉陽赴江西，同去有夏廷樾、郭嵩燾、朱孫貽等。是為湘軍出境之始。七月，湘軍抵南昌，南昌城外賊壘，悉舟居以犯。忠源嵩燾具疏，請湖南、湖北、四川，各造戰艦數十。飭廣東製備炮位。並交曾國藩管帶部署。長江水師之議自此始。八月，公疏稱衡永郴桂匪徒聚集之數，乃移住衡州，命彭玉麟、楊載福二人，各募水勇，領一營。彭楊受命治水師自此始。南昌戒嚴。賊陷九江府。分股竄湖北。連陷黃州漢陽。北擾德安。南及興國。岳州戒嚴，公與湘撫駱秉章籌辦防堵，檄調援江西諸軍回湘。常寧土匪攻陷縣城，連陷嘉禾、藍山二縣。道弟國葆及儲玖躬等討平之。十二月，賊陷廬州，巡撫江忠源死之。

咸豐四年

初公在衡州創立水師，前無成法。後乃稍仿廣東拖罟快蟹長龍之式增置槳座。又檄廣西之同知諸汝航、夏鑾等，分設一廠於湘潭。既成軍。邀長沙黃冕觀之。冕言每營須添舢板十號。公大韙之，即日改定營制。公既聞忠源等殉節，乃經營東征，募水師五千人，分人領管。齎米煤鹽，及軍火器械，載民船百數十號以行，員弁勇夫共一萬七千餘人，軍容於斯為盛！二月，賊陷岳州，自湘陰趨靖港，陷寧鄉，官軍不能敵。公檄舟師而登岸擊賊，拔出城中軍民，退保長沙。因上疏自劾。後賊據靖港，分股由寧鄉陷湘潭，掠民船數百。塔齊布率師援助，大捷於湘潭。四月，公親督師擊賊於靖港。西南風發，水勢迅急，為賊所乘。公自投於水，左右救之獲免。而水師之在湘潭者，連獲大捷。公回長沙，重整水陸各軍，及奏湘潭靖港勝負各情，並上疏自劾。是時，湖南郡縣如岳州華容、常德龍陽等城，多被賊陷。公整軍東下，水師分三起進攻。七月，克岳州，又破賊於城陵磯，並平沿江兩岸賊壘，賊眾悉數東竄，公進駐騾山。上聞獲捷，乃賞給三品頂戴。公不受。楊、彭等又克羊樓司、崇陽縣、咸寧等處，公進駐嘉魚，繼駐金口。魁玉楊昌泗等軍五千人，亦會於此。諸將謀取武昌之策。羅澤南言洪山花園兩路，皆賊重兵所在。花園瀕江環城尤賊勢所注。賊壘九座。請與搭將軍分任之。洪山花園賊破，武昌無自固之勢。公乃派兵二千以助之。不久九壘皆克，並克洪山，遂薄武昌城，於是賊壘悉平，漢陽賊亦遁。公乃統師東下，遣楊載福等破賊於蘄州，塔齊布克大冶縣，羅澤南克興國州，漸次削平。公進駐田家鎮。塔齊布等克廣濟、黃梅等縣，又破賊於孔隴驛及小馳口。公進駐九江城外。水陸官軍合攻九江城，賊堅守不能下。賊以小艇夜襲公營，公坐船陷於賊。文卷蕩然無存。急掉小舟，駛入羅澤南營以免。公欲以身殉國，草遺疏千餘言，羅澤南力諫乃止。因上疏自劾。

咸豐五年

公因九江未克，乃抵南昌籌畫添製船礮之制。內湖水師於是復振。公遣水師進駐康山。賊由都昌陷饒州府，分犯樂平景德鎮、祁門徽州廣信等處。遣羅澤南由南昌繞出湖東迎剿。三月，羅澤南破賊於貴溪，克弋陽縣，又克廣信府。公進駐吳城鎮，繼駐南康。水師大捷於馬家堰，焚賊船百數十號。五月，又敗賊於青山，獲賊船甚夥。奪回拖罟大船，即前公所失船也。水軍又破賊於徐家埠，塔齊布亦破賊於破壩。羅澤南連破梁口乾坑鰲嶺雞鳴山等處，斬馘六千。塔齊布卒於軍。公赴九江，撫其眾。未幾，公回駐南康，是時江西郡縣惟九江湖口未克。澤南謂湖口諸軍但當堅守，不宜數攻。公悉從之。九月公進駐屏風，疏稱師久無功，請交部嚴議。湖南援鄂之師潰於羊樓司。羅澤南親督軍至該地，大破之。初賊酋石達開、由崇通等縣竄江西，陷新昌縣，粵東匪徒竄吉安者，連陷安福、分宜、萬載等縣，與石逆合，於是贛水以西，亂民響應。公檄周鳳山率九江全軍，回南昌，以為剿辦西路賊匪之計。彭玉麟前乞假回衡州。聞江西緊急即抵南康。公見大喜。派領水師赴臨江扼剿。十二月，周鳳山克樟樹鎮、新淦縣。賊攻吉安。江西按察使周玉衡入城守之。

咸豐六年

彭玉麟大破賊船於樟樹鎮。轉攻臨江賊壘，又破之。林恩源等擊賊於九江破之。於是賊陷吉安。周玉衡死之。周鳳山師潰於樟樹鎮。公急回省助守，人心始定。三月，遣彭玉麟扼紮吳城鎮。鄧輔綸、林源恩進剿撫州。周鳳山畢金科等助之。楊載福率水師由鄂東下，搜毀沿江賊船，至九江城外而還。五月，賊犯吳城，彭玉麟擊卻之。六月，入饒州府城。公弟國華自湖南間關走武昌，乞師拯江西。國華率兵五千人，連克咸甯、浦圻、崇陽、通城四縣，轉戰而東，克新昌、上高各城，遂抵瑞州府。公弟國荃赴長沙。長沙募勇二千人，號其軍曰「吉字營」。國荃以一軍立功天下自此始。九月，公至瑞州勞師。不久即回南昌。瑞州賊出城撲營，國華攻之，累被官兵截擊。劉騰鴻毀瑞州南城，築新壘二座。十一月，公弟國荃克安福縣，進攻吉安。胡林翼派人東征，連克武昌、黃州、興國、大冶、蘄州、廣濟。黃梅各城，擢兵九江城外。十二月，赴九江勞師，旋回南昌。

咸豐七年

正月十七日公赴瑞州視師。二月初四日，公父竹亭封翁薨於里第。十一日，訃至營。公與弟國華自瑞州奔喪。公弟自吉安奔喪，並奏陳丁憂回籍，得上給假三個月。所有公職，派提督銜湖北隕陽鎮總兵楊載福就近統帶。四月，公奏請在籍終制，上不允，並促假滿回營。五月，葬竹亭封翁。六月，公疏仍瀝請終制，上又不允。九月，公奏江西軍務，漸有起色，仍請在籍終制，上乃允之。先是國荃奔喪回籍，所部吉字營勇，交文翼、陳湜統帶。王鑫破賊於廣昌樂安，賊回竄吉安。周鳳山軍潰敗。於時王鑫、劉騰鴻相繼淪亡，湘軍連失健將，巡撫耆齡派公弟國荃為總統。公念國事方艱，勉弟速行。國荃乃進兵吉安。適偽翼王石達開由饒撫疾趨吉安，眾號數十萬。國荃與之擊，大破之。十二月，楚軍充臨江府。

咸豐八年

公弟國荃、李續賓、楊載福、張運蘭、王開化等，漸次肅清江西。賊竄入浙江。上令國藩馳驛浙江辦理軍務。公即治裝由湘鄉至長沙，奏報起程日期。七月，公由武昌歷九江湖口，以達南昌。援浙諸軍，俱集於河口鎮。公由南昌發進湖口。八月，公抵河口營，閩賊竄撲廣豐、玉山兩縣。官軍擊卻之。公弟國荃，攻克吉安，江西全省肅清。九月，公駐建昌府，弟國荃率師來會，旋回湘。十月，李續賓偕公弟國華，戰歿於三河鎮。

咸豐九年

上謂曾國華殉難，可憫可嘉，賞給伊父曾驥雲從二品封典，以示褒獎。二月，蕭啟江攻克南安，收復崇義縣。是時閩省肅清，入移駐撫州。六月，公弟國荃至景德鎮，三戰皆捷，遂克景德鎮。七月，公弟國荃率師由撫州至南昌，公弟貞幹（原名國葆）從軍於黃州。公疏稱擬先駐湖北、武昌等郡，如賊果入川再行酌量前進。八月，公至黃州，旋至武昌。胡林翼委公弟貞幹同湘募勇。九月，公回駐黃州之巴河。十月，公弟國荃率所部吉字營至巴河，請假回籍。公弟貞幹領所招湘勇至鄂。公獻四路進兵之計，旋因目疾請假。上准在營休養。十一月，公由黃梅移駐宿松縣。十二月，胡林翼進軍英山，公弟貞幹從之。

咸豐十年

二月，公叔父高軒封翁訃至。公請假四十日。閏三月，公弟國荃自湘來營，率師攻安慶，駐紮集賢關。公疏薦左宗棠剛明耐苦，曉暢兵機，請破格錄用。上乃令左宗棠襄曾國藩軍務。是時蘇常相繼失守，公悉以圍攻安慶之師，命弟國荃任之。六月，公至祁門縣，上諭國藩派人分路進兵，規復蘇常。是時江浙遍地皆賊，紛紛請援。公疏稱左宗棠、李元慶等均未到皖，皖南極為可危，何能屏蔽浙江？更何能規復蘇常？目下惟有急援寧國而已。八月賊陷寧國府，周天受死之。遣李元慶接辦任事，十日而城陷。賊趨祁門甚急，適左宗棠軍次南昌，公檄赴樂平婺源之間，以備截擊。十月，賊由羊棧嶺陷黟縣，鮑超、張運蘭擊走之。左宗棠軍次景德鎮，大破賊於貴溪。賊屢窺犯祁門，鮑超等擊於盧村，大破之。賊出羊棧嶺，公營始安。偽英王陳玉成大舉援安慶，公弟國荃擊走之。

咸豐十一年

賊之窺祁門者，屢被官軍擊退，遂悉意犯景德鎮，冀絕官軍餉道。二月陷之。公度糧路已斷，惟急復徽州，可通浙江之米。三月，親至休寧，督攻徽城，不克。仍回祁門，而賊之環攻者不已，誓以身殉國。自書遺囑寄其家。後由左宗棠三戰於賊皆捷，於是祁門之路始通。四月，公移駐東流縣。八月，公弟國荃攻克安慶省城，城中悍賊無漏網者。至是安慶已陷九年矣。初十日，接贊襄政務王大臣咨文，驚聞七月十六日，文宗顯皇帝賓天。楊載福等漸次擊平江西之賊。凡公部諸軍所向皆捷。九月，公弟國荃進軍廬江縣，連克泥汊口、神塘河東關等隘，軍威所至，勢如破竹。十月，公弟國荃回湘募勇。十一月，奉到大行皇帝頒賞遺念衣一箱。十二月，鮑超破賊於青陽，朱品隆破賊於徽州。左宗棠破賊於大鏞嶺。上諭彭玉麟為安徽巡撫，玉麟力辭，公疏稱玉麟素統水師，舍舟登陸，用違其長，請仍領水師。

同治元年

上諭李鴻章所統水陸各軍六千人，催速赴鎮江，以壯江北聲勢。公疏稱李鴻章新募淮勇五營，另撥湘勇數營，二月可以成軍，擬由陸路赴鎮江。二月初九日，左宗棠克遂安縣。十五日，公弟國荃率新募湘勇六千抵安慶，旋破賊於桐城閘。三月，李鴻章師上海，上諭李鴻章署理江蘇巡撫，公弟國荃、貞幹及鮑超等，悉破沿江北岸賊壘。左宗棠之軍，連獲勝於江山、常山之境，聲勢大振。四月，公弟國荃克金柱關、東梁山、蕪湖縣。於時李鴻章初受兵事，令程學啓、劉銘傳等進兵滙縣之周浦鎮為北路，而英德兵自松江進金山滙為南路。洋兵被賊擊走後，賊之分股，已踰新橋十餘里，勢且偪上海。李鴻章自統七營往援，大破賊於徐家滙，斬首三千人，奪獲器械無算。於是洋人皆服李鴻章之英偉，鴻章因疏洋兵之難恃，舍滬赴鎮之非，便詔許之。七月，鴻章之弟鶴章，連毀塘橋城外三賊卡，洋人華爾以輪船用礮助攻，遂拔其城。公疏陳大江以南，疾疫盛行，請派在京親信大臣馳赴江南，會辦軍務，以上難選其人為復。是時士卒死亡大半，而偽忠王李秀成率賊圍攻公弟國荃大營，用西洋落地開花炮，前後轟擊，歷十五晝夜。我軍以大炮火毬擊之，燒潰無算，抵死勿退。又偽侍王李世賢自浙江率眾數十萬繼至，迨月餘，我軍出壕破賊壘數十座，賊悉眾奔潰，自相踐踏，死者無算。十一月，公弟貞幹卒於軍。十二月，行柩至安慶，公撫棺大慟，入城受吊。上諭貞幹立功甚多，予謚靖毅，並於本籍及死事地方建立專祠。

同治二年

正月二十八日，公自安慶東下視師，約歷二十餘處。迨二月二十八日，回至安慶，疏陳巡閱諸軍詳察觀賊勢情形。當公之東下視師也，賊攻常熟益急，李鴻章遣人力擊之，擒賊首李天義、朱衣點，常熟解圍。三月，上飭曾國荃為浙江巡撫，公與國荃上疏懇辭，上不允。時由湖北下竄之捻匪，自蘄水分為兩股，聯成一片。公搜獲偽文，有由舒六而竄英霍分道援鄂之語，因疏陳逆謀甚狡，而規畫甚大。李鴻章克崑山縣。鴻章之圖崑山也，部將程學啓謂奪崑山，必據正義鎮。鴻章從其謀，命松林學啓攻正義，賊遁去，遂克崑、新兩縣。公弟國荃攻克雨花台，及聚寶門外石壘九座，皆下之。四月，我軍分六路，偷攻石城石壘，未幾城賊大出，潛匿附郭屋舍以誘敵。我軍蓄銳不出，賊不得逞，遂繞雨花台。我軍四面搏擊，賊即負劍鼠竄，奪獲炮械無算，賊勢從此衰矣。八月，李鴻章遣軍攻江陰縣，屢戰未克，乃召郭松林會剿，破賊巢數處，賊方傍河築木城自守。銘傳出兵誘賊，松林軍突自山巔下，大呼曰：「斫賊。」銘傳益奮擊，賊大潰，遂克其城。郭松林旋又大捷於無錫，奪賊船百餘艘。九月，公弟國荃與諸將漸克博望、秣陵關等隘，蕭慶衍進紮孝陵衛經營城北。金陵一城，已為面面布置矣。十月，李鴻章克復蘇州省城，先是程學啓蘇州累月未克，鴻章親至學啓營，周察城南東，略知賊勢。十九日，我軍出炸礮轟其壘，學啟援南岸，戈登援北岸，鴻章親督之。牆傾十餘處。賊酋秀成、紹洸出而拒戰。於是我軍水陸夾攻，卒破之，遂收復蘇州省垣。上乃賞鴻章穿黃馬褂。十二月，郭松林、劉銘傳破賊軍牛鎮，是役也，以官軍四千擢得賊數萬，將士咸稱快焉。

同治三年

正月，公弟國荃攻克天保偽城。李鴻章克宜興、荊溪兩縣，左宗棠亦克桐鄉縣。二月，程學啓攻嘉興，左腦中槍昏絕，舁歸營，其下益裹創冒死爭進，賊始亂。潘鼎新率水陸登城，城乃破。學啓創重，歸蘇州旋卒。公聞而痛惜之。是月，閩浙總督左宗棠，攻克杭州、餘杭兩城，餘賊竄入湖州。三月，鮑超克句容縣，擒偽漢王項大英、偽列王方成宗等。李鴻章率松林等，大破三河口賊營，賊死甚眾。四月初六日，李鴻章攻克常州府，常州乃咸豐十年四月初六日陷，越四年而復，月日皆不爽，亦奇矣。常州餘賊竄徽州，公以徽州失利，自請嚴議，奉旨寬免。偽德王陳炳文，先後由安徽分竄江西。公檄鮑超自句容赴援，而咨李鴻章遣軍代防。五月上諭，催李鴻章助攻金陵。公疏：「李鴻章任事最勇，此次稍涉遲滯，絕無世俗避嫌之意，殆有讓功之心，臣亦便再三瀆催矣。」又奏曾國荃焦勞致疾，餉項奇窘等情。六月十六日，公弟國荃及蕭孚泗攻克金陵偽都，奪獲偽王璽二金印二方，偽幼主洪福瑱遁走，偽忠王李秀成及洪仁發伏誅。先是四月二十七日，偽天王洪秀全見勢窮援絕，服毒身死，群會私瘞偽宮內，祕不發喪。國荃馳驛報捷，上諭賊據金陵，已有十二年，一旦盪除，實由曾國藩調度有方，謀勇兼備，著賞加太子太保銜，錫封一等侯爵，並賞戴雙眼花翎。曾國荃著賞太子少保銜，賞錫一等伯爵，並賞戴雙眼花翎。又凡有功於戰績者，均分別賞給。是月，公由安慶至金陵，慰勞將士，巡視省垣，又親訊偽宮婢黃氏，始於偽宮中掘出洪秀全屍首，徧體皆用繡龍黃袍包裹，頭禿無髮，鬚已間白，因戮屍而焚之。公親訊逆酋李秀成等，秀成親供四萬餘言，歷述賊中興敗始末。公以該逆罪大駢戮之，因疏陳處治逆酋情形。七月，鮑超破賊於撫州許灣，斬馘四萬，又克東鄉、金谿兩縣。十三日，公札撤勇二萬五千人，留萬人防守金陵，留萬五千人為皖南北游擊之師。後公回至安慶，左宗棠克吉安縣，浙江平。是時江蘇亦平，公撤勇回籍，並為弟國荃請病假。奉旨均照所議，並賞給國荃人參六兩。八月，湖州賊竄寧國，左宗棠擊賊於昌化淳安之境，大破之。餘匪挾洪福瑱竄入江西之廣信境。九月初八日，公至金陵。二十日，公弟國荃破賊於廣信，洪福瑱遁走石城，席寶田追擒洪福瑱，送南昌斬之。十月，公弟國荃回湘，時捻匪擾及皖之六安英山、太湖。公遣蔣凝學、劉連捷分道禦賊，會僧格林沁等亦督師進剿，擒斬逆酋，皖省漸次肅清。

同治四年

上諭公弟國荃回湘半載，著公飭弟到京陛見。公疏稱病尚未愈。三月，李鴻章檄郭松林赴福建，助剿漳州賊，松林破賊於山東恆社倉等處。四月，左宗棠督軍攻漳州府，松林助剿，福建平，賊竄廣東。中興將帥，錫封侯伯者，奉旨錫以美名，公曰「毅勇侯」，公弟國荃曰「威毅伯」，官文曰「果威伯」，左宗棠曰「恪靖伯」，李鴻章曰「肅毅伯」。十月，公疏稱病難速愈，請開協辦大學士兩江總督之缺，並請另簡欽差大臣接辦。上諭賞假一月，在營安心調理。十一月，上諭曾國藩將軍務交與李鴻章接辦，該督即回兩江本任，辦理餉需。公疏病體難勝重任，請仍在營照料，上不允，力辭又不允，公乃疏稱遵旨暫接兩江總督關防，駐紮徐州。御史穆揖香阿劾公督師日久無功，請量加譴責。上諭：「年餘以來，曾國藩所派將領，馳驅東豫楚皖等省，不遺餘力，殲賊亦頗不少。雖未能遽蕆厥功，亦豈貽誤軍情者可比？該御史所奏，著毋庸議。」

同治六年

正月初六日，自周家口啓行。十五日，抵徐州。十九日，接篆，與欽差大臣李鴻章商兵餉大計。詔諭李鴻章為湖廣總督。二月初三日，李鴻章赴河南督師。十六日，公自徐州赴金陵節署，居民焚香跪道以迎。十月，公弟國荃奏請開湖北之缺，回籍調理，奉旨報可。上諭：「大學士兩江總督，一等毅勇侯曾國藩，著加恩加一雲騎尉世職。欽此！」

同治七年

四月二十四日，公自金陵啓行。二十六日，至揚州查運庫。二十九日，登金陵，觀蘇文忠玉帶，為詩記之，旋登焦山。四月初三日，抵蘇州。初十日，至上海，查閱鑄洋礮工程，旋回金陵，詔以調補直隸總督，馬新貽調補兩江總督。十一月初四日，公自金陵啓行，士民攀送，填塞街巷，為詩歌以餞者數十百人。十三日，抵京寓東安門外賢良寺，翌日進見皇太后，談話頗多。

同治八年

正月初一日，寅刻趨朝。十六日，辰初二刻又趨朝，是日賜廷臣宴。十七日，辰初二刻又趨朝，與皇太后談話頗久，所言是盡練兵吏治之事。二十日，出都。二十一日，巡視永定河隄工。二十七日，抵保定省垣。二月初二日，接篆視事。四月，公疏稱直隸練兵，當參用東南募勇之法，仍須戶部籌餉，然後營務方有起色，奉旨報可。十二月，公疏稱畿南各屬災歉較重，擬於來春以貸為賑，請於天津存儲項下，撥制錢十萬串，解至大名預備散放。

同治九年

正月，核練步軍馬隊章程。三月，公左目失明。四月二十一日，公患眩暈，請假一月調理，假滿而病未痊，又續假一月。是時天津民教相訌，適兩江總督馬新貽為刺客張汶祥所害，詔以公調補，以李鴻章調補直隸總督。公疏懇辭，上不允。九月，天津民教之案辦結。是年，公壽六十，奉旨賜壽。二十六日，入見皇太后，略述天津民情，並述自己目病及馬新貽之事。二十七日，又趨朝，蒙皇太后召見，述練兵情形及教堂多事。十月初九日，召見於養心殿，與皇太后敘述水師宜操練及好將甚少。十月十一日，公六十初度，湖廣同鄉京官，稱觴於湖廣會館。十二月十日，抵金陵，住巡道署。二十二日，接篆視事。

同治十年

正月，公與欽差鄭敦謹奏，結張汶祥行刺馬新貽一案，該犯實無主使，應凌遲處死。六月，公泛舟城北玄武湖，游歷秦淮諸勝。七月，公與李鴻章會奏，派刑部主事陳蘭彬江蘇同知容閎，選帶聰穎子弟赴泰西各國肄習技藝。八月，出省大閱。十月十一日，至吳淞口，校閱已畢，因演試輪船，凡四號，曰「恬音」、曰「威靖」、曰「操江」、曰「測海」，皆公所命名也。十五日，回金陵。十一月，移居新修督署，即偽天王府故址。

同治十一年

正月二十三日，公病肝風，右足麻木，良久乃愈。二十六日，前河道總督蘇廷魁過金陵，公出城迎候，輿中背誦《四書》，忽手指戈什哈，欲有所言，口噤不能出聲，遂回署。二月初二日，公方閱案牘，執筆而手顫，欲言而口噤，有頃復愈。因告公子紀澤：「喪事宜遵古禮，勿用僧道。」初四日午後，公周歷署西花園，公子紀澤從。遊畢將返，忽呼足麻，扶掖至廳堂，端坐而薨。是日戌刻也，城中驚傳火起，救視無見，他處皆見大星隕於金陵城中，士民巷哭野祭，如喪慈母。事聞，上震悼，輟朝三日，奉上諭：「大學士、兩江總督曾國藩，學問純粹，器識宏深，秉性忠誠，持躬清正。由翰林院蒙宣宗成皇帝特達之知，洊升卿貳。咸豐三年間，創立楚軍，剿辦粵匪，轉戰數省，迭著勳勞。文宗顯皇帝優加擢用，補授兩江總督，命為欽差大臣，督辦軍務。朕御極後，簡任論扉，深資倚任。東南底定，厥功最多。江寧之捷，特加恩賞，給一等毅勇侯，世襲罔替，並賞戴雙眼花翎。歷任兼圻、於地方利病盡心籌畫。老成碩望，實為股肱心膂之臣。方冀克享遐齡，長承恩眷，茲聞溘逝，震悼良深！曾國藩著追贈太傅，照大學士例，賜卹賞銀三千兩治喪，由江寧藩庫發給。賜祭一壇，派穆騰阿前往致祭，加恩予諡文正，入祀京師昭忠祠、賢良祠。並於湖南原籍、江寧省城建立專祠，其生平政績事實宣付史館。任內一切處分，悉予開復。應得卹典該衙門察例具奏。靈柩回籍時，著沿途地方官妥為照料。其一等侯爵著伊子曾紀澤承襲，毋庸帶領引見。其餘子孫幾人，著何璟查明具奏，候旨施恩，用示篤念忠良至意！欽此。」四月二十八日又奉上諭：「大學士兩江總督曾國藩於本年二月間因病出缺，當降旨優予卹典，並於湖南原籍、江寧省城建立專祠，生平政績事實宣付史館，一等侯爵，即令伊子曾紀澤承襲。其餘子孫幾人，令何璟查明具奏，候旨施恩。」旋據何璟、英翰、李瀚章先後臚陳曾國藩歷年勳績。英翰、李瀚章並請於安徽、湖北省城建立專祠。「又據何璟遵查該故督子孫詳晰覆奏，披覽之餘，彌增悼惜。曾國藩器識過人，盡瘁報國。當湘、鄂、江、皖軍務棘手之際，倡練水軍，矢志滅賊，雖屢經困阨，堅忍卓絕，曾不稍渝。卒能萬眾一心，削平逋寇。功成之後，寅畏小心，懈始終罔。薦拔賢才，如恐不及，尤得以人事君之義，忠誠克效，功德在民。允宜迭沛恩施，以彰忠藎。曾國藩著於安徽、湖北省城建立專祠。此外立功省分並著准其一體建祠。伊次子附貢生曾紀鴻、伊孫曾廣鈞均著賞給舉人，准其一體會試。曾廣鈞著賞給員外郎，曾廣鈞著賞主事，均候及歲時，分部學習行走，何璟、英翰、李瀚章摺三件，均著宣付史館，用示眷念勳臣，有加無已至意。欽此。」

曾文正公榮哀錄

祭文

一 黃翼升

嗚呼我公，百世之師！文章可聞，性道難窺。文之顯者，乃在功名。破百萬賊，復數百城。拯民水火，貽民樂利。廩有餘糧，野有滯穗。或俟而秀，曰膠與庠。菁莪在沚，蘭芷升堂。公之勳德，語焉難詳。識其大者，眾口琅琅。

翼升從公，戎事伊始。草履布衣，枕戈而起。公謂汝能，俾整其旅。淮揚總兵，長江開府。屢擢於朝，不十年耳。翼升何人？當斯重任。倖免貽羞，恃公成命。

公在軍中，屢瀕於危。惟堅惟忍，實濟我師。公治江左，清靜無為。一笑一顰，化神若馳。公治畿疆，有嚴有翼。百吏奮興，頑廉懦立。帝眷三江，還公於南。引疾不可，坐鎮其堪。

民睹公來，望塵而喜。祝公百年，長我孫子。豈期一疾？遽展雲軿。醫不及藥，巫不效靈。寶光燭天，微雨清塵。嗚呼哀哉！

公之去來，蓋有所為。既濟艱難，遂遺榮貴。所難堪者，宮府吏民。孰裨上理，孰活斯人？矧在翼升，思同罔極。醊卮陳詞，涕沾胸臆。嗚呼哀哉！

二　梅啓照

嗚呼！春黯江南，星沉箕宿。音集堂槐，望摧梁木。模範猶存，儀型空矚。萬禩難追，百身莫贖。中外心傷，軍民巷哭。矧屬門牆，哀情彌篤。

恭維夫子，瀟湘秀毓，衡嶽靈鍾。匡時良弼，當代儒宗。經綸滿腹，兵甲羅胸。德崇忠孝，學擅清通。

操持冰雪，氣度雲霞。謙以接物，儉以傳家。履仁蹈義，存誠閑邪。言坊行表，白璧無瑕。

詞館翱翔，爭呼才子。文柄主持，羣稱得士。躋位卿貳，鵬翮高舉。

應詔陳言，龍顏有喜。忽覯閔凶，杜門讀禮。髮逆猖狂，見義而起。

創立楚軍，旌旗肅穆。天子知公，大事可屬。授鉞專征，焚香枚卜。乃統鷹揚，次第規復。

感恩圖報，殺賊亡身。大小百戰，用兵如神。十年飲血，千里無塵。東南重奠，為國為民。

歆至策勳，黃扉正位。穆穆侯封，世襲罔替。日月雙輝，翎飄孔翠。載進宮銜，推恩子弟。

三江鎖鑰，首推寇公。一蒞再蒞，治理雍容。沛以甘霖，噓以和風。禔躬何約，艾物何豐。

偉哉元老，帝倚如山。馳驅南北，宏濟時艱。鞠躬盡瘁，力竭身瘝。恨無靈草，可駐仙顏。

膏澤所敷，罔不追憶。召伯之棠，株株凝翠。峴山之碑，人人墮淚。方之於今，其情豈異？

純臣忠愛，惓惓君王。一封遺表，慮遠謀臧。身歸泉下，心在帝旁。皐謨說命，訓詞煌煌。九重知己，一代元良。飾終令典，逾越尋常。易名晉秩，為國寵光。有丈夫嗣，各秉義方。名登農部，譽噪膠庠。貂蟬滿座，象笏盈牀。明德之後，百世其昌。惟予小子，受知最早。廿稔從遊，離多會少。三載秣陵，重親道貌。方冀長依，渥邀鴻造。胡沾微疾，遽返於天。所嗟永訣，竟無一言。代陳遺疏，哀更纏綿。楚些空賦，泣涕漣漣。

嗚呼！穀雨淒淒，花風漠漠。淚染杜鵑，聲悲白鶴。嗟我哲人，芳型難作。敬奠椒漿，惟虔惟恪。有蔬載搴，有酒載酌。夫子有知，尚其來格。

三　孫衣言

嗚呼！昔子瞻之祭歐陽文忠其詞有曰：「民有父母，國有蓍龜。斯文有傳，學者有師。君子有所恃而不恐，小人有所憚而不為。譬如大川喬嶽，不見其運動。而功利之及於物者，不可以數計而周知。」予嘗讀而偉之，以為此固子瞻之知言。而自古大臣魁閎正直，非如歐陽公者，誠不足以語斯。而又疑此鉅人之特出，殆將曠百世而庶幾，不謂有我公之卓絕。及我生而得見，而又獲親炙以追隨。

嗚呼！自古聖賢與夫豪傑間出之士，其所以有為於世者，固欲符其志之所蘄，而其事之能濟與否，則常視乎所遭之幸不幸，而非人力之所能施。方公之以兵部侍郎誓師鄉里，因湖湘之眾，用彭、楊、李、羅之才，轉戰十年，而遂以覆狐狸之窟穴，拯東南之孤離。此其功名之不世，固歐陽所未及為。而其文章之恢奇浩瀚，學術之廣博精微，貫古今於懷抱，羅百家而兼該。以況歐公，又可謂齊驅並駕。殊途而同歸，於歐公當明道、慶歷之間，雖亦嘗困於夏竦、藍元震，遷謫而憂疑。而自仁宗之末造，歷英宗之首基。由臺諫登侍從，掌帝制，筦樞機，其立朝執政，固嘗歷歲移時，而史亦稱其左右兩宮，坐鎮四海，蓋白首而不衰。至其同時大臣，如杜、富、韓、范皆志同道合，左挈而右提，而石介、曾鞏、蘇轍、蘇軾之徒，又相與切磨以道義，揚厲其光輝，是其才未必果盡所用，而其志可謂不謬所期。

嗚呼！以公之大度偉略、深謀遠規，使其所遇之幸若歐公，當太平之無事處，密勿以論思，則其所以引吾君於恭儉，挽俗世之浮澆，收天下之豪傑，謹安危之漸微，必有以光列聖神武之烈，為萬年深遠之貽；而乃東西奔命，與兵終始，不敢告勞，遂至盡瘁。名為宰相，而不能日與朝廷之謨議；功侔周、呂，而不能盡如蕭、曹之指揮。挺危蹤以孤立，恃聖主之獨知。彼流俗之無識，或貌敬而心非，而淺夫之憒媢，甚至於負恩忘義，騰訕造謗而不自知，其為翼觳而胎黐。故世之論公，以謂其皇皇若弗及，戚戚若不怡，由功高而志下，亦道尊而氣卑。而我之窺公，則固知其內視一己，實有未滿之素志。外觀斯世，尤有無窮之憂危。

嗚呼！昔子瞻之從文忠遊也，有子由以與之偕。而我之得出於公門，我弟方將使指而南馳。當文宗皇帝之初元，公方請復講書之舊儀，而大臣有不然者，我弟獨密疏力爭，以為此忠臣之志慮，郅治之綱維。及我弟為小人所中，我方從公於軍中，獨召語我而累欷，至於今已逾十年。我弟方有以自得於山巔水湄，而公之惓惓不已，猶欲引而置之殿墀。

嗚呼！此其道義之相契，亦何待於執几杖以追陪？矧如予之無狀，視子瞻固無能為，役而飄搖江海，又一時所棄遺。豈為公之推轂？屢有味其言之，雖舉世皆嫌其愚直，而公獨以為無瞻顧而依違。

嗚呼！吳越瘡痍，戎方熡欺，大東杼柚，極西鼓鼙。大任側席，重華宵衣。何一老之不弔，又孤生之無依？然則予之所以為公賷咨涕洟，亦何以易子瞻之詞曰：「上為天下慟，而下以哭其私？」

四　錢應溥

崧嶽降神，實生申甫。衡山巍巍，濯靈湘楚。篤生我公，兼資文武。提挈綱維，奠此士宇。若士農工，爰及商賈。以引以翼，無不得所。海涵工深，恩洋德溥。騎箕忽逝，遐哉千古。

惟公一身，伊呂皋夔。三代而下，孰與等夷？溯自通籍，洎贊綸扉。垂四十年，眾望咸歸。手定大難，身繫安危。奇功偉烈，樹之豐碑。

摹繪日月，莫贊一詞。小子不敏，請言其私。庚戌之歲，挾策上都。大賢門下，幸獲步趨。韶我經術，折衷漢儒。勗我言行，軌範程朱。自是過從，無間晨夕。邵袁寵契，嗜書成癖。容我參語，謬附湜籍。期我遠到，金門射策。羊公舞鶴，氃氋鍛翮。三載春明，恐馳鉤隙。

公歸梓里，烽火連驛。義聲所樹，無避金革。我時簪毫，樞垣奉職。屢讀公疏，雄詞翥闢。軍事成敗，驚心盪魄。百折不回，躬自貶責。

悵望衡雲，神馳形隔。曾幾何時，春秋十易。曰惟庚申，吳越糜爛。軍書旁午，鄉音中斷。請急南歸，奉親避亂。辛苦賊中，生死參半。涉海溯江，戢影私館。自分此生，草間逋竄。

忽奉公書，招赴戎幕。命司章奏，欣然有託。娛侍高堂，天倫至樂。洄溯京華，依然如昨。

先子績學，校書萬卷。公素神交，而未識面。比來皖江，歡然相見。躬造敝廬，傾談不倦。材官走卒，亦疑亦羨。及我居憂，生芻來奠。溫語拊循，深情繾綣。至今思之，淚下如霰。

上元甲子，大功告成。相從東下，卜居江城。追維疇昔，始慶更生。將挽銀河，洗此甲兵。猶有餘孽，鮫鱷縱橫。皇帝曰咨，命汝北征。席不暇暖，奉詔即行。我乃隨侍，水驛山程。亦云負笈，匪曰請纓。

由徐達淮，是類是師。舟師十萬，星言速駕。亘浸稽天，洪流怒瀉。時維朱夏，雷騰龍下。猋風忽起，黃河激射。舳艫傾危，萬眾色訝。急視公舟，公猶整暇。共歎艱難，能以誠化。公曰不然，是殆天假。

舍舟而陸，移師周口。惟此要區，擇險而守。賊眾如蟻，環堞左右。公夜讀書，聲壓刁斗。萬柝噤聲，惡風退走。琴書卻敵，斯真新觀。

帝眷南服，資公坐鎮。治軍治民，同一忠藎。我違晨昏，二年缺訊。歸諗母氏，新霜添鬢。惟公錫類，伏公誠信。遠游遄歸，會無悔吝。

畿輔重任，非公莫屬。建節重移，北門鎖鑰。我戀庭闈，欲行又止。公體人情，坐語移晷。祖道潛然，味苦彈徵。身滯江南，天末延企。手札時來，捧誦竊喜。

自公之去，民望若霖。祝公之來，公果重臨。歡聲雷動，萬口一心。大裘庇遠，冬日愛深。謂可永載，有如高岑。

何圖一載，蔭蹙雲霄。樞鈐芒掩，珠斗光銷。悲雨泣晝，長虹燭宵。街衢聚哭，薦芷焚椒。天胡此醉，福不為徼。

憶出公門，歲星兩周。親持几杖，十載勾留。涓埃徒矢，高厚莫酬。數公寮幕，將相輩出。曾不數年，蜚英騰實。嗟我駑下，半生橐筆。顧從公久，情誼專一。正論微言，窺公慎密。詼諧談笑，樂公率直。疏稿滿篋，點竄塗乙。一字推敲，墨無旁溢。忍淚檢尋，音容髣髴。公手扶雲，公心捧日。

天鑒忠誠，新宮久待。千秋萬禩，是主是宰。一瓣心香，告升鼎鼐。雲馬風車，神兮斯在。

五　陳艾

嗚呼！功被南服，績紀太史。德洽數省，浹人肌髓。走卒婦孺，感恩沒齒。能言之流，掛漏無似。艾以迂拙，銜恩知己。自述梗概，敢辭弇鄙。

因遭時亂，避地祁門。敝衣躡蹻，就食城垣。先達說士，謁公行轅。草茅真率，寥寥數言。公喜我樸，大笑髯掀。時有專局，表公忠魂。俾我尸之，紀述粉蕃。分月廉泉，使市雞豚。上奉老母，下逮兒孫。饑者告飽，寒者告溫。籌筆偶暇，經史討論。教誨懇至，引入籬藩。譬從峻阪，下就平原。公名善誘，忘我庸昏。

艾也不才，無干時志。公謂此人，泊然名利。惜其少戇，或為質累。置之膏腴，不飽不醉。置之繁劇，不苛不媚。果以狂愚，孤行己意。公鑒其誠，屢易善地。公善任使，艾實非器。我之疏直，宜老江湖。屢塵薦牘，綰竹使符。自顧未信，勿敢濫竽。公昔入覲，并辭樵蘇。乃蒙加禮，遂其哺烏。公名知人，忘我之愚。

兒子巽儒，未露頭角。公謂美質，資之使學。老師碩彥，俾從商榷。金入於範，玉加以琢。綆短汲長，負公先覺。公名無私，私其樸愨。舉室銜恤，敢忘其朔？嗚呼哀哉！

我一書生，惟事丹鉛。孰章服之，守牧比肩。孰飲食之，有粥有饘？孰啓迪之，服膺儒先。茲母介弟，免於顛連。渥荷恩禮，十有三年。我雖愚魯，敢忘膺拳？報德無日，攬鏡華巔。寢門一痛，公鑒其虔。

六　忠義局

天眷聖清，日月重光。星精垂曜，降於南湘。邴乎不明，卓上紫宮。風搏九萬，仰畏躬躬。儉德服士，權盛不糇。并絡之郊，湖漢之沚。西玉南金，作貢天子。銘凡箴扆，聖人有喜。俚佐亂民，盜兵潢池。驕帥縱之，匪怒而豎。公龔帝命，為簡之師。退蒐衡陽，乃捌艥艃。止則鉅防，逝則奔馬。風霆滿空，眴其來下。左睆洪都，右沸江夏。使賊肝鬲，褫焉九野。士氣如劍，或浮或沈。公為歐冶，契合於深。會有天機，拔植高吟。窅然位分，見者傾心。始迹洞庭，喋血彭蠡。欽承大符，斧賊髖髀。益陽鈇之，合肥汰之。賊有心肝，介弟劊之。梟巢獍穴，燔之膾之。瑣兮遺黎，甘雨霈之。帝祚偉烈，誓河苴茅。公開東閣，吐握英豪。鱗介在遠，慴不敢虓。德量所涵，島嶼畢包。

綢繆百里，定奠田植。神有秩祀，嫠有穀食。泮宮用羽，澤宮較射。國殤甄錄，書林畫式。萬井皞皞，相忘帝力。大福不終，鞠凶吾人。舂相同輟，銜恤舊恩。聲皆徹天，淚皆徹泉。仰瞻箕尾，四顧惄焉。中園有葵，豈止其身。

七　江南官書局

嗚呼！公之生也，天固將以大任責公。當其立朝而侃侃，人已欽其不苟異而苟同。及粵事之起，毅然舉義旗，疑謗交集，而自矢其孤忠。創水師以剿賊，沿大江而遂東。歷百戰以至皖，屢瀕危險，而賊亦潛避其鋒。惟其推心以置腹，故自僚屬將帥，莫不踴躍而樂從，於是知師千之總，非公莫屬。此所以盪平吳越，而卒收其功。

嗚呼！公雖有兼人之稟，固已疲於戎行十載矣，況又盤根錯節，無一日之息，而往來奔命於南北之衝。以江南之艱鉅，當大創之後，維持補救，豈敢安坐鎮而自比於衰慵？此其未臻於上壽也，蓋鞠躬盡瘁而不由於六氣之沴、二豎之攻。

嗚呼！公之器識度量遠超乎世見之外，故其和氣謙德，實能自忘其功業之盛，與爵位之崇。其於文章學問，洞悉本末，每自視欿然，與人為善，而亦不眩於門戶之訩。其接物也，摩義漸仁，而使之自化，其垂訓乎後嗣也，諄諄乎惟義利之辨，忮求之戒，而孝弟之是宗。此不特古來將帥所未有，即古來名人大儒亦少及從容。固宜邀殊常之曠典，而特謚於九重。

嗚呼！黃流洶洶，西寇猶訌，陸有跎龍，蟒有伏戎。假我數年，庶諸患息而元氣漸充，乃一朝而長逝，使天下感喟於無窮。

嗚呼！公何往乎！彼野哭仰睇者，徒見光焰之燭空。其騎箕尾而上升乎？將臨照乎斗牛之分，全吳士庶，永託於帡幪。

八　李傳馘

嗚呼！我公之生，六十有二年。心憂勤而匪懈，法天德之乾乾，學惟日其不足，力以久而彌堅。宜百年之逢吉，何乃創生之遽捐？

嗚呼！公之道德，孔孟之亞；公之經緯，望散並駕；公之憂樂，後先天下；公之文學，四科游夏；公之心志精神，全消磨於戎馬。

當夫義旗初建，公誓不還。開誠布公，延攬英雄。天下已定，自視欿然。彌綸宇宙，公何加焉？及至元老北覲，犬戎內亟。公曰和戎，實維全局。籌謀在握，眾口交非。公之精誠偉抱，不以物論移。然天下識與不識，至今無不服公之心而畏公之威。

嗚呼我公，天子是保。風雨飄搖，賴茲元老。桃李滿門，公是師表。羣疑眾難，待公而掃。譬猶日月經天，而邪枉無不照。又如華嶽鎮地，持重而天下不撓。

維公之生，崧嶽降神。及公之歿，天地晦冥。黃童白叟，嗟予誰父？天子曰咨，奪我良輔。聖哲開先，公啓厥後。有公則華，無公則陋。豈天不欲治平天下，何令我公之不壽？

不肖侍公，歷年二紀。宦游京洛，伊誰知己？非受教於門牆，將抑鬱而誰語？胡千里以尋師，乃匍匐而哭吾夫子。吾不為一身而悲，恐天下之患，當從此始。

九　張裕釗

嗚呼！欥自炎劉，芒芒百代。光岳之精，銷鑠散壞。挈往校今，百靡一逮。妣姒子姬，邈乎寧再。

孰謂並世，歘還我公？謝絕倫羣，奮起湘中。遂度千載，蹈古比隆。

惟公懋學，三代與期。六經百家，窮源汎涯。導達漢宋，瀹決途靈。於天地人，靡奧不窺。炳為文章，遷雄諾唯。

惟公經務，洞見治機。曰惟五禮，哲王之遺。及兵與食，國之大謀。古稽而合，今施而宜。千聖之心，仰而思之。

公之得人，為天下憂。文武鉅公，麾纛旂旐。峨冠大羣，耆彥酋酋。旁逮羣碎，壹足褒者。若金競躍，容於一冶。

公之龕亂，再造九區。忠誠饋鎦，雲龍升扶。手提萬眾，摧蕩凶渠。南掩揚越，北盡汝水。西指崑崙，東至於海。

六寓褰開，天地清泚。老涕孺嬈，絕蘇尪起。凡公樹立，橫被八垠。極千萬億，橫目之民。怙公若父，嚴公若神。

豈謂我公，睇若浮雲？獨居深曠，莫眄其津。眾之所駭，公之所貽。公跂莫至，夢皐想夔。亹亹其邁，戰戰其危。贊元消沴，潛運密移。天眷聖清，庶其予回。

孰謂我功，我其敢知？孰謂我罪，我其敢辭？公乎卓越，亶其在斯。徽烈之多，乃公糠粃。人之不諒，云公逶迤。吁嗟近古，疇則躋茲。

如何奄忽，天實凶亟。九重震悼，萬姓雨泣。矧我小子，靡所比似。薄陋拙滯，世之所棄。辱荷公知，區區文字。譬海納川，我乃涓澮。暇日請謁，公屢色喜。評榷古今，往往移晷。嘉我誨我，我礱我砥。翼我燾我，畀我無已。

我屬別公，昔冬之季。孰云幾日？遂隔萬世。天下之痛，一生之悲。哀來無端，涕賫如縻。公乎有知，其稔予悲。嗚呼哀哉！

一〇　趙烈文

月之二十日，驚聞吾師薨逝之信，五內摧裂，頃刻迷悶。傷哉奈何！

自庚午冬，富莊驛送師南行，見師神氣衰颯，心嘗憂慮，恐不得復侍顏色。是以頻年感愴，南望長息，思欲奮飛而返。嗚呼！今幾何時，乃竟有此酷痛。傷哉！傷哉！

吾師今年六十有二，歲壽未期耋。生平稟賦之強，盡以用之國家民生。在師功超德邁，灑然遺世，豈復有憾？顧世事未寧，隱憂方大，朝廷奈何？孑遺奈何？聞正終之頃，吉祥善逝，安坐含笑，初無疾苦。吾師天人，完歸為樂，獨不念喁喁舉首之億兆鶉結，待望之寒酸，失所依歸，溝壑跬步耶？天不憖遺，胡寧太忍，傷哉奈何！

烈江東一鯫，淺蒙鄙之人，於師門無一線之繫。援自匹夫致之方州，兄弟甥姪並受豢養，援拯之恩逾於天親。十年以來，言笑忘分。涉名理則獎以治心，語應世則教之實踐。閨門常行許其敦睦，治理薄效謂為多才。下至小文曲藝，無不出入輔頰，勸掖不置。

嗚呼！烈所蒙被於師，豈一息未盡所得忘耶？古人心喪三年獨居築室，而門生之於舉主，往往棄官奔走千里行哭。烈生千載之下，形格勢禁，此志不可復遂，然心神散失，官骸塊然。嗟乎！縱能安存，亦墟莽之朴而已。尚何言哉，尚何言哉！靈旂在天，無遠弗屆。既伸哭寢之禮，輒寫哀悰，達之几筵，師其鑒之。謹告。

輓詩

一〈病中哭文正師得三十韻〉吳坤修

一春噩夢多，奇險吁可怪，抑鬱困五衷，事恐關成敗。果於二月初，我師薨於位，倉皇駕輪舟，撫棺盡哀思。

回憶壬子冬，長沙甫隨侍。忠節於壯武，治軍本初試。掃卻桂東塵，一軍分作二。忠節援西江，壯武留重寄。

我效哭秦庭，如粵乞芻糒。重九返衡陽，下游賊無熾。草草起異軍，岳陽敗塗地。慘淡圖振興，持籌事不易。

破竹下武昌，差覺強人意。豈期到潯陽，兵機又復滯。舟師陷蠡湖，岌岌如屣棄。我速赴經營，隻身策單騎。

就餉灌嬰城，師亦來駐轡。茫茫一旅師，百折幸不墜。四塞盡陰霾，不獲通一字。我分武昌軍，立意擣臨瑞。

與師歷艱辛，性命聯指臂。從此下江南，羣賢日紛萃。名王報生擒，爵賞次策議。媿我分寸勞，亦忝行省使。

聞師撒手時，光明遍世界。東南底定功，明詔予特謚。勳可史館書，像可淩煙畫。費盡一生心，獨完千古事。

皖省崇新祠，願師顯靈異。雲中甲馬來，椒醑飲一醉。若報知己恩，終身奉血淚。若念訓勗言，隨時肅膜拜。

二〈送文正師柩南歸泣賦〉吳坤修

人生重氣誼，遑問生與徂。拔擢衣冠族，照耀輿臺軀。此藉朝廷恩，乃娛勢利徒。若遇有志士，掩口先胡盧。所重在心許，可恥是面諛。一言如人骨，百折任嚼膚。

我憶廿年前，無端學奔趨。一登湘鄉門，從此無歧途。勉我繼南塘，或與崇庵俱。萬人紛如海，獨覺禮數殊。時忽遭羣吠，暗暗相提扶。卒令風波下，不為斧鉞誅。手書一一在，責為君子儒。浮名不輕加，使人無詆誣。常舉鳲鳩詩，書紳作良模。即此師弟情，金石不能逾。

一旦棄我去，邈焉等諸孤。瓣香亭一角，遺像飄長鬚。我援心喪誼，晨夕慘號呼。本欲扶靈車，遠送渡重湖。一官如繫匏，進退難自圖。況值焦爛後，神衰貌亦臞。金覩雲旗颺，江風嘯檣烏。一生知己恩，著想實鬱紓。寸心隨所往，化作雙飛鳧。過倘古城南，往迹尋一隅。辛苦不可說，吾師慘也無。

三〈文正師祠堂落成紀事〉吳坤修

皇帝御極初，辛酉八月朔。璧合與珠聯，祥瑞皆駢集。惟時老湘軍，圍皖加嚴急。即於是日曙，城克賊就捉。火速露布聞，兵威誠卓卓。次第平東南，厥機在此著。

今聞我師薨，萬姓咸感泣。請以古雙蓮，立廟祀褒鄂。救民水火恩，權作啣環雀。

我請達帝廷，輿情未可卻。豈期甫定基，腦毒使繼作。每於呻吟中，指畫嚴匠約。神工鬼斧併，頃刻起樓閣。師恩入人深，眾工頗踴躍。按限告成功，莊嚴復式廓。

製出將迎神，一一合禮樂。師曾駐行臺，高樓樹一角。早晚坐其中，憑眺江與嶽。靈旗指日來，此舉必然諾。鬚髮動如生，清酒飲一爵。作詩告後來，有為亦咸若。

四〈哭太傅曾文正公師〉李元度

一夕大星落，光茫薄海驚。九重悲上相，萬里失長城。傳說騎箕尾，虎圖富甲兵。宗臣應祔祫，天語極哀榮。

嶽擎天柱，南衡鎮上游。靈鐘蕭相國，地接蔣恭侯。名士無雙略，儒臣第一流。早聞議大禮，讜論已千秋。

五管紛蛇豕，黃巾匝地橫。直踰萌渚嶺，趨踞石頭城。宿將皆迴席，詞臣獨請纓。書生萬人敵，終作李西平。

墨絰登壇日，江心戰血紅。孤軍奔屢北，百折水仍東。妖霧迷銅渚，弋船燼石鐘。蒼黃授遺疏，裹革誓完忠。

自駐章門節，重收劫後棋。代肩當局任，誰餉客軍飢？百戰摧嵎虎，長江創水犀。匡盧峯萬丈，應續紀功碑。

血戰規江左，功成背水餘。出師諸葛表，奏捷令公書。將相盈門下，羌夷問起居。弟昆同錫土，褒鄂比何如？

壁立門千仞，臣心水共澄。二難領鐵卷，三度鎮金陵。薄海未蘇息，餐波尚沸騰。知公憂國淚，泉路尚沾膺。

白髮門生在，荒江作幸民。平生數知己，當代一元臣。諧謔饒天趣，文章最替人。傷心博陽第，無復吐車茵。

記入元戎幕，吳西又皖東。追隨憂患日，生死笑談中。末路時多故，前期我負公。雷霆與雨露，一例是春風。

慈母雖投杼，還邀解網仁。烏瞻容返哺，驂贖閔勞薪。公治云非罪，曾參未殺人。至今披疏稿，汗背泣沾巾。

一別十三載，相思欲斷腸。偶蒙作元晏，猶似訟陳湯。有約遊吳會，無緣拜後堂。惟因效端木，築室獨居場。

昭代五文正，惟公距斗魁。孤忠能活國，天性最憐才。青史無遺議，蒼生競述哀。程門今已矣，立雪再生來。

五〈補輓曾文正公詩〉張文虎

公薨五經月，痛定益哀思。天簡三朝輔，風清百世師。純忠無矯飾，實惠善因時。正有蒼茫感，人間未盡知。

千秋論名士，未必古今同。遇勝李忠定，才餘韓魏公。及門多柱石，拔萃到蒿蓬。驅策無凡馬，知應冀北空。

世人矜一得，方寸已張皇。學問融虛抱，勳名人坐忘。海波寬並育，秋月靜無芒。心法忮求戒，能遵道自臧。十載江南北，侯門久濫竽。多聞稱實過，寡欲許幾儒。目斷晞丹旐，情深縶白駒。湖山遺像在，和氣見眉鬚。

六〈輓曾文正公詩〉薛時雨

天教元老備哀榮，一夕台星隕石城。報國此身無缺陷，留公寰宇合澄清。人懷君實多私誄，帝比希文受大名。事業蓋棺方論定，熙朝信史有真評。

唐宋中興事本殊，時艱端賴重臣扶。但教撻伐殲羣醜，依舊車書拱帝都。諸將有才歸夾袋，先皇獨斷壹軍符。功成灑淚何人覺，一片孤忠念廟謨。

擎天柱石鎮江南，堅定終能大亂戡。萬姓瘡痍恩再造，十年休養節持三。郊衢尸祝銘遺愛，士女香花播美談。盛世酬庸崇祀典，鄉賢舊澤合同龕。

即談小藝亦超倫，小隊頻過訪部民。蘭玉清芬同北面，煙霞沈痼泰西賓。盛稱勳德非私誼，悵望乾坤少替人。我率孤寒八百士，生芻奠罷一沾巾。

七〈輓曾文正公詩〉戴望

陽和變秋氣，眾木失雲陰。毒霧朝含日，流芒夜值心。千秋喪遺愛，四野聽悲吟。不有明公出，東南久陸沉。

十載蚩尤亂，天教力戰平。勳猷垂故府，感痛有儒生。多士忘矜式，中朝思典型。更憐三百戶，婦孺涕交縈。

南嶽天開運，如公首降祥。盛名況新建，清節擬汾陽。豈特中興冠，還為昭代光。郁哉文字富，道味溢篇章。

古稱三不朽，公舉足當之。欲寫長河淚，為題頌德碑。九原誰可作？一藝愧相知。繐帳空堂上，論文憶昨時。

八〈輓曾文正公詩〉劉壽曾

賤子戊戌生，公時登玉堂。束髮慕名賢，識公姓氏香。側聞躋侍從，嘉謨翊先皇。沃心《丹扆箴》，復有《議禮章》。流傳到家塾，展誦聲琅琅。大道無端倪，童稚昧測量。先君有彝訓，辟咡疇能忘。公如在慶歷，韓范富歐陽。

癸丑丁喪亂，烟塵浩縱橫。長江失天塹，東淮如沸羹。聞公提義師，間關起衡湘。又讀討賊檄，其言慨且慷。想公天人姿，冠世真豪英。霄淵乏梯接，景行不得望。

幾年避黃巾，故園池館荒。先君抱漆經，煙水湖東艎。樵蘇資客授，往依郭淮揚。淮揚甘說士，尺書遠寄將。公方勤師旅，禮辟有未遑。妖氛纏皖中，淮揚轉戰亡。先君為字孤，賃廡東海旁。會辭益陽招，公歎風誼長。

辛酉克蘇州，越歲書促行。公時開東閣，延攬倒屣裳。賓席禮先君，清宴華燈張。賞析到經術，師派談吾鄉。謂承文達緒，駸靳江焦汪。九流辨涇渭，四庫森戈鋋。

貞固執純德，人物如西京。贊誦徧寮寀，雅度何觥觥？或乃造寓廬，深語移三商。公騶立躊躕，驚羨到騎兵。爾時樓船兵，江漢歌滔洸。介弟金陵師，連捷雨花崗。功名溯艱虞，志晦用益明。

草昧開經綸，文字芽初萌。乃義闢儒館，魁碩來鏘鏘。雙髻外史書，抗迹顧與黃。敦仁兼復禮，公學能頡頏。卷帙頗汗牛，沈霾二百霜。校理屬先君，異同參毫芒。叔錄刊誤書，落簡無迴更。尚論為紀年，志事昭貞剛。燈火精廬中，纂述鉛槧忙。

三元際甲子，吳會消欃槍。旋收金陵城，威弧殪天狼。戡定撫洪爐，再睹民物康。賓佐皆從公，東下治征裝。投戈乃修文，冬試開舉場。

賤子海濱來，載筆意激昂。趨庭侍先君，謁公驃騎航。行卷進素業，獎藉超恆常。更及制舉文，謂可決榆枌。頗譽鳳條勁，深盼驥足驤。風雲揭榜夕，樺燭瑣院光。岳牧咸在列，掾吏如堵牆。唱名及賤子，名副鄉貢行。公聞有喜色，嗟惜不暇詳。鬱此愛士忱，驚坐眾目瞠。垂翩夫何言，結感迴中腸。

明年公北征，合肥攝封疆。置局刊經書，續錄甄國殤。句當屬先君，禮遇與公衡。乃卜金陵居，巷宅鄰青楊。賤子思請纓，從公涉徐方。眷戀庭闈深，羣季益望兄。報知竟無由，此意今猶悵。

湘陰郭中丞，薦賢佐政綱。特奏先君名，教士宜上庠。中丞乏雅故，采譽因公彰。推剡不已出，淵識孰與卬。丙寅公還治，惠化蘇疲甿。再謁被溫言，嗟公鬢髮蒼。德業重勖勉，望繼公治良。會刊班范史，先君仍劻勷。咨詢及政典，士裔兼淮防。石城重寓公，舉似通德閎。承歡被儒服，環堵羅酒漿。河潤及九里，公德難縷抗。旻天嗟不弔，鮮民罹福殃。

痛憶丁卯秋，先君疾臥床。求葠荷公賜，終難起膏肓。訃達公怛驚，臨弔淚漬眶。撫視草土中，垂慈憫瘠尪。賻襚俾成禮，窀穸安北邙。仍籌生計艱，儒館職許鑲。月分都府錢，饋貧資春糧。公曰汝家督，弟弱賴汝匡。好慰母氏心，門庭肅烝嘗。

大業期不墜，家學宜續賡。勤廉二字箴，植躬在自強。館中英彥萃，善纘先德芳。講習有所資，追琢成瑤瑛。此風高古人，誦義遍列卿。煢煢彥昇兒，不嗟葛岐涼。孑孑叔敖子，庶免負薪傷。

仇書承先業，鑿楹珍縹緗。禮經考姬周，選學探蕭梁。下逮肇域書，未云袪翳障。公顧譽精善，掃葉見術迒。別坐視燕閒，訓詞周勉章。說經明緒言，講授示梯航。朝踐駁鄭元，狀物稽毛萇。轉注刱新義，段桂走且僵。筆札手降頻，師資裁簡狂。

己已奉詔書，保釐覲巖廊。攀轅遍江左，祖道紛進觴。贈行製序文，分謂華實相。薄劣曷足珍，宏奬公意臧。殷勤語後政，勿翦召伯棠。衰衣思鴻渚，西北浮雲翔。奏記訊起居，答教來郵囊。注意何稠疊，在遠念菰蔣。

祝公或再來，南紀民斯慶。天鑒孚衆志，三莅歲在庚。塗歌而衢舞，羣頌賢德滂。謁公意尤殷，為言視茫茫。恩命懍坐鎮，抑畏懼莫當。問訊所校書，遺集徵思王。南朝廷壽史，探討業未央。瑣細及家事，蠖屈憐摧藏。

永言悼先君，年前值禫祥。再拜乞佳傳，仗公鴻筆颺。公許政暇為，信諾無時償。更及左氏疏，祖庭學未昌。公頗望續成，擷芬紅荳莊。念此孤露餘，材不中桷宲。六載實依公，阽危獲支撐。仲叔皆畢壻，李也亦雋聾。家門荷再造，出谷天衢亨。

方期肅翼永，葵藿傾午暘。何圖大星殞，巫陽來下迎。奔問哭寢門，雪涕紛浪浪。公乎騎箕去，跽奠神倀倀。皐夔志佐虞，李郭功興唐。公名在史乘，纂言蓋作郎。無待賤子陳，蚓竅師鸞凰。報德今無階，禮有府主喪。陳師質以哀，輟輸心徬徨。公靈其鑒諸，叫雲排天閶。

輓聯

一　受業吳坤修

二十年患難相從，深知備極勤勞，允矣中興元老；

五百里倉皇奔命，不獲親承色笑，傷哉垂暮門生。

二　受業梅啟照

武鄉可擬，汾陽可擬，姚江亦可擬，瀟湘衡嶽，間氣獨鍾四十年，中外傾心，如此完人空想像；

相業無雙，將略無雙，經術又無雙，蔣阜秦淮，大星忽隕，廿六載門牆回首，代陳遺疏劇悲哀。

三　甥陳遠

貳室共趨庭，慈顏雨霽，雅訓冰清，記席前無限提撕，仿佛春風沂水；
弱齡窮陟岵，元老勳高，國殤骨冷，倘泉下有緣晤語，淒涼明月江天。

四　浙江知縣王厚堂、通判陶寶善

末職荷栽成，北斗高山，方欣大廈瞻依，服教久欽文潞國；
鞠躬真況瘁，南天星隕，遽失中流砥柱，傷心如喪武鄉侯。

五　江蘇記名道江清驥

生民擬山海鳳麟，應五百年名世，歷廿四考中書，正學懋躬行，帝賴其勳高柱石；
翊運際風雲龍虎，通天地人為儒，立德言功不朽，救時安宇內，公誠無愧補金湯。

六　受業章壽麟

衡嶽雲興，大澤及天下；
上台星隕，遺愛遍江南。

七　廣西候補道程桓生

修謁甫歸來，憶精神步履，矍鑠如前，何期變出須臾，半壁東南驚柱折；
考終緣福備，況道德勳名，昭垂不朽，獨念恩承高厚，廿年依倚痛山頹。

八　小門生薛福成

邁蕭曹郭李范韓而上，大勳尤在薦賢，宏獎如公，悵望乾坤一灑淚；
窺道德文章經海之全，私淑亦兼親炙，迂疏似我，追隨南北感知音。

九　知府劉景堯

相業贊中興，海宇澄清，賴矢精勤廿一載；
師謨垂後進，廉勤砥礪，敢忘遺訓十三年。

一〇　晚生歐陽鼐

偉略佐中興，元老壯猷無與匹；
高文留信史，人倫師表定推公。

一一　江蘇知府桂中行

勳塞寰區，神歸河嶽；
天奪元老，世失人師。

一二　內弟歐陽秉鈞

舊雨相親，歎卅年琴韻書聲，頓成往迹；
大星忽隕，合四海通才碩學，共哭元勳。

一三　江蘇知府張兆鹿

天祖有神靈，生公持挽中興局；
乾坤試環顧，濟世為難繼起人。

一四　受業劉翰清

有事君之小心，緯地經天，一代殊勳垂國史；
惟夫子能先覺，周情孔思，千秋絕業在遺文。

一五　門下晚生周世澂

功在社稷，澤在生民，盡瘁歷三朝，四海蒙休，豈獨棠陰偏南國？
歡其娛樂，恤其陵夷，敦交延兩世，十年飽德，從今葛帔泣西華。

一六　門生黃翼升

地復荊揚，喜頻年物阜民康，到處有賈祠欒社；
門多將相，悲此日樑傾柱折，何由仰北斗東山？

一七　江蘇按察使應寶時

舉世託安危，生而為英，死而為靈，痛此時白馬素車，滾滾江潮流日夜；
大儒作將相，先天下憂，後天下樂，看到處黃焦丹荔，紛紛俎豆薦春秋。

一八　部民薛時雨

一個臣，休休有容，頻年燮理餘閒，小隊出郊坰，慣向山中招魏野；
萬戶侯，綿綿勿替，當代元勳佐命，大名垂宇宙，豈徒江左誦夷吾？

一九　章心復、章瑞垣、章瑞鈞、章兆起

將相皋師儒，武緯文經，真見大名垂宇宙；
治平出修省，先憂後樂，豈惟遺愛在東南？

二〇　吏部林達泉

其功業卓乎李郭之傑，其文章總乎韓歐之長，名世鍾靈，一代棟梁宗岳麓；
用天下財家不豐於貲，進天下才子不顯於秩，至仁忘己，千秋俎豆祀姚江。

二一　中湘歐陽兆熊

矢志奮天戈，憶昔旅雁傳書，道精衛填海，愚公移山，竟歷盡水火龍蛇，成就千秋人物；
省身留日記，讀到獲麟絕筆，將汗馬勳名，問牛相業，都看作粃糠塵垢，開拓萬古心胸。

二二　歐陽兆熊

平生風義兼師友，
萬古雲霄一羽毛。

二三　員外郎曹耀湘

天挺人豪，經文緯武；
道隨運往，生榮死哀。

二四　前湖北布政使厲雲官

侍坐二十年，教砥行，教立名，真氣貫兩間，勳業文章稱不朽；
抱病五六日，猶讀書，猶治事，大星隕一夕，民生士類痛何依。

二五　郭用孚

手挽乾維，萬里梯航瞻上相；
身騎箕尾，九重都咈失純臣。

二六　幕士孫方與張燮昭

秉鉞佐中興，方功高畫口，名冠凌煙，從教衽席斯民，忽見神光斂台斗；
司箋陪末坐，愴前歲星沈，今茲柱折，檢點巾箱遺墨，幾回腸斷泣春風。

二七 門人孫衣言

人聞論勳業，但謂如周召虎，唐郭子儀，豈知志在皐夔，別有獨居深念事；
天下誦文章，殆不愧韓退之，歐陽永叔，却恨老來湜軾，更無便坐雅談時。

二八 糧道王大經

三代下無此完人，道德勳名，學問文章，運世具全神，立體祇從誠意積；
一霎間喪茲元老，朝野中外，僚屬士庶，呼天齊痛哭，傷心豈為感恩深。

二九 熊其光

先帝知人，早屬東南大事；
儒臣奮武，固應俎豆千秋。

三〇 候補蔡德輝、史易琛、車運升、李逢源、康獻庭、藍采錦

化成立道綏動哀榮，在官在民，在鄉黨朝廷，此日同聲一哭；
學宗誠正修齊平治，為儒為師，為元勛佐命，於公獨有千秋。

三一　記名提督譚碧理

三朝歒歷，百戰勳威，幾經盤錯艱危，弼成聖代中興業；
九廟旂常，千秋帶礪，重以文章道誼，早立純儒歿世名。

三二　鄉晚生周開揚

中與將相出其門，合武鄉汾陽之功，併為一手；
半壁東南失所恃，問王導謝安而後，幾見斯人？

三三　許長怡

昭代完人，處為大儒，出為元老；
中興佐命，功在天下，澤在江南。

三四　湖北提督郭松林

偉業冠古今，滿而不溢，高而不危，統求國計民生，先憂後樂；
薦賢遍天下，功則歸人，過則歸幾，若論感恩知己，異口同悲。

三五　夔州知府蒯德模

公今與皐夔望散同遊，緊古元勳齊俯首；
我正溯江漢沱潛而上，每經遺壘輒傷心。

三六　兩淮運使方濬頤

衡嶽雲開天柱峻，
大江星隕石城寒。

三七　年晚生錢振倫

一貫從心傳，是獨鍾衡嶽英靈，湘波間氣；
千秋昭定論，端不讓贊皇宏業，新建奇勳。

三八　長江船務委員李泰源

憂樂在心頭，足媲希文事業；
勳名垂宇宙，並傳丞相祠堂。

三九　晚生馮譽

一旅獨勤王，誓此身蕩平江湖，勳業終能酬志節；
片言曾論帥，記當日流連詩酒，笑談早已識英雄。

四〇　候選郎中許星翼

雷雨奮經綸，局啟東征，萬里金湯資鞏固；
勳名昭日月，神歸南岳，九重青瑣薦馨香。

四一　受業陳守和

今後儀型，吾將安仰；
生前功德，民不能忘。

四二　晚生郭伯蔭

拔奇夷難，邁德振民，史傳千秋無愧色；
偃革辭軒，銷金罷刃，輔星一夕忽韜光。

四三　受業李瀚章

隻手挽乾坤，至今日生榮死哀，公真無恨；
勳名震中外，顧此後際艱肩鉅，帝曰何人？

四四　三品卿銜老湘軍統領劉錦棠

五百年名世挺生，立德立功立言，鐘鼎旂常銘不朽；
數十載闔門銜感，教忠教義教戰，江淮河漢淚同深。

四五　知府范志熙

當代一人，是潞國丰儀，汾陽福澤。
大名千古，有臯夔事業，歐柳文章。

四六　受業陳慶長

立志邁千秋，何必論文媲韓歐，武超郭李；
感恩逾廿載，最難忘揚帆入滬，持節導淮。

四七　同鄉張雲理

德冠鄉邦，衡山並茂；
澤流天壤，湘水同長。

四八　受業李鴻裔

位冠百僚而勞謙自牧，威加四海而盛德若愚，不震不騰，隱几獨居勳業外；
年垂大耋而神觀勿衰，病至彌留而鞅掌靡息，如臨如履，易簀猶在戰兢中。

四九　知府李寶森

寵眷備優隆，擢將相，賁殊恩，科名爵祿不為榮，所願在丹扆陳謨、蒼生造福；
鈞衡資幹濟，作神仙，歸大暮，中外人民皆失色，詎惟是梓鄉飲泣、槐府吞聲。

五〇　安徽壽春鎮郭寶昌

江左失元臣，沐德懷仁，同向甘棠揮雨淚；
濟東悲往事，噓枯吹朽，難將寸草報春暉。

五一　前山西布政司劉秉璋

天上大星沉，氣壯山河，身騎箕尾；
人間紛雨泣，功在社稷，澤被生民。

五二　門下士潘鼎新

一身繫天下安危，夷徼邊氛，未了暮年心事；
四海得英才教育，勳名德望，永為後世儀型。

五三　涼州鎮周盛波

衡嶽紀鍾英，忠勤智勇，發於性天，我公力挽乾坤，勳業煥千秋史冊；
江南遍遺愛，寬厚和平，獨持政體，此日哀填衢市，真靈仰萬古雲霄。

五四　安徽官民

相業匡時，武功定亂，經術名家，上下千古，軼後超前，我公不朽；
九重震悼，百姓悲思，三軍涕泣，東南半壁，感恩懷德，吾皖尤深。

五五　晚生英翰

福邁武鄉侯，盡瘁鞠躬，百戰卒成中興業；
壽輪郭尚父，內憂外患，九原猶繫老臣心。

五六　受業方駿謨

合志於臯夔方召之儔，僉稱翼勵時雍，允無慚德；
受知在榮利勳名之外，惟有修能自惕，用答深恩。

五七　門下士李善蘭

士傾廣廈，民失慈航，天胡不弔？
動震華夷，名垂宇宙，公實長存。

五八　侍館甥聶緝槼

出師律以定中原，想百戰芒銷，金甄再鞏，九重枚卜，錫爵增榮，卅年來緯武經文，總歸夕惕維寅，吐握公忠如一日；

登泰山而小天下，念衡湘地接，忝蔭桑枌，褒鄂門高，謬施蘿蔦，五嶺外御輪親迎，豈意早違半子，音容彷彿遽千秋。

五九　安徽知府劉奎光

文能掛眾，武能威敵，將相規模往古備；
進思盡忠，退思補過，聖賢學問近今稀。

六〇　鄉世姪魏耆

不用口碑誦遺愛，
實為朝廷生異人。

六一　參將葉圻

用眾行師，偉略欲過新建伯；
集思廣益，虛懷宜繼武鄉侯。

六二　私淑弟子歐陽利見

五百年名世間生，三朝碩輔，試問汾陽福澤、諸葛經綸，人能兼備厥躬，古今有幾？
數千里神州底定。一柱承乾。況復吐握賢勞、先後憂樂，天不慭遺一老，中外皆驚。

六三　門下士李鴻章

師事近三十年，薪盡火傳，築室忝為門生長；
威名震九萬里，內安外攘，曠代難逢天下才。

六四　門下晚生沈保靖

成德達才，多將相器；
克己勵行，以功名終。

六五　淮揚四營營官

龍節起三湘，當年時雨飛來，半壁山河重洗滌；
犀軍分一隊，此日大星歸去，滿天風月助淒涼。

六六　直隸同知陳崇砥

惟公至性過人，看武功文德，勳業懋昭，卒能弼亮三朝，終此身鞠躬盡瘁；
在我感恩猶後，惜外患邊防，謀猷未竟，盍不憖遺一老，為當今宏濟艱難。

六七　年治晚生黃振綱

萬戶領侯封，墮淚恩同羊叔子；
千秋論相業，易名不愧范希文。

六八　門下晚生黃彭年

公真一代名臣，挽東南已墜山河，百戰奇勳，論學術本原，猶為餘事；
我是再傳弟子，憶京洛叨陪杖履，卅年老友，每從容講貫，咸服先生。

六九　直隸候補道蔣春元

為東南撐半壁山河，冀大亂初平，長資柱石；
是國家第一流人物，胡中興攸賴，遽隕台星。

七〇　受業陳鼐

披胸羅宿海，沈幾默運，大度能容，廿載相依廉孟子；
隻手挽銀河，陶鑄賢羣，廓清九服，千秋共仰武鄉侯。

七一　受業萬起琛

係安危之重，為社稷之臣，功名百世，將相一家，按軫起羣英，幕下同僚多節鉞；
出大賢之門，許急流之遠，憂患相從，勘平親覩，騎箕驚此日，風前老淚滿江湖。

七二　浙江候補道秦湘業

是名士，是名將，是名相，備於一身，衡嶽溯鍾靈，天為中興降申甫；
有立德，有立功，有立言，足以千古，江流助悲哽，人誰後起繼蕭曹？

七三　平民李光明等

嘉惠士林，四部菁華皆授梓；
周知民隱，百工技藝盡沾恩。

七四　廬州知府李炳濤

矮柱杖元侯，邊徼未安，竊聞泰岳將頹，絕筆不忘依北闕；
箴規垂下吏，帡幪久戴，誰知彭城就謁，過門長此哭西州？

七五　浙江提督黃少春

入正揆席，出總師千，以其身繫天下安危，真不愧元老壯猷、名臣碩畫；
德媲皋夔，功逾管葛，所注意在民生休戚，恨未見滇南解甲、隴右銷兵。

七六　部民綢緞機業

禹皐相業，德在安民，即黼黻絺繡彰施，亦沐大賢惠政；
唐虞盛世，歌止擊壤，論智名勇功勳伐，請觀惇史成書。

七七　署廬州知府周金章

將相一身兼，恩眷方隆，驚看劍氣歸天，星芒墮地；
華夷同淚下，春光忽暗，愁見湘江湧浪，衡嶽埋雲。

七八　賀祥麟

海內外福寓偕依，入操廟算，出掃攙氛，斡旋拓中興，允武允文資藎畫；
江西南停雲相望，我值懸弧，公傷弭節，去來同寸晷，一生一死慟交情。

七九　受業舒卓元

聖朝養士二百年，得公輔翼中興，方為食報；
史館書勳數萬字，似此鞠躬盡瘁，不愧封侯。

八〇　受業劉於潯

秉節歷三朝，門下屬僚多將相；
違顏纔兩月，座中師傅竟神仙。

八一　晚生劉繹

雅望駐江城，滕閣曾臨，一瓣心香瞻棨戟；
豐功紀廬阜，峴臺重擬，千秋淚墨灑遺碑。

八二　江西紳士劉繹等

吳楚本聯疆，記義旗初指，時雨飛來，特為生民救水火；
匡廬咸失色，悵去纛偃麾，大江東去，長留浩氣壯山河。

八三　江蘇知縣唐煥章

其盛德非下吏所及知，但看迴斡乾坤，陶成將相；
惟貽謀待後人之嗣事，方慰廿年吐握，四國錡釿。

八四　通家晚生志和

簪毫游虎觀，振臂息鯨濤，文治武功，燕許汾淮齊俯首；
星月黯湘潭，風雲慘江樹，畏威懷德，蠻夷華夏共傾心。

八五　知縣薛元啓

廿載矢忠勤，憂國方深，遑計名垂竹帛；
三邊需保障，勞心未已，定知氣壯山河。

八六　安徽知府劉芳蕙

活國擬汾陽，形往神留，舉世傾心瞻北斗；
感恩同越石，路修齒至，哭公有淚滿西州。

八七　江西知府王延長

盡瘁武鄉侯，千秋臣節；
望隆新建伯，一代儒宗。

八八　屬吏蔡匯滄

維嶽降神，伯仲伊呂；
秉鞭作牧，閥閱山河。

八九　年晚生何紹基

武鄉淡定，汾陽樸忠，洎於公元輔奇勳，旂常特炳二千載；
班馬史裁，蘇黃詩事，愴憶我詞垣凱誼，風雨深談四十年。

九〇　晚生張之萬

臨履暢冰淵，百世同悲曾子簀；
功勛逾泖洛，千秋不數謝公墩。

九一　記名道刑部郎中潘曾瑋

開濟曆三朝，有三達尊三不朽，八表風清，再造勳名千古少；
威儀貞百度，為百寮長百世師，一宵星殞，九重震悼萬民悲。

九二　記名提督陳濟清

為國家肱股心膂之臣，再造勛名郭忠武；
鍾衡嶽磅礴鬱積之氣，三朝知遇李長源。

九三　同里晚生楊昌濬

蓄道德能文章，是衡湘間氣所鍾，一代宗風更誰嗣？
以儒臣兼武略，平東南數省大難，中興事業獨公多。

九四　晚生馬恩溥

任兼將相，翊贊中興，彤廷十六字褒忠，盡瘁鞠躬應自慰；
鑒拔英賢，培成後進，幕府萬千人俯首，泰山北斗復安宗。

九五　晚生左宗棠

謀國之忠，知人之明，自媿不如元輔；
同心若金，攻錯若石，相期無負平生。

九六　刑部郎中倪文蔚

知我十年前，問客何能，門下濫竽常自愧；
論才三代後，如公有幾，江南愛樹已難忘。

九七　張文虎、唐仁壽

廿年軍國久忘身，不愧千秋史冊；
三省官民齊淚下，豈徒八百孤寒？

九八　世晚生許乃釗

惟大學問，功高心愈下；
是真淡泊，身沒志益明。

九九　皖南鎮潘鼎立

相節昔從征，志決匡時，每飯不忘天下計；
蓋躬今盡瘁，精誠戀闕，遺章難竟老臣心。

一〇〇　江西記名道董似穀

立德、立功，超越古今名不朽；
為將、為相，又安中外職無虧。

一〇一　寶山知縣王鴻訓

於國有郭令再造之勳，規模非三代下苟且僥倖功名，尚友古人，允矣方叔壯猷，召公維翰；
修身見顏子不違之用，緒餘兼四科中政事文學精蘊，師資後進，悲哉鄧侯入昴，傅說騎箕。

一〇二　同知毛俊臣

功德在人間，實至名歸，相業千秋懷太傅；
英靈返天上，山頹木壞，心香一瓣弔鄉賢。

一〇三　門人彭玉麐

為國家整頓乾坤，耗完心血，隻手挽狂瀾，經師人師，我侍希文廿載；
痛郯城睽違函丈，永訣顏溫，鞠躬真盡瘁，將業相業，公是武鄉一流。

一〇四　襄郥道歐陽正墉

武鄉侯學貫天人，功德兼流，滄海橫流資手障；
文中子門多將相，品題增重，頹山壞木等心喪。

一〇五　受業年愚姪袁保恆

累世託通家，卅年來父子兄弟，奉為益友嚴師，一旦遽深梁木痛；
中興推佐命，三代下旂常竹帛，綜論武功文德，幾人能並大名垂？

一〇六　同鄉張雪理

真儒事業今無匹，
大匠裁成我最庸。

一〇七　寧國知府受業孫冀謀

天語悼殊深，方期梯航就道，千羽舞階，咨策老臣偏歎逝；
公歸悲不復，歷溯裘帶臨戎，江湖仗節，知名婦孺盡銜恩。

一〇八　姻世姪朱式雲

幾輩共佐中興，論公柱石勳名，屈指誰堪呼伯仲？
祇今非無後勁，媿我湘山義舅，傷心再不荷甄陶。

一〇九　刑部主事朱壽鏞

美諡媿希文，一身憂樂關天下；
高門重元禮，三世淵源及不才。

一一〇　晚生喬松年

勛業佐中興，何期天柱頓傾，九陛改容聞太息；
詎歌遍南國，忍看江流不轉，千城雪涕失瞻依。

一一一　三書院秀才

兆姓慶生還，教養兼施，十年絃誦聲聞，務本先教培士氣；
斯文失宗主，典型猶在，八百孤寒淚下，傷心豈為感私恩。

一一二　前肇秦階道金國琛

承國家二百年教養，翌贊中興，濟艱難，資倚畀，欃槍迅掃，瀛海胥恬，偉績炳千秋，耿耿孤忠膺帝眷；
救東南億萬姓瘡痍，維持元氣，崇儉讓、釀休和，卿月重光，大星忽隕，羣生同一哭，依依難捨沐公恩。

一一三　知縣譚家瑞

是豪傑，是聖賢，本一貫薪傳，新民明德；
有天爵，有良貴，歷三朝寵遇，生榮死哀。

一一四　山東知縣胡鼎祺

神仙福分，將相經綸，更清操凜然，身後只餘桑八百；
佛子衷腸，書生面目，忽前修邈矣，心喪還有客三千。

一一五　同知陳光烈

七省被恩膏，偉矣勛名滿天下；
三台望星象，爛然功業在人間。

一一六　姻愚姪郭階

一德契宸衷，力資都咈廟堂，乍驚梁木遽摧，篤念藎臣應震悼；
十年從父執，竊幸追隨杖履，何意巫陽赴召，傷心樾蔭更難依？

一一七　直隸州莊祖基

德行言語政事文學，一身備聖教四科，又兼勳業崇高，李郭范韓誰與比？
令妻悌弟孝子順孫，六秩占人間全福，更羨君臣際遇，皐夔稷契祇如斯。

一一八　張復勝

功高百辟，德被兆民，經濟本文章，名世間生成相業；
祀享千秋，侯封萬禩，勛猷泐鐘鼎，酬庸異數荷天恩。

一一九　縣丞程柱

大經濟從學問中來，當年整頓乾坤，實惟伊訓一篇，呂鞱六策；
奇事業由艱難而至，此日推崇德望，允宜馨香百世，圖繪千秋。

一二〇　受業李傳黼

五百年篤生名世，武功文德，震耀古今，忽傳上相云亡，歎斯民誰為先覺？
二十載依戀師門，北馬南船，奔馳壇坫，痛哭春風頓歇，微夫子吾將安歸？

一二一　世愚姪邵順國

任艱鉅以佐中興，學問勳猷，共仰師表；
敦故舊而撫孤弱，飲食教誨，劇感私恩。

一二二　門人李興銳

翊運仗元臣，驀地神仙驚帝夢；
任賢真宰相，溥天桃李哭春風。

一二三　弟國潢

無忝所生，病如考，歿如妣，厥德有常，更如王父，孝友式家庭，千里奔臨空自泣；
以古為鑑，文似歐，詩似杜，鞠躬盡瘁，殆似武鄉，功名在天壤，九原可耐作人思。

一二四　世晚生許敏身

德澤被東南，十年來掃盡欃槍，位亞汾陽，名齊諸葛；
大星沉江皖，千里外聞歸蓬島，心傷兩楚，哀動三吳。

一二五　晚生馮桂芬

武緯本文經，為漢唐後儒臣吐氣；
中興媲開國，與順康間元佐論勳。

一二六　直隸候補道蔣春元

出西州門迤邐而來，看桑麻徧野，花柳成溪，十萬戶重睹昇平，遺愛難忘，白叟黃童齊墮淚；
與中山王後先相望，幸湖水波恬，石城烽靜，五百載允符運會，大名並峙，袞衣赤舄更圖形。

上諭

一

同治十一年二月十二日內閣奉上諭：

大學士、兩江總督曾國藩學問純粹，器識宏深，秉性忠誠，持躬清正，由翰林院蒙宣宗成皇帝特達之知，洊升卿貳。咸豐三年間，創立楚軍，剿辦粵匪，轉戰數省，迭著勳勞。文宗顯皇帝優加擢用，補授兩江總督，命為欽差大臣，督辦軍務。朕御極後，簡任綸扉，深資倚任，東南底定，厥功最多。江寧之捷，特加恩賞給一等毅勇侯，世襲罔替，並賞戴雙眼花翎。歷任兼圻，於地方利病，盡心籌畫，老成碩望，實為股肱心膂之臣。

方冀克享遐齡，長承恩眷，茲聞溘逝，震悼良深。曾國藩著追贈太傅；照大學士例，賜卹賞銀三千兩治喪，由江寧藩庫發給；賜祭一壇，派穆騰阿前往致祭，加恩予謚「文正」；入祀京師昭忠祠、賢良祠，並於湖南原籍、江甯省城建立專祠；其生平政蹟事實，宣付史館；任內一切處分，悉予開復；應得卹典，該衙門察例具奏；靈柩回籍時，著沿途地方官妥為照料；其一等侯爵，即著伊子曾紀澤承襲，毋庸帶領引見；其餘子孫幾人，著何璟查明具奏，候旨施恩，用示篤念忠良至意。欽此。

二

同治十一年二月十八日奉上諭：

前據穆騰阿等，並梅啟照同日奏到，曾國藩因病出缺，當降旨優予卹典；並於湖南原籍、江寧省城建立專祠；生平政績蹟事實宣付史館；一等侯爵即著伊子曾紀澤承襲，其餘子孫幾人，令何璟查明具奏，候旨施恩。

茲據何璟歷陳曾國藩公忠體國，懋著賢勞，覽奏尤增悼惜。何璟原摺著暫行留中，即將該故督之孫何名、年歲若干查明具奏，再降諭旨。欽此。

三

同治十一年四月二十八日奉上諭：

大學士、兩江總督曾國藩於本年二月間因病出缺，當降旨優予卹典；並於湖南原籍、江寧省城建立專祠；生平政蹟事實宣付史館；一等侯爵即令伊子曾紀澤承襲，其餘子孫幾人，令何璟查明具奏，候旨施恩。旋據何璟、英翰、李瀚章先後臚陳曾國藩歷年勳績，英翰、李瀚章並請於安徽、湖北省城建立專祠；又據何璟遵查該故督子孫詳晰覆奏，披覽之餘，彌增悼惜。

曾國藩器識過人，盡瘁報國。當湘、鄂、江、皖軍務棘手之際，倡練水師，矢志滅賊，雖屢經困厄，堅忍卓絕，曾不少渝。卒能萬眾一心，削平逋寇。功成之後，寅畏小心，始終罔懈。其薦拔賢才，如恐不及。尤得以人事君之義，忠誠克效，功德在民。

允宜迭沛恩施，以彰忠藎。曾國藩關於安徽、湖北省城建立專祠，此外立功省分並著准其一體建祠；伊次子附貢生曾紀鴻、伊孫曾廣鈞均著賞給舉人，准其一體會試；曾廣鎔著賞給員外郎，曾廣銓著賞給主事，均俟及歲時，分部學習行走。何璟、英翰、李瀚章摺三件，均著宣付史館，用示眷念勳臣有加無已至意。欽此。

諭賜祭文

一

朕惟功懋懋賞，信圭表延世之勳；思贊贊襄，雕俎厚飾終之典。爰申畀奠，用賁綸言。

爾原任大學士、兩江總督、一等毅勇侯、贈太傅曾國藩，賦性忠誠，砥躬清正。起家詞館，屢持節而掄才；洊陟卿曹，輒上書而陳善。值皇華之載賦，聞風木而遄歸。忽鄉鄰有鬥之頻驚，潢池盜弄；懍戰陣無勇之非孝，墨絰師興。奇功歷著於江淮，大名永光乎竹帛；俾正鈞衡之位，仍兼軍府之尊。一等酬庸，錫侯封於帶礪；雙輪曳羽，彰翠影於雲霄。重鎖鑰而任北門，百僚是式；還敬戒而惠南國，萬眾騰歡。

方期碩輔之延年，豈意遺章之入告。老成忽謝，震悼良深。頒厚賻於帑金，遣重臣而奠醊。特易名於上諡，贈太傅之崇階。列祀典於昭忠、賢良，建專祠於金陵、湘渚。彝章載考，初祭特頒。於戲天不慭遺一老，永懷翊贊於元臣；人可贖兮百身，用寄咨嗟於典冊。靈其不昧，尚克歆承。

二

朕惟位兼將相，仗經文緯武之才，氣壯山河。懋崇德報功之典，爰陳芳奠，用奬成勞。

爾原任大學士、兩江總督、一等毅勇侯、贈太傅曾國藩，學有本原，器成遠大。忠誠體國，節勁淩霜。正直律躬，心清盟水。初聯班於玉署，芸省蜚聲；旋獻賦於鑾坡，芝坊晉秩。疊司文柄，先蜀郡而後洪都；頻進讜言，因疾風而知勁草。卿階超擢，荷先朝特達之知；忠悃彌攄，篤臣子靖共之誼。乃乘軺而奉使，旋持服以去官。值粵逆之紛來，遂楚軍之創立。援墨絰從戎之義，俾移孝以作忠；勵丹心報國之誠，每出奇而制勝。選將不拘常格，募壯士於三科；分軍屢拔逆巢，儼長城於萬里。秩隆總制，節授專征。洎朕寶祚誕膺，皖江告捷。特晉鈞衡之位，仍持旄鉞之權。掃穴擒渠，告成功於建業；酬庸錫爵，膺懋賞於通侯。疊翠羽以增輝，賁黃賞而耀采。未幾畿疆移節，藉修三接之儀；既因南服需才，仍涖兩江之任。

方冀長承湛露，恩眷優隆。何期遽隕大星，老成雕謝，覽遺章之入奏，震悼良深。予卹典以從優，哀榮式備。諭重臣而致奠，給國帑以治喪。崇階贈太傅之銜，秩祀永賢良之譽。並專祠之分建，宜世爵之欽承。特沛丹綸，增光青史。諡為「文正」，允副嘉名。於戲，日贊黃扉，勳業永思夫補衮；風淒丹旐，愴懷倍切於騎箕。歆是苾芬，榮茲俎豆。

諭賜入祀賢良祠祭文

聞鼓鼙而思將帥，每深良弼之懷；治馨香而感神人，用永明禋之報。崇祠載列，元祀攸隆。爾原任大學士、兩江總督、一等毅勇侯、贈太傅，曾國藩學蔚儒宗，忠全令德。早入承明之選，玉尺提衡；洊躋卿貳之班，冰壺絜操。歷華省而讜言屢上，議禮制而正論無阿。迨奉諱以旋湘，洒盡哀而廬墓。值戎車之告警，奮集鄉兵；爰墨絰以誓師，恪遵朝命。勇呼爪士，率長沙子弟以先來；捷奏膚公，挽半壁河山而永定。綸扉懋贊，總制仍兼。雙輪揚上將之華，輝增翠羽；一等錫通侯之貴，服稱黃裣。延爵賞於後人，畀宮銜於太保。節制甫資於北道，旌旄旋轉於南方。歌遵渚而人望鴻飛，奠長江而民爭蛾伏。范希文以天下自任，志事終酬；李西平為社稷而生，身名俱泰。江淮流惠，草木知名。方倚元老以圖功，忽悵台星之斂耀。披章軫惻，厚禮飾終。晉太傅之崇封，易嘉名於上謚。念經天而緯地，斯謂之文；繄輔世而長民，爾身克正。允表賢良於京國，睠懷耆舊於湖湘。廟貌聿新，烝嘗罔替。有功德於民則祀，尚念典型，惟俎豆之事嘗聞，載頌芬苾。昭茲休渥，式克欽承！

御製碑文

朕惟台衡績懋，樹峻望於三公；鐘鼎勳垂，播芳徽於百世。寵頒紫綍，色煥丹珉。爾原任大學士、兩江總督、一等毅勇侯、贈太傅曾國藩秉性忠純，持躬剛正。闡程朱之精蘊，學茂儒宗；儲方召之勳猷，器推公輔。登木天而奏賦，清表風規；歷芸館而遷資，誠孚日講。屢持使節，兼校春闈，洊擢卿班，允諧宗伯。溯建言之直節，荷殊遇於先朝。凡茲靖獻之丹忱，早具忠貞之素志。乃突來夫粵匪，俾訓練夫楚師。拔岳郡而克武昌，功如破竹；靖章江而平皖水，威振援枹。兩江尊制府之權，九伐重元戎之命。朕丕承基緒，眷念成勞。榮銜特畀以青宮，峻秩更登諸黃閣。辭節制於三省四省，彌見寅恭；精調度於湘軍淮軍，務嚴中令。聯蘇杭為犄角，堅壘同摧；倚昆季為瓜牙，逆巢直擣。金陵奏凱，慰皇考知人善任之明；玉詔酬庸，褒元老決勝運籌之略。既析圭而列爵，亦疊翠以影纓。既而畿輔量移，因之闕廷展覲。汲黯近戇，實推社稷之臣；楊震厚遺，無慚清白之吏。惟是瘡痍未復，每廑念乎天南；鎖鑰攸司，仍逌歸於江左。方謂功資坐鎮，何期疾遽淪殂！贈太傅而階崇，祀賢良而譽永。專祠徧祭，世賞優頒。易名以表初終，覈實允孚「文正」。於戲！松楸在望，倍懷麟閣之遺型；金石不磨，長荷鸞綸之錫寵。欽茲巽命，峙爾豐碑！

奏疏

江蘇巡撫查明事蹟疏

江蘇巡撫臣何璟跪奏：

為督臣因病出缺，暫委藩司代拆代行，請旨迅賜簡放，并陳督臣歷年賢勞，籲懇恩施，仰祈聖鑒事。

竊臣於同治十一年二月初六日，接據江寧布政使梅啟照稟稱，督臣曾國藩正月廿六日忽患手戰舌強，似有中風之症，延醫服藥，旋發旋止，仍視公事不輟。惟醫者診脈，均云「心血過虧」等情。正馳念間，旋於初八日接梅啟照續稟，初四日申刻，督臣前症復發，兼患足麻，即於是日戌刻出缺。已由該司將各印信封存，並於初五日將督臣遺摺，由驛馳遞奏明，請旨簡放遺缺，抄錄奏稿到臣。臣接閱之下，不勝駭異！

伏念大學士、一等毅勇侯、兩江總督臣曾國藩，由翰林起家，以大考受宣宗成皇帝特達之知，洊躋卿貳。道光三十年，在禮部侍郎任內，應詔陳言，屢攄讜議，忠忱悱惻，仰邀嘉獎。咸豐二年典試江西，丁憂回籍。旋以粵匪竄陷武昌，奉旨飭辦團練。數年之間，迭奉援鄂、援皖、援江西、援浙、援蜀之命，無日不在兵間。文宗顯皇帝硃批獎諭，鑑其孤忠。十年四月，遂以兵部右侍郎簡授兩江總督，欽差大臣。皇上踐祚之初，倚任愈重。同治元年元旦，以克復安慶功，授協辦大學士。三年六月，以克復金陵功，錫封一等毅勇侯。其秉性之忠，學術之正，悉在聖明洞鑒之中，無俟微臣之覼縷。其歷年戰功政績，又有督臣自具奏報，及創定湘營營制、營規，水師、馬隊各章程，內而咨存樞府，外而傳布各省，亦無俟微臣之表彰。此次因病出缺，想聖主篤念藎臣，凡賜卹飾終之典，自必渥荷恩施，亦無需微臣之籲告。臣之所不能已於言者，臣與曾國藩相從日久，相知頗深，灼見其立功之偉，胥本於進德之勤。其生平盡瘁報國，克己省身，器識過人，堅貞自矢。不特今世所罕覯，即方之古賢臣，蓋亦未遑多讓，請敬為聖主陳之。

咸豐之初，曾國藩以在籍侍郎練團殺賊。無尺寸之土地；無涓滴之餉源。餉之巨者，丁漕關稅，而職在軍旅，不敢越俎以代謀；餉之細者，勸捐抽釐，而身為客官，州縣既不肯奉行，百姓亦終難見信。概係募勇，又不得照綠營之例，拔補實缺。空有保舉之名，而無履任之實。名器不屬，激勵尤難。方其初敗於岳州，再挫於九江，兵幾不振，窮且益堅。迨江西困阨之時，事勢非順，動多觸忤。一錢一粟，非苦心經營則不能得；一弁一勇，非苦口訓誡，則不能戰。於困苦難堪之中，立堅忍不拔之志，卒能練成勁旅，削平逋寇。上慰先帝在天之靈，輔佐聖世中興之業。雖曰疢疾可以成德術，動忍可以增智慧，而艱難創造之初，固不敢自料有今日也。

逮咸豐十年，初膺江督，進駐祁門，正值蘇常新陷，浙省再淪。皖南、皖北十室九空，人煙稀少，軍餉則半菽難求，轉運則一夫難僱。自金陵以至蘇州八百餘里，無處無賊，無日無戰。徽州之方陷也，休祁大震，江楚皆驚。或勸移營江西省城，以保餉源，或勸移營江干州縣以通糧路，而仍不出江督轄境。曾國藩曰：「吾初次進兵，遇險即退，後事何可言？吾去此一步，無死所也。」羣賊既至，晝夜環攻，飛礮雨集。曾國藩手書遺囑，帳懸佩刀，猶復從容布置，不改常度，死守兼旬。直待鮑超率霆軍自山外來，始得以一戰驅賊出嶺。以十餘載稽誅之狂寇，曾國藩授鉞四年，次第蕩平，皆以祁門初基不怯，有以寒賊膽而壯士氣也。

咸豐十一年八月，克復安慶。同治元年，水陸兩軍並江而下，沿江兩岸三千里，名城要隘皆為我有。其弟曾國荃統得勝之師，直抵雨花臺，以瞰金陵。左宗棠統楚軍以達浙境。李鴻章統淮軍以達滬上，皆能深入虎穴，捷報頻聞。

夏秋之間，兵機遂大順矣。乃攻剿甫利，而疾疫流行。上自蕪湖，下至上海，無營不病。不但守壘無勇，幾於炊爨無夫。楊岳斌、曾國荃、鮑超諸統將，各抱重病。昔之勁兵，胥變孱卒。蘇、浙賊酋方以此時大舉以援金陵，圍攻雨花臺四十六晝夜，更番不歇。南岸則寧國、旌德同時吃緊；北岸則潁、宿、蒙、亳、捻匪出巢；正陽、壽州、苗逆復叛。髮賊又由江浦上竄，滁和、巢含亦復岌岌可危。數年以來，辛苦戰爭之土地，由尺寸而擴至數百里者，深恐一旦潰裂，盡隳前功。援浙、救蘇、保江三者，又須兼顧。時危事亟，軍情反覆，異議環生。有謂金陵進兵太早，必至師老餉竭者；有謂宜撤金陵之圍，以退各路援賊者。曾國藩於羣言淆亂之時，有三軍不奪之志。枕戈臥薪，堅忍卓絕，卒能以寡禦眾，出死入生。迨事機大定之後，語寮友曰：「昔人嘗言，憂能傷人，吾此數月，心膽俱碎矣！幸賴國家鴻福，得以不死！」然則今日之一病不起，蓋其精力為已瘁矣。

曾國藩戰勝之績，指不勝屈。惟此數年，坎坷艱辛，當成敗絕續之交，持孤注以爭命；當危疑震撼之際，每百折而不回。蓋其所志所學，不以死生常變易也。古之名臣，謀國效忠，惟以人事君為急。曾國藩昔宦京朝，即已留心人物。出事戎軒，尤勤訪察。雖一材一藝，罔不甄錄，而又多方造就，以成其材。其歷年薦達，與平日忠義相切劘者，如江忠源、羅澤南、李續賓、劉騰鴻，死於戰陣；塔齊布、李續宜、蕭捷三、江忠義死於勤勞。皆已載諸史傳。其幕府賓僚、偏裨卒伍，由書生而洊歷疆圻，由末職而洊膺重鎮，無愧戡亂之選，亦錚錚在人耳目，無待臣言。其苦心孤詣，使兵事歷久而不敗，人材愈用而不窮者，則在以湘勇之矩矱，推行於淮化濠泗剛勁之風，為國家干城之用。

臣遠稽史籍，唐之李、郭亦僅收復兩京；宋之韓、范亦僅經略西夏一隅耳。我朝武功之盛，超軼前代，屢次戡定大難。然如嘉慶川楚之役，蹂躪不過四省；康熙三藩之役，蹂躪止及十二省。今髮捻回教諸匪，蹂躪竟及十七省，用兵已滿二十年。若專恃湘楚一軍，與之角逐，而無淮軍繼起於其間，亦豈能南北分兵，次第削平禍亂？是其公忠偉略，推賢讓功，和衷共濟，尤足多者。臣昔在軍中，每聞談及安慶收復之事，輒推功於胡林翼之籌謀，多隆阿之苦戰；其後金陵克復，則又推功諸將，而無一語及其弟國荃。談及僧親王剿捻之時，習勞耐苦，輒自謂十分不及一二；談及李鴻章、左宗棠一時輩流，非言自問不及，則曰謀略不如，往往形之奏牘，見之函札，非臣一人之私言也。當江皖糜爛之際，實仕宦所謂畏途。曾國藩不辭選拔知兵之員，隨時保奏，以期同濟艱難。厥後大功底定，南服承平。朝廷延訪殷勤猶復，疊奉諭旨，令保封疆將帥。曾國藩則奏稱「疆吏既有征伐之權，不當更分黜陟之柄。宜防外重內輕之漸，兼杜植黨樹私之端」，其小心遠慮若此！宜其立功之後，不自矜伐也。

曾國藩自督師以來，即有不期生還之志。是以經歷危險，屹然不可搖撼。精誠之至，部曲化之，手足化之。故湘軍陣亡文武官兵，可以按冊而稽者，多至萬餘人。咸豐八年，三河之戰，其胞弟曾國華隨李續賓以單騎衝賊死。同治元年，雨花臺之戰，其胞弟曾貞幹於賊退數日，勞疾而死。可謂一門忠義矣！而與諸弟共在軍中，任事則督之爭先，論功則率之居後。蓋深見乎功名之際，終始之難，常以位高於眾，權重於人，懷大名不祥之懼。

故遭非常之知遇，彌切爾位之靖共。其平日辦事，不分畛域，江、皖、蘇、浙、兩湖之兵事，聯為一氣。兩江糧臺之軍火餉糈，又不惜接濟鄰省，分應他軍。而於節制四省、節制三省之命，則堅不敢居，不憚一再陳情，期於得請而後已。蓋時念及報稱之難，不敢恃恩寵之厚也。

其本身清儉，一如寒素。官中廉俸，盡舉以充官中之用，未嘗置屋一廛，增田一區。疏食菲衣，自甘淡薄，每食不得過四簋，男女婚嫁不得過二百金，垂為家訓。有唐楊綰、宋李沆之遺風。而鄰軍困窮，災民饑饉，與夫地方應辦之事，則不惜以祿俸之贏餘，助公用之不給。臣在皖時，固稔知之。其立身平實，不求立異。守之甚嚴，而持之有恆者：一曰不誑語，二曰不晏起。朝端之奏報，僚屬之咨札，親友之函牘，就臣所見，固未嘗有欺飾矣。即外撫遠人，內馭降將，亦必推誠布公，言皆質實，中外遠近，皆有以信其為人之不苟。在軍在官，夙夜未嘗少懈。雖風瀟雨晦，疾病憂鬱之時，率以雞鳴而起，夜分始息，蓋數十年如一日也。晚年不服珍藥，未嘗有臥病倚衾之日。前在兩江任內，討究文書，條理精密，無不手訂之章程，無不點竄之批牘。惟有舌蹇心悸之症，不能多見僚屬。前年回任，感激聖恩高厚，仍令坐鎮東南，自謂稍即怠安，負疚滋重！公餘無客不見，見必博訪周諮，殷勤訓勵。於僚屬之賢否，事理之源委，無一不默識於心。人皆服其耄年進德之勤，其勉力在此，其致病亦在此。上年閱兵回省，適臣行抵金陵，見其體貌尚如往年，而曾國藩自言精力大衰，右目昏瞶。臣與晤談數次，議論公事，娓娓不倦。曾勸以節勞省神，為國自愛。不意相距未及兩月，遽病不起。實由平日事無鉅細，必躬必親，殫精竭慮所致。

兩江官紳士庶，聞其溘逝，無不同聲太息！則其功德及民，不可泯也。合行仰懇天恩准於江南省城建立專祠。並飭於所在立功省分，一體建祠，以彰忠藎。並祈將臣奏章宣付史館，以備采擇。現在督臣身後之事，已經藩司梅啟照等會同伊子曾紀澤妥為經理。查督臣有子二人：長即戶部員外郎曾紀澤，次附貢生曾紀鴻。孫三人均幼，皆隨侍任所。所有兩江總督衙門日行公事，除由臣暫委梅啟照代拆代行外，所遺兩江總督，員缺緊要，相應請旨迅賜簡放，以重職守，理合將接，據督臣因病出缺緣由，並將其歷年賢勞實蹟，附陳恭摺，由驛五百里馳奏。伏乞皇太后、皇上聖鑒訓示。謹奏。

安徽巡撫請建祠疏

太子少保安徽巡撫奴才英翰跪奏：

為督臣勳勞卓著，輿情愛戴同深，籲懇天恩俯准建立專祠，以彰忠藎。恭摺奏祈聖鑒事。

竊兩江督臣曾國藩，因病出缺，荷蒙聖慈，篤念藎臣，逾格矜卹，隆施曠典，業已至優極渥，原非臣下所敢再瀆。即該督臣平時武功、政事、立品、植學諸大端，仰荷天語之褒嘉，更有史館之撰述，久已宣布遐壤，遠近周知。且曾國藩綏靖南疆，奴才正轉戰淮北，雖係皖中屬僚，時承指示，然未得一日相從，一切事蹟，亦無待奴才為縷述。惟是曾國藩督師幾二十年，蕩平數省，用兵以在皖為最久，功績亦以在皖為最多。當其由江鄂轉戰而前，正值髮逆披猖，接連一片，江淮南北，幾無完土。曾國藩勵兵選將，推賢讓能，百折不回，堅忍不拔。先平皖南，繼克安慶，旋復廬州。淮淝以南，大江上下，同時底定。僧格林沁大軍得以專力蕩平北路，無南顧之虞。曾國荃、李鴻章、左宗棠等，因而分道並進，肅清江浙，克復金陵，殄除巨憝。是以論者，僉謂克復安慶一役，不特為平定金陵之基，亦實為南北廓清一大關鍵。安慶克復後，曾國藩督軍駐紮，整吏治，撫瘡痍，培元氣。訓屬僚若師弟，視百姓如家人，生聚教養，百廢具舉。閭閻慶衽席之安，父老忘亂離之苦，如是者又數年。迨至同治五六年間，奴才帶兵剿捻，曾國藩駐軍徐州。每有書問皖事，猶諄諄以安民、察吏為要務，至今皖中一切措施，遵其規畫。皖民之安堵，實皆曾國藩所留貽。故一聞督臣出缺之信，士民奔走，婦孺感泣，爭赴奴才衙門，懇請奏建專祠，以崇報饗。同聲籲懇，實出愛戴之誠。

伏思督臣中興戰績，列在簡冊，固可媲美古人，即以遺愛而言，則自昔疆臣湯斌、于成龍而後，亦未有若此感人之深者。在朝廷褒功之厚，固已廣被無遺，而在皖民尸祝之誠，又未敢壅於上達。可否仰懇天恩，俯准於安慶省城建立專祠，以順輿情，而彰忠藎，出自鴻慈！至該督臣立功省分甚多，可否一併建祠之處，恭候聖裁，奴才未敢再為瀆請！所有督臣勳勞卓著，據情籲請各緣由，謹恭摺具陳，伏乞皇太后、皇上聖鑒訓示。謹奏。

湖廣總督請建祠疏

頭品頂戴湖廣總督臣李瀚章跪奏：

為故大學士功德在民，請於湖北省城建立專祠，並補陳賢勞實蹟，仰祈聖鑒事。

竊臣恭讀，本年二月十二日上諭：「大學士、兩江總督曾國藩，學問純粹，器識宏深，秉性忠誠，持躬清正，著追贈太傅，照大學士例，賜卹賞銀三千兩治喪，賜祭一壇，加恩予諡『文正』，入祀京師昭忠祠、賢良祠，並於湖南原籍、江寧省城建立專祠，其生平政績事實宣付史館」等因。欽此。

仰見聖主篤念忠良之至意，無任欽感！又准署兩江督臣何璟咨送摺稿到臣，所陳曾國藩勞績，並其立身行政諸大端，均甚切當。其敘咸豐十年以後軍事，亦極詳明。惟自咸豐初年創立水陸二軍，率以東征，及歷年在鄂、在江艱危拮据情形，尚有未盡。蓋何璟與曾國藩共事在咸豐十年以後，聞見有所未詳，其勢然也。臣於咸豐三年署善化縣任內，經曾國藩檄調，從軍前後近十年，知之較悉。欽奉諭旨，將其政蹟事實宣付史館，則採擇不厭周詳，謹再為我皇上補陳之。

咸豐二年，曾國藩典試江西。行入江境，聞訃丁母憂回籍。時長沙解圍未久，武漢繼失，土匪蜂起，兵勇陸續過境，強據民船，所在劫掠。曾國藩奉旨幫辦團防查匪事宜。因時局艱難，義不容已，而奪情視事，又非其所安，比經奏明，將來無論建立何項功績，均不敢仰邀議敘。及抵長沙，立拿據船游勇，梟示河干。頒發鄉團族團執照。凡從賊勾賊各匪，責成團總戶族捆送。前後擒斬數百餘人。自後賊屢犯湘，各屬匪徒無敢應者，皆其先機能斷之效也。由是延訪人才，拔羅澤南、王鑫、李續賓、張運蘭等使練陸勇；拔彭玉麟、楊岳斌、黃翼升、鮑超等使練水勇。又以綠營廢弛，奏參長沙協副將清德，特保游擊塔齊布。且云：塔齊布將來如打仗不力，臣甘與同罪。塔齊布等均感激思奮，力戰成名。皆其知人善任之效也。

咸豐三年，賊圍江西。曾國藩命羅澤南等赴援解圍，後函商江忠源奏請創立水師，為三省會剿議。是年冬，親赴衡州，督造戰船。經費無出，惟以忠義激勵人心，勸捐濟用。四年二月，統率水陸兵勇六千人，行抵長沙，賊已由岳州竄陷湘陰、寧鄉，曾國藩派營擊退，追剿至岳州。會王鑫挫於蒲圻，岳州再失。賊仍由寧鄉竄陷湘潭。其時長沙西、南、北三面數十里外，賊蹤徧野，省城危急。曾國藩令塔齊布率陸勇，彭玉麟、楊岳斌率水師，上剿湘潭。而親率水師二營、陸勇一營下剿靖港。四月初二日，靖港戰敗，曾國藩自咎調度無方，投水三次。幕客親兵，力救乃免。四月初五日，湘潭克復，盡焚賊舟。乃自劾靖港之失，疏請治罪，不以湘潭同時大捷，稍自寬飾也。

七月，整軍東下，克復岳州。廣東總兵陳輝龍水師敗於城陵磯，褚汝航等死之。曾國藩堅持不動。閏七月，塔齊布、羅澤南擊敗陸賊，轉戰而前。八月二十三日，遂克武昌。十月十三日，大破田家鎮，戰績均詳奏牘。十二月，水師破湖口賊卡，衝入鄱陽湖，盡焚賊艘，而老營之紮九江對岸者，被賊用小舟襲焚，事機危急。曾國藩慨然曰：「大臣不可辱！」復欲投水。幕客親兵強掖渡江，夜入羅澤南軍中。五年正月，入江西重整水陸各軍。賊自北岸上竄，武漢再陷。方其在江西也，以客軍當敗挫之餘，呼應不靈，動多觸忤，曾有三難之奏。然一聞賊陷弋陽、廣信，即命羅澤南等力戰復之。七月，攻克義寧，又分攻湖口，會塔齊布卒於九江，鄂事日急。復令羅澤南等赴援，與胡林翼會攻武昌，以全大局。

是年冬，逆首石達開自崇通陷瑞臨，另股賊自廣東來會。江西八府五十餘州縣，皆淪於賊，湖南文報不通。乃分九江之軍以援吉安，而自率舟師回駐省河，官民倚以為固。六年春，吉安失守，周鳳山失利樟樹鎮，其分攻撫建者，皆不能下。時餉源罄竭，枵腹轉戰，軍無怨言，皆曾國藩忠誠所感也。是年七月，胡林翼派曾國華、劉騰鴻等援江西，進攻瑞州。駱秉章派劉長佑等進攻袁州，派曾國荃進攻吉安，湖南之路始通。會撫州陸營失利，乃令移駐貴溪，以保浙東一線之餉路。

七年三月，曾國藩丁父憂回籍。八年夏，復奉命統軍援浙。其時瑞臨、撫建，皆經湘軍克復。八月，曾國荃克吉安。曾國藩擬由建昌入浙。九年，移駐撫州，攻克景德鎮，旋奉入川之命，中途經官文、胡林翼奏請，改而援皖，駐宿松，克太湖，戰績均詳奏牘。至十年四月，補授江督兼充欽差大臣以後事蹟，何璟所陳甚詳。臣亦由贛南道奏調廣東籌餉矣。

竊維曾國藩識力之堅毅，志慮之忠純，持躬之謹慎，久在聖鑒之中，豈待微臣陳述？惟前後艱危拮据情形，有非奏報所能詳者，似不妨合兩摺以備史館之採擇也。臣聞曾國藩初入翰林，即與故大學士倭仁、太常寺卿唐鑑、徽寧道何桂珍講明程朱之學，克己省身，得力有自。遭值時艱，毅然以天下自任，忘身忘家，置死生、禍福、得喪、窮通於度外。其大端則在以人事君，晉接士類，能決其人之賢否，推誠布公，不假權術，故人皆樂為之用。其過人之識力，在能堅持定見，不為浮議所搖。進攻安慶、江寧，則建三路進兵之議；剿辦捻匪，則建四面蹙賊之議，其後成功，不外乎此。

所創水師，尤能制賊死命。蓋賊自湖南竄踞金陵，盡掠沿江船隻，乘風日踔數百里，飄忽無常。瀕江各郡縣一日數驚。自曾國藩水師東下，扼駐一處，即能保全一處。當武漢再陷時，胡林翼以孤軍困守城下，而賊船不敢上越金口一步。漢鎮貿易均移至新隄。籌辦鹽釐捐輸，藉濟軍餉。胡林翼屢次奏稱，曾國藩創立水師，其功甚大！蓋身在事中，故能言之深切。其後曾國藩遣羅澤南馳援武昌，惟時江西四面皆賊，旦夕不能自保，祇以通籌天下大勢，非力爭上游，則金陵無可規復之理。是以自留江西，支持危局，而特遣勁旅進攻武昌。此其深識遠略，公爾忘私，尤有古人所不能及者。

是曾國藩底定東南之功，尤以經營武昌為一大關鍵。查羅澤南、李續賓、胡林翼、官文均經奉旨於湖北建立專祠，現在鄂中士民，聞曾國藩溘逝，莫不咨嗟感慕，籲請建祠以崇報享。相應請旨敕建曾國藩專祠於湖北省城，以順輿情，而彰忠藎。所有請建專祠、並補陳賢勞實蹟以備史館採擇各緣由，謹會同湖北撫臣郭伯蔭恭摺具陳，伏乞皇太后、皇上聖鑒訓示。謹奏。

江西巡撫請建祠疏

頭品頂戴江西巡撫臣劉坤一跪奏：

為紳民呈請建立已故督臣專祠，恭摺仰祈聖鑒事。

竊臣接據在籍三品京堂、銜翰林院修撰劉繹等呈稱，江西用兵十數年，幾與軍務相為始終。原任大學士、兩江總督臣曾國藩之保衛江西，亦相為始終。

咸豐三年，賊圍江西省城，守兵已嫌單薄，而上游泰和縣土匪乘機起事，暗與髮逆勾通，勢殊岌岌。幸得曾國藩由湖南派羅澤南等各營來援，撲滅泰和之匪，省城髮逆勢孤，隨亦解圍而遁。四年，曾國藩克復武昌，遂率得勝之師，順流而下，分攻九江、湖口。各軍失利，身瀕於危。五年，以次進駐南康、南昌，分遣諸將，規復廣信、弋陽、義寧等處，人心倚以為固。會逆酋石達開、賴裕新、胡以晃等大股竄入江西，復有另股自廣東來合。而曾國藩得力之將羅澤南等又先派援湖北。賊眾我寡，致江西八府五十餘州縣先後淪陷。惟時餉源已竭，士氣不揚。曾國藩內則籌給飢軍，以支危局；外則乞師鄰省，以遏狂氛。其拮据之狀，堅忍之操，士民共見共聞，至今念之，莫不流涕。

六年，湖南、湖北各派楚師，分道入援。其瑞州一路，則其胞弟曾國華也；吉安一路，則其胞弟曾國荃也。此外諸將，如劉長佑等，皆曾國藩素所識拔之人。曾國藩師以援師大集，會同撫臣，左提右挈，指授機宜，並派李元度等駐紮貴溪，以通浙東餉道。由是諸軍飽騰用命，所向有功。六、七、八三年中，遂收全省肅清之效。

九年，曾國藩提師援浙，猶先分兵攻克浮梁縣、景德鎮地方。迨後攻安慶，下金陵，每聞江西風鶴之驚，輒即派兵馳回援剿。同治三年，逆酋李世賢、陳炳文、汪海洋等，率眾數十萬，由浙竄入江西、蘇、常，餘氛亦接踵而至，撫建等府，遍地皆有賊蹤。人情洶洶，懼蹈咸豐五年覆轍。時曾國藩駐師皖境，飛調鮑超全軍赴援，羽檄頻催，急於星火。鮑超兼程而進，遂大戰於許灣，跳盪已逾三時，擒斬實以萬計，該逆土崩瓦解，隨即遁往廣東。安危利鈍之幾，間不容髮。

四年，髮逆蕩平，亦深資霆軍越剿窮追之力，江境得以解嚴。曾國藩之有功於江西如此。至於接引士類，識拔人才，裁減丁漕，撫卹黎庶，一切善政，不可殫述。夫盛典飾終，朝廷已極優渥，而感恩戴德，輿情願奉馨香。公懇奏請於江西省城建立專祠，俾士民得伸報享之誠等情前來。臣查立功江省各員，如前安徽巡撫江忠源、前江西巡撫張芾等八人均經奉旨於省城分建專祠。今督臣曾國藩歷年保衛江西，厥功尤偉，士民追慕不忘。可否仰懇天恩，俯如該紳等所請，准於江西省城建立專祠，以慰輿情，而彰忠藎。理合恭摺具奏。伏乞皇太后、皇上聖鑒訓示。謹奏。

軍機大臣奉旨：「著照所請，該部知道。」欽此。

直隸總督請建祠天津疏

太子太保大學士直隸總督一等伯臣李鴻章跪奏：

為津郡紳民籲懇建立已故督臣曾國藩專祠，恭摺仰祈聖鑒事。

竊據天津道丁壽昌、天津府知府馬繩武等詳稱，原任大學士、兩江總督臣曾國藩，久任東南，勛勞懋著。同治八年，調任直隸。正歲歉匪擾之後，地方彫敝。下車伊始，即以治河、練兵、飭吏三大端為務，次第舉行，民賴以安。天津為諸河下梢，海疆要地，利益尤多。辦理中外交涉事件，顧全大局，至今咸鑒其苦衷。他如清訟獄，減徭役，勸農桑，嚴鍋夥之刑，祛鹽務之弊，凡有裨於國計民生，無不盡心經營，實力興辦，委屬有功於民。

據紳士沈兆澐等聯名籲懇於津郡擇地建立專祠，以資報饗。由該道府轉詳請奏，聲明所需經費，另行集捐等情前來。臣查曾國藩前於兩江總督任內，因病出缺，疊荷恩施，至優極渥。並准立功省分一體建祠，仰見聖主眷念藎臣，有加無已，欽感同深！其在直隸幾及兩年，政績實多可傳。今津郡紳民追念舊德，籲懇祠祀，出於至誠。相應仰懇天恩，俯賜照准，以順輿情。理合恭摺具陳，伏乞皇上聖鑒訓示！謹奏。

軍機大臣奉旨：「著照所請，該部知道。」欽此。

直隸總督請建祠保定疏

太子太保大學士直隸總督一等伯臣李鴻章跪奏：

為已故督臣遺愛在民，據情奏懇恩准建立專祠崇祀名宦，恭摺仰祈聖鑒事。

竊據藩司孫觀、臬司范梁、清河道葉伯英會詳，據保定府紳士賀錫福等稟稱，原任大學士、兩江總督曾國藩，自同治七年調任直隸。時值捻氛甫靖，該督臣苦心經理，澄敘官方，禮賢清訟，選將練兵，興舉水利，賑恤災荒，善政班班，不可殫述。前津郡稟請建祠，業蒙奏准。省城為首善之區，士民愛戴尤深！籲懇捐建專祠，春秋致祭。並據直省紳耆進士王振綱、翰林院庶吉士辛家彥等公呈請，將前督臣曾國藩崇祀省城名宦祠各等情請奏前來。

臣查該故督臣調任畿輔兩年，舉賢任能，吏治為之清肅。他如治河、練兵，次第籌辦，皆有成效。於地方利弊切實講求，綱紀漸立，廢墜具修。其在任時，清理通省訟獄積案數萬件。去任後，籌助天河水災賑銀二十萬兩，尤為人所難能，功德在民，久而弗替。既據合詞環請，出於至誠，相應據情，籲懇天恩，准於保定省城由該紳士等捐建前督臣曾國藩專祠，由地方官春秋致祭，並准祔祀省城名宦祠，以順輿情，而彰忠藎，理合恭摺具奏。伏乞皇太后、皇上聖鑒訓示。謹奏。

軍機大臣奉旨：「著照所請，該部知道。」欽此。

神道碑

皇清誥授光祿大夫、贈太傅、武英殿大學士、兩江總督、一等毅勇侯曾文正公神道碑：

聖清受命二百年，有相曰曾公，始以儒業事宣宗皇帝，入翰林，七遷而為禮部侍郎。文宗御極，正色直諫，多大臣之言。咸豐二年，以母憂歸湘鄉，遂起鄉兵討賊。自宣宗時，天下乂安，內外弛備。於是西洋始通中國，海上多事。未幾，而廣西羣盜起，大亂以興。及此年，放兵東出，攻長沙不克，遂渡洞庭，陷武昌。循江而下，所過摧靡。而是時，天下兵大抵惰窳恇怯，不可復用。諸老將盡死，為吏者不習戰陣。公既歸，天子詔公治團練長沙，公曰：「金革之事，其敢有避。」因奏言團練不食於官，緩急不可恃。請就其鄉團丁千人，募為勇營，教以兵法，束伍練技，號曰「湘軍」。湘軍之名自此始。明年，益募人三千，解南昌之圍。是時，賊已陷金陵踞之，掠民艘巨萬，縱橫大江中。於是議創舟師，制船鑄礮，選將練卒，教習水戰。天子嘉之。湘軍水師由此起矣。

四年，成軍東討。初戰再失利，未幾大捷湘潭。以師不全勝，上疏自劾。已而克岳州，下武昌，大破田家鎮，斷橫江鐵鎖，乘勝圍九江，進規湖口。當是時，湘軍威名震天下。會水師陷入彭蠡湖，鄂帥喪師，武昌再失。公曰：「武昌據長江上游，必爭之地也。」急檄湖北按察使胡公林翼，率偏師西援。不克，則悉銳師繼之，而自留江西督攻九江。已而悍賊石達開等分道犯江西，破郡縣六十餘城。公上疏自劾。卒以孤軍堅拒死守，賊不得逞。六年，胡公等復武昌。明年，拔九江，軍威復振。

公治軍，謀定後動，折而不撓，堅如金石，重如山岳。諸將化之，雖離公遠出，皆遵守約束不變。自九江未拔，諸軍已略定江西郡縣矣。公以父憂歸，累詔起復視師，不出。既逾小祥，始奉命援浙江。是時，公軍為天下勁旅，四方有警，爭乞公赴援。南則浙閩，西則蜀，北則淮甸，皆遙恃公軍為固，慮旌旗他指。天子亦屢詔公規畫全勢，視緩急輕重去就之。公曰：「謀金陵者，必據上游，法當舍枝葉，圖本根。」遂建議三道規皖。

咸豐十年，蘇浙淪陷，朝廷憂之！以公總制江南，趣詔公東兵，而公卒不棄皖，以失上游。是年，西夷內犯，定和議。十一年，公克安慶。今上同治元年正月元日，授公協辦大學士。於是分道出師，大舉東下。公弟浙江巡撫國荃以湘軍緣大江，薄金陵。今陝甘總督左公宗棠以楚軍抵衢州，援浙江。鴻章以淮軍出上海，規蘇常。水師中江而下，為陸軍聲援。三年，蘇浙以次戡定，而公弟等亦攻拔金陵偽都。自公初出師，至是十有三年，粵賊平，東南大定，論功封一等毅勇侯。開國以來，文臣封侯自公始。

公既平定江南，威振方夏，名聞外國。會忠親王僧格林沁戰歿於曹，廷議以公北討流寇。是時，公所部湘軍皆已散歸。經畫歲餘，功緒漸彰。會疾作，有詔還鎮江南，中外大事，皆就決之。公所謀議，思慮深遠。進規中原，議築長牆，以制流寇；策西事，議清甘肅而後出關；籌滇黔，議以蜀湘兩省為根本。皆初立一議，數年之後，事之成否，卒如其說。而馭夷為尤著云。

初，咸豐三年，金陵始陷，米利堅人嘗謁江南帥，願以夷兵助戰。十一年，和議既成，俄羅斯、米利堅皆請以兵來助。公議以為宜嘉其效順，而緩其師期。及同治元年，英吉利、法蘭西又以為請。公又議以為宜申大義以謝之，陳利害以勸之，皆報可。廷議購夷船，公力贊之。比船至，欲用夷將，則議寢其事。其後自募工寫夷船之制，近似之，遂議開局製造。自是外洋機器、輪舟、夷礮，中國頗得其要領矣。六年，詔中外大臣，籌和議利害，可許不可許。公議以為其爭彼我之虛儀者許之，其奪吾民之生計者勿許也。移直隸總督，天津民有擊殺法蘭西領事官者，法人訟之朝，天子慰解之。法人固爭，有詔備兵以待。公曰：「百姓小忿，不足肇邊釁。」從之，而密議儲將練兵，設方略甚備。先是公已積勞成疾，至是疾益劇。會江南闕帥，上念南洋馭夷事任絕重，非公不可！遂命還江南臥治之。至則經營遠略益勤。既一年，疾甚。

同治十一年二月戊午，遂薨於位。官至武英殿大學士，享年六十有二。遺疏入，天子震悼，賻賜有加。贈太傅，謚「文正」。

公諱某字滌生，世為湖南湘鄉人。曾祖竟希，祖玉屏，父縣學生麟書，三世皆以公貴，封光祿大夫。曾祖妣彭氏，祖妣王氏，妣江氏，皆封一品夫人。夫人衡陽歐陽氏，生男二人。紀澤廕生，戶部員外郎，錫爵為侯。紀鴻附貢生。孫三人，廣鈞、廣鎔、廣銓皆幼。公既薨，紀鴻、廣鈞皆賜舉人，廣鎔賜員外郎，廣銓賜主事。女五人皆適士族。

公為學，研究義理，精通訓詁；為文，效法韓歐，而輔益之以漢賦之氣體。其學問宗旨，以禮為歸。嘗曰：「古無所謂經世之學也，學禮而已。」於古今聖哲，自文、周、孔、孟，下逮國朝顧炎武、秦蕙田、姚鼐、王念孫諸儒，取三十有二人，圖其像而師事之。自文章政事外，大抵皆禮家言。嘗謂：「聖人者，自天地萬物推極之至，一室米鹽無不條而理之。」又嘗慨古禮殘缺，無軍禮。軍禮要自有專篇，細目如戚敬元氏所紀者，若公所定營制、營規，博稽古法，辨等明威，其於軍禮庶幾近之。至其論議、規畫，秩序井井，經緯乎萬變，調理乎鉅細，其素所蘊蓄然也。喪歸湖南，營葬於善化縣某鄉。

鴻章少從公問學，又相從於軍旅，與聞公謀國之大者，乃為文刻其墓道之碑，銘曰：於鑠！皇清世載聖武，萬夷震疊，匪臣伊主。歷載二百，極熾而屯！孰排其紛，厥維宗臣。功與時會，其成則天。惟公之興，事乃異前。國有舊旅，雲屯星羅。公曰竄矣，汰之則那。率我萌隸，敵愾同仇。舍其鉏耰，來事戈矛。厥初孤立，百挫不懾。天日可格，鬼神為泣。持己所學，陶鑄羣倫。雝培浸灌，為國得人。孰任鉅艱，刓印使帥。孰以節死，孰成孰敗，決之於微，卒驗不爽。朝廷乏人，取之公旁。始詔求賢，江以薦起。繼才胡公，勝己十倍。陸軍諸將，首塔羅王、二李繼之，水則彭楊。皆公所識，拔於風塵。知人之鑒，並世無倫。萬眾一心，貫虹食昴。終奠九土，殄此狂醜。事已大畢，乃謀於海。益我之長，奪彼所恃。動如雷霆，靜守其雌。內圖自強，外羈縻之。默運方寸，極九萬里。人謂公怯，曰吾過矣。式蛙嘗膽，以生以訓。大勳宜就，胡棄而隕。道光季世，夷始慁我。內患乘之，燎原觀火。彼睨吾旁，雌雄首尾。曰敝可乘，附耳同起。夷齧其外，寇訌其內。不有我公，嘻甚矣憊！維昔相臣，佐治以文，武功之盛，則由聖人。留都開基，三藩定變。新疆外拓，川楚內奠。四夷奔走，唯恐在後。皆秉聖謨，羣臣拱手。公起詞臣，以安以攘。天子虛己，曰汝予匡。相業之隆，近古無有。開物成務，是謂不朽！退之有言，衡為嶽宗。扶輿磅礴，鬱積必鍾。後千百年，降神堯堯。我銘不誹，以配崧高。

誥授光祿大夫、太子太保、武英殿大學士、直隸總督、一等肅毅伯兼都尉世職門下士李鴻章頓首拜譔！

墓志銘

皇清誥授光祿大夫、贈太傅、武英殿大學士、兩江總督、一等毅勇侯曾文正公墓志銘：

同治十有一年二月，武英殿大學士、兩江總督曾公薨於位。天子震悼，加贈太傅，諡「文正」。命儒臣譔賜祭文墓碑以葬。公子紀澤、紀鴻以銘墓之文屬之劉公蓉，未及葬，而劉公薨。檢其遺書，得所為銘辭，而前敘闕焉。又明年，卜葬善化縣平塘、伏龍山。葬有日，而夫人歐陽氏薨，遂即其地祔葬。於是嵩燾涕泣，承劉公之意而敘之。

公諱國藩，字伯涵，號滌生，湘鄉人。咸豐初，寇發廣西一隅之地，所至糜爛。盜踞金陵十四年，盡蹂江浙兩省地，披而有之。公以侍郎奉母喪歸，起鄉里討賊。奮其佔畢之儒，鉏櫌之民，盪長江萬里，蹙賊踣之，天下復覩乂安，民用蘇息。已而合肥李公平捻逆於鬲津，湘陰左公殄回亂於關隴，皆用公薦擢。席其遺規，遂蕆成功。於是江以南搆亂尤深。公再督兩江，噓枯翦歲，煦濡羣萌，孤嫠有養，儒宿有歸，漸摩渟涵納之太和。故公功在天下，而江南之於公，若引之以為己私。

公始為翰林，窮極程朱性道之蘊，博考名物，熟精禮典。以為聖人經世宰物，綱維萬事無他，禮而已矣。澆風可使之醇，敝俗可使之興，而其精微具存於古聖賢之文章。故其為學，因文以證道。常言「載道者身也，而致遠者文。天地民物之大，典章制度之繁，惟文能達而傳之。俛焉，日有孳孳以求信於心，而當於古」。其平居抗心希古，以美教化育人才為己任。而尤以知人名天下，一見能辨其才之高下，與其人賢否。滿洲塔齊布公，新寧江公忠源，衡陽彭公玉麟，善化楊公岳斌，或從末弁及諸生獎拔為名臣。其於左公宗棠，趣尚不同，而奇左公智術，以公義相取，左公亦以顯名天下。片長薄技，受公一顧，爭自瑑磨砥礪，敦尚名節。在軍必立事功，在官為循吏。曰：「吾不忍負曾公！」而公歛退虛抑，勤求己過，日夜憂危，如不克勝。自初仕及當天下重任，始終一節，未嘗有所寬假。及其臨大敵，定大難，從容審顧，徐厝之安，一無疑懼。此公道德勳名被於天下，施之萬世，而其意量之閎深，終莫得而罄其用，而窺其藏也。

公以戊戌科進士改翰林院庶吉士。又明年，授檢討。五轉至禮部侍郎。文宗即位，詔求直言。公疏陳本原至計。天下驚歎，以為唐宋名臣所不及。典試江西，未至，丁母憂。會廣西賊圍長沙，奉命幫辦湖南團練，治軍長沙，又治水師衡州。武昌再陷，命公督師東征，再克之。轉戰江西，丁父憂，歸。上初即位，授大學士，總督兩江，節制四省。而公弟太子少保、威毅伯國荃以一軍特起，克復金陵。天子嘉勞，錫公一等毅勇侯，晉太子太保。旋調直隸總督，復調兩江。

公生於嘉慶十六年辛未歲十月十一日，薨於同治十一年壬申歲二月初四日，年六十有二。曾祖竟希，祖玉屏，父麟書，自公祖若父皆名德耆壽。及見公為侍郎，受封光祿大夫，天下榮之。配歐陽夫人，衡陽縣貢生凝祉之女。勤儉有禮法，恩周於人，行飭於家。自文正公在軍，夫人常蔬食，夜疏告天，乞早紓生民之禍，助成大功，慰天子憂勞。以同治十有三年八月十三日薨，年五十有九。子紀澤戶部員外郎，襲封一等毅勇侯，紀鴻賞給舉人。女五人，一適袁氏江蘇松江府知府芳瑛之子秉楨；一適陳氏，安徽池州府知府源兗之子遠濟；一適羅氏，浙江寧紹台道、追贈巡撫、忠節公子兆升；一適員外郎郭剛基，嵩燾之冢子也；一適聶氏，廣東候補道爾康之子緝槼。孫四人，廣鈞舉人，廣鎔六部員外郎，廣銓六部主事，年皆幼。朝廷推恩，賞官有差。廣鑾公薨後生。

公器量恢閎，望而知其偉人。生平趨舍是非，求信諸心，不與人為去就。而精鑒微識，一言一事，研覈無遺。尤務規其大而見其遠。始出治軍討賊，以東南大勢在江險，不宜盡弛與賊，力請以水師自效。及為欽差大臣，建三路進攻，以規江浙兩省之議。討捻逆河南，建合四省之力蹙賊一隅之議。皆策之始受事之日，其後成功一如公言。在軍戈鋋樓櫓，短長尺度，躬自省量，無或苟者。榮辱得失，無關其心。而未嘗一念不周乎，天下一事不盡乎。民隱傳曰「為仁由己」，公無愧焉！公學行功業具見國史本傳及合肥李公所譔神道碑，不復論著。其生平志節，關係天下之大者，藏於公之墓，而繫以劉公之銘。其辭曰：

國有治亂，任賢者昌。惟聖御世，與時弛張。道光末造，亢極而僵。吏惰民偷，卒嬉於伍。妖徒乘之，揭竿起舞。天祚聖清，篤生元輔。重奠八荒，為國肱股。始公通籍，翺翔掖垣。顯皇初政，抗疏陳言，謇諤之風，帝心所簡。起公衰麻，戎符往綰。時寇方張，百城潰亂。羹沸於鼎，當者糜爛。公倡義旅，豪傑景從。虎飛龍嘯，吐氣如虹。銳師東討，靡堅不攻。大江南北，桅塞四通。利鈍無常，或傷眾毀。孤忠籲天，義泣神鬼。亦或左次，斂兵祁門。豺狐夜嗥，星日晝昏。百憂所叢，不震不悚。一柱屹然，華嶽之重。卒夷大難，奮績鷹揚。殪渠掃穴，寸磔梟狼。以義擎天，浴日於海。盪滌垢汙，河山無改。帝勞相臣，建侯剖符。畀藩畿輔，再鎮三吳，民謳於野，絃歌載途。公心廓然，與物無競。斂聚羣謀，虛己以聽。慮周六合，不耀其明。淵衷自惕，婦豎歸誠。羣彥煌煌，洪纖高下。大匠陶鎔，歸諸一冶。何材不植，何功不庸。片長思奮，大受以隆。公不自賢，厥心愈下。被寵若驚，聞過則謝。退偃一室，仰思古人。尚友千載，遙契以神。發為文字，怪偉縱橫。雷霆砰擊，金石鏘鳴。蹴踏百家，孤懷自賞。跨宋軼唐，近古無兩。德溢於位，功不償年。載其忠藎，往即重泉。誰與主者？豈曰非天。北斗帝鄉，公魂攸寄。陵圮谷湮，其誠不替。伐石勒銘，敢告萬世。

誥授光祿大夫、賜進士出身、二品頂戴、前署理廣東巡撫加七級湘陰郭嵩燾譔文。

誥授資政大夫、前陝西巡撫湘鄉劉蓉製銘。

誥授光祿大夫、太子少保、前湖北巡撫一等威毅伯湘鄉曾國荃書丹。

誥授光祿大夫、賜進士出身、太子太保、武英殿大學士、直隸總督、一等肅毅伯合肥李鴻章篆蓋。

附錄：曾國藩信札手跡

意誠仁弟左右。王衡臣之世兄來鄉。接展
惠書。頃又接黃宅專丁寄到
賜緘。荷承
垂注殷殷。至臣衰歲。目光昏花。自丁未年已用增光
鏡。近則雖有鏡而無甚裨益。或看書作字。霧
裏看花。濛濛無似。何其憊也。往事之悔。蓋亦以與
舉太大。虛名過多。公事私事不乏未竟之緒。生
者死者猶多媿負之言。用是觸緒生感。不能自
克。亦由心血積虧。不能養肝。本末均失其宜。遂

成怔悸之象。此猶平善。然不慊而餒。難遽言充
實也。　先慈嚴塋地。自須急求改卜。
來示所云。蓋古人所稱利不什不變法。害不什不易
業。　先君塋域。人多謂其凶煞。果若所云。是在害
什之科。而利什者又不可以卒求。斯亦廢心之一端
耳。應咨轉詳之件。尚有數件之事。月內以病故。
諸事廢閣。山中無書吏。須手自料檢。遂尔遲遲。
來書須三月十五以前趕辦。今既過期矣。九江竟尚
未克。林啓榮之堅忍。良不可及。但惜作賊耳。麻

城防兵。聞於三月十日小挫一次。信否。　令兄初次家报。比想已到。金弟接其正月十三惠書。知其將住内城。稍辟塵囂也。霞仙昨在舍間。言閣下當以四月來敝邑。　來示約與霞公同住敝廬。六年之別。得一良覿。欣慰何極。掃徑延佇。惟增飢渴。家謚會合詩刻本收到。令弟對聯屏幅。書就奉上。摺扇未寫。目力不耐細字。筆亦退不中書。亮之。相見有日。統容面罄。肅復一一。順問近安。諸希心鑒。

愚兄弟曾國藩再拜

意城仁弟左右。腊月中旬接展
惠書。敬審一切。比想
起居康勝。新祉增綏。至以為慰。粵中
猖獗。良可憤嘆。惟弟情志在通
商。稍有損於
國體。尚無害於民生。或者許和之後。
仍可馴擾。則此方生靈免遭塗炭耳。
厚庵東下。計已早抵南州。或金陵
克復。則其需迪庵之繼繼。任吾補

交周姪銀兩。即日當檢告財卿觀察查
收到籍後。應行咨辦者有數事。以
在省不能具公牘。一切停閣。心甚歉仄。
頃接孫閣青信。渠以接丁父憂。須由教官出
咨稟由縣轉詳云云。此法甚妥。擬即
推而行之。凡有應咨事件。呈明本
縣。將咨錄入詳內。或亦妥叶。開印
後。即專人赴縣照辦。然已沉閣久矣。
筠仙令兄至周家口後。有信回家否。沿

途想當平安。偞 恪守禮廬。諸託安善。
惟心血積虧。極罕佳眠。或通夕不寐。
目光昏花。看字不能過四葉。回思數年
在外。諐尤叢集。時用內疚。又壬子歲
母喪。葬非佳壤。去年葬 父。亦非
吉域。今歲擬親履各處。求稍可以安
吾心者而改卜焉。庶幾少釋歉衷。
肅此布復。順候 近祉。諸惟
心照。

愚兄弟曾國藩再拜　正月十日

意城仁弟親家閣下。正月廿日。張六琴太守寄丁來達。接臘月十七日

惠書。藉悉一切。即諗

獻歲多祺。閤潭麻吉。至以為慰。此間賀正摺弁於十九日旋營。接筠公信。知以陳步書之薦。入直

南齋。

台對兩次。

寵眷方隆。而此間已於十一日附片奏請來營。

既奪其供奉之資。又奪其分推之養。柳子厚所謂名為愛之。其實害之。諺所謂騎馬不還親家。騎牛還親家者耶。蕭浚川軍至韓家後。即赴信豐以解重圍。凱軍至景德鎮後。臘月十九日翔岡小挫。與鈴峰部下共七百六十人。廿七日凱軍獲勝。其部下亦七九十人。正月十七日。凱鈴又小挫。第五旗之獨擡牛角嶺失。被賊撲去營盤。余曾於除夕函告謂五旗距凱太遠。恐孤獨之。凱復信言

旗長可恃。遂不移也。五旗被撲後。又換
三旗扎牛角嶺。余心雖喜其堅剛。而孫
益遜之矣。自
閣下與人樹怨去。老湘營等營便不協
通氣。即如鄧華十一擠敗挫。而筆掀廿二日
始到一。翔岡玄腊請撤之筆。有云勿惜一人之
錢生。憐此二千之性命等語。似覺焉不可終
日。僕因批准即撤。而渠續稟又欲俟景
鎮克後再撤。十九日之戰。凱章出隊援應。二十七

日之戰。翔又未出隊接應。其中是非曲
直。均難一一分明。若使
閣下與人樹在此。則凱翔與有私圖縷訴。
即沅甫舍弟在此。亦較疏通。前發
閣下即約人樹枚村與舍沅弟於二月間同
來。至切至禱。舍弟以溫甫之故在家中多
方隱匿。至今尚未說破。目下恩卹已至。想不
能久再匿。正在家禮紛煩之際。又先嚴
改葬多未妥。家井井之煩未未之險。能否速行。專

可定。傑此次圍攫之矣。凱章既在極危之中。自當謀所以濟之拯之。現派彭山屺調兵六百。喻吉三、余星煥添勇一千。朱雲崖添勇二百。張岳齡添平江勇千二百人。俟其到時，先換二千人赴凱章處助剿。將來另求一統領添打一支。現向耆中丞索餉。雖不可必得，然不得不放手一辦也。

順請
台安。

此次未寫季公信，祈一送閱。

國藩草
正月廿三

意誠仁弟親家閣下。二月初九接
惠緘。知夢在鄉患背者也。此間一切惆
度。俱從第緘告左季公。自可逕達
尊覽。此次亦有書詳告季公。祈一索
閱。翔閣初旨來見一次。愧悔之情與憤
發之志。似猶足有爲。此次大段之錯在
翔。一日之錯實在出訊。令曲直了然矣。若
閣下與人搆在此。當早了然也。季公
書言

閣下仍當出來入局湘中。維繫之人殷。不問可知。目下郭望

閣下來此一行。能挈枚村同來更妙。否亦須遣人接來也。四月以後。沅甫必到。鄙人亦至。則

閣下可飄然遠引矣。千萬千萬。莫遲莫遲。此間購得佳書數十種。若非親舉玉趾前來領取。不可得耳。復請

台安。不一。

姻愚兄弟曾國藩頓首

二月十一日

意城仁弟親家閣下。冬來得惠書。具悉馳系。寶郡城內外各營。被賊大圍在裏。殊深焦灼。黃鄉派來之五千二百人。聞已渡湖。希庵想已率之而南矣。此間景德鎮於十四夜克復。而浮梁城尚未退出。不知別有詭計否。吾輩皆小心謹慎。進剿。當審定處。如果賊蹤遠竄。寶城仍不解圍。當謀派人回援耳。前者戈什

吟盦浙江。頃於十二日回撫。接郎往西
信。并兩作芝房侍講墓志。茲照抄專
呈。又國藩作孫太公墓表一首。芻言序
一首。附呈。祈
寄交孫宅。代謀刻印。又銀百兩。即前
所云以半賻襚。以半刻書者。祈與仲雲
兄商為經理。其芻言全冊。擬再寄往
西閱。故未附還。甫布一一。順問
台安。不一。

姻愚兄曾國藩頓首

六月廿六日

吉城親家大人閣下。昨日接讀
惠緘。知霞仙繼方山居。
溪游之歡。至慰至慰。凱章已於十八日至
江西省城。沅弟十七日至。待其抵
徽。當以鮑季張三公由石埭旌德三路
救援寧國縣。廣德縱於十四日收復。
季翁到即由廣德進兵蘇境。此間

可取辦於 國藩 與少荃二人之手。少荃八月
赴淮揚辦水師。以後僅 鄉人獨當之。
萬不能給。
親家既不入蜀。千求速來一晤。八月底到
營。留我三月。年終回家。決不食言。求之
不可必。惟高聲唸佛而已。順問
近安。 國藩 草 七月廿三日

憲緘任弟親家大人閣下。初二日接十月十

八日

惠緘。并寄書斗書。具悉一切。鄧曹彭三

君昭文學僅加札。祈代僅述某。楊孟告

假將數歲。一月即享皖南。如請僅之。揮留

驂即之掌。得固更書。書示請請。次日閣索與師

淺淅江危急。遂生賊隙禁。鄙性懂性為

閣下所稔悉。此次無為慶紀之掌。為大局計。

非得已也。若果邀

俞允。雲仙親家或可出佐駱帥之幕。仍求

閣下前來相助。以務毋信來。丕郭做主。但郭

出佐數幕。仍訂每年將有一次。

閣下若專征肯來。亦可每年一游。蓋鴈代

飛之後。駑駘少獨當之材。然亦天下之至艱也。

閣下豈肯袖手。鄧小耘羅遵寶垣均以咨札調之。

能事與否亦可先知。且先廣為搜集。所謂取之

彩情。閱之殊快也。仍祈
閣下操餉兼籌。至要至要。東征局撥與潤帥
部分兩營。並以鄂餉近日極絀。無錢地數。
續運當此法難籌集。恐難償所欠。凌青福七
到祁門。凱章于十五始拔營。其應當來到。
舊部下日內當已仗閱。殊不敢心。湘鄉近日當
發之信。并 閱。即問
台安。

國藩 頓首

八月廿六日

意城仁弟親家大人閣下。舍弟處得賜書。敬悉一切。蜀中爲古來兵家所必爭。屢緘諄諄以此爲慮。今閱敘州嘓匪作亂。連陷四縣。郡城亦有不守之謠。若使石逆入蜀。乘機煽誘。爲禍正自不淺。此等人欲三道入皖。老謀自是切要。特鄂中實乏此氣

力。現擬以國藩任第一路。由石牌規安
慶。由太潛取桐城。潤帥任第三路。由
英霍取舒城。希庵任第四路。由商
固以取廬州。而潤帥既牽於
吏事較多。難以出境。希庵又以母病不
能遠來。則四路之說。亦恐徒託之空言。
而河南粵捻擾雜。東至清淮。西至確山。
二千餘里。罕有一乾淨之土。袁午帥冀

請。鄙人由商圍繞出，懷蒙以此。自揣精力，
實已有未逮。楊厚庵新受池卿章
職目之降。欲僕速繼之指其事。尤以才
謗不敢任也。賤
九月初三
軀日益羸弱。又已不如
春。閱兩三漱，台母親家相繼論逝。益懷
中年之感。兩華鄂省官紳，毫無猜嫌。
差用自適。順頌
台安。

國藩 頓首

十月十三

意城仁弟親家大人閣下。十九日接初五日惠緘，敬悉一切。長公雲仙親家此已抵家否。所懷本多不適，又值盛夏南風，沿途阻滯，想殊愴悵也。長公歸矣。自鄙人前事之鹵莽而耕，滅裂而耘，約略相同。其橫被譏謗，幾難自明也亦同。聖之之之若曰意之若苦意也又同。已密書霞仙邀長公至鄉消搖散遣。秋冬再謀東來會合。

想　聖意亦頗然之。協防江西之兵。我已奏留萬五千人。甚好甚好。萬不可撤。請酌量兵力將材。若宜於南路。即令防守南贛一帶。若宜於此路。即令進剿徽寧一帶。聞老湘營陸續已到袁州。凱章亦將次抵袁。若賊由廣東仁化樂昌之交。吉贛震動。湘營請截留凱章軍轉駐袁州此間。寧國危在旦夕。於潛昌化之賊。逼近杭州。日盼奏遣凱章之人前來。望眼欲穿。豈宜更被截留。而吉安甚資賴。湖南江西二省有所恃之區。又不敢竟催凱軍來皖。如救饑溺。如出破舟。焦灼萬狀。求閣下商之嶽帥季帥。於吉安危急自不得不留凱軍暫駐南路。否則或以未帶之五千人（想吉字未成軍）出防南。或另籌一枝防南（劉蓋臣可至吉安否）。總求早令凱章得達皖境。維持大局。至要至感。南省可否無辭。公牘擬至湘咨之。復問台安。

國藩頓首
六月廿四

吉城仁市親家大人閣下。連接初二、初六、
十九、三纖、初二函，以廿七到。也遲滯。餘
皆應時到至。此間克景鎮後。即派凱
章四千人回援。甚捷。此軍意見鐘
有紀律。而善戰穩執。究非它軍
所及。到湘後必可獨當一面。惟湘多經
後如再赴外省防剿。凱章竟有不能渡
合之勢。似當以凱章另領一小支。而凱領

大支台須添募容配。拆幫換底。祈
閣下与季高人揚兩君察着調理。目
下防剿事急。不必提及。九舍弟因改
葬了。即須回家一行。初一二可來
接辦。兄弟隨後。國藩亦即起程由湘
江西上也。摺弁自天津歸攜錫公
信抄呈。惜敘戰了太略耳。眼昏草
泐。即候台安。

國藩頓首

六月廿四

吉城仁弟親家閣下。十旨接初八夜惠緘。二千里外寄墨領四紙。謂之不謬于乎否也。彭雪琴於凡漫過之云樓。將來文一概焚毀。謂之不違于乎否也。凱章一軍似亦遠來之象。大彰大勳。鄒吉總兵拒賊於皖浙。不令闖入江西境內。昌江湖并受其福。果然。吾儕子之德。不然。亦惟

子之懇悃。季公在湘見之書數函。誠如
尊指。國藩頗思其來皖一次。與商定大概
規模。一則欽奉
諭旨。亦須面之俱到。如其世兄尚未全愈。
亦未敢遽以相強也。次青任防剿於廣
信。筱泉辦牙釐於江西。少荃辦水師於
淮揚。國藩左右仍是孤單。介特孑立寡與。
季公若不遠出。即求

閣下爾我命駕。速來敝營。并懇預告二親家母。其令長夫日日接巡敝營。徽台追呼。聲震遐邇。頃季云至營。吾戲之曰。意城謂君是怪而癖。季曰。彼是自癖而反誣人以癖。孰癖孰不癖。請以此卜之。僕已於十五日自宿松起程。七日至橫壩頭。諸叨平順。至慰廑念。復問台安。不一一。

國藩頓首

五月十七

意城仁弟親家閣下。昨閱蘇州各事之信。寄緘飛達駱帥。想已入覽。茲因作梅兄之母淪陷賊地。恐其刻不能安。特寄緘告之。求筱泉派人妥送作梅兄手。若至益陽。即逕從益陽赴軍。凱章觀察之軍。請即迅令東來。若竟由江西援浙一帶障儒。或既得志於蘇。恐其一面攻浙江。一面擾江西。若既到江西。則我湘南守東路之兵。非四五萬

人不可。未到江西。則江西守北東路之急。石達
開三萬餘人，已專分布。凱章若來。鄙意
且先令保廣信、景鎮等處。固江西。即所
以固吾湘也。
芝翁處以為然。即請商之 籥帥何如。左
季翁想已於前日抵長沙矣。京漕忽斷。
撥來大數。鄂餉自絕。林翼之軍需不支。天下
事何日大轉乎。即問
近安。 雪仙叔侄家近有信否。并問之 國藩手具
四月廿三日

意城仁弟親家大人閣下。廿二日接手示並
賜書。感鑒之切。前年承示三端。誨承
惠允。嘗以錢告勞歟
親家之庸。季弟到省後。當董之一字見及。何
也。世兄束金全無耶。抑應性懶作耶。
諭旨飭令入蜀 與 潤帥會商。寬其抄
稿寄
閱。王枚村招勇三千。已札厚伯府送銀五

千文校村。不知何時可到。昨又札陳俊臣另撥桂勇三千。求浙中協餉六千兩。極知浙庫已竭。苦無此間之一文可撥。又距桂太遠。為此不情之請。而吾於衡郴等處撥釐金多支俊臣。此不在奏咨之列。當於錢壽中補餉一行耳。聞寇度表等將由韶州以窺南贛。故預以俊臣之軍擋之。俊臣成軍。萬之湘楫省去南日證言。此可互商借調。善兩

省南路平安。自後軍亦來皖南。大約季、
公親軍為一天柱。鮑朱李次青張凱章王陳
為六少程。并萃江皖之交。或可一振士氣。
若季公入蜀。則六程缺之不可。苟缺其一。亦惟
親家暨向此。此之協防之師。它處更無可調協者。
江西見分之送。霆營第嚴汰。玉班留在吉河。
知送不復調。甫渡順候
台安。諸維　心照。　國藩頓首
五月廿三日
水師營次

意城仁弟親家大人閣下。連接五月廿四、八日兩次惠緘。備聆壹是。江、湘二々議。似只鼎諾々家。鄙幸何極。仰懇大力玉成。即日啓渡。江右如蒙退力籌謀。但求賊不入境。輕重總于漸重。戰而全在李張陳諸軍東來。不至遠勞乎。諸々惠也。

君之力也。至皮畫等縱不靈遠。殊望僅凱章速來。千萬之禱。國藩於十一日到祁門駐箚。適值寧國被圍。籲救甚迫。國藩以霆營未到。飭錢尚未抵郡。朱錯新病未痊。未先撥兵繼救。且新募之兵。宣諭。只可不可輕率前進。宜加整頓。垂為緊要之命。而季公與閣下但以靈遠為戒。不得不堅壁持重。然而

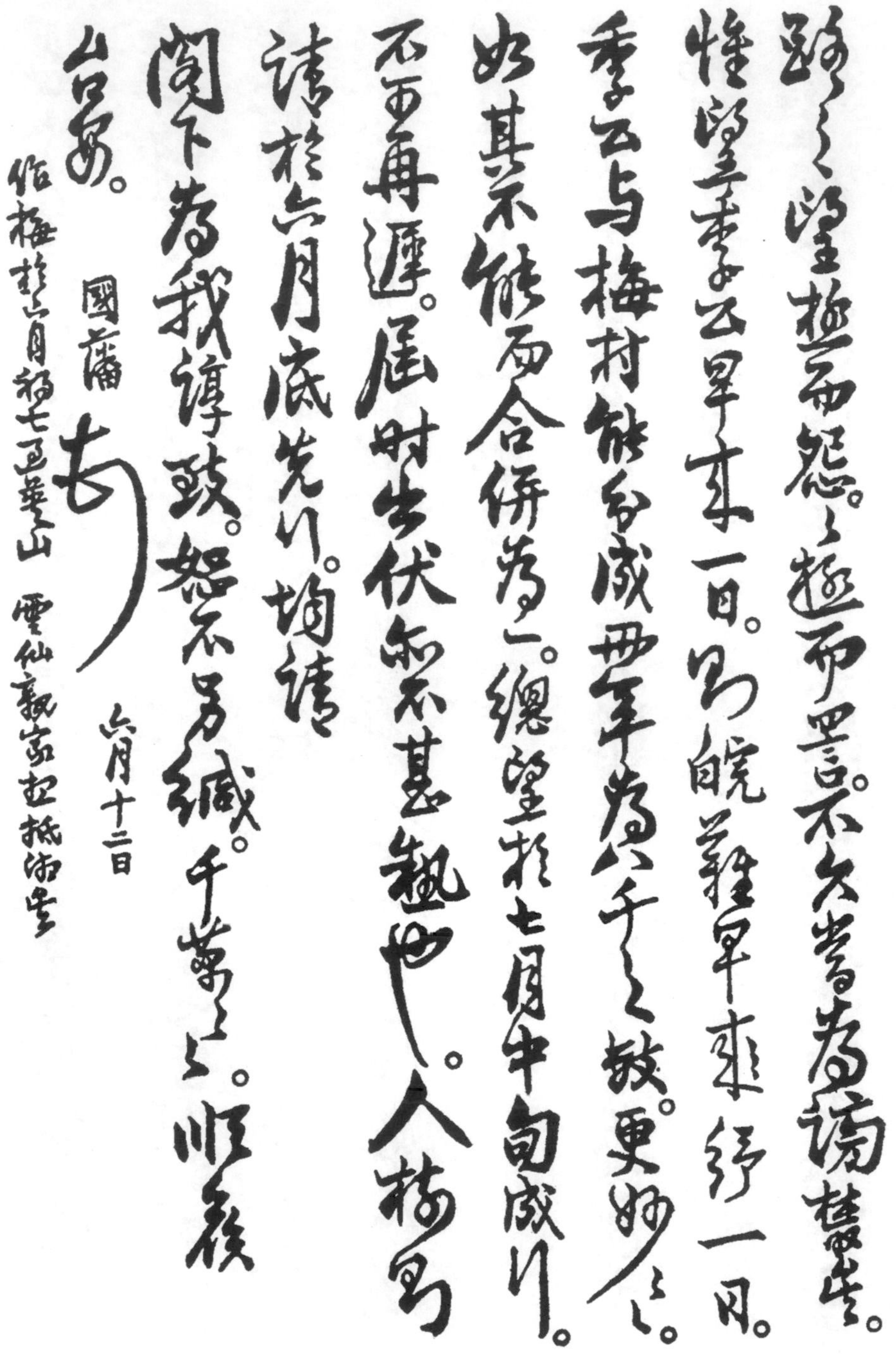

殷殷望極而怨。怨極而詈。不久當為謗囂生。惟望季弟早來一日。則皖難早紓一日。季弟與梅村能成此事。為八千人之救。更妙妙。如其不能而合併為之。總望於七月中旬成行。不可再遲。屆時出伏。秋暑不甚熾也。人將請於六月底先行。均請閣下為我諄致。恕不另緘。千萬千萬。順頌台安。

國藩頓首 六月十二日

作梅於六月初七至英山 雲仙亦趕赴英山抵滬

霽仙意城七弟親家大人閣下。昨接

意公六月十四日惠緘。頃又得

長公浚公兩緘。敬悉一切。近日軍務捷

書頻仍。亦屬數年所未有。無如甫遭

國恤。旋值胡帥淪逝之耗。可欣可慰之

事。皆變為可悲可慟之端。往年謂劉

蓉雲非學問有大志。近見潤帥於經濟

有大志。蓋之精力不足副其願。潤之才

德足以服其志。中道棄捐。豈獨吾黨之不幸。希庵接綰鄂篆。至事有賴。惟下游太廣。決非孱薄所能獨支。舍弟現進廬江並為一路。多公當進舒城廬郡。惟六安一路尚覺空虛。南岸調度。另有一公牘抄呈。是否有當。乞
裁示。即請
台安。

浙事日棘竭力往援是一快心事聞筱甫未為乞師之請亦未見到

國藩頓首

九月十一日

澄仙
意城仁弟親家大人閣下。五月七日

接奉

意老四月十七日惠書。而

澄公所給瞿遵訓一緘，亦適以是日到

營。敬承一切。又知鄙人所寄挺木挺人

挺世挺年一書。未得上徹

左右。宇宙至文。題晦旦時。兹重抄一

通奉覽。自去冬以來。無日不在危機駭

浪之中。十一月初。逆酋黃文金連破六縣。偪伺景鎮。賴左鮑兩軍之力。至正月底始行驅除。而偽侍王李世賢挾十餘万衆。又由東路撲陷景鎮。至三月杪左軍甫苦戰却之。而逆酋四眼狗適以是時救援安慶。拊余弟一軍之背。方盡萃多鮑成朱諸勁旅与狗逆相持未決。而偽忠王又連陷吉安瑞州義寧武寧奉新興國等十餘郡縣。
偽主將劉官方又陷建德。偽佐將古
隆賢又陷黟縣。其湖北失去六城及江
西南贛之賊。閩汀之賊。非數軍所應防
剿者。尚不在此數。多公之武。古來罕見
也。今安慶幸就平穩。繼公破赤岡
嶺賊壘四座。悍賊三千。悉就駢誅。逆首
劉瑲林為水師生擒支解。至若能無此克

復皖城。大局乃可轉機。江西湖北腹地之賊。乃可次第分徇。袁帥僧處髮捻苗李之間。兵單餉竭。屢次敗挫。上月初七汝上之役。伊勝峨副帥陣亡。

劾編修不肯辦團。革職戍邊。枷號一月。

劾瑞相帶隊不力。革職。以是兩款。醴泉之不謹。

象箸之初作耳。冀閣之業不出。自在言中。然近日大涉危地。又嬰多病。愍焉。寡懽。鄉里於死前一見故人。陳舫仙出示意公密件。潤帥亦深惡臧氏對謂之說。世人主稿。劉紫梅留湘帶水師。已挑注生。餘不一。順問台安。

姻愚兄曾國藩頓首 五月十日

意城仁弟親家大人閣下。三月十六日接初四
惠書。敬承一切。此間近事概具於十二日奏
片中。業經咨達湘鄉。十六日寄舍沅弟一信。
尤為詳明。茲抄呈
台覽。此岸之事。有鮑軍與彭毛劉合軍。以
禦下游忠酋大股。有成李兩軍。以禦上游捻
匪一股。應足支持。南岸之事。古賴等及洪東
股匪。麕集徽州。克庵桂生鈐峰諸軍。尚有

難於支撐之勢。黃老虎等股，從東建內犯饒
景。則更無活兵當之。沈帥以五千人守景鎮，必
可保全。其以韓進春五千人防剿石門。則恐未必
可靠。前有函續請催唐研香速赴撫州。不知
已抵何處。再求
閣下諄催。愈速愈妙。并請函催江味根速將
東來宜由袁州至撫州。與研香合為一路。專禦黃
老虎一股。如黃逆竄於饒景婺源。不入江境。則

江岸直入皖南。再行相機進止。味軍之或南或北。前此本未定計。今所以決歸南岸者。一則以鮑軍此渡援解毛軍之圍。南岸太嫌空虛。二則以黃逆竄江岸。軍太單。必味研合打一路。庶足保江西之腹地。並可固吾湘之東藩。三則以味根與希帥較親疏與左帥較親。軍行皖南。處〻與鄰人及左帥相周旋。諸事聯絡融洽。因此〻共坡定議。味帥由江西進兵。求

閣下先達 鄙意。即日另有函牘催之。南翁擢遷東道。遂仍由 嵩帥會銜奏留。京米實不易辦。擬請其至下江行商辦鹽務。黃慶之妻在營告狀。并云其以黃勝高承繼之說。并云夏令以厚張氏。妻黨與各營官憤憤不平。謂翮令打提鎮之妻。頗動衆怒。究竟責打與否。務祈 詳查見示。即請
台安。

國藩 頓首 三月十七日

夏令上敝處之稟。竟說張氏與黃勝高有曖昧。乃上令不為黃慶留體面矣

意臣仁弟親家大人閣下。久不接惠書。方以爲疑。頃得三月八日一函。紀當有文左張二君常來之書。教甚一切。正月竄江之賊。左帥只稱僅剩三四千人竄至廣信。而研香乃多以爲數過十万。吾輩寧先之憂。毋先之疎。坡匪研筆寶明請行各省。現踞南豐新城等邑。江席韓劉揚五軍萃於一處不能勝之。則數万之說。宜若可信。杭州陷後。僞聽王等由德清於潛昌化寧國取而至績溪。毛竹丹杉十三日在徽東小桂。賊遂蔓延休歙之南。十五日由龍灣下竄。計必由婺源景鎮以入浮梁矣。此股合杭餘衆與之賊計亦不下數万。將來侍逆輔三大枝。計又不下二十餘万。亦將自湖州衝出犯江西。而常州宜溧之大股。金陵丹陽之大股。舍江西以外。亦復別無去路。是目下南豐新城之賊雖不足為巨患。將來踵至之賊。為患大而且長。不獨貽患江西。并為吾湘切近之害。

閣下切勿忽視，至要。俊臣防堵南路，應當可靠。鄒叔績峯一軍，宜由茶陵赴吉。克庵一軍，宜由醴陵赴袁。窮寇脫多，有隙即竄，當不似九年石逵闖入湘寶之趕南路也。然賊中號令不一，心志不齊，只要能打幾箇猛仗，究比早年易爲力。敝處於十二月曾疏爭江西釐金，與沈帥恐遂決裂。今臣股陸續竄江，而不能撥兵往援。閣心固已抱愧，而官紳之交口嘲罵，尤袁堪渉

想。並眾軍倚推尾為命。有不能不爭之勢。金陵
之役未畢。又有不能撥援之勢。此心殊急。求兵於
天下也。秦豫髮捻環逼襄樊。不久又及皖。北僅恃
蔣之純吾欽堂何子文數人。殊難應敵。南坡翁
今自抵皖。即日送數櫂西上。鄂守之正月別我而
西。將由宜昌以達長沙。刻下計將到矣。東鄰
近狀何如。能於三万之外增与五千更否。順問
台安。

國藩頓首

三月十九日

意臣仁弟親家閣下。十二日接四月初日
惠書。十九日又得浴佛日一緘。敬悉一切。寧江之戰。
第一起爲傷陽之等。係溧陽敗出共。溧陽李傳廷梁
穴。坡陽之餘黨也。第二起爲陳炳文汪海洋等。杭
州敗出爲多。而武康德清石門等股。亦附陳汪以往。
輔王最多。旌幟最鮮。第三起爲偽侍王由湖州
逸出者。散處因接左帥克復湖州之警。從犍堪補
與侍逆同爲一起。遂致陳奏不實。須於十二日奏明

更正之。第四起者江陰楊舍之敗賊。常州城外之壘賊。與丹金壇句容先後之賊。須於十二三四等日。唐桂生與金毛鼈在休黟屢獲勝仗。擊散一股。未知其何着也。常州於初八日克復。頭目及粵逆駢誅。無漏網者。餘亦投誠遣散。不留餘毒。丹陽於初八日克復。逸出之賊甚多。是將為第五起。而湖郡之賊將為第六起。皆當由徽入江。人數實巨不少。而本年不甚凶悍。賊令不一。心志不齊。沿途擄

糧。多飢少飽。終遯散。不敢言戰。此機勢之最可
喜者。而徽寧各軍。江西各軍。絕少可將勁旅。無
一人能當此艱鉅之戰。左部差勝。亦多新集之卒。
此又時局之最可慮者。現調春霆馬步萬六千人上援
江西。少荃已派兵接防東垻句容。霆軍進費九萬
金。六萬沒弟解到。十日內外可成行。五月當可到江。
屆時賊若果渡贛江以西。則全局穩固矣。
來函所謂另籌大軍。無便於此。厚庵久厭至丕。

退志已決。不特不肯改統陸軍。并不肯久統水軍。雪琴亦然。鄙人之力固不能強二公舍舟而從陸也。東征局每月解三千兩與厚部。早經議定。今日始發一次陵。亦因厚部無米陵。故遲遲也。此間米石已足屢過荒月。下游價亦日賤。至廑垂廑。湘鹽旱卡緝私。私分究不可少。極是極是。敬擇人為之。無使建昌之議成巨案則幸矣。順問台安。

國藩頓首

四月二十日

意城仁弟親家閣下。十二日接奉惠書。內有四月之件。亦有五月三日手示。聞敬承一切。此間近事。自克復巢含和三城後。於又於初九日收復橋林江浦〻口諸城隘。現在水陸會攻九洑洲。未知能否得手。壽州之圍。迄今未解。苗逆實孔悍寇。前毛弁此不難制之〻。希帥久經戰陣。湘軍稍屬乏。自本年仍令味根赴粵〻〻

旨。鄙人本不欲再強之東來。曾另函奉達
左右。并於味帥來牘批答。接味根信於
歸覆奏。決計援江征皖。而江西善後局詳陳
江席二軍只四萬可靠之餉。擬覆因再咨
味根。請其速飭東來。并咨明寄帥。不知
江軍 果成行否。撥硝一案。東局已詳。
業經批准。惟解皖僅藥三万。硝二万。嘗嫌其
少。又閱成綿孟江遠總等。雖漢得錢數千

本以為採硝之年。若盡屏此軍不用。則諸人目下有賠累之苦。而數處將來仍不能不另覓采買之人。擬請芝生與成江李恒泗張鰲等約法三章。稍擇老成謹厚之流。去其拆墻擾民之習。諸人既已獲之資本。保將破之體面。或可兢兢奉法。而數處於局硝二万之外。又略增采硝少許。予限半年。再行全撤。全撤之後。東局於藥三硝二之外。再議添解幾萬。是

丕丕賞。統求
閣下與南公翁芝生熟商見示。李蓀高同年
去歲來此。曾可位置。乃以為采訪忠義局之
領袖。月致薪資三十金。其眷口留江西省城。
頃因濤聲經手捐務。要看一行。亂後窘況。託
局務以自存。貴同門其有不荒之莊。崇朝之
澤乎。順問
台安。

國藩

五月十八日

意城仁弟親家閣下。日內未得
惠書。伏審
輿居多祜。至為企禱。此間近事頗順。巢含
於廿二四日克復。和州於廿五日投誠。現擬飭蕭
彭劉進勦二浦九洑洲。蔣毛援壽勦苗。日
內必可解圍。南岸徽境肅清。劉王韓
李席諸軍。併萃饒景一帶。當可驅之返皖。
味根二軍。四月七日

寄諭。又令即日赴粵。此軍光陰。遂恐銷磨於乎道途之中。兵士瘴傷銳氣。此時若強之東來。未始不可。然聞皖事已鬆。兩粵必屢疏奏調。皇上亦必疊諭促江督於粵。不如此次早遵諭旨。決計不改。省得將來道塗案牘重重。國藩本極思率軍東來。惟度粵事甚人可了。必且數奏不休。而數處餉須需索。竟難派供此軍。特此飛布。即日另函寄味兩帥也。順請台安。國藩頓首

廿七日寄諭一件抄閱

家信一件敬求專人送去

五月初一日

意城仁弟親家大人閣下。廿九日接廿日惠書。敬悉一切。鄭陽和陳東五早已到此。又截灣沚之趙仁和一營不赴金陵。合之原守省城并。安慶共已陸兵四千六百人。水師近千。足以自固。巢和之賊。偽納王於廿四日攻撲無為州。該州本有李幼荃（少荃季弟）淮勇五營守之。沅甫自金陵派劉南雲一營來。是日亦到。敝處所派蕭甫毛二軍。亦於廿六、八可到無為。此路兵力頗厚

安。定桂閣亦屢見小勝。蕪湖周万倬吳竹莊
等。廿七日破石硊賊壘二處。防務亦自穩固。
祁門之賊。退至太平石埭。氣焰頗弱。亦未竄
動。目下最老出。仍是要運一路。黃麻渡孔定之
後賊又駐下游之淮窰。運道仍梗。本地招
補之人固極散漫。湖南新到之勇亦多逃
亡。決裂實在意中。雖期挽迴。務祈
閣下與季雲賢昆仲商定。迅派兵赴蓮塘替

出咏括一軍。星速東來。由江援皖。不勝盼禱。

來示謀及金逸亭觀察。沅甫亦謀及於此。惟

支巖甫經劾奏。鄂皖呼吸相通。未便因一人而

失歡於鄰省。且潤帥晚年與之甚相詆譏。

希庵家渠亦譏之。其中必非無因。金薦部

僅于彭二人回湘。此外另招新勇。亦非兩月不能

成軍。此節且作罷論。黃伯海元齡閱可倚任。惟竹屋達川伯昭言之

令其招坳營。敬求照料一切。即問台安。國藩頓首 十二月初二日

袁城仁弟親家大人閣下。接五月廿九日
惠書。藉悉積禧。並以為頌。寄帥擢升兩廣。
次帥即接撫湘。不特為疆域得人。亦慶即叔
處篆壽儔亦陰受其福。第不知
台從是否度嶺一行。此間兩好多聆
賢昆久福樂推也。下游軍事金陵大營病疫又
作。死亡相繼。鮑公已在鍾山修壘。因病者太多。又平
毀之。而扎江濱神策門一帶蕭軍。亦扎二浦。未處遂南
渡。即使蕭渡南岸。亦勢不能合圍。蕭為則請假回籍。

其所部兵餉太少。豐渠曾有一信。讀之令人氣結。抄呈一覽。迪希部曲。昔年胡文忠視之如祥麟威鳳。餉項最優。非他軍所敢望。今之湘鄉人之手。月餉不滿三成。實嘗他軍所未歷之苦。蕭軍如此。成翁毛亦發之不獲一飽。士卒既怨鄂台。亦詈鄙人。万難坐視。不一旬潰也。援壽之役。翁毛不甚和協。看來淮上之亂方長。苗孔雖平人。自不足平之。味根申夫在湖口與黃老虎相拒。亦因彭勇太多。隊伍不整。不能制賊。万一由都湖再竄鄱浮。即劉岸諸軍亦恐防不勝防。非特江西腹地之憂。要湘亦所食者。咸江諸人資所藉之硝。既由閣下照料收買。不令賠累。敝處自可專責東局。以為不二法門。不復多尋頭緒。自取煩擾。前已批准東局會詳。此時即不另牘飭停之。新化漵浦土硝之案。層見疊出。鄙人亦深以為慮。謂郎太守久宦寶慶。力能捍衛斯鄉。而惡其調守他府。必思借寇久保桑梓。請閣下便中一言。敝處當函託中丞也。復問台安。

國藩頓首

七月廿五

意城仁弟親家大人閣下。十六接閱金陵
克復之信。次日即咨　惲帥。想早
入覽。廿二日始閱內城克復。追殺逃賊淨盡之
信。廿三日始閱生擒偽忠王之信。是日申刻拜疏
報捷。亥刻登輪舟。廿五早至金陵。此次攻克
逆巢。舍弟號令嚴明。將士人人用命。盡洗
向來搶奪財物之習。故能搜殺數
日。無一漏網。舍弟為餉項所窘。幾致決裂。

賴

閣下與 南翁諸君子一力扶持。俾鄙兄弟收尺寸之功。實深感激。次兒紀鴻於廿二日回省鄉試。學植太淺。八股尤陋。沅弟望之甚殷。姑令一試。即在 南翁家居住。庶得常親 鈞誨。并求易芝生先生指示一切。世家子弟易惹物議。惟祈戒條子。并 禁應酬。均 求 指示。即請

台安。

國藩 頓首 六月廿五

意臣仁弟親家大人閣下。十三日金陵行次接奉
惠書。猥以江寧告克，遠勞
賜賀。以 閣下關注之殷，輔助之厚，至為欽佩，
已過於身親其事者。惟追思同袍諸君，或百戰功高
而早葬黃壤；或患難與共，而中道捐逝；或出死力相
扶，而聞望不彰。而鄙兄弟獨遭逢際會，同膺
上賞，盛滿之餘，彌增慙悚。鄙人至金陵小住二十餘日。與
勳相國團聚，營中又無辦公之地，酬應紛繁。二十日登舟西上

田[illegible]度料理。月餘再至江寧。籌辦善後事宜。舍弟一軍。宜議裁撤一半。[illegible]稿擬

閣。倘項素練。乃可近手兩年五見。東征局裁撤之議。當須俟之秋闈。八九兩月。務求多籌一二萬。至禱至禱。[illegible]逆在許灣仿九舍弟守雨花之例。七十壘之外。包以長圍。固以深濠。不意公所破。若一得脫。此處得手。三[illegible]相繼克復。雖逆康山十万人援賊。江西當可指日肅清。吾鄉東征局更可略紓之去留。一惟

等裁可焉。復問

台安。國藩頓首

七月廿四日繁昌舟次

意城仁弟親家閣下。去臘接奉
惠書。藉審
禔躬康勝。泊然物外。豈勝企仰。國藩自奉
命此征。初籌四鎮之兵。繼謀游擊之師。諸
未就緒。倏逾數月。捻黨悉眾西趨。於是中
外謠諑紛紛。責數部下不能與賊縱橫追逐。
迨冬臘月間。數處游兵粗已成軍。正擬
并力西向專辦豫匪。而任賴牛李等酋。

全楚鄂省黃麻一帶。張總兵亦由南陽竄入襄樊。又有成部叛勇之變。楚事日棘。不得已撤劉省三一軍由周家口援鄂。不特前此所奏十二府州不能自守其說。即諭旨所指之三省。亦不能恪遵而自畫矣。賊既注重湖北。則淮徐濟寧周家口四鎮均不能筋脈聯貫。自須多籌游擊之師。与之往來奔馳。而前議所云以有定之兵。制其空亦疑其。亦終恐無踐斯言。終之如此。
何時空乎。昔歲嘗與人言。日
閣下為不閒和尚。自去歲以事。置身在村
不村之間。郡政在閒不閒之際。擺落塵緣。
蕭洒送日。閒中佛國。令人嘆羨。東征局
巨款請加中額。旅
大筆代作一摺。至寄書南坡翁。為我
轉達恐踰十名之數。或干駁詰。曾經諑

吕安寓否。國藩精力日積。目光愈翳。实不堪再膺艱巨。事会所乘。梓難撕状。令兄尤為鬱鬱。吕逝將去湘之況。兄如姻多。去冬識不能送輿。令妻敝眷回籍。則或湘或粵聽
閣下与小兒商定可也。諸維
心鑒。順問
台安。

愚兄曾國藩頓首

正月十六日

意城仁弟親家閣下。自三月接奉
覆函。久未續寄一箋。伏審
興居多祜。棣鄂延釐。至以為慰。此間春霖淫
溢。二麥歉收。入夏為霉雨多。各城更禱。頃已
晴一月。而蛟水四出。積潦淹稼。及颶風破壞
海濱田廬甚多。日報不絕。大約參率不及七分收成。
所幸附近兩湖江西浙江皆告大熟。或於餉事
不至甚窘。鹽務全無起色。即皖岸西岸近更
遜於丙丁兩年。誠如

來示紀實禁川粵兩私，必要轉機於鄂中官商上下。無人不願行蜀鹺者。川鄂之交甚固，其相求甚殷。正恐變停之後，徒減鄂稅之入款，無益淮鹽之銷數，是以徘徊不肯遽發。林廉西之退。私事固自鬱鬱，公事亦殊不愜適。（星江允其所請。）鄂人亦累月焦悶。兄鹽務之牘，則閉目判之，而不復留意於其間。舒荼壽久經派一局差。黃子春亦派查當差事。集物望頗損。才調頗長，人多議其別有嗜好，尚未審察其偽耳。次青被蜀帥所劾。聞已引疾何事。不知

果還長沙否。渠所著　國朝先正事略。同時輩
流中無比鉅製。必可風行海內。傳之不朽。惟帶兵
實非所長。譬之善刀而藏。則大妙矣。聞
尊府子弟應制諸藝。俱有可觀。舍間則全未講
求。至今未請得良友師。舍姪輩亦未獲一講解名
師。殊以為憾。思得一文筆夭矯者。醫擬賢。仍
懇　惠代為物色。連日頻得捷書。直隸捻股。二
月內當可殲滅。亦堪慶幸者也。順問
台安。諸維　心鑒。
國藩頓首
六月廿三日

再聆有一函求 令兄薦館師與 次兒同
舟東來。近日同郡諸孝廉中。八股筆仗
俊拔而又略通經史。考究以何人爲最。雖未
必能延請課讀。亦欲識其姓氏。異日或令 兄輩
相從接手。
尊府子姪及令坦等。所從業師均係何人。乞
一示及。久困兵間。遂疏書。候問
意臣仁弟親家台安。

國藩 又啓 十二月廿日

意臣仁弟親家閣下。得十月朔日
惠書。敬審以桑梓多故，復出
淮事幕僚。又快壻舒世兄彰筆於鄉。
台候多綏。丞為慰。哥匪之外。又有高匯。
所在蔓延。吾鄉未形之患。洋不至乎所
極盛。然亦只宜批卻導窾。以善厚入與間。未
可概用斤斧。陵節而施。舍淮弟在湘鄉籍
理哥匪。則批擊不中理紓。往王以堅

脅從者從逆之心。而梟桀者或多遁匿。其者或遭刑戮。國藩前恐激之生變。亦書邑侯劉明府。概從寬弛。須又致函韞齋中丞。申內嚴外寬之說。在湘鄉言之一覽字。其乃著匪頭目。須予嚴懲者。則解送省垣。聽中丞親審定奪。不必韞帥以為然否。竊意湘鄉果辦理得法。則他屬之哥匪易戢。哥匪辦理得法。則通省

之意而遙亦理。欲湘鄉之紳就範圍。則生殺之
權當操之撫師。湘邑不准擅殺一人。獄訟之
權當操之邑侯。局紳不准擅斷一獄。比湖
南大局之福。亦寒門私家之幸也。望
閣下佐中丞力為主持。他縣或可放鬆。惟
湘鄉牽動。纖悉必文移署呼吸皆通。
明以照之。靜以鎮之。或可化巨多為善了
耳。東路捻股。自十月廿四日擊斃巨酋

任枉後。蹉跌日衰。剿潘郭楊諸軍進至吉州等處。若能再大創數次。該逆進不得擄糧匱。不能渡運。或當可援誠甚。直隸臬臺缺甚美幾。闕錄。而官相頗有署直督之信。不知即渠何故。近日厚霞筠沅次第去位。而即後繼之。吾鄉極盛固難久耶。思之悚惕。復問

台安。

國藩頓首

十一月廿日

再，國藩不肯回江督之任。實因告病在先。回任之命在後。此舉又則病勢甚重。此江督則病症甚遠。謂非取巧而何。君子不恃千萬人之諛頌。而畏一二有識之竊嘆。且方寸先不自許。是以屢疏辭之。又自揣精力日衰。實不能多閱文牘。多見賓客。是以但求辭要職以輕責任。不求離軍營以圖安逸。乃數疏上後。外間紛紛揣擬。乃有匪夷所思。極可詫嘆者。不出長沙來拜

置議如何。吾人蹈常習故。偶見己稍異者。便尔驚怪。以謂天下必不應有如此。豈今之出處語默必稽查成案而出之耶。洪楊任賴吾匹。不知係照何年成案辦理也。五月致　季處一函。僅言今兄可悶默終古。昨接筠公信謂　鄙人責以褊迫無養。擬函似無此四字。或　季處所添。如汪鈍翁編造典故乎。再問

袁城仁弟親家歲禧。

國藩又啓　十二月廿三

國家圖書館出版品預行編目資料

曾國藩家書．家訓（收錄信札手跡）/曾國藩著. -- 初版. -- 臺北市：商周出版, 城邦文化出版：家庭傳媒城邦分公司發行；109.09
面：公分
ISBN 978-986-477-908-6（精裝）
1. (清)曾國藩　2. 傳記　3. 家訓
782.877　　109012029

曾國藩家書．家訓（收錄信札手跡）

作者／曾國藩
企畫選書／林宏濤
責任編輯／劉俊甫

版權／黃淑敏、吳亭儀
行銷業務／黃崇華、周佑潔、周丹蘋
總編輯／楊如玉
總經理／彭之琬
事業群總經理／黃淑貞
發行人／何飛鵬
法律顧問／元禾法律事務所　王子文律師
出版／商周出版
城邦文化事業股份有限公司
台北市南港區昆陽街16號4樓
電話：(02) 2500-7008 傳真：(02) 2500-7579
E-mail：bwp.service@cite.com.tw
Blog：http://bwp25007008.pixnet.net/blog
發行／英屬蓋曼群島商家庭傳媒股份有限公司城邦分公司
台北市南港區昆陽街16號5樓
書虫客服服務專線：(02) 2500-7718．(02) 2500-7719
24小時傳眞服務：(02) 2500-1990．(02) 2500-1991
服務時間：週一至週五09:30-12:00．13:30-17:00
劃撥帳號：19863813　戶名：書虫股份有限公司
讀者服務信箱E-mail：service@readingclub.com.tw
歡迎光臨城邦讀書花園　網址：www.cite.com.tw
香港發行所／城邦（香港）出版集團有限公司
香港九龍土瓜灣土瓜灣道86號順聯工業大廈6樓A室
電話：(852) 2508-6231　傳眞：(852) 2578-9337
馬新發行所／城邦(馬新)出版集團【Cité (M) Sdn. Bhd. (458372U)】
41, Jalan Radin Anum, Bandar Baru Sri Petaling,
57000 Kuala Lumpur, Malaysia
電話：(603) 9057-8822　傳眞：(603) 9057-6622
Email：cite@cite.com.my

封面設計／周家瑤
排版／新鑫電腦排版工作室
印刷／韋懋實業有限公司
總經銷／聯合發行股份有限公司
電話：(02) 2917-8022　傳眞：(02) 2911-0053
地址：新北市231新店區寶橋路235巷6弄6號2樓

■2020年（民109）9月10日初1刷
■2024年（民113）3月12日初1.5刷
Printed in Taiwan
定價 630元

ISBN 978-986-477-908-6

商周出版

廣	告	回	函
北區郵政管理登記證			
台北廣字第000791號			
郵資已付，免貼郵票			

115 台北市南港區昆陽街16號5樓

英屬蓋曼群島商家庭傳媒股份有限公司　城邦分公司

請沿虛線對摺，謝謝！

商周出版

書號：BK6055C　**書名：**曾國藩家書．家訓　**編碼：**

請於此處用膠水黏貼

商周出版

讀者回函卡

線上版讀者回函卡

感謝您購買我們出版的書籍！請費心填寫此回函卡，我們將不定期寄上城邦集團最新的出版訊息。

姓名：＿＿＿＿＿＿＿＿＿＿＿＿ 性別：☐男 ☐女

生日：西元＿＿＿＿年＿＿＿＿月＿＿＿＿日

地址：＿＿＿＿＿＿＿＿＿＿＿＿

聯絡電話：＿＿＿＿＿＿＿＿ 傳真：＿＿＿＿＿＿＿＿

E-mail ：

學歷：☐ 1. 小學 ☐ 2. 國中 ☐ 3. 高中 ☐ 4. 大學 ☐ 5. 研究所以上

職業：☐ 1. 學生 ☐ 2. 軍公教 ☐ 3. 服務 ☐ 4. 金融 ☐ 5. 製造 ☐ 6. 資訊

☐ 7. 傳播 ☐ 8. 自由業 ☐ 9. 農漁牧 ☐ 10. 家管 ☐ 11. 退休

☐ 12. 其他＿＿＿＿＿＿＿＿

您從何種方式得知本書消息？

☐ 1. 書店 ☐ 2. 網路 ☐ 3. 報紙 ☐ 4. 雜誌 ☐ 5. 廣播 ☐ 6. 電視

☐ 7. 親友推薦 ☐ 8. 其他＿＿＿＿＿＿＿＿

您通常以何種方式購書？

☐ 1. 書店 ☐ 2. 網路 ☐ 3. 傳真訂購 ☐ 4. 郵局劃撥 ☐ 5. 其他＿＿＿

您喜歡閱讀那些類別的書籍？

☐ 1. 財經商業 ☐ 2. 自然科學 ☐ 3. 歷史 ☐ 4. 法律 ☐ 5. 文學

☐ 6. 休閒旅遊 ☐ 7. 小說 ☐ 8. 人物傳記 ☐ 9. 生活、勵志 ☐ 10. 其他

對我們的建議：＿＿＿＿＿＿＿＿＿＿＿＿

【為提供訂購、行銷、客戶管理或其他合於營業登記項目或章程所定業務之目的，城邦出版人集團（即英屬蓋曼群島商家庭傳媒（股）公司城邦分公司、城邦文化事業（股）公司），於本集團之營運期間及地區內，將以電郵、傳真、電話、簡訊、郵寄或其他公告方式利用您提供之資料（資料類別：C001、C002、C003、C011 等）。利用對象除本集團外，亦可能包括相關服務的協力機構。如您有依個資法第三條或其他需服務之處，得致電本公司客服中心電話 02-25007718 請求協助。相關資料如為非必要項目，不提供亦不影響您的權益。】

1.C001 辨識個人者：如消費者之姓名、地址、電話、電子郵件等資訊。
2.C002 辨識財務者：如信用卡或轉帳帳戶資訊。
3.C003 政府資料中之辨識者：如身分證字號或護照號碼（外國人）。
4.C011 個人描述：如性別、國籍、出生年月日。

請於此處用膠水黏貼